新编普通话基础与测试教程

（第二版）

主编　孙海芳　庞可慧　谢书民

中国教育出版传媒集团

高等教育出版社·北京

内容简介

本书是为大专院校的学生学习普通话编写的教材,主要包括普通话语音、基础口语表达技能训练与普通话水平测试三大部分内容。本书系统讲解了普通话语音基础知识、声母、韵母、声调、音节、语流音变的相关知识,普通话口语基本发声技能、口语基本表达技巧、朗读等方面的知识,普通话水平测试的基本内容、要求,并为学生应试给出了有针对性的指导说明。本书共列九个拓展阅读,分别针对普通话语音知识、普通话水平测试的最新政策和各大题型而设计。

本书也可供其他普通话学习者参考、使用。

图书在版编目(CIP)数据

新编普通话基础与测试教程 / 孙海芳,庞可慧,谢书民主编. -- 2 版. -- 北京 : 高等教育出版社,2024.12. -- ISBN 978-7-04-063215-6

Ⅰ. H102

中国国家版本馆 CIP 数据核字第 2024KV2051 号

XINBIAN PUTONGHUA JICHU YU CESHI JIAOCHENG

策划编辑	吴佳宁	责任编辑 吕昀瞳	封面设计 张雨微	版式设计	明 艳
责任校对	吕红颖	责任印制 刘弘远			

出版发行	高等教育出版社	网 址	http://www.hep.edu.cn	
社 址	北京市西城区德外大街 4 号		http://www.hep.com.cn	
邮政编码	100120	网上订购	http://www.hepmall.com.cn	
印 刷	天津鑫丰华印务有限公司		http://www.hepmall.com	
开 本	787mm×1092mm 1/16		http://www.hepmall.cn	
印 张	17.5	版 次	2012 年 8 月第 1 版	
字 数	410 千字		2024 年 12 月第 2 版	
购书热线	010-58581118	印 次	2024 年 12 月第 1 次印刷	
咨询电话	400-810-0598	定 价	33.50 元	

第二版修订说明

《新编普通话基础与测试教程》于 2012 年出版，至今已经 12 年了。在此期间，本教材入选河南省"十二五"普通高等教育规划教材，获得河南省首届教材建设奖二等奖。近年来，有关语音学研究取得了一些新进展，普通话水平测试以及各种相关的国家标准也都发生了一些变化，我们根据教材使用情况，在广泛听取高校师生意见和建议的基础上对教材进行了修订。

本次修订主要包括以下几个方面：

1. 订正文字与注音差错。

2. 修订格式、例子。

3. 根据《普通话水平测试实施纲要》(2021 年版)，修订朗读作品、命题说话的题目。

4. 根据《普通话水平测试实施纲要》(2021 年版)，修订第一章第二节中的普通话水平测试样卷、拓展阅读七、拓展阅读八、第十一章的应试指导。

5. 根据《普通话水平测试实施纲要》(2021 年版)与《现代汉语词典》(第 7 版)，修订拓展阅读一至六。

6. 根据《汉语拼音正词法基本规则》(2012 年实施)，修订第六章第二节。

7. 修订脚注、参考文献。

8. 制作教师配套使用的课件。

此次修订工作能顺利完成，首先，要感谢高等教育出版社；其次，要感谢商丘师范学院，尤其是人文学院的各位领导与同事的支持；最后，对使用本教材的师生以及提出宝贵意见的读者也表示由衷的感谢。

由于水平有限，教材中难免存在疏漏与差错，希望广大读者能一如既往地提出宝贵意见。

编者

2024 年 6 月 6 日

目　　录

第一章　普通话与普通话水平测试

第一节　关于普通话

一、什么是普通话

普通话是我国法定的国家通用语言,中华民族的通用语。1956 年 2 月国务院发布的《关于推广普通话的指示》第一次对"普通话"作出明确完整的规定性表述:"**以北京语音为标准音,以北方话为基础方言,以典范的现代白话文著作为语法规范。**"这一表述同时确立了普通话在语音、词汇、语法方面的标准,对这三个标准,我们要有全面的认识。

(一) 语音标准

"**以北京语音为标准音**",是就北京话的语音系统讲的,也就是说,以北京话的声母、韵母、声调系统为标准。语音具有很强的系统性,共同语只能以某一个地方的语音系统作为标准。但是,我们也要认识到,并不是北京话的所有读音都是标准音,有些内容还需要规范,主要有以下几个方面。

1. 土音成分

北京口语里的土音成分不能进入普通话。如:

太好了(tuī hǎo le)　暖和(nǎnghuo)　屋里(wū lou)

2. 异读词

北京话里的异读词,习惯上不止一种读音,但是并没有区别意义的作用,出现环境也相同。它们进入普通话时,应该确定一种读音为规范读音,其他的要舍弃,如下面的这些字,在北京话里都有两种或两种以上的读音,目前《普通话异读词审音表》规定其中的第一个读音是标准读音:

室 shì shǐ　　　　啥 shá shà　　　怯 qiè què

暂 zàn zhàn zǎn　摄 shè niè　　　械 xiè jiè

3. 轻声、儿化

北京话里轻声、儿化非常多,要让其他方言区特别是南方方言区的人都记住非常困难,也没有必要,所以,一定要对北京话里的这部分词加以规范。有区别词义、区分词性的轻声、儿化要保留,有表示亲切、喜爱、细小等感情的儿化要保留,其他的进入普通话一定要慎之又慎。《普通话水平测试实施纲要》列出了一些必读轻声、儿化的词语,语言学界也有不少人对轻声、儿化进行研究,但目前仍然存在一些问题,如:第 5 版以前的《现代汉语词典》中,"黄瓜"是轻声词,但"西瓜""南瓜""冬瓜""丝瓜""苦瓜""地瓜"等都不是轻声词,第5版及之后的《现代汉语词典》作了一些修改,"黄瓜""西瓜""冬瓜""南瓜"都是可读轻声也可不读轻声,但"地瓜""苦瓜""丝瓜"仍然不读轻声。

（二）词汇标准

"以北方话为基础方言",就是说普通话是在北方方言的基础上形成的,北方方言词汇是普通话词汇的基础和主要来源。在我国七大方言中,北方方言分布区域最广,使用人口最多,内部一致性最强,所以,以北方方言作为普通话词汇的主要来源是科学的。普通话虽然是以北方方言作为基础,但并没有全部吸收北方方言的词汇,而是舍弃了北方方言中很多地方性较强的词语。比如,河南话属于北方方言,但河南话里的很多词语都没有进入普通话,如棒子（玉米）、落生（花生）、溜地蹦儿（步行）、板（棺材）、小小虫儿（麻雀）、老鸹（乌鸦）等。有些事物,北方方言区的各个次方言区都有,但名称不同,普通话就选用在北方方言区流行较广的,如"玉米""玉茭""棒子""苞谷""苞米""珍珠米"等是指同一种植物以及这种植物的籽实,普通话选用了"玉米"。还有一些词语,普通话、方言都有,但意思不一样或者不完全一样,方言特有的意义没有进入普通话,如河南话的"茶（白开水）""喝茶（喝白开水;吃晚饭）""客（女婿）""甜（跟'咸'相对）""不管（不行）"等。

普通话还从其他强势方言（经济发达、人口多、方言意识浓,如上海话、广东话）中吸收了一些所需要的、富有表现力的词语,如上海话的"瘪三""垃圾""揩油"等,广东话的"电饭煲""雪糕"等,这些方言词已经进入普通话。

普通话还从古汉语中继承了许多有生命力的古语词,如"瞻仰""拜谒""吊唁""教诲"等;从其他民族语言里借用了一些词语,如"拖拉机""香槟酒""咖啡""夹克""马克思主义"等。

这里要注意一点,**以北方话为基础,不是以北京话为基础**,前者比后者的范围要大得多,它通行于中国北方各省区,还包括贵州、四川、云南以及华中地区的部分县市。

（三）语法标准

普通话的语法是**"以典范的现代白话文著作作为语法规范"**。

"现代白话文"主要是指"五四"以后特别是新中国成立以后的白话文。

现代白话文著作还应该是"典范的",就是说这些著作是代表作家的代表作品,如鲁迅、郭沫若、老舍、曹禺、巴金等著名作家的代表作。有一点要注意,即使这些著名作家的作品,作为语法规范的也应该是"一般用例"而不能是"特殊用例",例如鲁迅的作品中有时会出现欧化句法,这就不能作为普通话的语法规范,如"我的学会了煮饭,就在这时候"（《伤逝》）。他的第一篇白话小说《狂人日记》,现在的年轻人读起来就会感觉有点吃力。

二、普通话的作用与学习方法

（一）为什么要推广、普及普通话

《中华人民共和国宪法》第十九条规定:"国家推广全国通用的普通话。"2021年11月,国务院发布《国务院办公厅关于全面加强新时代语言文字工作的意见》（以下简称《意见》）,

其中提到:"新中国成立以来,特别是党的十八大以来,在党和国家的高度重视下,我国的语言文字事业取得了历史性成就。同时,国家通用语言文字推广普及仍不平衡不充分,语言文字信息技术创新还不适应信息化尤其是人工智能的发展需求,语言文字工作治理体系和治理能力现代化水平亟待提升。"

20世纪80年代,我国推广普通话的方针是"大力推广,积极普及,逐步提高",使普通话成为"教学语言、宣传语言、工作语言、通用语言"。随着时代的发展,《意见》提出,新时代的推普工作方针是"聚焦重点、全面普及、巩固提高"。主要目标是到2025年,普通话在全国普及率达到85%,到2035年,普通话在民族地区、农村地区的普及率显著提高。

由此可见,推广与普及普通话对国家和个人都有着非常深远的意义。

1. 推广普通话是凝心聚力铸牢中华民族共同体意识的需要

俗话说:"老乡见老乡,两眼泪汪汪。"老乡见面之所以会激动,其中一个主要原因是说相同的话让老乡之间有认同感。国家、民族共同语可以加强一个国家或一个民族内部的统一和联系,对于国家和民族的经济文化发展起着重要作用。我国民族语言众多、方言复杂,要想增强国家、民族凝聚力并获得发展,推广好我们的普通话至关重要。

为了在民族地区与强势方言区推广、普及普通话,《意见》指出,在民族地区,少数民族教师普通话水平应至少达到三级甲等标准,并逐步达到二级乙等以上标准;加强学前儿童普通话教育,学前学会普通话;开展"职业技能+普通话"能力提升培训,提高民族地区青壮年劳动力的普通话应用水平;深化与港澳台地区语言文化交流合作,支持和服务港澳地区开展普通话教育,合作开展普通话水平测试,提高港澳地区普通话应用水平。

2. 推广普通话是传承与弘扬中华优秀传统文化的需要

文化是人类智慧的结晶,具有持久的生命力与丰富的创造力。我国历史悠久,传统文化源远流长、博大精深。国家全面加强新时代语言文字工作的基本原则之一,就是"坚持传承发展、统筹推进。充分发挥语言文字的载体作用,深入挖掘中国语言文字的文化内涵。处理好传承优秀传统文化与适应现代化建设需求的关系。完善体制机制,优化资源配置,形成多方合力"。为了传承与弘扬以语言文字为载体的中华优秀文化,国家实施了"中华经典诵读工程,加强中华优秀语言文化的研究阐释、教育传承、资源建设及创新传播";"大力推进语言资源的保护、开发和利用";"加强中国当代学术和文化的外译工作,提高用外语传播中华文化的能力"。①

3. 推广普通话是人际交往的需要

我国历史悠久,幅员辽阔,在长期的发展过程中形成了北方方言、吴方言、湘方言、赣方言、客家方言、粤方言、闽方言七大方言,方言之间甚至次方言之间差别很大,有些基本上不能通话。这种情况在漫长的封建社会中一直存在,因为那时候我国一直是小农经济,"鸡犬之声相闻,老死不相往来",人员流动非常少,人们就在自己的家乡生活,说方言完全可以满足生活的需要。但现在交通便利、经济发达,人员流动非常频繁,人们到别的方言区读书、工

---

① 国务院办公厅:《国务院办公厅关于全面加强新时代语言文字工作的意见》,中华人民共和国中央人民政府网,2021年11月30日。

作、旅游是非常普遍的事情,这时候如果不用普通话,交际就会非常困难。曾经有一个流传很广的笑话,说是 20 世纪 90 年代初,有一些北方人到宁波参观,接待人员是一位不会说普通话的当地人。参观的同志问他去哪儿,他用宁波话说"北仑港",北方人听成了"不能讲",大家都不好意思再问了。

4. 推广普通话是科学技术发展的需要

目前,人类社会已经进入信息时代,对自然语言信息的计算机处理成为当前全球性的热点。我们让计算机理解、生成的应该是规范的语言,推广、普及普通话可以加快中文信息处理的步伐。《意见》指出,推广普通话有利于"语言文字与人工智能、大数据、云计算等信息技术的深度融合,加强人工智能环境下自然语言处理等关键问题研究和原创技术研发,加强语言技术成果转化及推广应用,支持数字经济发展"。

5. 推广普通话是促进国际交往、提升中文国际地位和影响力的需要

汉语是一种古老的语言,也是世界上使用人口最多的语言。随着改革开放的深入,我国在国际上的政治地位不断提高,经济实力不断增强,与其他国家的往来日益频繁,世界上形成了"中国热",相应地也形成了"汉语热"。为大力提升中文国际地位和影响力,《意见》指出,要加强国际中文教师队伍建设,构建全球普通话水平测试体系,加强中文在海外华文学校的推广应用,提倡科研成果中文首发,推动提高中文在国际组织、国际会议的使用地位和使用比例,拓展双边和多边语言政策和语言文化交流合作,推动中华经典诵读海外传播,打造交流品牌,等等。

6. 推广普通话是个人发展的需要

目前,普通话基本成为"教学语言、宣传语言、工作语言、通用语言"。人们不管从事什么职业,一般都离不开普通话。学校、机关、新闻出版、广播影视、网络信息、公共服务等系统相关从业人员,国家通用语言文字水平应达到国家规定的等级标准。

(二)如何学好普通话

既然认识到了普通话的重要性,就要积极地去学习普通话。怎样才能学好呢?不同的人可以根据自己的实际情况采用不同的方法,以下三点需要大家注意。

1. 要敢于开口说话

学习普通话的最终目的是能够使用它进行交际,所以开口说话非常重要。有些人爱面子,总怕说不好会被别人笑话,一直不敢开口。我国 20 世纪 90 年代在教育领域推行普通话水平测试的时候,很多教师不适应这种考试形式,能写、能读,但就是不敢开口说,一些教师考了两三次仍然达不到要求。还有另一种情况,有的教师年龄很大,以前从来没有说过普通话,为了测试过关才学习,刚开始错误百出、怪腔怪调,但他们一直坚持,碰到说不好的地方虚心向别人请教,一段时间以后,普通话水平大幅提高,不仅能用普通话讲课,还能用普通话即兴发言,出去开会、旅游时用普通话交际没有任何问题。

2. 掌握发音的基本知识

在学习普通话的过程中,可能会出现一些错误。要想纠正这些错误,就要掌握一定的语音知识,知道声母、韵母的发音原理,知道声调的正确读法,比如,有的人 zh、ch、sh 与 z、c、s 不分,要想发准音,就要明白这两组音的发音部位不同,前者是舌尖抵住或接近硬腭前部,后者是舌尖抵住或接近齿背。

掌握普通话语音的基本知识,读准声韵调,这是学好普通话的基础。

3. 多听、多记、多读

学习普通话,"听"是非常重要的。这里的"多听",是指多听正确的读音,平时多听广播、电视里面的正确读音,比如各个电台、电视台的新闻类节目,听得多了,对普通话有了感性认识,慢慢地就会跟着说了。

多记,就是对于自己容易出错的字词、句式,要尽量记下来。比如,zh、ch、sh与z、c、s不分的人比较多,一般的普通话教材都会有附录,就是这六个声母的常见字,平时一定要多记,读书的时候先把这些字的声母用铅笔标出来,熟练以后再擦掉。说话的时候也要有意识地注意这些字词。

多读,就是多种内容、多种方法的朗读。读的内容,要循序渐进,先读准字词,在此基础上再读诗歌、故事、绕口令、散文等。普通话水平测试有50篇文章,大家可以多加练习。读的时候,刚开始一定要尽量读准,然后才是熟练。可以跟着录音、录像朗读;也可以在老师的指导下朗读;还可以读给别人听,让他们给自己纠错。

思 考 题

一、什么是普通话?

二、你打算怎样学习普通话?

三、为什么说铸牢中华民族共同体意识必须推广国家通用语言文字?

第二节　关于普通话水平测试

一、普通话水平测试的内涵与意义

普通话水平测试(Putonghua Shuiping Ceshi,缩写为PSC)是根据教育部、国家语言文字工作委员会制定的统一标准,使用科学、有效的方法,遵循严格的考试程序以检测应试者掌握和运用普通话的规范程度、熟练程度的一种语言测试。

普通话水平测试是我国为加快国家通用语言的普及进程、提高全社会成员普通话水平而设置的一种语言测试。它既不是对应试人个人口才的评定,也不是考查应试人普通话的理论知识,只是对应试人掌握和运用普通话所达到的规范程度的检测和评定,是对应试人的汉语标准语的测试。普通话水平测试一律采用口试方式进行。应试人在运用普通话口语进行表达过程中所表现的语音、词汇、语法的规范程度,是评定其所达到的水平等级的重要依据。

普通话水平测试开始于20世纪90年代中期,是我国推广普通话工作的一项重大举措,是国家级的考试。

2003 年,我国教育部颁布了《普通话水平测试管理规定》,2021 年又进行了修订。该文件第十条规定:"以普通话为工作语言的下列人员,在取得相应职业资格或者从事相应岗位工作前,应当根据法律规定或者职业准入条件的要求接受测试:

（一）教师;

（二）广播电台、电视台的播音员、节目主持人;

（三）影视话剧演员;

（四）国家机关工作人员;

（五）行业主管部门规定的其他应该接受测试的人员。"

该文件第十一条规定:"师范类专业、播音与主持艺术专业、影视话剧表演专业以及其他与口语表达密切相关专业的学生应当接受测试。高等学校、职业学校应当为本校师生接受测试提供支持和便利。"

掌握和使用一定水平的普通话,是进行社会主义现代化建设的各行各业人员,特别是教师、公务员、播音员、节目主持人、服务行业的从业者必备的职业素质。

在一定范围内对这些岗位的人员进行普通话水平测试,并逐步实行持普通话等级证书上岗制度,标志着我国普通话推广工作走上了制度化、规范化、科学化的新阶段。开展普通话水平测试工作,将大大加强推广普通话工作的力度和速度,使"聚焦重点、全面普及、巩固提高"的方针落到实处,极大地提高全社会的普通话水平和汉语规范化程度。

二、普通话水平测试的内容

普通话水平测试包括普通话语音、词汇和语法等内容。

语音:普通话语音系统,包括普通话声母、韵母、声调、基本音节、变调、轻声、儿化等。

词汇:主要包括《普通话水平测试用普通话词语表》和《普通话水平测试用普通话与方言词语对照表》中的词汇。

语法:主要以《普通话水平测试用普通话与方言常见语法差异对照表》为准。

言语表达与交际:包括有文字材料依据的朗读和无文字材料依据的说话。其材料是《普通话水平测试用朗读作品》和《普通话水平测试用话题》。

三、普通话水平测试的试卷构成及计分

普通话水平测试试卷包括五个组成部分,满分为 100 分。(说明:各省、自治区、直辖市语言文字工作部门可以根据测试对象或本地区的实际情况,决定是否免测第三题"选择判断"测试项。如免此项,第五题"命题说话"测试项的分值由 30 分调整为 40 分。)

第一部分,读单音节字词(100 个音节,不含轻声、儿化音节),限时 3.5 分钟,共 10 分。目的是测查应试人普通话声母、韵母和声调读音的标准程度。

第二部分,读多音节词语(100 个音节),限时 2.5 分钟,共 20 分。目的是测查应试人声母、韵母、声调、变调、轻声、儿化等读音的标准程度。

第三部分,选择判断,限时 3 分钟,共 10 分。目的是测查应试人掌握普通话词语、量词和名词的搭配、语法的规范程度。

第四部分,朗读短文(1 篇,400 个音节),限时 4 分钟,共 30 分。目的是测查应试人使用普通话朗读书面作品的水平。在测查声母、韵母、声调读音标准的同时,重点测查连读音变、停连、语调以及流畅程度。

第五部分,命题说话,限时 3 分钟,共 30 分。目的是测查应试人在无文字凭借的情况下掌握普通话的水平,重点测查语音标准程度、词汇语法规范程度和表达自然流畅程度。

四、普通话水平测试等级标准

国家语言文字工作委员会发布的《普通话水平测试等级标准》是确定应试人普通话水平等级的依据。

普通话水平测试等级划分为三个级别,每个级别内划分两个等次。其中:

一级甲等:97 分及以上。

一级乙等:92 分及以上但不足 97 分。

二级甲等:87 分及以上但不足 92 分。

二级乙等:80 分及以上但不足 87 分。

三级甲等:70 分及以上但不足 80 分。

三级乙等:60 分及以上但不足 70 分。

具体标准如下:

一级

甲等 朗读和自由交谈时,语音标准,词汇、语法正确无误,语调自然,表达流畅。测试总失分率在 3% 以内。

乙等 朗读和自由交谈时,语音标准,词汇、语法正确无误,语调自然,表达流畅。偶尔有字音、字调失误。测试总失分率在 8% 以内。

二级

甲等 朗读和自由交谈时,声韵调发音基本标准,语调自然,表达流畅。少数难点音(平翘舌音、前后鼻尾音等)有时出现失误。词汇、语法极少有误。测试总失分率在 13% 以内。

乙等 朗读和自由交谈时,个别调值不准,声母、韵母发音有不到位现象。难点音较多(平翘舌音、前后鼻尾音、f—h、z—zh—j、送气不送气、保留浊塞音及浊塞擦音、丢介音、复韵母单音化等),失误较多。方言语调不明显,有使用方言词、方言语法的情况。测试总失分率在 20% 以内。

三级

甲等 朗读和自由交谈时,声韵调发音失误较多,难点音超出常见范围,声调调值多不准。方言语调较明显,词汇、语法有失误。测试者失分率在 30% 以内。

乙等 朗读和自由交谈时,声韵调发音失误较多,方言特征突出。方言语调明显,词汇、语法失误较多,外地人听其谈话有听不懂的地方。测试总失分率在 40% 以内。

各省、自治区、直辖市及以上语言文字工作部门组织考试并对所有通过考试的应试者颁发相应级别的《普通话水平等级证书》。普通话水平测试是国家认证的一种考试,所以此证书可在全国范围内使用。

普通话水平达标是取得部分职业资格的条件之一。2000 年 10 月 31 日,第九届全国人民代表大会常务委员会第十八次会议通过了《中华人民共和国国家通用语言文字法》。此法 2001 年 1 月 1 日开始实施。这是我国第一部关于语言文字的专门法律,该法第二章第十九条明确规定:"以普通话作为工作语言的播音员、节目主持人和影视话剧演员、教师、国家机关工作人员的普通话水平,应当分别达到国家规定的等级标准;对尚未达到国家规定的普通话等级标准的,分别情况进行培训。"

教师行业还有更细化的要求。2000 年 9 月 23 日发布实施的《教师资格条例实施办法》第八条规定:申请认定教师资格者"普通话水平应当达到国家语言文字工作委员会颁布的《普通话水平测试等级标准》二级乙等以上标准。少数方言复杂地区的普通话水平应当达到三级甲等以上标准;使用汉语和当地语言民族语言教学的少数民族自治区的普通话水平,由省级人民政府教育行政部门规定标准"。

思 考 题

一、你对普通话水平测试有什么看法?
二、你认为应如何改进提高自己的普通话水平?

练 习 题

普通话水平测试样卷

一、读单音节字词(100 音节,共 10 分,限时 3.5 分钟)。

跃	抓	陶	水	烟	焊	聊	钠	盎	品
范	美	侧	北	接	拐	费	暖	外	盆
夏	央	袍	腮	词	筒	略	蹿	廓	枫
急	蜕	凄	锤	份	鲁	窦	欢	恳	掐
窘	拔	拢	椎	爽	蹬	贼	赣	舔	局
怎	挖	衡	死	娘	兽	友	凸	凝	杀
衔	光	去	孙	蹈	波	渴	鸥	庙	丢
日	膜	蔡	选	让	逼	袖	仓	尺	跌
绸	汝	雄	卖	颔	贬	农	赠	原	均
我	平	准	群	抄	责	寨	秦	嘱	贰

二、读多音节词语(100 音节,共 20 分,限时 2.5 分钟)。

全身	断层	允许	障碍	小瓮儿	坏人	愉快
打算	来临	灭亡	仍然	虐待	方法论	挫折

压迫	至今	减轻	罪恶	脸盆儿	教训	签订
告诉	黑夜	唱歌儿	疲倦	电话	口吻	宾馆
物价	宫女	荒谬	思想	穷苦	挑剔	侦查
致使	作用	玩耍	窗子	给以	南半球	重量
摧毁	佛学	蜜枣儿	特别	命令	周而复始	

三、选择判断(10 分,限时 3 分钟)。

1. **词语判断**:请判断并读出下列各组中的普通话词语。

(1) 勿顾   不顾   无顾   唔顾

(2) 电涂   电油   电池   电药   电泥

(3) 发火   光火   起毛   发气

(4) 叶飞子   蝴蝶   尾页   蝴蝶子

(5) 揩布   抹台布   抹布   桌布巾

(6) 无意思   没意思   有意思   么意思

(7) 热水瓶   热水壶   电壶   电瓶

(8) 膳堂   食堂   饭堂   吃个

(9) 洋山芋   洋芋头   薯仔   土豆   荷兰薯

(10) 个个   即个   这个   个只   咯只

2. **量词、名词搭配**:请搭配并读出下列符合普通话规范的量名短语(例如:一部一字典)。

量词:本   把   根   颗   套   座

名词:头发   试题   城市   提琴   子弹   西装   茶壶   雕塑   杂志

3. **语序或表达形式判断**:请判断并读出下列各组中的普通话语句。

(1) A. 我们写作业用了一个半小时。

　　B. 我们写作业用了一点半钟。

　　C. 我们写作业用了点半钟。

(2) A. 我的书遭别人借走啰。

　　B. 我的书被别人借走了。

　　C. 我的书拿给别人借走了。

(3) A. 这件事我有说。

　　B. 这件事我有说过。

　　C. 这件事我说过。

(4) A. 这东西能不能吃?

　　B. 这东西能吃不能吃?

　　C. 这东西吃得不?

(5) A. 这个人我认不到。

　　B. 这个人我不会认得到。

　　C. 这个人我不认得。

四、朗读短文:请朗读普通话水平测试朗读作品 **16** 号(400 个音节,共 30 分,限时 4 分钟)。

五、命题说话(请在下列话题中任选一个,共 30 分,限时 3 分钟)。

1. 童年生活

2. 对环境保护的认识

第二章　语音基础知识

第一节　语音的性质

语音是语言的物质外壳,是由人的发音器官发出来的能表达一定意义的声音。它同自然界的其他声音一样,是由于物体的振动产生的,所以有物理属性;由于语音是由人的发音器官发出来的,所以具有生理属性;语音要表达一定的意义,语音与所表达的意义是使用这种语言的社会成员约定俗成的,所以,语音还具有社会属性。

一、物理属性

语音是一种物理现象。发音体振动周围的空气或其他媒介形成音波,音波传到耳内,刺激人的听觉神经,人便听到了声音。

同其他声音一样,语音具有音高、音强、音长、音色四种要素。

(一) 音高

音高就是声音的高低,是由单位时间内发音体振动的快慢决定的。在一定的时间内,发音体振动得快,声音就高,反之就低。

发音体振动的快慢,一般是由它的大小、粗细、长短、松紧、厚薄决定的。对语音来说,声音的高低是由声带决定的。不同人的声带不一样,单位时间内振动的快慢就不一样,音高也就不同。小孩声带比较短、比较薄,单位时间内振动得快,所以声音就高;老年人的声带比较长、比较厚,单位时间内振动得慢,所以声音就低。男子和女子音高的区别也是这样。对同一个人来说,声带的松紧是可以控制的,所以声音会有高有低。

在汉语里,音高非常重要。汉语是有声调的语言,而声调就是由音高的不同变化决定的,也就是说,汉语里的音高具有区别意义的作用。

(二) 音强

音强就是声音的强弱,是由发音体振动的幅度决定的。振动的幅度大,声音就强;振动的幅度小,声音就弱。

发音体振动幅度的大小是由发音时力量的大小决定的。语音的强弱与发音时冲击声带的气流的强弱有关。发音时,呼出的气流强,声音就强。汉语里的轻声和重音都与音强有关。

(三) 音长

音长就是声音的长短,是由发音体振动时间的长短决定的。发音体振动时间长,声音就长,反之就短。

在普通话里,轻声、重音、声调都与音长有一定的关系。

（四）音色

音色就是声音的特色,是由发音体振动形式的不同决定的。语音的音色不同与人的发音器官的状况有非常密切的关系。造成音色不同的条件主要有以下三种:

1. 发音体不同

从乐器的角度说,二胡的音色与口琴的音色不一样,是因为前者的发音体是琴弦,后者的发音体是簧片。对语音来说,发音器官的不同是音色不同的一个重要条件,比如两个人说同一句话,我们可以听出来区别,也就是可以听出来音色的不同,原因就是这两个人的声带等发音器官不同。

2. 发音方法不同

大提琴一般是用弓拉,但有时候也会用手指弹,二者的音色是不一样的。b、p 这两个音之所以不同,是因为前者不送气,后者送气;j、x 的音色不同是因为前者是塞擦音,后者是擦音。

3. 共鸣器的形状不同

大提琴与小提琴的音色听起来不一样,是因为二者的共鸣箱不一样。对于语音来说,共鸣箱一般是指口腔和鼻腔,如果形状不同,发出来的音也就不同,如 ɑ、i 都是元音,但音色明显不同,就是因为发音时口腔的形状不同。

上述音高、音强、音长、音色这四种要素在不同的语言或方言里的重要性是不一样的,比如在英语里,音长有区别意义的作用,非常重要,但在普通话一般没有区别意义的作用;音高在普通话里特别重要,因为普通话的声调就是音高的不同变化,但音高在英语里没有区别意义的作用。不管在哪种语言或方言里,音色都是最重要的要素。

二、生理属性

语音的生理属性是由人的发音器官决定的,发音器官活动的部位与活动的方法不同,发出来的音也就不同。发音器官分为呼吸器官、喉头和声带、共鸣器官,如图 2.1 所示。[①]

（一）呼吸器官

呼吸器官主要由肺、气管、支气管等组成。形成语音的气流是由肺部产生的,肺是发音的动力源。肺部呼出来的气流,通过支气管、气管到达喉头,作用于声带,然后再经过口腔、鼻腔等共鸣器官的调节,便发出不同的语音。

（二）喉头和声带

喉头由甲状软骨、环状软骨与两块杓状软骨组成,是声带的活动室。声带位于喉头的中间,是两片带状富有弹性的薄膜。声带中间的空隙叫声门。声带放松或拉紧,可以使声门打开或关闭。控制声带松紧的变化就可以发出高低不同的音。

（三）共鸣器官

共鸣器官主要包括口腔、鼻腔、咽腔等,是发音的共鸣器。

---

① 参见黄伯荣、廖序东主编:《现代汉语（增订六版）》,高等教育出版社 2017 年版,第 19 页。

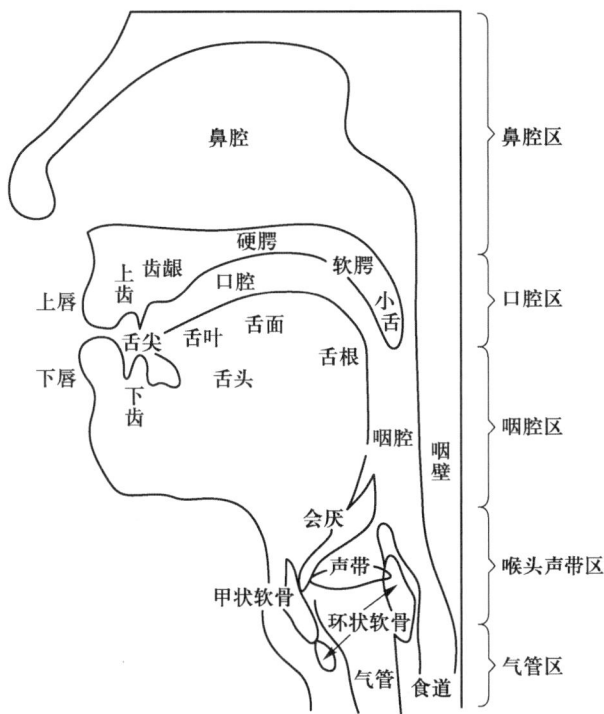

图 2.1 人体发音器官示意图

口腔是最重要的共鸣器官,各种不同的语音主要是由口腔内各器官的节制而形成的,其中,最灵活的部位是舌头。

发音时,口腔内的不同器官之间会形成不同的发音部位,这样就发出不同的音,所以,了解口腔的构造以及各部位的活动情况,对学好语音至关重要。口腔上部从外到内依次为:上唇、上齿、上齿龈、硬腭、软腭、小舌,下部从外到内依次为:下唇、下齿、舌尖、舌面、舌根。

鼻腔与口腔靠软腭与小舌隔开,软腭和小舌上升时堵塞鼻腔通道,气流只能从口腔通过,这时候发出的音在口腔中共鸣,叫口音;软腭和小舌下降,堵塞口腔通道,气流从鼻腔通过,这时候发出的音主要在鼻腔共鸣,叫鼻音;如果气流同时从口腔和鼻腔通过,发出的音在口腔和鼻腔共鸣,叫鼻化音。

三、社会属性

语音不同于一般的声音,它是语言的物质外壳,是一种社会现象,在社会交际中代表一定的意义,所以,语音不仅具有物理属性和生理属性,还具有社会属性。

语音的社会属性表现在语音的约定俗成性上。在一个社会中,什么样的语音形式表达什么样的意义,或者什么样的意义用什么样的语音表达,是由使用这种语言的全体社会成员约定俗成的,两者之间没有必然的联系。但一经约定俗成,大家都要遵守,如果有人不遵守,那么他说的话别人就听不懂,交际也就无法进行。

语音的社会属性还表现在语音的系统性上。各种语言或方言都有自己的语音系统,比如,在普通话中,b、p 是两个音,前者是不送气音,后者是送气音,具有区别意义的作用,bà、pà 意义不同;在英语中,pen 中的 p 是送气音,speak 中的 p 是不送气音,但二者没有区别意义的作用。在方言中也是如此,如普通话中,n、l 是两个音,具有区别意义的作用,但在某些方言中不具有区别意义的作用。

社会属性是语音的本质属性,是语音区别于其他声音的最重要的标志。

思 考 题

一、什么是语音?

二、语音有哪些属性?其中最重要的属性是什么?

第二节　语音的基本概念

一、音节

音节是语音的基本结构单位,是自然感到的最小的语音片段。一般以发音器官的肌肉紧张度为依据,肌肉每紧张一次就是一个音节。比如,读"国家推广全国通用的普通话"时,发音器官紧张 12 次,就是 12 个音节。一般情况下,一个汉字就是一个音节,儿化音节是例外,一个儿化音节用两个汉字表示,如,"huār(花儿)"是一个音节,两个汉字。

二、音素

音素是从音色角度划分出来的最小的语音单位。例如,bā 从音色的角度可以分成两部分,也就是 2 个音素 b、a;dān 从音色的角度可以分成 3 个音素 b、a、n;zhuāng 可以分为 4 个音素 zh、u、a、ng。划分音素时需要注意的是,zh、ch、sh、ng 分别是一个音素,只是每个音素由两个字母表示。

音素包括辅音和元音两大类。

辅音是气流在口腔或咽头受到某个部位的阻碍而形成的音素,又叫"子音"。发音时,声带大多不振动,声音一般不响亮。普通话共有 22 个辅音:b、p、m、f、d、t、n、l、g、k、h、j、q、x、zh、ch、sh、r、z、c、s、ng。

元音是气流在口腔或咽头不受阻碍,声带振动,声音比较响亮的音素,又叫"母音"。普通话有 7 个舌面元音:a、o、e、ê、i、u、ü,2 个舌尖元音: - i[ʅ](前)、- i[ʅ](后),1 个卷舌元音 er。

三、声母、韵母、声调

传统的汉语音韵学把一个音节分成声母、韵母、声调三个部分。

声母指音节开头的辅音。例如,在"天(tiān)"这个音节里,"t"这个辅音就是声母。如果一个音节里开头没有辅音,它的声母就是"零声母",如"安(ān)"。

韵母是指音节中声母后面的部分。它可以由元音构成,如"kuài"的韵母"uɑi";也可以由元音加辅音构成,如 jīn 的韵母 in。

声母、韵母是从音节结构的角度划分出来的单位,辅音、元音是根据音素的发音特点划分出来的类别。因为分析的角度不同,这两组不同的概念之间有交叉关系。

声母与辅音的关系。声母是由辅音充当的,但 ng 这个辅音只作韵尾,n 既可以作声母,也可以作韵尾。普通话的辅音有 22 个,但辅音声母只有 21 个。

韵母与元音的关系。元音都可以充当韵母,但韵母还可以由元音带辅音 n 或 ng 构成。普通话的单元音有 10 个,但韵母有 39 个。

声调是音节中具有区别意义作用的音高变化。如 mā、má、mǎ、mà 这四个音节的意义不同,就是因为依附在声韵结构中的音高变化也就是声调不同。

四、音位

音位是某一个语音系统中能够区别意义的最小语音单位,是根据语音的社会属性划分出来的。

在一个语音系统中,音素非常多,但有些音素并不能区别意义。按照能否区别意义的原则把一种语音系统里大量的音素归纳为一套数目有限的语音单位,就是音位。比如,[a][ʌ][ɑ][ɛ]都是普通话语音系统中使用的音素,但它们并不能出现在同一语音环境中并起到区别语素或词的语音形式的作用,即没有区别意义的作用,加之它们的读音近似,所以可以归并为一个音位,用双斜线表示为/a/。在普通话中,[n][l]具有区别意义的作用,如 nán 与 lán 意义不同,属于两个音位/n/、/l/。但在信阳话、武汉话中,这两个音节意思是一样的,也就是 n、l 不能区别意义,那么在这些方言中,它们就是一个音位。

思 考 题

一、什么是音节?
二、什么是音素?
三、声母与辅音有什么关系?韵母与元音有什么关系?

第三节　记音符号

一、《汉语拼音方案》

1955 年,《汉语拼音方案》经国务院批准开始设计;1956 年,中国文字改革委员会公布了《汉语拼音方案(草案)》;1958 年,第一届全国人民代表大会批准作为正式方案公布推行。1982 年"国际标准化组织"承认该方案为拼写汉语的国际标准。这个方案广泛征求了各方面的意见,用国际上通行的拉丁字母记录普通话语音,是一套比较科学、完善的拼音方案。

（一）《汉语拼音方案》的内容

《汉语拼音方案》包括五部分:字母表、声母表、韵母表、声调符号、隔音符号。

1. 字母表

字母	A a	B b	C c	D d	E e	F f	G g
名称	ㄚ	ㄅㄝ	ㄘㄝ	ㄉㄝ	ㄜ	ㄝㄈ	ㄍㄝ
	H h	I i	J j	K k	L l	M m	N n
	ㄏㄚ	ㄧ	ㄐㄧㄝ	ㄎㄝ	ㄝㄌ	ㄝㄇ	ㄋㄝ
	O o	P p	Q q	R r	S s	T t	
	ㄛ	ㄆㄝ	ㄑㄧㄡ	ㄚㄦ	ㄝㄙ	ㄊㄝ	
	U u	V v	W w	X x	Y y	Z z	
	ㄨ	ㄇㄝ	ㄨㄚ	ㄒㄧ	ㄧㄚ	ㄗㄝ	

　　　V 只用来拼写外来语、少数民族语言和方言。

　　　字母的手写体依照拉丁字母的一般书写习惯。

2. 声母表

b	p	m	f	d	t	n	l
ㄅ玻	ㄆ坡	ㄇ摸	ㄈ佛	ㄉ得	ㄊ特	ㄋ讷	ㄌ勒
g	k	h		j	q	x	
ㄍ哥	ㄎ科	ㄏ喝		ㄐ基	ㄑ欺	ㄒ希	
zh	ch	sh	r	z	c	s	
ㄓ知	ㄔ蚩	ㄕ诗	ㄖ日	ㄗ资	ㄘ雌	ㄙ思	

　　　在给汉字注音时,为了使拼式简短,zh、ch、sh 可以省作 ẑ、ĉ、ŝ。

3. 韵母表

	i	u	ü
	ㄧ 衣	ㄨ 乌	ㄩ 迂
a	ia	ua	
ㄚ 啊	ㄧㄚ 呀	ㄨㄚ 蛙	
o		uo	
ㄛ 喔		ㄨㄛ 窝	
e	ie		üe
ㄜ 鹅	ㄧㄝ 耶		ㄩㄝ 约

（续）

ai 万　哀		uai 乂万　歪	
ei 乁　诶		uei 乂乁　威	
ao 幺　熬	iao ㄬ幺　腰		
ou 又　欧	iou ㄬ又　忧		
an ㄢ　安	ian ㄬㄢ　烟	uan 乂ㄢ　弯	üan ㄩㄢ　冤
en ㄣ　恩	in ㄬㄣ　因	uen 乂ㄣ　温	ün ㄩㄣ　晕
ang 尢　昂	iang ㄬ尢　央	uang 乂尢　汪	
eng ㄥ　亨的韵母	ing ㄬㄥ　英	ueng 乂ㄥ　翁	
ong （乂ㄥ）　轰的韵母	iong ㄩㄥ　雍		

（1）"知""蚩""诗""日""资""雌""思"这7个音节的韵母用i，即：知、蚩、诗、日、资、雌、思等字拼作 zhi、chi、shi、ri、zi、ci、si。

（2）韵母儿写成 er，用作韵尾的时候写成 r。例如："儿童"拼作 ertong，"花儿"拼作 huar。

（3）韵母ㄝ单用的时候写成 ê。

（4）i 行的韵母，前面没有声母的时候，写成 yi（衣）、ya（呀）、ye（耶）、yao（腰）、you（忧）、yan（烟）、yin（因）、yang（央）、ying（英）、yong（雍）。

u 行的韵母，前面没有声母的时候，写成 wu（乌）、wa（蛙）、wo（窝）、wai（歪）、wei（威）、wan（弯）、wen（温）、wang（汪）、weng（翁）。

ü 行的韵母，前面没有声母的时候，写成 yu（迂）、yue（约）、yuan（冤）、yun（晕），ü 上两点省略。

ü 行的韵母跟声母 j、q、x 拼的时候，写成 ju（居）、qu（区）、xu（虚），ü 上两点也省略；但是跟声母 n、l 拼的时候，仍然写成 nü（女）、lü（吕）。

（5）iou、uei、uen 前面加声母的时候，写成 iu、ui、un。例如 niu（牛）、gui（归）、lun（论）。

（6）在给汉字注音的时候，为了使拼式简短，ng 可以省作 ŋ。

4. 声调符号

阴平	阳平	上声	去声
ˉ	ˊ	ˇ	ˋ

声调符号标在音节的主要母音上。轻声不标。例如：

妈 mā	麻 má	马 mǎ	骂 mà	吗 ma
（阴平）	（阳平）	（上声）	（去声）	（轻声）

5. 隔音符号

a、o、e 开头的音节连接在其他音节后面的时候,如果音节的界限发生混淆,用隔音符号（'）隔开,例如:pi'ao（皮袄）。

（二）《汉语拼音方案》的主要用途

1. 给汉字注音

汉字不是拼音文字,即使形声字,其声旁表音能力也非常有限,传统的直音法、反切法、注音字母都存在一定的局限。《汉语拼音方案》能够准确地给汉字注音,对儿童识字、成人扫盲,以及少数民族和外国人学习汉语都有很大帮助。

2. 推广普通话

《中华人民共和国宪法》规定:国家推广全国通用的普通话。推广普通话时,光靠口耳传授是不行的,这样容易忘记、容易走样,所以,要想有效地推广普通话,必须运用《汉语拼音方案》注音,这样就可以随时查找、反复练习,更快、更好地学习普通话。事实证明,这个方案对普通话的推广与普及起到了很大的作用。

《汉语拼音方案》还有一些其他的用途,比如,编制索引、档案、代号,计算机的汉字输入,创制或改革少数民族文字,作为国际标准拼写中国人名、地名、专有名词,等等。

二、国际音标

国际音标(International Phonetic Alphabet,简称 IPA)是目前国际上通用的一套记音符号,1888 年由国际语音协会制定并公布,至今已经过多次修订。国际音标有一百多个符号,包括辅音表、元音表、附加标记符号,有严式标音和宽式标音。国际音标大多采用世界通用的拉丁字母小写印刷体,一部分是拉丁字母的大写、倒写、合写、反写等形式,个别的采用希腊字母,字母上可以添加附加符号。

国际音标的原则是"一个符号一个音素,一个音素一个符号"。这样音素与符号一一对应,不会产生混淆。即使说不同语言的人,看到一个国际音标也会发出相同的音,各种语言中的同一个音都能用相同的国际音标符号表示。

国际音标符号简明、细致、科学,可以记录世界上各种语言的语音。由于《汉语拼音方案》是根据北京话的语音系统设计的,主要是用来给普通话注音,所以,汉语方言或我国少数民族语言的语音,有些是《汉语拼音方案》无法记录的,这时就要用到适用范围更广的国际音标。国际音标在我国的语音研究、方言研究、少数民族语言研究、对外汉语教学等方面都发挥了很大的作用。

国际音标通常在符号外加［　］表示。

现将汉语拼音字母与国际音标的对应列表如下（见表 2.1）:

表 2.1 汉语拼音字母与国际音标对照表

说　明

（1）本表采用的基本是严式国际音标，如果采用宽式音标，ɑ 在任何地方出现都可以标作 [a]。

（2）送气符号（'）容易被忽略，可以用 h 表示，h 也可以上标，如 k 的国际音标可以记作 [kʰ]。

汉语拼音	国际音标	汉语拼音	国际音标	汉语拼音	国际音标	汉语拼音	国际音标	汉语拼音	国际音标
b	[p]	j	[tɕ]	ê	[ɛ]	ang	[aŋ]	uei	[uei]
p	[pʰ]	q	[tɕʰ]	i	[i]	eng	[əŋ]	uan	[uan]
m	[m]	x	[ɕ]	-i(前)	[ɿ]	ia	[iA]	uen	[uən]
f	[f]	zh	[tʂ]	-i(后)	[ʅ]	ie	[iɛ]	uang	[uaŋ]
d	[t]	ch	[tʂʰ]	u	[u]	iao	[iau]	ueng	[uəŋ]
t	[tʰ]	sh	[ʂ]	ü	[y]	iou	[iou]	ong	[uŋ]
n	[n]	r	[ʐ]	er	[ɚ]	ian	[iɛn]	üe	[yɛ]
/	[ȵ]	z	[ts]	ai	[ai]	in	[in]	üan	[yɛn]
l	[l]	c	[tsʰ]	ei	[ei]	iang	[iaŋ]	ün	[yn]
g	[k]	s	[s]	ao	[au]	ing	[iŋ]	iong	[yŋ]
k	[kʰ]	ɑ	[A]	ou	[ou]	ua	[uA]		
h	[x]	o	[o]	an	[an]	uo	[uo]		
ng	[ŋ]	e	[ɤ]	en	[ən]	uai	[uai]		

思考题

一、《汉语拼音方案》包括哪些内容？

二、《汉语拼音方案》有哪些作用？

第三章　声母

　　普通话共有 22 个辅音。普通话的声母主要是指辅音声母,辅音声母是指音节开头的辅音,普通话中共有 21 个,分别是:b、p、m、f 、d、t、n、l、g、k、h、j、q、x、zh、ch、sh、r、z、c、s。辅音 ng 只能作韵尾,n 既可以作声母也可以作韵尾。

　　另外,普通话里有些音节没有辅音声母,我们就叫它"零声母",如爱(ài)、鹅(é)、衣(yī)、云(yún)、文(wén),这里的 y、w 不是真正的辅音,《汉语拼音方案》规定:i、u、ü 三行韵母在自成音节的时候,ü 前加 y,i、u 变成 y、w 或者前边加 y、w。

　　本章主要学习辅音声母的分类、发音以及辨正。

第一节　声母的分类

　　21 个辅音声母可以按照发音部位或发音方法分成不同的类。

一、按发音部位分类

　　发音部位就是发音时气流受到阻碍的部位。按发音部位可以把普通话辅音声母分为七类:

　　1. 双唇音(b、p、m):是由上唇与下唇闭合阻碍气流而形成的音。

　　2. 唇齿音(f):是由上齿接近下唇阻碍气流而形成的音。

　　3. 舌尖前音(z、c、s):也叫平舌音,是由舌尖与齿背接触或接近阻碍气流而形成的音。

　　4. 舌尖中音(d、t、n、l):是由舌尖与上齿龈接触阻碍气流而形成的音。

　　5. 舌尖后音(zh、ch、sh、r):也叫翘舌音,是由舌尖与硬腭前部接触或接近阻碍气流而形成的音。

　　6. 舌面前音(j、q、x):是由舌面前部与硬腭前部接触或接近阻碍气流而形成的音。

　　7. 舌面后音(g、k、h):也叫舌根音,是由舌面后部与软腭接触或接近阻碍气流而形成的音。

　　需要注意的是,舌尖前音、舌尖中音、舌尖后音是把与舌尖形成阻碍的部位分为前、中、后,而不是把舌尖分为前、中、后。

二、按发音方法分类

发音方法主要包括辅音发音时形成阻碍和克服阻碍的方式、气流的强弱、声带是否颤动三个方面。

（一）形成阻碍和克服阻碍的方式

辅音声母发音时,都要经历三个阶段:形成阻碍→阻碍持续→消除阻碍(成阻→持阻→除阻)。根据这个标准,可以把辅音声母分为五类:

1. 塞音:发音时,口腔内形成阻碍的两个部位完全闭合,然后气流突然将阻碍冲开,爆破成声。普通话共有 6 个塞音声母:b、p、d、t、g、k。

2. 擦音:发音时,口腔内形成阻碍的两个部位接近,留有一条缝隙,然后气流从这条缝隙里挤出来,摩擦成声。普通话共有 6 个擦音声母:f、h、x、sh、r、s。

3. 塞擦音:发音时,口腔内形成阻碍的两个部位完全闭合,堵塞气流,然后气流把阻碍冲开一条窄缝,再从这条窄缝中挤出来,摩擦成声。需要注意的是,这类音不是复辅音,分别是一个辅音,只是成阻阶段与塞音相同,除阻阶段与擦音相同。普通话共有 6 个塞擦音:j、q、zh、ch、z、c。

4. 鼻音:发音时,口腔中的发音部位完全闭合,软腭下降,打开鼻腔通路,声带振动,气流从鼻腔通过形成鼻音。普通话共有 2 个鼻音声母:m、n。ng 是鼻音,在普通话中不作声母。

5. 边音:发音时,舌尖抵住上齿龈,声带振动,气流从舌头的两边通过。普通话有 1 个边音声母:l。

（二）气流的强弱

在发塞音和塞擦音时,气流的强弱不一样,根据这个标准,可以把普通话的塞音与塞擦音分为两类:不送气音、送气音。

1. 不送气音:发音时,从肺部呼出的气流较弱,普通话共有 6 个不送气音声母:b、d、g、j、zh、z。

2. 送气音:发音时,从肺部呼出的气流较强,普通话共有 6 个送气音声母:p、t、k、q、ch、c。

（三）声带是否颤动

以"声带是否颤动"作为标准,可以把辅音声母分为两类:清音、浊音。

1. 清音:发音时,声带不颤动,普通话共有 17 个清音声母:b、p、f、d、t、g、k、h、j、q、x、zh、ch、sh、z、c、s。

2. 浊音:发音时,声带颤动,普通话共有 4 个浊音声母:m、n、l、r。

不妨这样记忆:普通话共有 21 个辅音声母,先记住 4 个浊音,剩下的都是清音。

思 考 题

一、声母按发音部位可分几类?各包括哪些辅音?

二、声母的发音方法主要包括哪些方面?

第二节 声母的发音

下面按发音部位与发音方法描写 21 个辅音声母的发音。

一、双唇音

b［p］：双唇、不送气、清、塞音

发音时，双唇闭合阻碍气流，软腭上升，关闭鼻腔通道，声带不振动，较弱的气流一下冲开双唇的阻碍，爆发成声。

颁布 bānbù	宝贝 bǎobèi	褒贬 bāobiǎn	辨别 biànbié
病变 bìngbiàn	步兵 bùbīng	冰雹 bīngbáo	表白 biǎobái

p［pʰ］：双唇、送气、清、塞音

与 b 相比，发 p 时冲破阻碍的气流较强，其余都相同。

批判 pīpàn	批评 pīpíng	偏偏 piānpiān	乒乓 pīngpāng
偏旁 piānpáng	偏僻 piānpì	铺平 pūpíng	匹配 pǐpèi

m［m］：双唇、浊、鼻音

发音时，双唇闭紧，软腭下降，打开鼻腔通道，气流振动声带，从鼻腔通过形成鼻音。

买卖 mǎimai	盲目 mángmù	美妙 měimiào	面貌 miànmào
面目 miànmù	命名 mìngmíng	牧民 mùmín	明媚 míngmèi

二、唇齿音

f［f］：唇齿、清、擦音

发音时，下唇略微内收，上齿接近下唇，中间留有缝隙，软腭上升，关闭鼻腔通道，声带不振动，气流从唇齿形成的缝隙里挤出来，摩擦成声。

反复 fǎnfù	方法 fāngfǎ	非法 fēifǎ	丰富 fēngfù
蜂房 fēngfáng	风帆 fēngfān	芬芳 fēnfāng	奋发 fènfā

三、舌尖前音（平舌音）

z［ts］：舌尖前、不送气、清、塞擦音

发音时，舌尖抵住齿背，软腭上升，堵塞鼻腔通道，声带不振动，较弱的气流把口腔内的阻碍冲开一条窄缝，然后从窄缝里挤出来，摩擦成声。

自在 zìzài	自责 zìzé	粽子 zòngzi	自尊 zìzūn
罪责 zuìzé	造作 zàozuò	藏族 zàngzú	祖宗 zǔzōng

c［tsʰ］：舌尖前、送气、清、塞擦音

与 z 相比，发 c 时冲破阻碍的气流较强，其余都相同。

从此 cóngcǐ	粗糙 cūcāo	摧残 cuīcán	璀璨 cuǐcàn

参差 cēncī 苍翠 cāngcuì 催促 cuīcù 措辞 cuòcí

s[s]:舌尖前、清、擦音

发音时,舌尖接近齿背,留有一条缝隙,软腭上升,关闭鼻腔通道,声带不振动,气流从口腔内的缝隙里挤出来,摩擦成声。

思索 sīsuǒ 诉讼 sùsòng 四散 sìsàn 松散 sōngsǎn

琐碎 suǒsuì 撕碎 sīsuì 瑟缩 sèsuō 色素 sèsù

四、舌尖中音

d[t]:舌尖中、不送气、清、塞音

发音时,舌尖抵住上齿龈,阻碍气流,软腭上升,关闭鼻腔通道,声带不振动,较弱的气流一下冲开口腔内的阻碍,爆发成声。

达到 dádào 大胆 dàdǎn 大豆 dàdòu 到达 dàodá

大多 dàduō 单调 dāndiào 当代 dāngdài 导弹 dǎodàn

t[tʰ]:舌尖中、送气、清、塞音

与 d 相比,发 t 时冲破阻碍的气流较强,其余都相同。

抬头 táitóu 探讨 tàntǎo 淘汰 táotài 疼痛 téngtòng

团体 tuántǐ 吞吐 tūntǔ 图腾 túténg 天堂 tiāntáng

n[n]:舌尖中、浊、鼻音

发音时,舌尖抵住上齿龈,软腭下降,打开鼻腔通道,声带振动,气流从鼻腔通过形成鼻音。

男女 nánnǚ 泥泞 nínìng 袅袅 niǎoniǎo 恼怒 nǎonù

能耐 néngnài 袅娜 niǎonuó 牛奶 niúnǎi 扭捏 niǔnie

l[l]:舌尖中、浊、边音

发音时,舌尖抵住上齿龈,软腭上升,关闭鼻腔通道,声带振动,气流从舌头两边通过形成边音。

拉拢 lālǒng 来历 láilì 劳累 láolèi 牢笼 láolóng

勒令 lèlìng 冷落 lěngluò 邻里 línlǐ 淋漓 línlí

五、舌尖后音(翘舌音)

zh[tʂ]:舌尖后、不送气、清、塞擦音

发音时,舌尖往上翘,抵住硬腭前部,软腭上升,关闭鼻腔通道,声带不振动,较弱的气流把口腔内的阻碍冲开一条窄缝,然后从窄缝里挤出来,摩擦成声。

战争 zhànzhēng 珍珠 zhēnzhū 真正 zhēnzhèng 政治 zhèngzhì

制止 zhìzhǐ 种植 zhòngzhí 周转 zhōuzhuǎn 主张 zhǔzhāng

ch[tʂʰ]:舌尖后、送气、清、塞擦音

与 zh 相比,发 ch 时冲破阻碍的气流较强,其余都相同。

长城 chángchéng 超出 chāochū 成虫 chéngchóng

传承 chuánchéng 穿插 chuānchā 初春 chūchūn

sh[ʂ]：舌尖后、清、擦音

发音时,舌尖往上翘,接近硬腭前部,留有一条缝隙,软腭上升,关闭鼻腔通道,声带不振动,气流从口腔内的缝隙里挤出来,摩擦成声。

山水 shānshuǐ	闪烁 shǎnshuò	上山 shàngshān	上升 shàngshēng
设施 shèshī	神圣 shénshèng	实施 shíshī	事实 shìshí

r[ʐ]：舌尖后、浊、擦音

发音时,舌尖往上翘,接近硬腭前部,留有一条缝隙,软腭上升,关闭鼻腔通道,声带振动,气流从口腔内的缝隙里挤出来,摩擦成声,但摩擦比 sh 要弱。

仍然 réngrán	柔软 róuruǎn	柔弱 róuruò	软弱 ruǎnruò
冉冉 rǎnrǎn	荏苒 rěnrǎn	如若 rúruò	忍让 rěnràng

六、舌面前音

j[tɕ]：舌面前、不送气、清、塞擦音

发音时,舌面前部上抬抵住硬腭前部,软腭上升,关闭鼻腔通道,声带不振动,较弱的气流把口腔内的阻碍冲开一条窄缝,然后从窄缝里挤出来,摩擦成声。

积极 jījí	基建 jījiàn	基金 jījīn	急剧 jíjù
寂静 jìjìng	加紧 jiājǐn	加剧 jiājù	坚决 jiānjué

q[tɕʰ]：舌面前、送气、清、塞擦音

与 j 相比,发 q 时冲破阻碍的气流较强,其余都相同。

前期 qiánqī	悄悄 qiāoqiāo	侵权 qīnquán	亲切 qīnqiè
情趣 qíngqù	请求 qǐngqiú	全球 quánqiú	确切 quèqiè

x[ɕ]：舌面前、清、擦音

发音时,舌面前部接近硬腭前部,留有一条缝隙,软腭上升,关闭鼻腔通路,声带不振动,气流从口腔内的缝隙里挤出来,摩擦成声。

习性 xíxìng	细小 xìxiǎo	细心 xìxīn	下旬 xiàxún
行星 xíngxīng	现象 xiànxiàng	现行 xiànxíng	相信 xiāngxìn

七、舌面后音（舌根音）

g[k]：舌面后、不送气、清、塞音

发音时,舌面后部隆起抵住软腭,软腭后部上升,关闭鼻腔通路,声带不振动,较弱的气流一下冲开口腔内的阻碍,爆发成声。

改革 gǎigé	感官 gǎnguān	公共 gōnggòng	巩固 gǒnggù
灌溉 guàngài	广告 guǎnggào	规格 guīgé	过关 guòguān

k[kʰ]：舌面后、送气、清、塞音

与 g 相比,发 k 时冲破阻碍的气流较强,其余都相同。

开垦 kāikěn	可靠 kěkào	刻苦 kèkǔ	宽阔 kuānkuò
苛刻 kēkè	慷慨 kāngkǎi	坎坷 kǎnkě	困苦 kùnkǔ

h[x]：舌面后、清、擦音

发音时,舌面后部隆起接近软腭,留有一条缝隙,软腭后部上升,关闭鼻腔通路,声带不振动,气流从口腔内的缝隙里挤出来,摩擦成声。

航海 hánghǎi   后悔 hòuhuǐ   呼喊 hūhǎn   化合 huàhé
欢呼 huānhū   黄昏 huánghūn   辉煌 huīhuáng   绘画 huìhuà

练·习·题

一、单音节字词朗读练习。

八	办	北	比	采	擦	出	此	大	但
到	度	俄	而	法	副	干	刊	给	股
贵	红	湖	坏	及	加	街	据	库	拉
累	满	面	南	努	怕	平	其	缺	商
斯	特	天	退	站	子	西	下	写	新

二、词语对比朗读练习。

1. b—p

b—p

爆破	背叛	鞭炮	并排	布匹	表皮	不怕	编排	半票
并排	不配	摆谱	被迫	背叛	包赔	般配	宝瓶	比拼

p—b

拍板	派别	盘剥	叛变	旁白	炮兵	跑步	陪伴	配备
皮包	疲惫	拼搏	平板	评比	破布	扑鼻	排爆	攀比

谱写—补写   跑了—饱了   婆婆—伯伯   配上—背上

2. z—c

z—c

再次	在此	紫菜	资财	自此	字词	组词	遵从	自裁

c—z

才子	嘈杂	次子	菜籽	刺字	错字	错综	错杂	存在

刺杀—自杀   错了—做了   错位—座位   刺骨—自古

3. d—t

d—t

大厅	大体	带头	当天	点头	电台	冬天	打铁	大腿
弹头	党团	倒退	得体	登台	电筒	殿堂	掉头	动弹

t—d

台灯	天地	天敌	铁道	剃刀	通达	头等	投递	土豆
徒弟	屠刀	推定	推断	退掉	妥当	泰斗	坦荡	逃遁

兔子—肚子   吞下—蹲下   跳出—调出   探子—担子

4. zh—ch

zh—ch

| 摘除 | 展翅 | 涨潮 | 真钞 | 震颤 | 争吵 | 直肠 | 职称 | 住处 |

ch—zh

| 查找 | 常驻 | 朝政 | 惩治 | 持重 | 出征 | 传真 | 纯真 | 常住 |

痴心—知心　　窗口—张口　　创举—壮举　　吹捧—追捧

5. j—q

j—q

| 机枪 | 机器 | 急切 | 集权 | 甲壳 | 讲求 | 交情 | 截取 | 紧俏 |
| 近亲 | 及其 | 精巧 | 警犬 | 激情 | 聚齐 | 崛起 | 攫取 | 俊俏 |

q—j

| 奇迹 | 起家 | 起居 | 气急 | 迄今 | 契机 | 器具 | 器件 | 迁就 |
| 迁居 | 强加 | 强健 | 抢劫 | 侨眷 | 切忌 | 亲近 | 请教 | 情景 |

亲属—金属　　清瘦—精瘦　　其实—即时　　庆贺—敬贺

6. g—k

g—k

| 改口 | 干枯 | 甘苦 | 钢盔 | 高亢 | 高考 | 攻克 | 关口 | 国库 |

k—g

| 开工 | 可贵 | 客观 | 控告 | 可观 | 苦果 | 快感 | 宽广 | 旷工 |

看着—干着　　宽了—关了　　快意—怪异　　宽带—冠带

三、零声母朗读练习。

1. w

| 挖 | 歪 | 弯 | 王 | 微 | 温 |
| 五 | 维 | 闻 | 围 | 忘 | 碗 |

| 万物 | 往往 | 微微 | 文物 | 外围 | 玩味 | 威望 | 威武 | 委婉 |
| 无谓 | 慰问 | 无望 | 无畏 | 无误 | 文武 | 玩物 | 唯物 | 维文 |

2. y

压	烟	言	厌	秧	腰
也	一	因	营	优	用
于	元	月	云	远	匀

| 压抑 | 言语 | 演绎 | 演员 | 遥远 | 医药 | 医院 | 议员 | 易于 |
| 意义 | 音乐 | 饮用 | 应用 | 拥有 | 优越 | 由于 | 游泳 | 忧郁 |

四、绕口令朗读练习。

1. 爸爸抱宝宝。

爸爸抱宝宝,跑到布铺买布做长袍。宝宝穿了长袍不会跑,跑了八步就拉破了布长袍。布长袍破了还要用布补,再跑到布铺买布补长袍。

2. 大刀对单刀。

大刀对单刀,单刀对大刀,大刀斗单刀,单刀夺大刀。

3. 天上有个日头。

天上有个日头,地下有块石头,嘴里有个舌头,手上有五个手指头。不管天上的热日头、地下的硬石头、嘴里的软舌头、手上的手指头,还是热日头、硬石头、软舌头、手指头、反正都是练舌头。

4. 四十四个石狮子。

石狮寺前有四十四个石狮子,寺前树上结了四十四个涩柿子,四十四个石狮子不吃四十四个涩柿子,四十四个涩柿子倒吃四十四个石狮子。

5. 三个阿姨。

白阿姨、黄阿姨、花阿姨,养鸡场里来喂鸡。白阿姨喂七百一十七只大黄鸡,黄阿姨喂七百七十一只大花鸡,花阿姨喂七百七十七只大白鸡。三个阿姨一合计,要用机器来喂鸡,造了一套喂食机。

第三节 声 母 辨 正

汉语方言众多,与普通话的声母系统不尽相同。方言区的人要想学好普通话,就要改变自己的方音。下面对一些声母进行辨正。

一、分清 z、c、s 与 zh、ch、sh

在普通话中,z、c、s 与 zh、ch、sh 是两套声母,前者是舌尖前音,后者是舌尖后音。但有的方言中没有舌尖后音,如吴方言、粤方言;有的方言是把普通话中一部分舌尖后音声母的字读成舌尖前音,如天津话、银川话;还有的方言会把普通话中某些舌尖前音声母的字读成舌尖后音,如中原官话区的某些地方话。普通话中,这两组辅音作声母的字数量可观,所以,如果读不准就会大大影响普通话水平。要想掌握这两组音,需要做到以下几点。

(一)会发这两组辅音

这是最基本的一步,只有会发这些音,其他的方法才有用。这两组辅音的发音方法完全相同,只是发音部位不同,所以,一定要仔细体会它们各自的阻碍部位,特别是没有舌尖后音的方言区。

z、c、s 是舌尖前音,发音时,舌尖前伸,轻轻抵住或接近齿背形成阻碍。

zh、ch、sh 是舌尖后音,舌尖往上翘,抵住或接近硬腭前部形成阻碍。舌尖到底要翘到什么程度呢?可以采用这种方法体会:发音时,咬住一节食指,食指与翘起的舌头的背部要接触。

(二)利用形声字的声旁来类推

会发这两组辅音后,就要记住它们作声母的汉字,记字时可以采用类推的方法。汉字大多数是形声字,同一声旁的字的读音一般会相同或相近,所以,如果一个字的声旁的声母是舌尖前音,那么整个字的声母就很有可能也是舌尖前音。根据这种方法,记住一个声旁的读音就可以记住声旁相同的一组字的读音,如"支"的声母是舌尖后音 zh,那么,以"支"作为声旁的字的声母也很有可能是舌尖后音,如"吱""枝""汁""肢"。类推还有另外两种情况:一种是几个字声旁相同,声旁目前不能独立成字,这几个字的声母也可以类推,如"疏""梳""蔬";另一种是几个字声旁相同,声旁目前也可以独立成字,声旁的声母与整个字的声母并不相同,但这几个字的声母是相同的,可以类推,如"删""姗""珊""栅""跚"。对这两种情况,记住常用字,其他的类推就行了。

需要注意的是,这个方法是有例外的,这是因为有些形声字的声旁与整个字的读音不一致,如"叟"的声母是 s,大部分以它作为声旁的字的声母也是 s,如"艘""搜""溲""嗖""飕""馊""嫂",但以它作为声旁的"瘦"的声母是舌尖后音 sh;"寺"的声母是 s,但以它作为声旁的"诗、侍"的声母是 sh。

拓展阅读一是 z、c、s 与 zh、ch、sh 常用字表,读不准这六个辅音的学生要多查找、多记忆。

（三）记少不记多

在普通话中,舌尖前音作声母的字比舌尖后音作声母的字要少得多,记忆的时候,可以只记 z、c、s 作声母的字,那么剩下的就是 zh、ch、sh 作声母,这样可以取得事半功倍的效果。例如,普通话里,zen 有两个字"怎、潛",其中常用字只有一个"怎",但 zhen 有"镇、真、珍、振、阵、针、震、阵、贞、珍"等40多个字。

（四）利用声韵拼合规律来分辨

在普通话里,ua、uai、uang 这三个韵母只拼舌尖后音 zh、ch、sh,不跟舌尖前音 z、c、s 相拼,所以,"抓、拽、装、庄、壮"等字的声母只能是舌尖后音。

韵母 ong 可以跟 s 相拼,但不跟 sh 相拼,所以,"送、宋、松、颂、诵、耸"等字的声母只能是 s。

二、分清 n 与 l

在普通话里,n、l 虽然发音部位相同,都是浊音,但一个是鼻音,一个是边音,是两个不同的音。在西南官话、湘方言以及江淮官话中,这两个音有的都读成 n,有的都读成 l,有的 n、l 随便读。

n、l 相混的人学习这两个声母存在着两个问题,一是发不准音,二是不知道哪些字的声母是 n,哪些字的声母是 l。针对这两个问题,我们要从以下两个方面努力。

（一）发准这两个辅音

n、l 的区别在于一个是鼻音,一个是边音,要想发准音,就要注意软腭的升降。发 n 时,软腭下降,堵塞口腔通道,鼻腔畅通,气流从鼻腔通过;发 l 时,软腭上升,堵塞鼻腔通道,口腔畅通,气流从口腔通过。所以,一定要仔细体会气流是从鼻腔出来还是从口腔出来。可以这样体会:发 n 时,如果捏住鼻子,发音会有困难;发 l 时捏住鼻子也可以轻松成音。

在教学的过程中,我们发现有一些学生,发音部位也能找准,但就是区别不开这两个音。我们采用了这样一个方法区别这两个音,就是让这两个音的发音部位稍微错开一点,发 n

时,舌尖抵住上齿龈,但发 l 时舌尖往后一点,抵住硬腭前部。这个方法可以起到辅助作用。

（二）记住 n、l 作声母的字

记字的时候,可以采用类推的方法,比如,记住"内"的声母是 n,那么以"内"作为声旁的字的声母也是 n,如"讷、呐、纳、钠、衲"。

类推的时候,还有另两种情况:一种是几个字的声旁目前不是单独的字,这几个字的声母相同,如"捏、涅、陧";另一种是几个字的声旁目前是单独的字,单独成字时的声母与作为声旁的整个字的声母是不一样的,但这几个相同声旁的字的声母是一致的,如"恋、孪、栾、峦、滦、銮、鸾"。对于这两种情况,记住常用字,其他的类推就行了。

记字的时候,要记少不记多。n 声母的字比 l 声母的字少,记住 n 声母的,剩下的就是 l 声母的。本章拓展阅读二是 n、l 代表字类推字表。

三、分清 f 与 h

在普通话里,这两个辅音的发音方法完全相同,只是发音部位不同,f 是唇齿音,h 是舌面后音,分得很清楚。但在某些方言里,有的是把 f 读成 b、p 或 h,如闽方言;有的是把 h 读成了 f,如湘方言;还有的 f、h 随便读,如中原官话的一个方言点。

方言区的人发音时只要找准发音部位,这两个音基本上就可以发出来,关键是记住哪些字是 f 声母,哪些字是 h 声母。记忆的时候可以采用类推的方法。本章后面拓展阅读三是这两个辅音声母的代表字类推字表,常用字要记住。

四、分清 j、q、x 与 z、c、s

在普通话里,j、q、x 只能跟 i、ü 或 i、ü 打头的韵母相拼,z、c、s 不能跟 i、ü 或 i、ü 打头的韵母相拼,分得很清楚。[①] 但在一些方言里,j、q、x 在跟 i、ü 或 i、ü 打头的韵母相拼时读成了 z、c、s。

要想纠正方音,需要注意 j、q、x 的发音要点:这三个音是舌面前部与硬腭前部形成阻碍,舌尖以及舌尖后的舌叶都不能抵住或接近上齿背,否则,就发成了 z、c、s。

练 习 题

一、z、c、s—zh、ch、sh。

1. 词语对比朗读练习。

zh—z

职责	正宗	指责	质子	种子	著作	追踪	装载
铸造	种族	知罪	栀子	壮族	准则	治罪	赈灾
制作	侄子	专座	支座	掌嘴	正在	知足	张嘴

---

① ji、qi、xi 中的 i 是舌面音〔i〕,而 zi、ci、si 里的 i 是舌尖音-i〔ɿ〕,它们实际上是两个音,只是因为它们出现在不同的声母后面,属于互补分布,不会出现混淆的情况,所以用一个字母来表示。

ch—c

差错	成才	陈醋	筹措	储藏	揣测	穿刺	船舱
车次	成材	冲刺	除草	纯粹	场次	炒菜	初次
莼菜	春蚕	陈词	唱词	吃醋	尺寸	出错	出操

sh—s

上诉	神色	神速	声速	失散	石笋	世俗	疏散
上司	申诉	疏松	哨所	十三	深思	生涩	生死
生丝	沙僧	十四	誓死	声色	绳索	伸缩	食宿

z—zh

杂志	资助	组织	自治	增值	奏章	佐证	阻止
增长	杂质	资质	走账	最终	在职	作证	总值
族长	座钟	尊重	自主	赞助	自制	滋长	

c—ch

财产	裁处	操场	彩绸	采茶	辞呈	操持	仓储
磁场	彩车	草创	擦车	此处	菜场	餐车	槽床
存储	存车	催产	促成	蚕虫	错车	裁撤	

s—sh

三十	随时	素食	俗事	琐事	肃杀	随手	私事
丧失	桑树	损失	私塾	算术	松树	四声	宿舍
唆使	松手	散失	缩手	随身	损伤	诉说	随手

z—zh

阻力—主力	自立—智利	大字—大致	栽花—摘花	综合—中和
资助—支柱	水葬—水仗	早稻—找到	簪子—毡子	阻止—主旨
赠品—正品	增光—争光	租子—珠子	自序—秩序	仿造—仿照
总账—肿胀	造价—照价	资源—支援	造就—照旧	增兵—征兵

c—ch

鱼刺—鱼翅	粗劣—出列	推辞—推迟	擦手—插手	三层—山城
祠堂—池塘	粗布—初步	木材—木柴	村庄—春装	乱草—乱吵

s—sh

三角—山脚	四时—事实	搜集—收集	司长—师长	私章—诗章
丧事—伤势	私人—诗人	肃立—树立	桑叶—商业	酥油—输油
塞子—筛子	僧人—生人	死寂—史记	近似—近视	不扫—不少

2. 绕口令朗读练习。

（1）石、斯、施、史四老师。

石、斯、施、史四老师，天天和我在一起。石老师教我大公无私，斯老师给我精神食粮，施老师叫我遇事三思，史老师送我知识钥匙。我感谢石、斯、施、史四位老师。

（2）山里有个寺。

山里有个寺,山外有个市,弟子三十三,师父四十四。三十三的弟子在寺里练写字,四十四的师父到市里去办事。三十三的弟子用了四十四小时,四十四的师父走了三十三里地。走了三十三里地就办了四十四件事,用了四十四小时才写了三十三个字。

（3）紫瓷盘,盛鱼翅。

紫瓷盘,盛鱼翅,一盘熟鱼翅,一盘生鱼翅。迟小池拿了一把瓷汤匙,要吃清蒸美鱼翅。一口鱼翅刚到嘴,鱼刺刺进齿缝里,疼得小池拍腿挠牙齿。

（4）石狮子。

公园有四排石狮子,每排是十四只大石狮子,每只大石狮子背上是一只小石狮子,每只大石狮子脚边是四只小石狮子,史老师领四十四个学生去数石狮子,共数出多少只大石狮子和多少只小石狮子?

二、n—l。

1. 词语对比朗读练习。

n—l

| 那里 | 奶酪 | 耐劳 | 能量 | 拿来 | 农林 | 年轮 | 纳凉 |
| 嫩绿 | 能力 | 凝练 | 年龄 | 暖流 | 逆流 | 农历 | 奴隶 |

l—n

| 留念 | 辽宁 | 老衲 | 林农 | 老年 | 烂泥 | 来年 | 冷凝 |
| 冷暖 | 老农 | 连年 | 理念 | 两难 | 岭南 | 落难 | 烈女 |

n—l

内线—泪腺	无奈—无赖	大怒—大陆	水牛—水流
烂泥—烂梨	男鞋—篮协	闹灾—涝灾	内心—累心
年息—怜惜	难住—拦住	脑子—老子	难色—蓝色

l—n

| 隆重—浓重 | 运量—酝酿 | 隔落—允诺 | 留恋—留念 |
| 旅客—女客 | 梨子—呢子 | 篱笆—泥巴 | 廉洁—年节 |

2. 绕口令朗读练习。

（1）老罗拉了一车梨。

老罗拉了一车梨,老李拉了一车栗。老罗人称大力罗,老李人称李大力。老罗拉梨做梨酒,老李拉栗去换梨。

（2）六十六岁刘老六。

六十六岁刘老六,修了六十六座走马楼,楼上摆了六十六瓶苏合油,门前栽了六十六棵垂杨柳,柳树上拴了六十六个大马猴。忽然一阵狂风起,吹倒了六十六座走马楼,打翻了六十六瓶苏合油,压倒了六十六棵垂杨柳,吓跑了六十六个大马猴,气坏了六十六岁刘老六。

（3）新脑筋,老脑筋。

新脑筋,老脑筋,老脑筋可以学成新脑筋,新脑筋不学习就会变成老脑筋。

（4）刘大娘与牛大梁。

刘大娘地里种南瓜,牛大梁地里种兰花。刘大娘的南瓜长在柳树上,牛大梁的兰花开在篱笆下。南瓜可以代粮,兰花可以绿化。南瓜甜,兰花香,不知你爱哪一样。

三、f—h。

1. 词语对比朗读练习。

f—h

发挥	妨害	防护	返航	饭盒	繁花	绯红	风寒	丰厚
风化	凤凰	烽火	发还	发话	废话	返回	分化	符合

h—f

海防	海风	豪放	焕发	荒废	恢复	回复	伙房	洪峰
合法	后方	花粉	横幅	耗费	花费	会费	护肤	化肥

f—h

幅度—弧度	防空—航空	附注—互助	犯人—换人	房后—皇后
大副—大户	福利—狐狸	翻腾—欢腾	发廊—画廊	发生—花生

h—f

打鼾—打翻	回击—肥鸡	花市—发誓	蝗虫—防虫	婚期—分期
汇报—废报	理化—理发	大亨—大风	开花—开发	花市—发誓

2. 绕口令朗读练习。

（1）黄幌子与方幌子。

老方扛着黄幌子,老黄扛着方幌子。老方要拿老黄的方幌子,老黄要拿老方的黄幌子,末了儿方幌子碰破了黄幌子,黄幌子碰破了方幌子。

（2）丰丰和芳芳。

丰丰和芳芳,上街买混纺。红混纺,粉混纺,黄混纺,灰混纺。红花混纺做裙子,粉花混纺做衣裳。穿上新衣多漂亮,丰丰和芳芳喜洋洋。感谢叔叔和阿姨,多纺红、粉、灰、黄好混纺。

（3）大荷花。

一朵粉红大荷花,趴着一只活蛤蟆;八朵粉红大荷花,趴着八只活蛤蟆。

四、j、q、x —z、c、s。

1. 词语朗读练习。

机器	机械	积极	基建	基金	畸形	激情	极其
惊醒	急需	加紧	加剧	加强	佳节	坚决	坚强
间接	期间	期限	奇迹	气象	前进	前景	前期
袭击	戏剧	吸取	细节	细菌	夏季	先进	掀起

2. 词语对比朗读练习。

j—z

及格—资格	基本—资本	捡钱—攒钱	角度—早读	坚定—暂定
唧唧—孜孜	精致—增值	聚集—足迹	酒水—走水	搅拌—早班

q—c

气候—伺候　　枪库—仓库　　抢下—藏下　　前边—惨变　　求取—凑趣

x—s

延续—严肃　　小雪—扫雪　　先天—三天　　风雪—封锁　　序曲—苏区

3. 绕口令朗读练习。

（1）精致不是经济。

精致不是经济，组织不是狙击。把不直念成不急，秩序就会变成继续，也会变成持续。

（2）锡匠与漆匠。

东边来了个锡匠卖锡，西边来了个漆匠卖漆。锡匠拿锡换漆匠的漆，漆匠拿漆换锡匠的锡。锡匠换了六斤六两漆，漆匠换了九斤九两锡。锡匠漆匠笑嘻嘻，锡匠漆匠都有了漆和锡。

（3）九月九。

九月九，九个酒迷喝醉酒。九个酒杯九杯酒，九个酒迷喝九口。喝罢九口酒，又倒九杯酒。九个酒迷端起酒，"咕咚、咕咚"又九口。九杯酒，酒九口，喝罢九个酒迷醉了酒。

拓展阅读一　　z、c、s 与 zh、ch、sh 常用字表

说　明

1. 表中的①②③④分别代表阴平、阳平、上声、去声四个声调。

2. 黑体字是可以作为声旁类推的字。

3. 小五号字是例词或释义。

4. 本表参考商务印书馆《现代汉语词典》（第 7 版）与黄伯荣、廖序东《现代汉语》（增订六版）。

韵母	声母	
	z 声母常用字	zh 声母常用字
a	①扎包～匝咂呷 ②杂砸 ③咋	①扎～根，驻～查姓～喳渣 ②扎挣～札闸炸～油条铡 ③眨 ④乍诈炸痄～腮蚱栅榨
e	②则泽择责啧帻 ④仄	①折～腾蜇遮 ②折骨～，～叠哲辄辙 ③者褶 ④这浙蔗

韵母	声母	
	z 声母常用字	zh 声母常用字
-i	①滋孳孜咨姿资辎龇 ③子仔籽姊梓紫滓 ④自字恣眦渍	①之芝支枝吱肢只两~手织汁知脂蜘 ②直值植殖执侄职 ③止址趾祉只~好旨指纸 ④至致志治质帜致秩掷痔窒智滞置雉稚
u	①租 ②足卒族 ③诅阻组祖	①朱侏诛珠株蛛诸猪 ②竹逐烛 ③主拄煮嘱瞩 ④助住注驻柱炷贮祝著蛀筑
ai	①灾哉栽 ③载千~难逢,记~宰崽 ④再在载~客,~歌~舞	①斋摘 ②宅择~菜翟 ③窄 ④债寨
ei	②贼	
ao	①遭糟 ②凿 ③早枣澡藻 ④皂灶造噪燥躁	①钊招昭朝 ②着~凉 ③爪找沼 ④召诏兆赵照罩肇
ou	①邹 ③走 ④奏揍	①舟州洲周粥 ②妯轴 ③肘帚 ④纣咒宙昼皱骤
ua		①抓 ③爪~子
uai		③转~文跩 ④拽
uo	①作~坊 ②昨琢~磨 ③左佐撮一小~儿 ④作柞祚坐座做	①拙捉桌 ②灼茁卓浊啄着~装琢镯
ui	③嘴 ④最罪醉	①追锥 ④坠缀惴赘
an	①簪 ②咱 ③攒 ④暂赞	①沾毡粘詹瞻 ③斩盏展崭辗 ④占战站栈绽湛蘸
en	③怎	①贞侦帧桢祯针珍真 ③诊枕疹缜 ④圳阵振赈震镇
ang	①赃脏肮~ ④脏心~葬藏西~	①张章彰漳樟蟑 ③长涨~潮掌 ④丈仗帐涨头婚脑~障瘴
eng	①曾增憎缯 ④锃赠	①正~月征争挣峥筝蒸 ③拯整 ④正证怔政郑
ong	①宗综棕踪鬃 ③总 ④纵粽	①中忠盅钟衷终 ③肿种~子 ④中~奖仲种~田众重
uan	①钻 ③纂 ④钻~石攥	①专砖 ③转~变 ④传~记转~动赚撰篆
un	①尊遵鳟	①谆 ③准
uang		①庄桩装妆 ④壮状撞幢

韵母	声母	
	c声母常用字	ch声母常用字
a	①擦嚓	①叉杈扠差~别，~错插 ②茶搽茬查察 ③衩 ④汊岔刹衩诧差~不多
e	④册厕侧测恻策	①车 ③扯 ④彻掣撤澈
-i	①差参~ ②词祠瓷慈磁雌 ③此次伺刺赐	①吃痴 ②池弛驰迟持匙踟 ③尺齿耻 ④斥赤炽翅
u	①粗 ④促猝醋簇	①出初 ②刍除厨锄雏橱蹰储楚 ③处~理础 ④处~所怵畜触黜矗
ai	①猜 ②才材财裁 ③采彩睬踩 ④菜蔡	①拆钗差出~ ②柴豺
ao	①操糙 ②曹漕嘈槽 ③草	①抄钞超 ②晁巢朝嘲潮 ③吵炒
ou	④凑	①抽 ②仇惆绸畴酬稠愁筹 ③丑瞅 ④臭
uai		①搋~手儿 ③揣~测 ④踹
uo	①搓磋蹉撮 ②矬痤 ④挫措错	①踔戳 ④啜惙绰辍
ui	①崔催摧 ③璀 ④脆萃啐淬悴瘁粹翠	①吹炊 ②垂陲捶槌锤
an	①参餐 ②残蚕惭 ③惨 ④灿	①掺搀 ②谗婵禅蝉馋缠潺蟾 ③产铲阐 ④忏颤
en	①参~差 ②岑	①琛嗔瞋 ②臣尘辰宸晨沉忱陈 ④衬称~心如意趁
ang	①仓苍沧舱 ②藏	①伥昌猖娼 ②长场肠尝偿常嫦 ③厂场敞氅 ④怅畅倡唱
eng	②层曾 ④蹭	①称撑瞠 ②成诚城盛丞呈承乘程惩澄橙 ③逞骋 ④秤
ong	①匆葱囱聪 ②从丛淙琮	①冲充仲春憧 ②虫重崇 ③宠 ④冲~床
uan	①撺蹿 ②攒 ④窜篡	①川穿 ②传船椽 ③喘 ④串钏
un	①村 ②存 ③忖 ④寸	①春椿 ②纯唇淳醇 ③蠢
uang		①创~伤疮窗 ②床 ③闯 ④创~办

续表

韵母	声母	
	s声母常用字	sh声母常用字
a	①仨撒～谎 ③洒撒～播 ④卅飒萨	①杀沙纱砂莎痧刹煞～尾 ②啥 ③傻 ④厦煞～费苦心
e	④色涩啬瑟塞堵～	①奢赊 ②舌折蛇 ③舍 ④设社舍射涉赦摄慑
-i	①司丝私思斯厮撕嘶 ③死 ④四寺似伺饲肆嗣	①尸失师诗虱狮施湿 ②十什石时识实拾食蚀 ③史矢使始驶屎 ④士仕氏示世市式试势事侍饰视柿是适恃室逝释誓
u	①苏酥 ②俗 ④夙诉肃素速宿粟塑簌	①书抒枢叔淑殊倏梳舒疏蔬输 ②孰塾熟赎 ③暑黍属署薯曙蜀鼠数 ④术述戍束树竖恕庶数墅
ai	①腮鳃塞～车 ④塞边～赛	①筛 ④晒
ao	①搔骚缫臊～气 ③扫嫂 ④扫～帚臊害～	①捎烧梢稍艄 ②勺芍韶 ③少～量 ④少～年召邵绍哨
ou	①搜嗖馊溲艘 ③叟擞 ④嗽	①收 ②熟 ③手守首 ④寿受授绶狩售兽瘦
uai		①衰摔 ③甩 ④帅率蟀
uo	①莎唆娑梭蓑嗦缩 ③所索唢琐锁	①说 ④烁朔搠槊硕数～见不鲜
ui	①虽 ②绥随遂 ③髓 ④岁祟遂碎隧燧穗邃	②谁 ③水 ④税睡
an	①三叁 ③伞散～文 ④散～布	①山衫删衫姗珊扇煽膻 ②闪陕 ④讪疝扇善鳝膳缮禅～让赡
en	①森	①申伸绅呻身深 ②什神 ③沈审婶 ④肾渗慎
ang	①丧～事桑 ③搡嗓 ④丧～失	①伤殇商墒 ③上～声响赏 ④上尚绱
eng	①僧	①升生牲笙甥声 ②绳 ③省 ④圣胜盛剩
ong	①松嵩 ③怂耸悚 ④讼宋送诵颂	
uan	①酸 ④蒜算	①闩拴栓 ④涮
un	①孙苏狲 ③损笋	③吮 ④顺舜瞬
uang		①双霜孀 ③爽

说　明

1. 小五号字是例词。

2. 本表参考商务印书馆《现代汉语词典》(第 7 版)与黄伯荣、廖序东《现代汉语》(增订六版)。

n 声 母

那(nà)—nǎ 哪;nà 那;nuó 挪

乃(nǎi)—nǎi 乃,奶,氖

奈(nài)—nà 捺;nài 奈

南(nán)—nán 南,喃,楠;nǎn 腩,蝻

囊(náng)—nāng 囔;náng 囊,馕;nǎng 攮;nàng 齉

脑(nǎo)—nǎo 恼,脑,瑙

内(nèi)—nà 呐,纳,钠;nè 讷;nèi 内

尼(ní)—ní 尼,呢~子,泥,怩;nì 昵

儿(ní)—ní 倪,霓;nì 睨

念(niàn)—niǎn 捻;niàn 念

捏(niē)—niē 捏;niè 涅

聂(niè)—niè 聂,嗫,镊,蹑

宁(níng)—níng 宁,拧,咛,狞,柠;nǐng 拧~紧;nìng 宁~可,拧,泞

纽(niǔ)—niū 妞;niǔ 扭,纽,钮,狃

农(nóng)—nóng 农,侬,哝,浓,脓

奴(nú)—nú 奴,孥,驽;nǔ 努,弩;nù 怒

诺(nuò)—nuò 诺;nì 匿

懦(nuò)—nuò 懦,糯

虐(nüè)—nüè 疟,虐

l 声 母

剌(là)—lǎ 喇;là 剌,辣,瘌

腊(là)—là 腊,蜡;liè 猎

赖(lài)—lài 赖,濑,癞,籁;lǎn 懒

兰(lán)—lán 兰,拦,栏;làn 烂

蓝(lán)—lán 蓝,褴,篮;làn 滥

览(lǎn)—lǎn 览,揽,缆,榄

劳(láo)—lāo 捞;láo 劳,唠,崂,痨;lào 涝

老(lǎo)—lǎo 老,佬,姥

乐(lè)—lè 乐;lì 栎,砾

雷(léi)—léi 雷,镭;lěi 蕾;lèi 擂

累(lèi)—lèi 累;luó 螺,骡;luǒ 瘰;luò 摞,漯

离(lí)—lí 离,漓,篱;li 璃

里(lǐ)—lí 厘,狸;lǐ 里,理,鲤;liàng 量

力(lì)—lì 力,荔;liè 劣;lè 勒;lèi 肋

历(lì)—lì 历,沥,苈

厉(lì)—lì 厉,励

立(lì)—lì 立,粒,笠;lā 拉,垃,啦

利(lì)—lí 梨,犁,黎;lì 利,俐,莉,痢

连(lián)—lián 连,莲;liàn 链

廉(lián)—lián 廉,濂,镰

脸(liǎn)—liǎn 敛,脸;liàn 殓,潋

练(liàn)—liàn 练,炼

恋(liàn)—liàn 恋;luán 孪、栾、峦、滦、銮、鸾

良(liáng)—liáng 良,粮;láng 郎,狼,琅,廊,榔,螂;lǎng 朗;làng 浪

凉(liáng)—liáng 凉;liàng 谅,晾;lüè 掠

梁(liáng)—liáng 梁,粱

两(liǎng)—liǎ 俩;liǎng 两,俩伎~;liàng 辆

列(liè)—liě 咧;liè 列,冽,洌,烈,裂;lì 例

林(lín)—lín 林,淋,琳,霖;lán 婪

鳞(lín)—lín 粼,嶙,遴,潾,璘,辚,磷,鳞,麟

菱(líng)—líng 凌,陵,菱;léng 棱

令(lìng)—líng 伶,囹,泠,玲,瓴,铃,鸰,聆,翎,羚,龄;lǐng 领,岭;lìng 令

留(liú)—liū 溜;liú 留,馏,磂,瘤;liù 遛,蹓

流(liú)—liú 流,琉,硫

柳(liǔ)—liǔ 柳;liáo 聊

龙(lóng)—lóng 龙,咙,珑,聋,笼;lǒng 陇,拢,垄

隆(lóng)—lóng 隆,窿

娄(lóu)—lóu 娄,偻,喽,楼,蝼,髅;lǒu 搂,篓;lòu 瘘;lǚ 屡,缕

卢(lú)—lú 卢,泸,颅,轳,鲈

鲁(lǔ)—lǔ 鲁,橹

录(lù)—lù 录,禄,碌;lǜ 绿,氯

鹿(lù)—lù 鹿,辘,麓

路(lù)—lù 路,潞,璐,鹭,露

仑(lún)—lūn 抡;lún 仑,伦,抢,囵,沦,纶,轮;lùn 论

罗(luó)—luō 啰;luó 罗,萝,逻,锣,箩,骡,螺

洛(luò)—luò 洛,骆,络,落;lào 烙,酪;lüè 略

吕(lǚ)—lǘ 闾,榈;lǚ 吕,侣,铝

虑(lǜ)—lǜ 虑,滤

拓展阅读三　f与h代表字类推字表

说　明

1. 小五号字是例词。

2. 本表参考商务印书馆《现代汉语词典》(第7版)与黄伯荣、廖序东《现代汉语》(增订六版)。

f　声　母

发(fā)—fā 发~现;fà 发~廊;fèi 废

乏(fá)—fá 乏;fàn 泛

伐(fá)—fá 伐,垡,阀,筏

番(fān)—fān 番,幡,蕃,翻

凡(fán)—fān 帆;fán 凡,矾,钒;fàn 梵

反(fǎn)—fǎn 反,返;fàn 饭,贩

方(fāng)—fāng 方,坊~间,芳;fáng 防,坊磨~,妨,肪,房

非(fēi)—fēi 非,菲,绯,扉,蜚,霏;fěi 匪,诽,菲~薄,斐,蜚,翡;fèi 痱

分(fēn)—fēn 分,芬,吩,纷;fén 汾;fěn 粉;fèn 分~量,份,忿

风(fēng)—fēng 风,枫,疯;fěng 讽

峰(fēng)—fēng 峰,烽,锋,蜂;féng 逢,缝~补;fèng 缝~隙

奉(fèng)—fèng 奉,俸

夫(fū)—fū 夫,肤,麸;fú 扶,芙

福(fú)—fú 福,幅,辐,蝠;fù 副,富

孚(fú)—fū 孵;fú 孚,俘,浮

伏(fú)—fú 伏,茯;fu 袱

弗(fú)—fú 弗,拂,氟;fó 佛;fèi 沸,狒,费

甫(fǔ)—fū 敷;fǔ 甫,脯果~,辅;fù 傅,缚

父(fù)—fǔ 斧,釜;fù 父

付(fù)—fú 扶,符;fǔ 府,俯,腑;fù 付,附,驸;fu 咐

复(fù)—fù 复,腹,蝮,覆,馥

h 声 母

亥(hài)—hái 孩,骸;hài 亥,骇,氦;hé 核,劾

旱(hàn)—hàn 旱,捍,悍,焊,翰,瀚

杭(háng)—háng 行,杭,绗,航;hàng 沆

豪(háo)—háo 豪,壕,嚎,濠

合(hé)—hā 哈~欠;há 蛤;hǎ 哈~达;hé 合,盒,饸,颌

何(hé)—hé 何,荷

河(hé)—hé 河,菏

曷(hé)—hē 喝;hé 曷;hè 喝~彩,褐

黑(hēi)—hēi 黑,嘿

很(hěn)—hén 痕;hěn 很,狠;hèn 恨

亨(hēng)—hēng 亨,哼

衡(héng)—héng 衡,蘅

洪(hóng)—hōng 哄~抢,烘;hóng 洪;hòng 哄起~

弘(hóng)—hóng 弘,泓

侯(hóu)—hóu 侯,喉,猴,瘊子;hòu 候

乎(hū)—hū 乎,呼,烀

胡(hú)—hú 胡,葫,猢,湖,瑚,蝴,糊,醐

虎(hǔ)—hǔ 虎,唬,琥

户(hù)—hù 户,护,沪,戽,扈

化(huà)—huā 花,哗~啦;huá 华,哗~变,铧;huà 化,桦

奂(huàn)—huàn 奂,换,唤,涣,焕,痪

荒(huāng)—huāng 荒,慌;huǎng 谎

黄(huáng)—huáng 黄,潢,璜,簧

皇(huáng)—huáng 皇,凰,隍,遑,徨,惶,蝗

晃(huǎng)—huǎng 晃~眼,幌;huàng 晃~悠

灰(huī)—huī 灰,诙,恢

挥(huī)—huī 挥,珲,晖,辉

回(huí)—huí 回,茴,蛔

会(huì)—huì 会,荟,绘,桧,烩

彗(huì)—huì 彗,慧

惠(huì)—huì 惠,蕙

昏(hūn)—hūn 昏,阍,婚

火(huǒ)—huǒ 火,伙

霍(huò)—huò 攉;huò 霍,藿,嚯

第四章　韵母

第一节　韵母的分类

韵母是指一个音节中声母后面的部分。普通话的韵母可由一个或几个元音构成,如 yào、xué、xí 三个音节中的韵母分别是 iao、üe、i;也可以由一个或两个元音加辅音构成,如 zhōng、chuàng 的韵母分别是 ong、uang,由元音 o(u)、ua 加辅音 ng 构成。

按照不同的标准,普通话韵母可分为不同的类别。

一、根据韵母构成成分分类

韵母由元音或元音加辅音 n、ng 构成,其中元音可以是一个或几个。按照构成成分,韵母可以分为以下几种类型。

（一）单元音韵母

韵母由 1 个元音充当。这样的韵母有 10 个,其中 7 个是舌面元音,2 个是舌尖元音,1 个是卷舌音。

舌面元音:a、o、e、i、u、ü、ê

舌尖元音:-i(前)、-i(后)

卷舌音:er

（二）复元音韵母

复元音韵母包括两种,一是由 2 个元音构成的韵母,一是由 3 个元音构成的韵母。

2 个元音构成的韵母分为前响复元音韵母和后响复元音韵母。前响就是前边一个元音开口度大,比较响亮,有 ai、ei、ao、ou 4 个;后响就是后一个元音开口度大,比较响亮,有 ia、ie、ua、uo、üe 5 个。

3 个元音构成的韵母中,中间一个元音比较响亮,是中响复元音韵母,有 iao、iou、uai、uei 4 个。

（三）鼻韵母

鼻韵母就是由 1 个或 2 个元音带上鼻辅音 n 或 ng 构成的韵母,有 an、en、in、ün、ian、uan、üan、uen、ang、eng、ing、ong、iang、uang、iong、ueng 16 个。这些韵母可以分为两类,一是带 n 韵尾的,因为 n 的发音部位比较靠前,就叫前鼻尾韵母;一是带 ng 韵尾的,因为 ng 的发音部位比较靠后,就叫后鼻尾韵母。

二、根据韵母开头元音的口形分类

韵母按照发音时开头元音的不同口形特征,可以分为四类,称为"四呼"。

开口呼:韵母不是 i、u、ü 或不以 i、u、ü 开头,开口度较大,如 ɑ、o、e、ê 等 15 个韵母。

齐齿呼:韵母是 i 或以 i 开头,发音时上下门齿对齐,如 i、iɑ、ie、iɑo 等 9 个韵母。

合口呼:韵母是 u 或以 u 开头,发音时上下唇闭合并向前突出,如 u、uɑ、uo、uɑi 等 10 个韵母。

撮口呼:韵母是 ü 或以 ü 开头,发音时双唇撮圆,如 ü、üe、üɑn、ün 等 5 个韵母。

三、根据韵母的结构分类

普通话韵母从结构上可分为韵头、韵腹、韵尾三个部分。

韵头:如果韵母中不止有一个元音,主要元音前面的 i、u、ü 就是韵头,也叫"介音"或"介母"。如 xiǎo、duó、lüè 这三个音节中,介于声母和主要元音中间的 i、u、ü 就是韵头。韵头的发音又轻又短,只是表示复元音韵母发音的起点,一出声就滑向了后面的主要元音。

韵腹:韵母中的主要元音,一般由 ɑ、o、e、ê 充当,如果一个音节的韵母只有一个元音,那么这个元音就是韵腹,这个元音可以是 ɑ、o、e、ê,也可以是 i、u、ü、-i、er。在一个韵母中,韵腹是开口度最大的,发音响亮、清晰。韵腹是韵母中最重要的部分,一个韵母可以没有韵头和韵尾,但必须有韵腹。

韵尾:韵腹后面的 i、u、n、ng,其中 i、u 是元音韵尾,n、ng 是辅音韵尾。元音韵尾 i、u 只是整个韵母发音结束时的口型,不能清晰地发音,音值比较含混。辅音韵尾 n、ng 没有除阻阶段,发音结束时分别是舌尖抵住上齿龈、舌面后部后缩抵住软腭,发音结束后发音器官恢复自然状态。

复元音韵母 ɑo、iɑo 的韵尾是 u,《汉语拼音方案》为了避免手写体 u 与 n 相混,把韵尾 u 标作 o,也就是说,ɑo、iɑo 中的 o 实际发音是[u]。

现将《普通话韵母表》列于下,以供参考(见表 4.1)。

表 4.1 普通话韵母表
说 明

ong、iong 是按实际发音分别归入合口呼、齐齿呼,ong 中的 o 实际发音是[u],iong 中的 io 的实际发音是[y]。

构成成分分类	四呼			
	开口呼	齐齿呼	合口呼	撮口呼
单元音韵母	-i(前 后)	i	u	ü
	ɑ			
	o			
	e			
	ê			
	er			

续表

构成成分分类	四呼			
	开口呼	齐齿呼	合口呼	撮口呼
复元音韵母		ia	ua	
			uo	
		ie		üe
	ai		uai	
	ei		uei	
	ao	iao		
	ou	iou		
鼻韵尾韵母	an	ian	uan	üan
	en	in	uen	ün
	ang	iang	uang	
	eng	ing	ueng	
			ong	iong

思 考 题

一、什么是四呼？举例说明。

二、什么是韵头、韵腹、韵尾？举例说明。

第二节　韵母的发音

一、单元音韵母

单元音韵母总共有 10 个,发音主要是由口腔这个共鸣器的形状决定的,而共鸣器的形状又是由**舌位的前后、舌位的高低、唇形的圆展**决定的,也就是说,单元音的发音是由这三个条件决定的。

舌位是单元音发音时舌头隆起部位的最高点。如果这个最高点在舌面上,这时发出的音是舌面元音;如果这个最高点在舌尖上,这时发出的音是舌尖元音。舌位的高低与口腔的开口度有关系:舌位越高,开口度越小;舌位越低,开口度越大。根据这个条件,普通话单元音可分为四类:高元音、半高元音、半低元音、低元音。

舌头是口腔中最灵活的器官,可以上升、下降,也可以前伸、后缩。根据舌位的前后不同,普通话单元音可分为三类:前元音、央元音、后元音。

发音时,嘴唇可以圆,也可以不圆,根据唇形的圆展这个条件,普通话单元音可分为两类:圆唇元音、不圆唇元音。

发单元音时,口腔开合的程度、舌头的伸缩、唇形的圆展都始终不变。

(一) 舌面元音

普通话中,舌面元音有7个,分别是a、o、e、i、u、ü、ê。这7个元音发音的不同是由舌位的高低、舌位的前后、唇形的圆展决定的。下面描写这7个单元音的发音状况。

a[A]:舌面、低、央、不圆唇元音

发音时,口腔大开;舌头微微隆起的部位居于舌头中间;唇形不圆。注意:发音时,下巴要放松,口腔不要张得太大,要自然。

打靶 dǎbǎ	发达 fādá	喇叭 lǎba	砝码 fǎmǎ
哪怕 nǎpà	腊八 làbā	刹那 chànà	大厦 dàshà

o[o]:舌面、半高、后、圆唇元音

发音时,口腔半闭;舌头后缩,舌面后部隆起;唇形要圆。注意:发音时,舌位的前后、高低、唇形都不能发生变化,以免发成复元音 uo 或 ou。

薄膜 bómó	婆婆 pópo	默默 mòmò	磨破 mópò
泼墨 pōmò	伯伯 bóbo	磨墨 mómò	勃勃 bóbó

e[ɤ]:舌面、半高、后、不圆唇元音

发音时,口腔半闭;舌头后缩,舌面后部隆起;嘴唇不圆。注意:发音时,双唇要自然展开,嘴角不要拉得太开。

隔阂 géhé	合格 hégé	特色 tèsè	车辙 chēzhé
色泽 sèzé	折射 zhéshè	苛刻 kēkè	割舍 gēshě

ê[ɛ]:舌面、半低、前、不圆唇元音

发音时,口腔自然打开,但比 a 的开口度略小;舌头前伸,舌面前部隆起;嘴唇不圆。注意:舌头前伸时舌尖抵住下齿背。

普通话中 ê 单用时只有叹词"欸"。

i[i]:舌面、高、前、不圆唇元音

发音时,口腔开口度很小;舌头前伸,舌面前部隆起;嘴唇呈扁平状,上下牙齿对齐,舌尖抵住下齿背。

笔记 bǐjì	地理 dìlǐ	激励 jīlì	集体 jítǐ
利益 lìyì	离奇 líqí	利息 lìxī	毅力 yìlì

u[u]:舌面、高、后、圆唇元音

发音时,口腔开口度很小;舌头后缩,舌面后部隆起;嘴唇拢圆,收成一小孔。注意:不要撅嘴,开口度也不要太小,以免发生摩擦。

出租 chūzū	督促 dūcù	辜负 gūfù	鼓舞 gǔwǔ
瀑布 pùbù	服务 fúwù	束缚 shùfù	无辜 wúgū

ü[y]:舌面、高、前、圆唇元音

发音时,舌位与 i 相同,只是发 ü 时嘴唇撮起成圆形。

区域 qūyù	序曲 xùqǔ	须臾 xūyú	女婿 nǚxu

语序 yǔxù　　　　旅居 lǚjū　　　　语句 yǔjù　　　　聚居 jùjū

（二）舌尖元音

主要由舌尖起作用的元音叫舌尖元音,它是由舌尖的前后与唇形的圆展决定的。普通话中有两个:-i(前)、-i(后)。

-i[ɿ]:舌尖、高、前、不圆唇元音

发音时,舌尖前伸接近齿背,气流经过时不发生摩擦;嘴唇展开。这个元音只出现在 z、c、s 的后面,念 zi、ci、si 时拉长,字音的后半截就是-i[ɿ]。

自私 zìsī　　　　私自 sīzì　　　　四次 sìcì　　　　此次 cǐcì

子嗣 zǐsì　　　　孜孜 zīzī　　　　次子 cìzǐ　　　　字词 zìcí

-i[ʅ]:舌尖、高、后、不圆唇元音

发音时,舌尖上翘接近硬腭前部,气流经过时不发生摩擦;嘴唇展开。这个元音只出现在 zh、ch、sh、r 的后面,念 zhi、chi、shi、ri 时拉长,字音的后半截就是-i[ʅ]。

制止 zhìzhǐ　　　　知识 zhīshi　　　　指示 zhǐshì　　　　支持 zhīchí

实质 shízhì　　　　致使 zhìshǐ　　　　实施 shíshī　　　　值日 zhírì

（三）卷舌元音

er[ɚ]:卷舌、中、央、不圆唇元音

发音时,口腔自然打开,开口度比 ê[ɛ]略小;舌位不前不后;舌尖向硬腭卷起。er 中的 r 不代表音素,只是一个卷舌符号。

耳朵 ěrduo　　　　耳福 ěrfú　　　　而且 érqiě　　　　而后 érhòu

儿歌 érgē　　　　儿子 érzi　　　　儿科 érkē　　　　儿童 értóng

二、复元音韵母

复元音韵母是由两个或三个元音构成的,发音时,舌位的高低、前后、唇形的圆展都要发生变化,只是这个变化是一个渐变的、滑动的过程。

普通话中,复元音韵母共有 13 个,分别是 ai、ei、ao、ou、ia、ie、ua、uo、üe、iao、iou、uai、uei。按照韵腹所处的位置,这 13 个韵母可以分为三类:前响复元音、后响复元音、中响复元音。

（一）前响复元音

前响复元音共有 ai、ei、ao、ou 4 个。发音的共同点是开头的元音清晰、响亮,后一个元音又轻又短,音值模糊,只是表示舌位滑动的方向与发音结束时的口形。

ai[ai]

爱戴 àidài　　　　开采 kāicǎi　　　　白菜 báicài　　　　彩排 cǎipái

海带 hǎidài　　　　灾害 zāihài　　　　买卖 mǎimài　　　　拆台 chāitái

ei[ei]

肥美 féiměi　　　　配备 pèibèi　　　　蓓蕾 bèilěi　　　　北美 běiměi

北非 běifēi　　　　妹妹 mèimei　　　　飞贼 fēizéi　　　　黑煤 hēiméi

ao[au]

草帽 cǎomào　　　　宝岛 bǎodǎo　　　　跑道 pǎodào　　　　高潮 gāocháo

高考 gāokǎo　　　　吵闹 chǎonào　　　　号召 hàozhào　　　　操劳 cāoláo

ou[ou]

欧洲 ōuzhōu	抖擞 dǒusǒu	瘦肉 shòuròu	丑陋 chǒulòu
收购 shōugòu	守候 shǒuhòu	走狗 zǒugǒu	喉头 hóutóu

（二）后响复元音

后响复元音共有 ia、ie、ua、uo、üe 5 个。发音的共同点是第一个元音发音时又轻又短，只是表示发音开始时的口形与舌位滑动的起点，后一个元音清晰、响亮。

ia[iA]

压价 yājià	加价 jiājià	下嫁 xiàjià	假牙 jiǎyá
恰恰 qiàqià	掐架 qiājià	家鸭 jiāyā	下家 xiàjiā

ie[iɛ]

结业 jiéyè	歇业 xiēyè	节烈 jiéliè	爷爷 yéye
铁屑 tiěxiè	谢谢 xièxie	贴切 tiēqiè	姐姐 jiějie

ua[uA]

娃娃 wáwa	耍滑 shuǎhuá	花袜 huāwà	画画儿 huàhuàr

uo[uo]

哆嗦 duōsuo	过错 guòcuò	错落 cuòluò	硕果 shuòguǒ
阔绰 kuòchuò	蹉跎 cuōtuó	懦弱 nuòruò	火锅儿 huǒguōr

üe[yɛ]

雀跃 quèyuè	约略 yuēlüè	决绝 juéjué	绝学 juéxué
月缺 yuèquē	略略 lüèlüè	雪月 xuěyuè	月月 yuèyuè

（三）中响复元音

中响复元音共有 iao、iou、uai、uei 4 个。发音的共同点是第一个元音发音时又轻又短，只是表示发音开始时的口形与舌位滑动的起点；中间的元音清晰、响亮；最后一个元音音值模糊，只是表示舌位滑动的方向与发音结束时的口形。

iao[iau]

吊销 diàoxiāo	逍遥 xiāoyáo	吊桥 diàoqiáo	娇小 jiāoxiǎo
苗条 miáotiao	巧妙 qiǎomiào	萧条 xiāotiáo	教条 jiàotiáo

iou[iou]

优秀 yōuxiù	悠久 yōujiǔ	绣球 xiùqiú	牛油 niúyóu
舅舅 jiùjiu	求救 qiújiù	久留 jiǔliú	琉球 liúqiú

uai[uai]

外快 wàikuài	摔坏 shuāihuài	乖乖 guāiguāi	怀揣 huáichuāi

uei[uei]

魁伟 kuíwěi	摧毁 cuīhuǐ	荟萃 huìcuì	追随 zhuīsuí
推诿 tuīwěi	水位 shuǐwèi	汇兑 huìduì	回味 huíwèi

三、鼻韵母

鼻韵母共有 16 个，是由一个或两个元音加鼻辅音 n 或 ng 构成的，带 n 韵尾的是前鼻尾韵母,带 ng 韵尾的是后鼻尾韵母。

n 作韵尾时,它的发音与作声母时有一定的区别:作声母时,n 有除阻阶段;作韵尾时没有除阻阶段,前边的元音向韵尾 n 滑动时,舌尖向上齿龈移动,最后抵住上齿龈,整个韵母发音结束后消除阻碍,口腔恢复自然状态。

ng[ŋ]是一个舌面后、浊、鼻音。发音时,舌面后部后缩抵住软腭,软腭下降,打开鼻腔通道,气流振动声带,从鼻腔通过形成鼻音。这个音在普通话中只作韵尾,作韵尾时也没有除阻阶段。

(一) 前鼻尾韵母

前鼻尾韵母共有 8 个:an、en、in、ün、ian、uan、üan、uen,由 1 个或 2 个元音加上鼻辅音 n 构成。

an、en、in、ün 发音时,先发清晰、响亮的元音,然后软腭下降,打开鼻腔通道,鼻音色彩逐渐增加,舌尖向上齿龈移动,最后抵住上齿龈,整个韵母发音结束后才消除阻碍。

an[an]

展览 zhǎnlǎn	汗衫 hànshān	散漫 sǎnmàn	谈判 tánpàn
赞叹 zàntàn	反感 fǎngǎn	黯淡 àndàn	勘探 kāntàn

en[ən]

根本 gēnběn	深沉 shēnchén	振奋 zhènfèn	人参 rénshēn
身份 shēnfen	深圳 Shēnzhèn	认真 rènzhēn	门诊 ménzhěn

in[in]

殷勤 yīnqín	辛勤 xīnqín	拼音 pīnyīn	引进 yǐnjìn
濒临 bīnlín	亲近 qīnjìn	亲信 qīnxìn	贫民 pínmín

ün[yn]

军训 jūnxùn	均匀 jūnyún	逡巡 qūnxún	芸芸 yúnyún

ian、uan、üan、uen 发音时,第一个元音发音轻短,很快滑向清晰、响亮的第二个元音,然后软腭下降,打开鼻腔通道,鼻音色彩逐渐增加,舌尖向上齿龈移动,最后抵住上齿龈,整个韵母发音结束后才消除阻碍。

ian[iɛn]

变迁 biànqiān	简练 jiǎnliàn	连绵 liánmián	电线 diànxiàn
艰险 jiānxiǎn	简便 jiǎnbiàn	鲜艳 xiānyàn	天仙 tiānxiān

uan[uan]

转换 zhuǎnhuàn	婉转 wǎnzhuǎn	贯穿 guànchuān
专款 zhuānkuǎn	酸软 suānruǎn	传唤 chuánhuàn

üan[yan]

源泉 yuánquán	轩辕 xuānyuán	全权 quánquán
涓涓 juānjuān	全员 quányuán	圆圈儿 yuánquānr

uen[uən]

论文 lùnwén	昆仑 kūnlún	温存 wēncún	春笋 chūnsǔn
馄饨 húntun	温顺 wēnshùn	谆谆 zhūnzhūn	困顿 kùndùn

（二）后鼻尾韵母

后鼻尾韵母共有 8 个：ang、eng、ing、ong、iong、iang、uang、ueng，是由 1 个或 2 个元音加上鼻辅音 ng 构成的。

ang、eng、ing、ong、iong 发音时，先发清晰、响亮的元音，然后软腭下降，打开鼻腔通道，鼻音色彩逐渐增加，舌面后部向软腭移动，最后抵住软腭，整个韵母发音结束后才消除阻碍。这里需要注意的是，ong 中的 o 实际发[u]，iong 中的 io 实际发[y]。

ang[ɑŋ]

帮忙 bāngmáng	苍茫 cāngmáng	厂房 chǎngfáng
螳螂 tángláng	沧桑 cāngsāng	商场 shāngchǎng

eng[əŋ]

丰盛 fēngshèng	更正 gēngzhèng	风筝 fēngzheng
奉承 fèngchéng	声称 shēngchēng	征程 zhēngchéng

ing[iŋ]

姓名 xìngmíng	叮咛 dīngníng	经营 jīngyíng	明星 míngxīng
轻盈 qīngyíng	清醒 qīngxǐng	宁静 níngjìng	命令 mìnglìng

ong[uŋ]：不能自成音节，只能跟声母相拼。

公共 gōnggòng	总统 zǒngtǒng	共同 gòngtóng	通融 tōngróng
从容 cóngróng	隆重 lóngzhòng	冲动 chōngdòng	轰动 hōngdòng

iong[yŋ]

汹涌 xiōngyǒng	炯炯 jiǒngjiǒng	熊熊 xióngxióng

iang、uang、ueng 发音时，第一个元音发音轻短，很快滑向清晰、响亮的第二个元音，然后软腭下降，打开鼻腔通道，鼻音色彩逐渐增加，舌面后部向软腭移动，最后抵住软腭，整个韵母发音结束后才消除阻碍。

iang[iɑŋ]

响亮 xiǎngliàng	想象 xiǎngxiàng	两样 liǎngyàng	亮相 liàngxiàng
洋相 yángxiàng	湘江 xiāngjiāng	踉跄 liàngqiàng	向阳 xiàngyáng

uang[uɑŋ]

狂妄 kuángwàng	状况 zhuàngkuàng	双簧 shuānghuáng
窗框 chuāngkuàng	矿藏 kuàngcáng	往往 wǎngwǎng

ueng[uəŋ]：不跟任何声母相拼，只有自成音节 weng。

蕹菜 wèngcài	水瓮 shuǐwèng	老翁 lǎowēng	蓊郁 wěngyù

练习题

一、读准下列单韵母词语。

把持	鼻子	比例	比如	比喻	彼此	笔者	必须	闭合
博士	部署	核记	步法	歌词	布置	步伐	差异	彻底

吃力	持续	尺度	出发	出路	出席	初级	处罚	词义
此刻	刺激	促使	答复	打击	大陆	大厦	大衣	大致
得意	低级	地质	地域	地主	独特	独立	儿女	发育
法律	服务	俘虏	福利	负责	符合	格局	歌曲	隔壁
鼓励	合格	合理	互助	湖泊	积极	及时	即使	距离
克服	课题	蜡烛	礼物	利于	旅客	马车	母体	纳入
泥土	女儿							

二、读准下列复韵母词语。

座位	坐标	左右	左手	最后	着手	追求	昼夜	周围
召开	乐队	有效	友好	油画	邮票	优秀	液态	野外
压缩	雪花	学校	学会	修改	写作	协作	小学	小麦
销售	消灭	消耗	消费	下游	下落	围绕	未来	委托
维修	围剿	微笑	危害	外界	脱落	退休	推销	头脑

三、读准下列鼻韵母词语。

童年	同行	通常	停顿	天文	天空	疼痛	弹簧	损伤
瞬间	盛行	声响	生长	生命	生动	生产	审判	神圣
神经	深远	深情	身影	申请	上涨	上升	上面	上层
商人	商品	善良	闪电	容量	仍然	认真	认定	人性
人生	人民	群众	全身	全面	前年	情形	情景	清醒

第三节 韵母的辨正

我国有七大方言区,有些方言的韵母与普通话不同,这些方言区的人学习普通话时要找出这些差别,然后认真体会普通话的发音,反复练习,最后还要记住相应的常用字。下面只说明五种情况。

一、分清前鼻尾韵母与后鼻尾韵母

前鼻尾韵母的韵尾是 n,后鼻尾韵母的韵尾是 ng,在普通话里分得很清楚,但有些方言分不清。针对这种情况,这些方言区的人在学习普通话时,可以采用以下方法纠正方音。

首先,要会发 n 与 ng,这两个音的发音方法完全相同,只是发音部位不同,发 n 时舌尖抵住上齿龈,发 ng 时舌面后部与软腭接触形成阻碍。找对发音部位以后,这两类音可以对比练习。

其次,可以采用类推的方法对前后鼻尾韵母的字进行记忆。如"方"的韵尾是 ng,那么以"方"作为声旁的字的韵尾也是 ng,像"fāng 方,坊 ~间,芳;fáng 防,坊磨 ~,妨,房"。再举一些例子:

分—fēn 分,芬,吩,纷;fén 汾;fěn 粉;fèn 分 ~量,份,忿

风—fēng 风,枫,疯;fěng 讽

峰—fēng 峰,烽,锋,蜂;féng 逢,缝~补;fèng 缝~隙

奉—fèng 奉,俸

旱—hàn 旱,捍,悍,焊,翰,瀚

杭—háng 行,杭,航

很—hén 痕;hěn 很,狠;hèn 恨

亨—hēng 亨,哼

衡—héng 衡,蘅

最后,可以运用声韵配合规律帮助记忆。如普通话中,声母 d、t、n、l 一般不与韵母 en 相拼(例外:扽 dèn;恁,嫩,nèn);声母 d、t 不与 in 相拼;z、c、s 与 en 相拼的音节很少,有"怎 zěn;潛 zèn;参 cēn;岑,涔 cén;森 sēn",除了这几个字,其他的要归入 eng。

这个问题主要存在于 en—eng 与 in—ing 之间,拓展阅读四是这两组音的类推表。

二、分清 o 与 e

这两个元音单独作韵母时,某些方言与普通话不同,有的方言把普通话中全部或部分 o 韵母的字都读成了 e 韵母,有的把 e 韵母的字读成了 o 韵母。这两个元音舌位的高低、前后都相同,不同的是唇形的圆展,o 是圆唇音,e 是不圆唇音。可以把这两个音对比练习,体会唇形的变化。例如:

破格 pògé　　　模特儿 mótèr　　　薄荷 bòhe　　　割破 gēpò

磨合 móhé　　　墨盒 mòhé　　　隔膜 gémó　　　墨客 mòkè

另外,要注意 o 与 e 的拼合规律,o 与唇音声母 b、p、m、f 相拼,e 不与 b、p、m、f 相拼("么"除外)。

三、分清 i 与 ü

i 与 ü 发音时,舌位的高低、前后都相同,只是唇形的圆展不同,发 i 时双唇展开,发 ü 时嘴唇撮圆。这两个音可以对比练习,体会嘴唇的变化。例如:

积聚 jījù　　　语义 yǔyì　　　崎岖 qíqū　　　曲艺 qǔyì

屈膝 qūxī　　　吸取 xīqǔ　　　雨衣 yǔyī　　　洗浴 xǐyù

四、u、e 与 zh、ch、sh、r 相拼

u[u]、e[ɤ]是舌面音,zh、ch、sh、r 是舌尖后音,在北方方言中,u、e 与 zh、ch、sh、r 相拼时容易受声母的影响,舌尖往上卷,u 成了舌尖元音[ʅ],e 成了带有卷舌色彩的[ʅə]。zh、ch、sh、r 与 u 相拼时就读成了[tʂʅ]、[tʂʰʅ]、[ʂʅ]、[ʐʅ],常见字有:朱、珠、诸、猪、竹、主、煮、住、注、驻、柱、祝、著、出、除、厨、处、储、畜、书、抒、舒、输、暑、薯、术、树、竖、如、辱、入。与 e 相拼时就成了[tʂʅə]、[tʂʰʅə]、[ʂʅə]、[ʐʅə],常见字有:遮、折、辙、者、褶、这、浙、蔗、车、扯、彻、撤、澈、奢、赊、舌、蛇、舍、设、社、射、涉、摄、惹、热。

纠正这类发音时要注意舌头的位置,发声母时,舌尖抵住或接近硬腭前部,但不要出声,一旦与 u 或 e 相拼也就是一旦出声,舌尖立马放下来,发音结束时是 u 或 e 的舌位与唇形。

五、避免丢失或增加韵头 i 或 u

有些方言区的人在说普通话时易丢失韵头 i 或 u，例如中原官话区的人在说普通话时容易把"吞"念成"tēn"，"睡"念成"shèi"，"甩"念成"shǎi"。西南官话、湘方言、粤方言、上海话都有这种情况。

当 n、l 与 ei、en 相拼时，中原官话区的人有时增加韵头 u，例如"嫩"念成"lùn"，"雷、类、累、泪、蕾、垒、磊、擂"等字的韵母都成了"uei"。

我们在学习普通话时要读准有韵头的字，有些字在增加或丢失韵头时，声母、韵腹或韵尾也会发生一定的变化，这些都要注意。

练习题

一、词语对比朗读练习。

an—ang

| 安放 ānfàng | 南方 nánfāng | 繁忙 fánmáng | 赞赏 zànshǎng |
| 暗访 ànfǎng | 战场 zhànchǎng | 反抗 fǎnkàng | 肝脏 gānzàng |

ang—an

| 防范 fángfàn | 傍晚 bàngwǎn | 畅谈 chàngtán | 方案 fāng'àn |
| 长款 chángkuǎn | 当然 dāngrán | 向前 xiàngqián | 装船 zhuāngchuán |

en—eng

| 本能 běnnéng | 神圣 shénshèng | 认证 rènzhèng | 真正 zhēnzhèng |
| 人生 rénshēng | 人称 rénchēng | 仁政 rénzhèng | 真诚 zhēnchéng |

eng—en

| 诚恳 chéngkěn | 征尘 zhēngchén | 承认 chéngrèn | 登门 dēngmén |
| 成分 chéngfèn | 成人 chéngrén | 胜任 shèngrèn | 城镇 chéngzhèn |

in—ing

| 聘请 pìnqǐng | 新星 xīnxīng | 心灵 xīnlíng | 隐形 yǐnxíng |
| 民警 mínjǐng | 银杏 yínxìng | 阴影 yīnyǐng | 隐情 yǐnqíng |

ing—in

| 影印 yǐngyìn | 灵敏 língmǐn | 挺进 tǐngjìn | 冰品 bīngpǐn |
| 清新 qīngxīn | 精品 jīngpǐn | 竞聘 jìngpìn | 青筋 qīngjīn |

ian—üan

| 皮件—疲倦 | 前线—全县 | 一千——圈 |
| 前头—拳头 | 贤良—悬梁 | 浅浅—全权 |

in—ing

| 人民—人名 | 不信—不幸 | 金银—经营 |
| 今音—精英 | 亲近—清静 | 琴师—情诗 |

en—eng

瓜分—刮风	真值—争执	渗水—圣水
陈旧—成就	深水—生水	沉重—承重

an—ang

一般——帮	开饭—开放	连绵—粮棉
产地—场地	产量—敞亮	缠绵—长眠

二、绕口令朗读练习。

1. 洞庭山上一根藤。

东洞庭,西洞庭,洞庭山上一根藤,藤上挂铜铃。风吹藤动铜铃响,风停藤定铜铃静。

2. 长扁担,短扁担。

长扁担,短扁担,长扁担比短扁担长半扁担,短扁担比长扁担短半扁担。

3. 伊犁马。

门前有八匹大伊犁马,你爱拉哪匹马拉哪匹马。

4. 坡上立着一只鹅。

坡上立着一只鹅,坡下就是一条河。宽宽的河,白白的鹅,鹅要过河,河要渡鹅。不知是鹅过河,还是河渡鹅。

5. 鼓上画只虎。

鼓上画只虎,破了拿布补。不知是布补鼓,还是布补虎。

6. 同姓不能念成通信。

同姓不能念成通信,通信也不能念成同姓。同姓可以通信,通信不一定同姓。

7. 小吕与小李。

这天天下雨,体育运动委员会穿绿雨衣的女孩小吕,去找计划生育委员会不穿绿雨衣的女孩小李。体育运动委员会穿绿雨衣的女孩小吕,没找着计划生育委员会不穿绿雨衣的女孩小李;计划生育委员会没穿绿雨衣的女孩小李,也没见着体育运动委员会穿绿雨衣的女孩小吕。

8. 男演员,女演员。

男演员,女演员,同台演戏说方言。男演员说吴方言,女演员说闽方言。男演员演飞行员,女演员演鲁迅文学研究员。研究员、飞行员、吴方言、闽方言,你说男女演员演得全不全。

三、朗读下面的诗歌。

回 乡 偶 书

(唐)贺知章

少小离家老大回,乡音无改鬓毛衰。

儿童相见不相识,笑问客从何处来。

赠 汪 伦

（唐）李　白

李白乘舟将欲行,忽闻岸上踏歌声。
桃花潭水深千尺,不及汪伦送我情。

拓展阅读四　　en 与 eng、in 与 ing 代表字类推字表

说　明

1. 小五号字是例词或释义,小括号里是需要注意的地方。

2. 本表参考商务印书馆《现代汉语词典》(第 7 版)与黄伯荣、廖序东《现代汉语》(增订六版)。

en 韵 母

贲(bēn)—bēn 贲;pēn 喷 ~泉;pèn 喷 ~香;fèn 愤

本(běn)—běn 本,苯;bèn 笨

参(cēn)—cēn 参 ~差;shēn 参人 ~;shèn 渗

辰(chén)—chén 辰,宸,晨;shēn 娠;shèn 蜃;zhèn 振,赈,震

艮(gèn)—gēn 根,跟;gèn 艮,茛;hén 痕;hěn 很,狠;hèn 恨;kěn 垦,恳

肯(kěn)—kěn 肯,啃

门(mén)—mēn 闷 ~气;mén 门,们图 ~江,扪 ~心自问;mèn 闷 ~ ~不乐,焖 ~ 饭;men 们我 ~

分(fēn)—pén 盆;fēn 分 ~析,芬,吩,纷,氛;fén 汾,焚;fěn 粉;fèn 分水 ~,份,忿

壬(rén)—rén 壬天干的第九位,任姓;rěn 荏;rèn 任 ~务,饪,妊,衽

刃(rèn)—rěn 忍;rèn 刃,仞,纫,韧

申(shēn)—shēn 申,伸,呻,绅,砷;shén 神;shěn 审,婶

贞(zhēn)—zhēn 贞,侦,祯,桢,帧

珍(zhēn)—zhēn 珍;zhěn 诊,疹;chèn 趁

真(zhēn)—zhēn 真;zhěn 缜;zhèn 镇;chēn 嗔;shèn 慎

甚(shèn)—zhēn 斟;shèn 甚,葚桑 ~

枕(zhěn)—zhěn 枕;chén 忱;shěn 沈

eng 韵 母

朋(péng)—bēng 崩,绷 ~ 带;běng 绷 ~ 着脸;bèng 蹦;péng 朋,棚,硼,鹏

成(chéng)—chéng 成,诚,城,盛 ~ 饭;shèng 盛 ~ 会

呈(chéng)—chéng 呈,程;chěng 逞 ~ 强;xǐng 醒

乘(chéng)—chéng 乘;shèng 乘史 ~,剩,嵊

登(dēng)—dēng 登,蹬 ~ 三轮儿;dèng 凳,澄把水 ~ 清,磴,瞪,镫;chéng 澄 ~ 清

风(fēng)—fēng 风,枫,疯;fěng 讽

更(gèng)—gēng 更 ~ 正;gěng 埂,哽,梗,鲠;gèng 更 ~ 加;jīng 粳;yìng 硬

庚(gēng)—gēng 庚,赓

愣(lèng)—léng 塄,楞;lèng 愣

蒙(méng)—mēng 蒙 ~ 骗;méng 蒙 ~ 蔽,檬,朦 ~ 胧,艨;měng 蒙 ~ 古,蠓

孟(mèng)—měng 猛,锰,蜢,艋;mèng 孟

亨(hēng)—hēng 亨,哼;pēng 烹

彭(péng)—péng 澎 ~ 湃,膨,彭

峰(fēng)—fēng 峰,烽;féng 逢,缝 ~ 衣服;fèng 缝门 ~ 儿;péng 蓬,篷

奉(fèng)—fèng 奉,俸;pěng 捧

生(shēng)—shēng 生,牲,甥,笙;shèng 胜

誊(téng)—téng 誊,腾,滕,藤

曾(céng)—céng 曾 ~ 经;cèng 蹭;sēng 僧;zēng 曾姓,憎,增,缯古代对丝织品的总称;zèng 赠

正(zhèng)—zhēng 正 ~ 月,怔,征,症 ~ 结;zhěng 整;zhèng 正,证,政,症;chéng 惩

争(zhēng)—zhēng 争,挣 ~ 扎,峥,狰,睁,铮,筝;zhèng 诤,挣 ~ 脱

丞(chéng)—chéng 丞;zhēng 蒸;zhěng 拯

in 韵 母

林(lín)—lín 林,淋,琳,霖;bīn 彬

宾(bīn)—bīn 宾,傧,滨,缤,槟,镔;bìn 摈,殡,鬓;pín 嫔

今(jīn)—jīn 今,衿,矜;jìn 妗;qīn 衾;qín 琴,芩姓;yín 吟

斤(jīn)—jīn 斤;jìn 近,靳;qín 芹;xīn 忻,昕,欣,新,薪

禁(jìn)—jīn 禁 ~ 不住,襟;jìn 禁 ~ 止,噤

尽(jìn)—jǐn 尽 ~ 管;jìn 尽 ~ 力,烬

堇(jǐn)—jǐn 谨,僅,瑾,槿;qín 勤;yín 鄞

侵(qīn)—jìn 浸;qīn 侵;qǐn 寝

嶙(lín)—lín 邻,遴,嶙,辚,鳞,麟

民(mín)—mín 民,岷;mǐn 泯,抿

禽（qín）—qín 禽,擒,噙

心（xīn）—qìn 沁;xīn 心,芯灯～;xìn 芯～子

辛（xīn）—xīn 辛,莘～庄,锌

因（yīn）—yīn 因,茵,姻,氤～氲

阴（yīn）—yīn 阴;yìn 荫

ing 韵 母

并（bìng）—bǐng 饼,屏～除;bìng 并;píng 瓶,屏～风;bèng 迸（注意:拼、姘念 pīn）

丙（bǐng）—bǐng 丙,炳,柄;bìng 病

丁（dīng）—dīng 丁,仃,疔,盯,钉～子,酊～剂;dǐng 顶,酊酪～;dìng 订,钉;tīng 厅,汀

定（dìng）—dìng 定,腚,锭

京（jīng）—jīng 京,惊,鲸;qíng 黥

茎（jīng）—jīng 泾,茎,经;jǐng 颈;jìng 劲刚～,径,胫,痉;qīng 轻,氢（注意:劲又念 jìn 干～）

青（qīng）—jīng 菁,睛,精;jìng 靖,静;qīng 青,清;qíng 情,晴;qǐng 请

竟（jìng）—jìng 竟,境,镜

敬（jìng）—jǐng 儆,警;jìng 敬;qíng 擎

景（jǐng）—jǐng 景,憬;yǐng 影

令（lìng）—líng 伶,泠,玲,苓,瓴,铃,聆,蛉,翎,零,龄;lǐng 令一～纸,岭,领;lìng 令命～(注意:邻念 lín、拎念 līn)

凌（líng）—líng 凌,陵,菱,绫

名（míng）—míng 名,茗,铭;mǐng 酩～酊大醉

冥（míng）—míng 冥,溟,暝,瞑,螟

宁（níng）—níng 宁～静,拧～手巾,咛,狞;nǐng 拧～螺丝;nìng 宁～可,泞,拧～脾气

平（píng）—píng 平,评,苹,坪,萍

廷（tíng）—tíng 廷,庭,蜓,霆;tǐng 挺,梃,链,艇

亭（tíng）—tíng 亭,停,婷

形（xíng）—xíng 刑,邢,形,型;jīng 荆

英（yīng）—yīng 英,瑛

营（yíng）—yīng 莺;yíng 荧,莹,萤,营,萦,滢

婴（yīng）—yīng 婴,撄,嘤,缨,樱,鹦,罂

第五章　声调

第一节　声调概述

一、声调的性质

在汉语中,声调是指音节中能够区别意义的高低升降、曲直长短的变化,这种变化是由音高决定的。汉语的一个音节一般是一个字,所以声调也叫字调。

音高是由声带的大小、厚薄、松紧控制的,决定声调的音高变化主要是由声带的松紧控制的。发音时,声带松,声音就低;声带紧,声音就高;声带先松后紧,声音就先低后高;声带先紧后松,声音就先高后低。声带的松紧变化构成了不同的声调。

不同人的声带是不一样的,同样发 yì 这个音节,小女孩是从最高音降到最低音,老年人也是从最高音降到最低音,虽然小女孩的最低音可能比老年人的最高音还要高,但他们念这个音节时的音高的变化趋势是一样的,意义也是一样的,也就是说,决定声调的音高是相对音高。

声调的高低升降的变化是滑动的,不是跳动的。

二、声调的作用

汉语里的声调具有区别意义的作用。汉语是一种有声调的语言,这是汉语一个非常重要的特征。如:

包 bāo—薄 báo—宝 bǎo—报 bào

实施 shíshī—事实 shìshí—实事 shíshì—逝世 shìshì—时时 shíshí

不同的声调搭配,可以使语言抑扬顿挫、跌宕起伏,增加语言的音乐美。汉语的韵文讲究平仄,就是为了读起来悦耳动听。

三、调值

调值就是声调的实际读法,也就是音节高低升降的具体读法。

描写调值,通常采用著名语言学家赵元任的"五度标记法"。用一条竖线表示音高,把音高等分为五度,分别用 1、2、3、4、5 表示低、半低、中、半高、高,然后在竖线的左边用曲线或直线表示音节的音高变化形式和升降幅度,这五度表示的是相对的音高。普通话的四种声调表示如图 5.1 所示。

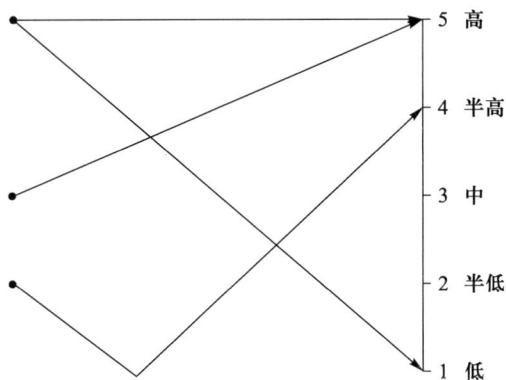

图 5.1　五度标记法

四、调类

调类就是声调的种类,是把调值相同的音节归纳在一起建立起来的类别。比如,调值是 55 的所有音节归为一类,叫阴平;调值 35 的所有音节归为一类,叫阳平;调值 214 的所有音节归为一类,叫上声;调值 51 的所有音节归为一类,叫去声。

汉语方言非常丰富,在不同的方言中,调类相同的,调值不一定相同;调值相同的,可能归为不同的调类。

五、普通话的声调

普通话有四种声调,分别是阴平、阳平、上声、去声,简称四声。这四种声调也可以叫第一声、第二声、第三声、第四声,或者用 55 调、35 调、214 调、51 调表示。

阴平(第一声),调值是 55,高而且平,没有升降的变化,也可称为高平调或 55 调。如:天、八、山、书。

阳平(第二声),调值是 35,音高从中升到最高,也可叫中升调或 35 调。如:人、眉、头、扬。

上声(第三声),调值是 214,音高从半低降到低,然后再升到半高,是一种曲折的声调,所以也叫作降升调或 214 调。如:腿、手、脚、眼。

去声(第四声),调值是 51,音高从高降到低,中间没有曲折,所以也可称为全降调或 51 调。如:现、代、汉、字。

普通话四声的声调符号是 ˉ、ˊ、ˇ、ˋ,标在主要元音也就是韵腹上。调号的标注顺序是先找 ɑ、o、e,再找 i、u、ü,标调时 i 上的点要去掉,i、u 并排的时候标在后一个元音上。

思 考 题

一、什么是声调? 它的作用是什么?

二、什么是调值? 什么是调类?

第二节 声 调 辨 正

一、读准普通话调值

读准普通话四声的调值是学好普通话的基础之一。方言区的人学习普通话时,声调方面容易出现的问题有以下几个。

第一,读阴平时相对音高不够高,大致读到 33 或 44。

第二,读阳平时起点的相对音高低于 3,结束时到不了最高点 5,读成了 13 或 24。还有的读阳平时中间弯了一下,有曲折。

第三,上声问题比较普遍,最容易出现的问题是降不到 1 或者降到 1 的时候没有稍作停留,升的时候到不了 4,读成 212 或 312。

第四,读去声时容易出现的问题主要是长度不够,不是从最高降到最低,读成了 42。

练习普通话调值的时候,可以采用打手势的方法,就是假设在自己的面前有一个五度标记,胸口部位是 1,眼睛的高度是 5,5 度 4 分。打手势时站立或坐直,手势严格按照五度标记打,声音跟着手势,手势到位了,声调也就容易到位。

二、记住常用汉字的普通话声调

掌握了普通话四声的调值以后,就要记住常用汉字的普通话声调。如果一个字一个字地去记,要花费大量的时间与精力,要想事半功倍,可以找出方言与普通话声调的对应规律。

古今调类有密切的关系,但普通话以及各个方言区与古代的平声、上声、去声、入声的分分关系并不一样。方言区的人在学习普通话时要弄清本方言区与古四声的关系跟普通话与古四声的关系有何不同,找出自己的方言与普通话声调的对应规律,这样就会节省时间。比如,中原官话的商阜片,与普通话声调的对应规律(见表 5.1)如下:

表 5.1 商阜片与普通话声调的对应规律

	阴平	阳平	上声	去声
普通话	55	35	214	51
商阜片	24	42	55	311

商阜片大约有 80% 常用字的声调符合这个对应规律,不少人在学习普通话时会自觉地根据这个规律变换声调。剩下的那些不符合规律的汉字就需要一个个去记了。

三、记住入声字在普通话里的读音

入声是古汉语四声之一,发音比较短促。南方的方言大多还保留着入声,普通话和大部分北方方言现在没有入声,已将入声归入阴平、阳平、上声、去声,北方的晋语区有入声,江淮官话和一部分西南官话也保留有入声。

在普通话里,入声字大多归入去声和阳平,少部分归入阴平和上声,其中,归入去声的最多,归入上声的最少。记的时候,先记数量少的,即归入上声与阴平的,然后再记阳平,剩下的都是归入去声的。

前边说过要找出方言与普通话声调的对应规律,但是有些字不符合对应规律,这些字大多是入声字。比如,在中原官话里,入声的清声母字有些归入普通话的阳平与上声,这些字大多不符合方言与普通话声调的对应规律,如答、法、砝、塔、夹、甲、伯、钵、国、卓、苦、德、格、铬、隔、折、铁、节、结、决、雪、福、幅、竹、烛、骨、菊、笔、匹、及、吉、即、脊、百、柏等。对于不符合规律的常用汉字,一定要记住。

练·习·题

一、读准下面音节的声调。

yī yí yǐ yì   wū wú wǔ wù   ā á ǎ à   ōu óu ǒu òu

yū yú yǔ yù   yā yá yǎ yà   ē é ě è   āi ái ǎi ài

bā bá bǎ bà   zhī zhí zhǐ zhì

yē yé yě yè   yāo yáo yǎo yào

bō bó bǒ bò   juē jué juě juè

wān wán wǎn wàn   wēn wén wěn wèn

二、读准下列词语。

1. 相同声调词语朗读练习。

阴平+阴平

| 芭蕉 | 参观 | 冰川 | 车间 | 波涛 | 冲锋 | 村庄 | 炊烟 |
| 东风 | 鲜花 | 发生 | 芳香 | 飞机 | 讴歌 | 功勋 | 诗歌 |

阳平+阳平

| 蓬勃 | 原则 | 原籍 | 停留 | 农民 | 繁荣 | 联盟 | 轮流 |
| 言行 | 文学 | 陶瓷 | 纯洁 | 黎明 | 重逢 | 循环 | 驰名 |

去声+去声

| 锻炼 | 照相 | 庆祝 | 伴奏 | 电报 | 汉字 | 魅力 | 浪费 |
| 缔造 | 荡漾 | 扩大 | 竞赛 | 倡议 | 互助 | 论调 | 建设 |

2. 不同声调词语朗读练习。

阴平+阳平

| 钻研 | 诙谐 | 中国 | 蹉跎 | 宣传 | 生活 | 英雄 | 观察 |
| 音节 | 精华 | 通俗 | 端详 | 开学 | 编辑 | 参谋 | 忽然 |

阴平+上声

| 光彩 | 中午 | 篝火 | 真理 | 清早 | 欣赏 | 飘洒 | 开水 |
| 冬笋 | 思考 | 歌咏 | 针灸 | 倾吐 | 家属 | 多少 | 风景 |

阴平+去声

青翠	书架	刚毅	心脏	泼辣	音乐	机智	侵略
充沛	开会	光线	鞭策	称赞	积聚	观众	鸡蛋

阳平+阴平

原因	圆规	文科	才思	结晶	达观	农村	行规
长江	长征	崇高	同乡	石雕	情操	国歌	棉衣

阳平+上声

直爽	凉水	全体	平坦	调侃	明朗	泥土	毛笔
棉袄	南北	雄伟	云朵	梅雨	长久	回想	苹果

阳平+去声

乘客	匀称	足迹	含蓄	独唱	劳动	缝纫	陪衬
夺目	革命	排队	文件	图画	牛肉	名胜	宁静

去声+阴平

治安	故乡	爱心	健康	帽徽	杏花	特征	电灯
列车	信箱	目光	类推	辣椒	自身	自发	众多

去声+阳平

罪行	自由	自然	自从	住房	种粮	种植	众人
中毒	至于	治疗	正常	证实	政敌	照明	照常

去声+上声

占领	运转	在场	乐曲	育种	玉米	诱饵	右手
用品	要紧	样本	血管	线索	效果	校长	宪法

去声+去声

现在	限度	现象	现代	下落	夏季	下列	下降
戏剧	系列	细致	物质	物价	未必	外贸	忘记

3. 四声交错朗读练习。

豁然开朗	偷梁换柱
形影相吊	慢条斯理
光彩夺目	举世无双
南征北战	淡妆浓抹
从天而降	四海为家
精卫填海	朽木难雕
前车可鉴	三顾茅庐

三、词语对比朗读练习。

安慰—安危	爱好—哀号	按时—暗示	摆脱—拜托	搬家—半价
办法—颁发	办理—板栗	办事—版式	伴奏—搬走	帮助—帮主
包含—饱含	保卫—包围	作业—昨夜	职业—枝叶	艺术—医术
移动—易懂	形状—行装	饮用—吟咏	胜利—生理	深化—神话

四、绕口令朗读练习。

1. 大猫毛。

大猫毛短小猫毛长,大猫毛比小猫毛短,小猫毛比大猫毛长。

2. 毛毛与猫猫。

毛毛有一顶红帽,猫猫有一身灰毛。毛毛要猫猫的灰毛,猫猫要毛毛的红帽。毛毛把红帽交给猫猫,猫猫抽了几根灰毛送给毛毛。

3. 施氏食狮史。

石室诗士施氏,嗜狮,誓食十狮,氏时时适市,氏视十狮,恃矢势,使是十狮逝世,氏拾是十狮尸,适石室,石室湿,氏使侍拭石室,石室拭,氏始试食十狮尸,食时,始识十狮尸实是十石狮尸,试释是事实。

五、朗读下面的诗歌。

别 董 大

（唐）高　适

千里黄云白日曛,北风吹雁雪纷纷。
莫愁前路无知己,天下谁人不识君。

长 歌 行

汉乐府

青青园中葵,朝露待日晞。
阳春布德泽,万物生光辉。
常恐秋节至,焜黄华叶衰。
百川东到海,何时复西归?
少壮不努力,老大徒伤悲。

第六章　普通话音节

第一节　普通话声韵拼合规律

一、普通话音节结构

音节是由一个或几个音素按照一定的规律构成的语音单位,是听觉上最容易分辨出来的语音片段。一般来说,普通话的一个音节就是一个汉字,特殊情况就是儿化,儿化词是一个音节用两个汉字表示,如"碗儿"是两个字,但只是一个音节"wǎnr"。

从整体上说,普通话音节由声母、韵母、声调三部分组成,其中,韵母又可分为韵头、韵腹、韵尾。下面用表格来分析音节结构(见表6.1)。

表6.1　普通话音节结构表

例字及注音	声母	韵母				声调
		韵头	韵腹	韵尾		
				元音	辅音	
一 yī			i			阴平
云 yún			ü		n	阳平
饿 è			e			去声
亚 yà		i	a			去声
文 wén		u	e		n	阳平
笔 bǐ	b		i			上声
节 jié	j	i	ê			阳平
火 huǒ	h	u	o			上声
般 bān	b		a		n	阴平
咸 xián	x	i	a		n	阳平
妙 miào	m	i	a	o(u)		去声
中 zhōng	zh		o(u)		ng	阴平

从表6.1中,可以看出普通话的音节结构有以下几个特点:

一个音节,可以没有声母、韵头、韵尾,但必须有韵腹、声调,如:yī。

一个音节最多有 4 个音素,如:miào、zhuāng。

一个音节中,可以没有辅音,如:yī、ào,但必须有元音,最少有 1 个,最多可以有 3 个,如:miào。

音节中的辅音一般充当声母,充当韵尾的只有 n、ng,没有复辅音。

二、普通话声韵配合规律

普通话的音节由声韵调组成,声母和韵母的组合有一定的规律,不是所有的声母都可以和所有的韵母组合。掌握声韵配合规律可以避免拼错音节,从而提高普通话水平。表 6.2 是一个简表,可以帮助我们大致了解声韵拼合的一般规律。

表 6.2 普通话声韵配合简表
说　明

+ 表示可以全部或部分拼合,- 表示不可以拼合。

声母		韵母			
		开口呼	齐齿呼	合口呼	撮口呼
双唇音 b p m		+	+	只限于 u	-
唇齿音 f		+	-	只限于 u	-
舌尖中音	d t	+	+	+	-
	n l	+	+	+	+
舌面后音 g k h		+	-	+	-
舌面前音 j q x		-	+	-	+
舌尖后音 zh ch sh r		+	-	+	-
舌尖前音 z c s		+	-	+	-
零声母 ø		+	+	+	+

从表 6.2 中可以发现声韵拼合的一些规律,下面从两个角度说明。

(一) 从声母角度

(1)双唇音与开口呼、齐齿呼相拼,不与撮口呼相拼,与合口呼相拼时只限于 u。

(2)唇齿音与开口呼相拼,不与齐齿呼、撮口呼相拼,与合口呼相拼时只限于 u。

(3)舌尖中音 d、t 与开口呼、齐齿呼、合口呼相拼,不与撮口呼相拼。

(4)舌尖中音 n、l 可以与四呼相拼。

(5)舌面后音、舌尖后音、舌尖前音都与开口呼、合口呼相拼,不与齐齿呼、撮口呼相拼,舌面前音与它们正好相反,只与齐齿呼、撮口呼相拼,不与开口呼、合口呼相拼。

(二) 从韵母角度

(1)开口呼的拼合能力最强,撮口呼的拼合能力最弱。

(2)合口呼不与舌面前音相拼,与唇音相拼时只限于 u。

（3）齐齿呼可以和双唇音、舌尖中音、舌面前音相拼，不和唇齿音、舌面后音、舌尖后音、舌尖前音相拼。

另外，韵母中 o 只与唇音声母相拼，uo 不与唇音声母相拼；er、ueng 只能自成音节；ong 必须与声母相拼；-i[ʅ]只能与 zh、ch、sh、r 相拼，-i[ɿ]只能与 z、c、s 相拼。

普通话声韵配合简表只是反映声韵拼合的一般规律，要想全面掌握声韵拼合的详细情况，还要学习《普通话声韵拼合总表》（见表6.3）。

表6.3　普通话声韵拼合总表

声母	韵母													
	开口呼													
	-i	a	o	e	ê	er	ai	ei	ao	ou	an	en	ang	eng
b		ba	bo				bai	bei	bao		ban	ben	bang	beng
p		pa	po				pai	pei	pao	pou	pan	pen	pang	peng
m		ma	mo	me			mai	mei	mao	mou	man	men	mang	meng
f		fa	fo					fei		fou	fan	fen	fang	feng
d		da		de			dai	dei	dao	dou	dan	den	dang	deng
t		ta		te			tai	tei	tao	tou	tan		tang	teng
n		na		ne			nai	nei	nao	nou	nan	nen	nang	neng
l		la		le			lai	lei	lao	lou	lan		lang	leng
g		ga		ge			gai	gei	gao	gou	gan	gen	gang	geng
k		ka		ke			kai	kei	kao	kou	kan	ken	kang	keng
h		ha		he			hai	hei	hao	hou	han	hen	hang	heng
j														
q														
x														
zh	zhi	zha		zhe			zhai		zhao	zhou	zhan	zhen	zhang	zheng
ch	chi	cha		che			chai		chao	chou	chan	chen	chang	cheng
sh	shi	sha		she			shai		shao	shou	shan	shen	shang	sheng
r	ri			re					rao	rou	ran	ren	rang	reng
z	zi	za		ze			zai	zei	zao	zou	zan	zen	zang	zeng
c	ci	ca		ce			cai	cei	cao	cou	can	cen	cang	ceng
s	si	sa		se			sai		sao	sou	san	sen	sang	seng
ø		a	o	e	ê	er	ai	ei	ao	ou	an	en	ang	eng

声母	韵母												
	齐齿呼								撮口呼				
	i	ia	ie	iao	iou	ian	in	iang	ing	ü	üe	üan	ün	iong
b	bi		bie	biao		bian	bin		bing					
p	pi		pie	piao		pian	pin		ping					
m	mi		mie	miao	miu	mian	min		ming					
f														
d	di	dia	die	diao	diu	dian			ding					
t	ti		tie	tiao		tian			ting					
n	ni		nie	niao	niu	nian	nin	niang	ning	nü	nüe			
l	li	lia	lie	liao	liu	lian	lin	liang	ling	lü	lüe			
g														
k														
h														
j	ji	jia	jie	jiao	jiu	jian	jin	jiang	jing	ju	jue	juan	jun	jiong
q	qi	qia	qie	qiao	qiu	qian	qin	qiang	qing	qu	que	quan	qun	qiong
x	xi	xia	xie	xiao	xiu	xian	xin	xiang	xing	xu	xue	xuan	xun	xiong
zh														
ch														
sh														
r														
z														
c														
s														
ø	yi	ya	ye	yao	you	yan	yin	yang	ying	yu	yue	yuan	yun	yong

声母	韵母									
	合口呼									
	u	ua	uo	uai	uei	uan	uen	uang	ueng	ong
b	bu									
p	pu									
m	mu									

续表

声母	韵母									
	合口呼									
	u	ua	uo	uai	uei	uan	uen	uang	ueng	ong
f	fu									
d	du		duo		dui	duan	dun			dong
t	tu		tuo		tui	tuan	tun			tong
n	nu		nuo			nuan				nong
l	lu		luo			luan	lun			long
g	gu	gua	guo	guai	gui	guan	gun	guang		gong
k	ku	kua	kuo	kuai	kui	kuan	kun	kuang		kong
h	hu	hua	huo	huai	hui	huan	hun	huang		hong
j										
q										
x										
zh	zhu	zhua	zhuo	zhuai	zhui	zhuan	zhun	zhuang		zhong
ch	chu	chua	chuo	chuai	chui	chuan	chun	chuang		chong
sh	shu	shua	shuo	shuai	shui	shuan	shun	shuang		
r	ru		ruo		rui	ruan	run			rong
z	zu		zuo		zui	zuan	zun			zong
c	cu		cuo		cui	cuan	cun			cong
s	su		suo		sui	suan	sun			song
ø	wu	wa	wo	wai	wei	wan	wen	wang	weng	

三、拼音的方法

（一）两拼法

两拼法就是把声母、韵母两个部分直接拼合起来,这是一种常见的拼合方法。如:

zh+ōng→zhōng　　　g+uó→guó　　　f+ù→fù　　　q+iáng→qiáng

（二）三拼法

三拼法就是把声母、韵头、韵身(韵腹或韵腹+韵尾)三部分进行拼读。如:

zh+u+āng→zhuāng　　g+u+ān→guān　　sh+u+āi→shuāi　　l+u+ò→luò

这种方法只适用于有韵头的音节。

（三）声介合拼法

声介合拼法就是先把声母和介音（就是韵头）i、u、ü 拼合在一起，然后再与后面的部分拼合。如：

chu+āng→chuāng　　　hu+ái→huái　　　xi+ǎo→xiǎo　　　ju+ān→juān

这种方法不太常用，因为有的音节虽有介音，但用这种方法不容易拼读。比如，ie、üe 有介音，在与声母拼读时，按理可以采用声介合拼法，但 i 与声母拼合后韵母部分剩下的 e 其实是 ê，而且 ê 这个音并不常用，所以这样的音节采用这种方法不容易拼读。如：

ji+é→jié　　　nü+è→nüè　　　xu+ě→xuě　　　lü+è→lüè

另外，iou、uei、uen 在与声母拼合时，中间的韵腹要省略，这时候用声介合拼法也容易出错。如：

lù+en→lùn　　　hu+eī→huī　　　li+oú→liú　　　chū+en→chūn

（四）整体认读法

整体认读法就是直接读出整个音节，不再把音节分成几个部分。运用这种方法要有一定的基础，必须熟练掌握基本音节。

声韵拼合的时候要读准声母、韵母；不要增加或减少韵头；拼合时，声母要读得轻而且短，韵母要读得重而且长，中间不要有停顿，要一气拼成。

四、音节定调法

音节不仅包括声母、韵母，还包括声调，所以音节拼合的时候还要注意读准声调。常用的定调方法有以下几种。

（一）数调法

先把声母与韵母拼合在一起，然后按照阴平、阳平、上声、去声的顺序数，一直数到需要的声调为止。如：

mèi（妹）：m+ei→mēi —méi —měi —mèi

měi（美）：m+ei→mēi —méi —měi

这种方法适用于初学者。

（二）韵母定调法

用声母和带声调的韵母相拼，这样直接读出音节的声调。如果没有声母，读韵母时就直接带声调。如：

hǎo（好）：h+ǎo→hǎo　　　wèi（位）：uèi

（三）音节定调法

先把声母和韵母拼合在一起，然后直接呼出声调。如：

dà（大）：d+a→dà　　　jiā（家）：j+ia→jiā

思 考 题

一、从声母角度看，声韵拼合有哪些规律？

二、从韵母角度看，声韵拼合有哪些规律？

第二节　拼写规则

一、音节拼写规则

《汉语拼音方案》规定的音节拼写规则有以下内容。

（一）隔音字母与隔音符号

人们在说话时，一个个音节界限分明，但在书写时，有时候会发生混淆，这时候就要采用一定的方法明确音节界限。《汉语拼音方案》采用的是隔音字母 y、w 以及隔音符号。

1. 隔音字母 y、w

《汉语拼音方案》规定，使用 y、w 主要是为了隔音，使音节界限分明。i、u、ü 或 i、u、ü 打头的韵母自成音节时容易与其他的音节相混淆，所以在 i、u、ü 前面用 y、w 明确音节界限。具体规则如下。

（1）i 行零声母音节加 y 或变 y。

加 y：i、in、ing 三个韵母不与声母相拼时前面要加 y。如：

i→yi　in→yin　ing→ying

变 y：除了 i、in、ing，齐齿呼其他的韵母不与声母相拼时都是把 i 变成 y。如：

ia→ya　ie→ye　iao→yao　iou→you

（2）u 行零声母音节加 w 或变 w。

加 w：u 不与声母相拼时前面要加 w。如：u→wu

变 w：除了 u，合口呼其他韵母不与声母相拼时都是把 u 变成 w。如：

ua→wa　uo→wo　uai→wai　uei→wei　uan→wan

uen→wen　uang→wang　ueng→weng

（3）ü 行零声母音节一律在前面加 y，ü 去掉头上的两点。如：

ü→yu　üe→yue　üan→yuan　ün→yun

2. 隔音符号

《汉语拼音方案》规定，a、o、e 开头的零声母音节出现在其他音节后面的时候，如果音节界限发生混淆，就用隔音符号隔开。但在实际运用中，不管会不会发生混淆，一律用隔音符号（'）隔开。如：

fǎngǎn（反感）— fāng'àn（方案）

dāngàn（单干）—dàng'àn（档案）

bèi'àn（备案）　　　　bǐ'àn（彼岸）　　　　cì'ěr（刺耳）　　　　duì'ǒu（对偶）

（二）省写

1. ü 上两点的省写

j、q、x 跟 ü 或 ü 打头的韵母相拼时，ü 上两点省略，因为 j、q、x 跟 u 不相拼，所以即使 ü 上两点省略也不会被认为是 u。如：

j+ü→jú（局）　j+üe→jué（绝）　q+ün→qún（群）　x+üan→xuān（宣）

需要注意的是：n、l 既跟 u 或 u 打头的某些韵母相拼，也跟 ü 或 ü 打头的某些韵母相拼，所以，n、l 在跟 ü 行韵母相拼时，不能省略两点。如：

n+ü→nǚ（女）　　　　　l+ü→lǜ（绿）　　　n+üe→nüè（虐）　　　l+üe→lüè（略）

2. iou、uei、uen 的省写

iou、uei、uen 在跟辅音声母相拼的时候，中间的元音发音不太明显，所以《汉语拼音方案》规定 o、e 要省略，这样也可以使拼式简短。如：

n+iou→niú（牛）　　　　l+uen→lùn（论）　　　　g+uei→guī（规）

（三）标调

普通话音节有声调，声调符号的标注有以下几个原则。

1. 声调符号标在音节的主要元音上

音节的主要元音就是韵腹。如果一个音节只有一个元音，调号就标在这个元音上；如果有两个或三个元音，就标在开口度大的元音上，先找 a，没有 a 找 o、e，没有 a、o、e 再找 i、u、ü。如：

hǎo（好）　　　　hóu（侯）　　　　gěi（给）　　　　jī（基）　　　　qīn（亲）

xíng（形）　　　　nǚ（女）　　　　lüè（略）　　　　xuǎn（选）　　　　xiāng（香）

2. iu、ui 两个韵母的声调标在后一个元音上

niǔ（扭）　　　　guì（桂）　　　　huī（挥）　　　　liǔ（柳）　　　　qiú（求）

3. i 标调时头上的小点要去掉

yī（衣）　　　　yín（银）　　　　jīn（金）　　　　qíng（晴）　　　　kuī（亏）

4. 轻声不标调

zhuōzi（桌子）　　　　yǐzi（椅子）　　　　bāofu（包袱）　　　　mántou（馒头）

二、词语拼写规则

关于词语的拼写规则，我们的主要依据是《汉语拼音正词法基本规则》。该规则的主要内容有：分词连写规则、人名地名拼写规则、大写规则、标调规则、移行规则、标点符号使用规则等，我们这里举例说明前三条规则。

（一）分词连写规则

汉语拼音以词为拼写单位，并适当考虑语音、语义等因素，并兼顾词的拼写长度。

1. 拼写普通话时基本上以词为基本单位，词与词分开。

ā（啊）　　　　　guójiā（国家）　　　　rénmín（人民）　　　　jūnduì（军队）

2. 表示一个整体概念的双音节和三音节结构，连写。

quánguó（全国）　　　　qiǎokèlì（巧克力）　　　　túshūguǎn（图书馆）

3. 四音节及四音节以上表示一个整体概念的名称，按词分开写，不能按词划分的，全都连写。

huánjìng bǎohù guīhuà（环境保护规划）　　　　yánjiūshēngyuàn（研究生院）

4. 单音节词重叠时连写，双音节词重叠时分写。

tiāntiān（天天）　　　　yuèyuè（月月）　　　　niánnián（年年）

qīhēi qīhēi(漆黑漆黑)　　　　　　xuěbái xuěbái(雪白雪白)

重叠并列即 AABB 式结构,连写。

míngmíngbáibái(明明白白)　　　　qīngqīngchǔchǔ(清清楚楚)

(二)人名地名拼写规则

1. 汉语人名中的姓和名分写,姓在前,名在后,复姓连写,双姓中间加连接号。姓和名的首字母大写。笔名、别名等,按姓名写法处理。

Léi Fēng(雷锋)　　　Lǔ Xùn(鲁迅)　　　Máo Zédōng(毛泽东)

Zhūgě Liàng(诸葛亮)　　　　　　　Liú-Fù Míngwěi(刘付明伟)

2. 汉语地名中的专名和通名,分写,每一分写部分的首字母大写。

Shànghǎi Shì(上海市)　　　　　　Huáng Hé(黄河)

Tàiháng Shān(太行山)　　　　　　Sōnghuā Jiāng(松花江)

3. 不需区分专名和通名的地名,各音节连写。

Lǐzhuāng(李庄)　　　　　　　　　Zhōukǒudiàn(周口店)

(三)大写规则

1. 句子开头的第一个字母或诗歌每一行开头的第一个字母大写。

Nǐ zěnmeyàng,nǐ de guójiā biàn zěnmeyàng.

(你怎么样,你的国家便怎么样。)

Jǔtóu wàng míngyuè,(举头望明月,)

Dītóu sī gùxiāng.(低头思故乡。)

2. 专有名词的第一个字母大写;如果专有名词由几个词组成,每个词的第一个字母大写。

Zhōngguó(中国)　　　Běijīng(北京)　　　Chángchéng(长城)

Rénmín Rìbào(《人民日报》)　　　Xiàndài Hànyǔ Cídiǎn(现代汉语词典)

某些场合,拼写专有名词时可全部大写。

2000 年,我国制定了《中华人民共和国国家通用语言文字法》,该法第十八条规定:"国家通用语言文字以《汉语拼音方案》作为拼写和注音工具。《汉语拼音方案》是中国人名、地名和中文文献罗马字母拼写法的统一规范,并用于汉字不便或不能使用的领域。"这就是说,使用《汉语拼音方案》是法律规定的。为了更好地发挥《汉语拼音方案》的作用,规范词语的拼写,我国又制定了《汉语拼音正词法基本规则》《中国人名汉语拼音字母拼写法》《中国地名汉语拼音字母拼写法》《中文书刊名称汉语拼音拼写法》等一系列文件,但目前在人名拼写、报刊名称拼写、成语拼写等方面仍存在着一定的混乱现象,需要在这些方面加强规范。

练习题

一、拼读下列词语并写出汉字。

àihù　　　āndìng　　　bǎngyàng　　　běnlǐng　　　cáinéng　　　chéngxù

dǎjī	dìdiǎn	dōngtiān	dùnshí	fāhuī	gǎnjué
gūjì	guīhuà	huānyíng	jiākuài	kāipì	kuòzhāng
lìshǐ	lǐngyù	miànmào	nàyàng	qìwèi	qíngkuàng

二、给下列词语注音。

溶液	如同	商品	上面	身边	渗透	食物	实质
熟练	顺序	探讨	特性	天然	外表	王国	西欧
细菌	延伸	循环	艺术	预防	增高	战略	中华

三、拼写下列诗歌。

悯 农

（唐）李 绅

锄禾日当午,汗滴禾下土。
谁知盘中餐,粒粒皆辛苦。

静 夜 思

（唐）李 白

床前明月光,疑是地上霜。
举头望明月,低头思故乡。

第七章　语流音变

音变有两种,一种是历时音变,一种是共时音变,这里要讲的是共时音变。人们在说话时,一般是连续发出一串音节,这样就形成了"语流"。在语流中,前后音会互相影响而发生某些变化,这就是语流音变。语流音变是一种普遍存在的语言现象,普通话的音变现象比较多,本章只学习变调、轻声、儿化、"啊"的音变。

第一节　变　　调

在语流中,有些音节的声调受相邻音节的影响会发生一定的变化,与单个音节时的调值不同,这就是变调。普通话的四声在语流中或多或少都会发生一些变化,其中变化最大的是上声的变调与"一""不"的变调。

一、上声的变调

上声的变调主要有以下几种情况。

(一) 上声+非上声

上声在阴平、阳平、去声等非上声前以及非上声变读的轻声前,调值由 214 变为 211,到最低点稍微拖一下,不再往上升。

上声+阴平

表彰　首都　补贴　捕捞　产生　短期　法官　改编　感官

上声+阳平

感情　感觉　改革　几何　假如　检查　简直　解除　警察

上声+去声

警惕　景色　举动　举办　考虑　可笑　可是　口号　苦难

上声+轻声

比方　补丁　暖和　打量　打听　骨头　口袋　懒得　老爷

(二) 上声+上声

1. 两个上声相连

如果后面没有其他音节,第二个音节上声不变,第一个音节的调值由 214 变为 35。

老板　理解　理想　领导　领土　旅馆　美好　勉强　起码

在上声变读的轻声前,上声有两种变化,一是变读211,一是变读35。如:

214+轻声→211+轻声

姐姐 姥姥 奶奶 嫂子 曲子 毯子 小子 影子 主子

种子 椅子 本子 嗓子 脑子 领子 马虎 谷子 耳朵

214+轻声→35+轻声

晌午 想起 等等 写写 走走 讲讲 跑跑 打点 考考

2. 三个上声相连

如果后面没有其他音节,第三个音节的上声不变,其他两个音节根据语音停顿的情况决定如何变调:前两个音节语义紧密时,语音停顿在第二个音节后面,前两个音节的调值由214变为35;后两个音节语义紧密时,语音停顿在第一个音节后面,这时,第一个音节的调值由214变为211,第二个音节的调值由214变为35。

"双音节+单音节"格式→35+35+214

展览馆 选举法 手写体 打靶场 管理法 洗脸水 水彩笔

"单音节+双音节"格式→211+35+214

好领导 党小组 冷处理 纸老虎 小拇指 小两口 很美好

如果是多个上声相连,最后一个上声读原调,其他的先进行结构切分,切分成两个音节或三个音节,然后再按照前边的规则变调。如:

永远 友好 yǒngyuǎn yǒuhǎo→35+211+35+214

五把 纸雨伞 wǔbǎ zhǐyǔsǎn→35+211+211+35+214

二、"一""不"的变调

普通话中,"一""不"的读音有以下几种情况。

(一)不变调

普通话中,"一"是55调,"不"是51调,它们在单用或处在词句末尾的时候不变调,如:一、十一、第一、初一、统一、划一、万一、唯一、不、决不、绝不、偏不。这里需要注意的是,"第一"有时会省略"第",这时"一"仍读阴平,如:"第一百货大楼"有时会简称"一百",仍读"yībǎi",与数词"一百(变读 yìbǎi)"不同;"一楼"可以是第一层楼,读"yīlóu",也可以是指"满楼",变读"yìlóu",如:"今天来开会的人太多了,一楼人。"

"不"在非去声前不变调,如:不安、不好、不平、不行。

(二)变调

1. "一"的变调

(1) 在去声前,"一"变成35,跟阳平一样。

一半 一代 一旦 一定 一度 一共 一贯 一律 一切

一线 一向 一带 一再 一致 一阵 一概 一道 一次

(2) 在非去声(阴平、阳平、上声)前,"一"读51,跟去声一样。

阴平前:

一般 一边 一端 一心 一瞥 一丝 一些 一天 一身

阳平前:

一同 一连 一直 一时 一齐 一旁 一连 一同 一头

上声前：

一起 一体 一早 一手 一总 一把 一口 一举 一桶

(3)"一"在动词重叠式中间变成轻声。

写一写 念一念 说一说 看一看 笑一笑 尝一尝 走一走

2."不"的变调

(1)"不"在去声前变成35,跟阳平一样。

不必 不便 不错 不但 不当 不定 不断 不对 不够

不顾 不过 不快 不利 不料 不论 不怕 不幸 不要

(2)"不"在动词或形容词重叠式中间读轻声,在动词和补语中间读轻声。

好不好 去不去 行不行 白不白 唱不唱 想不想 吃不吃

看不清 举不动 听不懂 走不了 打不开 想不通 来不成

练习题

一、读准下列词语。

1. 上声+上声→35+214。

| 处理 | 总理 | 展览 | 主讲 | 辅导 | 指导 | 古典 | 辗转 |
| 首长 | 舞蹈 | 简短 | 美好 | 影响 | 演讲 | 本领 | 保险 |

2. 上声+阴平→211+55。

| 祖先 | 组织 | 总之 | 子孙 | 转身 | 北京 | 指挥 | 指标 |
| 长官 | 早期 | 远方 | 语音 | 有机 | 有关 | 野生 | 眼光 |

3. 上声+阳平→211+35。

| 养殖 | 以前 | 以来 | 野蛮 | 眼神 | 演员 | 选拔 | 选择 |
| 小学 | 小时 | 显然 | 舞台 | 委员 | 往来 | 土豪 | 死亡 |

4. 上声+去声→211+51。

| 体验 | 体育 | 损耗 | 水库 | 水位 | 首要 | 手续 | 使劲 |
| 审判 | 少量 | 扰乱 | 染色 | 土地 | 忍受 | 匹配 | 脑力 |

5. 上声+轻声。

第一个字的调值由214变成211：

比方	饼子	尺子	胆子	点心	斧子	稿子	骨头
脊梁	饺子	口子	老子	老婆	老爷	领子	买卖
女婿	嗓子	婶子	铁匠	晚上	尾巴	喜欢	小气

第一个字的调值由214变成35：

| 小伙子 | 眨巴 | 主意 | 把手 | 老鼠 |

6. 一+去声→35+51。

| 一味 | 一并 | 一路 | 一瞬 | 一夜 | 一面 | 一对 | 一个 |

一部	一例	一片	一色	一世	一样	一应	一丈
一块儿	一下儿	一会儿	一刹那	一溜儿	一系列		

一触即发	一蹴而就	一概而论	一脉相承	一诺千金
一曝十寒	一泻千里	一叶蔽目	一步登天	一定之规
一技之长	一见如故	一见钟情	一命呜呼	一面之交
一念之差	一窍不通	一日千里	一望无际	一掷千金
一字千金	一箭双雕	一步到位		

7. 一+非去声→51+原调。

一发	一锅	一己	一览	一如	一生	一水儿
一体	一条	一张	一颗	一头	一直	一只

一笔抹杀	一筹莫展	一蹶不振	一息尚存	一帆风顺
一了百了	一笔带过	一表人才	一尘不染	一锤定音
一刀两断	一家之言	一潭死水	一网打尽	一衣带水
一门心思	一拍即合	一鸣惊人		

8. 一+去声/非去声。

一板一眼	一唱一和	一模一样	一丝一毫	一个萝卜一个坑儿
一五一十	一心一德	一心一意	一草一木	一物降一物
一生一世	一针一线	一言一行	一朝一夕	一字一板

9. 不+去声→35+51。

不测	不待	不忿	不够	不顾	不惑	不讳	不易	不用
不计	不见	不快	不赖	不利	不论	不妙	不配	不日
不善	不胜	不适	不下	不孝	不肖	不屑	不逊	不要

10. 不+去声/非去声。

不折不挠	不二不四	不伦不类	不蔓不枝	不卑不亢	不即不离
不哼不哈	不管不顾	不干不净	不明不白	不清不楚	不慌不忙
不痛不痒	不言不语	不声不响	不理不睬	不闻不问	不依不饶
不屈不挠	不知不觉	不大不小	不多不少	不肥不瘦	不上不下

二、绕口令朗读练习。

1. 初八十八二十八。

初八十八二十八,八个小孩儿把萝卜拔,你也拔,我也拔,看谁拔的多,看谁拔的大。你拔的不多个儿不小,我拔的不少个儿不大。一个萝卜一个坑儿,算算多少用车拉,一个加俩,俩加仨,七十二个加十八,拿个算盘打一打,一百差俩九十八。

2. 半罐是半罐。

一个半罐是半罐,两个半罐是一罐;三个半罐是一罐半,四个半罐是两罐;五个半罐是两罐半,六个半罐是三满罐;七个、八个、九个半罐,请你算算是多少罐。

三、朗读下面的诗歌。

天童山中月夜独坐

（清）易顺鼎

青山无一尘，青天无一云。
天上惟一月，山中惟一人。

古　谣

（唐）王　建

一东一西垄头水，一聚一散天边路。
一去一来道上客，一颠一倒池中树。

第二节　轻　声

一、轻声概说

（一）什么是轻声

在词语或句子里，某些音节失去了它原有的声调，读得又轻又短，这种现象就是轻声，读轻声的字就叫轻声字。轻声音节一般都有原调，只是在某种情况下声调发生了变化，读得又轻又短，所以它是一种变调，是普通话四个声调变化而来，不是第五种声调，注音时不标调，如休息（xiūxi）、玻璃（bōli）、弟弟（dìdi）、奶奶（nǎinai）。

（二）轻声的性质

轻声与音强、音长、音高、音色都有关系，下面简要说明。

第一，与原调相比，轻声的音强要弱一些，音长要短一些。实验表明，轻声音节比非轻声音节要短一半。

第二，轻声音节的音高不固定，受前一个音节的影响。一般来说，上声音节后面的轻声音高较高，为五度标记法中的 4 度，阴平、阳平、去声后面的轻声音节音高也不一样，分别为五度标记法中的 2 度、3 度、1 度。下面举例说明。

（1）上声+轻声。

轻声前面是上声时，前边的上声也要变调，讲变调时已经说过这个问题，这里不再赘述。

上声+轻声→211+4：

姐姐　　姥姥　　嫂子　　口子　　脊梁　　寡妇　　耳朵　　稿子

上声+轻声→35+4：

写写　　讲讲　　想想　　主意　　把手　　老鼠

（2）非上声+轻声。

阴平+轻声→55+2：

帮手　　包袱　　包子　　窗户　　答应　　提防　　灯笼　　东西

阳平+轻声→35+3：

锤子　　锄头　　鼻子　　脖子　　儿子　　橘子　　糊涂　　核桃

去声+轻声→51+1：

快活　　筷子　　舅舅　　轿子　　记号　　架势　　棍子　　裤子

第三，轻声音节的音色会发生一定的变化。轻声音节的声母、韵母有时会发生一定的变化，有清声母浊化、韵母中的某些元音变成央元音、韵母的脱落等。下面主要说明音节中元音的变化。

变央元音：某些音节在变读轻声时，其中的元音会变成不高不低、不前不后的不圆唇元音[ə]，这个元音发音时非常轻松。如：

哥哥[kɤ⁵⁵ gə³¹]　　　桌子[tʂuo⁵⁵ dzə³¹]　　棉花[mian³⁵ xuə³¹]

怎么[tsən²¹¹ mə⁴⁴]　　谁的[ʂuei²¹¹ də³¹]　　你呢[ni²¹¹ nə⁴⁴]

凑合[tsʰou⁵¹ xə³¹]　　来了[lai³⁵ lə³¹]　　　暖和[nuan²¹¹ xuə⁴⁴]

脱落：某些音节在变读轻声时，韵母会脱落。如：

豆腐[tou⁵¹ f³¹]　　　包袱[pɑu⁵⁵ f³¹]　　　功夫[kuŋ⁵⁵ f³¹]　　　媳妇[ɕi³⁵ f³¹]

我们俩[uo²¹¹ m⁴⁴li A²¹⁴]　　　　咱们仨[tsan³⁵ m³¹ s A⁵⁵]

（三）轻声的作用

1. 有些轻声词语与非轻声词语词义不同（加点字读轻声）

孙子：儿子的儿子——孙子：古代的军事理论家

是非：矛盾、纠纷——是非：事理的正确和错误

帘子：用布、竹子等做的有遮蔽作用的器物——莲子：莲的种子

本事：本领——本事：文学作品主题所根据的故事情节

精神：表现出来的活力——精神：指人的意识、思维活动和一般心理状态

2. 有些轻声词语与非轻声词语词义、词性都不同（加点字读轻声）

地道：（形容词）真正的，纯粹的——地道：（名词）地下通道

利害：（形容词）难以对付或忍受；严厉——利害：（名词）利益和损害

对头：（名词）对手；仇敌——对头：（形容词）正确；合适；正常

大意：（形容词）疏忽；不注意——大意：（名词）主要的意思

还有些轻声词语，没有以上区别作用，但在普通话中如果不读轻声会非常别扭，如：云彩、算盘、窗户、扫帚，等等。对于这类轻声词，南方方言区的人在学习普通话时要多记、多练。

二、普通话轻声词语

（一）轻声词

普通话中，下列一些成分应该读轻声。

1. 语气词"吗、嘛、吧、啊、呢"等

去吧　　好嘛　　谁呀　　书呢　　好吧　　吃饭吗

2. 助词"的、地、得、着、了、过、看"等

谁的　　轻轻地　　好得很　　说着　　走了　　去过　　试试看

3. 后缀"子、头、们"等

桌子　　筷子　　木头　　馒头　　石头　　我们　　他们

4. 名词、代词后面的方位词"上、下、里、面、边"等

屋里　　山上　　外面　　北边　　这里　　那里　　底下　　上面

5. 动词、形容词后面的趋向动词"来、去、起来、下去、过去、回去"等

进来　　下去　　过去　　笑起来　　热起来　　等下去　　送回去

6. 量词"个"

一个　　两个　　三个　　四个

7. "一"在重叠动词之间,"不"在重叠动词、形容词之间或在中补结构中

看一看　　说一说　　去不去　　好不好　　上不去　　下不来

8. 普通话里有一些双音节词,第二个音节读轻声

算盘　　窗户　　云彩　　耽搁　　伙计　　喷嚏　　扫帚　　客气
风筝　　合同　　活泼　　机灵　　力气　　牢靠　　嫁妆　　核桃

（二）普通话轻声词语

　　普通话水平测试中,第一部分不出现轻声,第二部分肯定有轻声,第三部分可能会出现轻声,第四、第五部分也会出现轻声。所以,要想学好普通话,提高测试成绩,一定要会念轻声,掌握必读轻声词语。平常说普通话时,轻声是不可避免的,要想说地道的普通话,就要记住、读准常用的轻声词语。本章拓展阅读五的轻声词语表一定要多看、多练、多记。

练习题

一、绕口令朗读练习。

1. 天上日头。

天上日头,地上石头。嘴里舌头,吃个馒头。

2. 孩子与鞋子。

孩子是孩子,鞋子是鞋子,孩子不是鞋子,鞋子不是孩子。是孩子穿鞋子,不是鞋子穿孩子。谁分不清鞋子和孩子,谁就念不准鞋子和孩子。

3. 山上五棵树。

山上五棵树,架上五壶醋,林中五只鹿,箱里五条裤。伐了山上树,搬下架上的醋,射死林中的鹿,取出箱中的裤。

二、朗读下面的文章,读准轻声。

春

朱自清

盼望着,盼望着,东风来了,春天的脚步近了。

一切都像刚睡醒的样子,欣欣然张开了眼。山朗润起来了,水涨起来了,太阳的脸红起来了。

小草偷偷地从土地里钻出来,嫩嫩的,绿绿的。园子里,田野里,瞧去,一大片一大片满是的。坐着,躺着,打两个滚,踢几脚球,赛几趟跑,捉几回迷藏。风轻悄悄的,草软绵绵的。

桃树、杏树、梨树,你不让我,我不让你,都开满了花赶趟儿。红的像火,粉的像霞,白的像雪。花里带着甜味;闭了眼,树上仿佛已经满是桃儿、杏儿、梨儿。花下成千成百的蜜蜂嗡嗡地闹着,大小的蝴蝶飞来飞去。野花遍地是:杂样儿,有名字的,没名字的,散在草丛里,像眼睛,像星星,还眨呀眨的。

"吹面不寒杨柳风",不错的,像母亲的手抚摸着你。风里带来些新翻的泥土的气息,混着青草味儿,还有各种花的香,都在微微润湿的空气里酝酿。鸟儿将巢安在繁花嫩叶当中,高兴起来了,呼朋引伴地卖弄清脆的喉咙,唱出宛转的曲子,跟轻风流水应和着。牛背上牧童的短笛,这时候也成天嘹亮地响着。

雨是最寻常的,一下就是三两天。可别恼。看,像牛毛,像花针,像细丝,密密地斜织着,人家屋顶上全笼着一层薄烟。树叶儿却绿得发亮,小草儿也青得逼你的眼。傍晚时候,上灯了,一点点黄晕的光,烘托出一片安静而和平的夜。在乡下,小路上,石桥边,有撑起伞慢慢走着的人,地里还有工作的农民,披着蓑戴着笠。他们的房屋,稀稀疏疏的,在雨里静默着。

天上风筝渐渐多了,地上孩子也多了。城里乡下,家家户户,老老小小,也赶趟儿似的,一个个都出来了。舒活舒活筋骨,抖擞抖擞精神,各做各的一份儿事去。"一年之计在于春",刚起头儿,有的是功夫,有的是希望。

春天像刚落地的娃娃,从头到脚都是新的,它生长着。

春天像小姑娘,花枝招展的,笑着走着。

春天像健壮的青年,有铁一般的胳膊和腰脚,领着我们上前去。

拓展阅读五　普通话水平测试用轻声词语表

说　明

1. 此表参考《普通话水平测试实施纲要》,有所改动。
2. 此表按汉语拼音字母顺序竖行排列。

3. 一个词形多个读音的,如果都是轻声词,词后的小括号里各有简单的释义与例子。词条的解释主要参考商务印书馆第7版《现代汉语词典》。

4. 一个词形有可以读轻声也可以不读轻声两种情况,一是意义相同,一是意义不同。这类词语单独列在后面。

5. 此表中的非轻声音节标本调,轻声音节不标调号。

爱人	àiren	比方	bǐfang	窗子	chuāngzi
案子	ànzi	鞭子	biānzi	锤子	chuízi
巴掌	bāzhang	扁担	biǎndan	刺猬	cìwei
把子	bǎzi（①把东西扎在一起的捆子:秫秸~;②戏曲中所使用的武器的总称,也指开打的动作:练~;③拜~）	辫子	biànzi	凑合	còuhe
		别扭	bièniu	村子	cūnzi
		饼子	bǐngzi	奓拉	dāla
		拨弄	bōnong	答应	dāying
		脖子	bózi	打扮	dǎban
		簸箕	bòji	打点	dǎdian
		补丁	bǔding	打发	dǎfa
		不由得	bùyóude	打量	dǎliang
把子	bàzi（器具上便于用手拿的部分:茶壶~）	不在乎	bùzàihu	打听	dǎting
		步子	bùzi	大方	dàfang
		部分	bùfen	大爷	dàye（①伯父;②尊称年长的男子）
爸爸	bàba	财主	cáizhu		
白净	báijing	裁缝	cáifeng		
班子	bānzi	苍蝇	cāngying	大夫	dàifu（医生）
板子	bǎnzi	差事	chāishi	带子	dàizi
帮手	bāngshou	柴火	cháihuo	袋子	dàizi
梆子	bāngzi	肠子	chángzi	单子	dānzi
膀子	bǎngzi	厂子	chǎngzi	耽搁	dānge
棒槌	bàngchui	场子	chǎngzi	耽误	dānwu
棒子	bàngzi	车子	chēzi	胆子	dǎnzi
包袱	bāofu	称呼	chēnghu	担子	dànzi
包涵	bāohan	池子	chízi	刀子	dāozi
包子	bāozi	尺子	chǐzi	道士	dàoshi
豹子	bàozi	虫子	chóngzi	稻子	dàozi
杯子	bēizi	绸子	chóuzi	灯笼	dēnglong
被子	bèizi	除了	chúle	凳子	dèngzi
本子	běnzi	锄头	chútou	提防	dīfang
鼻子	bízi	畜生	chùsheng	笛子	dízi
		窗户	chuānghu	底子	dǐzi

地方	dìfang	杠子	gàngzi	蛤蟆	háma
弟弟	dìdi	高粱	gāoliang	孩子	háizi
弟兄	dìxiong	膏药	gāoyao	含糊	hánhu
点心	diǎnxin	稿子	gǎozi	汉子	hànzi
调子	diàozi	告诉	gàosu	行当	hángdang
钉子	dīngzi	疙瘩	gēda	合同	hétong
东家	dōngjia	哥哥	gēge	和尚	héshang
动静	dòngjing	胳膊	gēbo	核桃	hétao
动弹	dòngtan	鸽子	gēzi	盒子	hézi
豆腐	dòufu	格子	gézi	红火	hónghuo
豆子	dòuzi	个子	gèzi	猴子	hóuzi
嘟囔	dūnang	根子	gēnzi	后头	hòutou
肚子	dǔzi（用作食	跟头	gēntou	厚道	hòudao
	品的动物的	工夫	gōngfu	狐狸	húli
	胃：猪~）	功夫	gōngfu	胡萝卜	húluóbo
肚子	dùzi	弓子	gōngzi	胡琴儿	húqinr
缎子	duànzi	公公	gōnggong	糊涂	hútu
队伍	duìwu	钩子	gōuzi	护士	hùshi
对付	duìfu	姑姑	gūgu	皇上	huángshang
多么	duōme	姑娘	gūniang	幌子	huǎngzi
蛾子	ézi	谷子	gǔzi	活泼	huópo
儿子	érzi	骨头	gǔtou	火候	huǒhou
耳朵	ěrduo	故事	gùshi	伙计	huǒji
贩子	fànzi	寡妇	guǎfu	机灵	jīling
房子	fángzi	褂子	guàzi	脊梁	jǐliang
废物	fèiwu	怪物	guàiwu	记号	jìhao
份子	fènzi	关系	guānxi	记性	jìxing
风筝	fēngzheng	官司	guānsi	夹子	jiāzi
疯子	fēngzi	罐头	guàntou	家伙	jiāhuo
福气	fúqi	罐子	guànzi	架势	jiàshi
斧子	fǔzi	规矩	guīju	架子	jiàzi
盖子	gàizi	闺女	guīnü	嫁妆	jiàzhuang
甘蔗	gānzhe	鬼子	guǐzi	尖子	jiānzi
杆子	gānzi	柜子	guìzi	茧子	jiǎnzi
	（电线~）	棍子	gùnzi	剪子	jiǎnzi
杆子	gǎnzi（枪~）	锅子	guōzi	见识	jiànshi
干事	gànshi	果子	guǒzi	毽子	jiànzi

将就	jiāngjiu	老太太	lǎotàitai	马虎	mǎhu
交情	jiāoqing	老头子	lǎotóuzi	码头	mǎtou
饺子	jiǎozi	老爷	lǎoye	买卖	mǎimai
叫唤	jiàohuan	姥姥	lǎolao	麦子	màizi
轿子	jiàozi	累赘	léizhui	馒头	mántou
结实	jiēshi	篱笆	líba	忙活	mánghuo
街坊	jiēfang	里头	lǐtou	冒失	màoshi
姐夫	jiěfu	力气	lìqi	帽子	màozi
姐姐	jiějie	厉害	lìhai	眉毛	méimao
戒指	jièzhi	利落	lìluo	媒人	méiren
金子	jīnzi	利索	lìsuo	妹妹	mèimei
镜子	jìngzi	例子	lìzi	门道	méndao
舅舅	jiùjiu	栗子	lìzi	眯缝	mīfeng
橘子	júzi	痢疾	lìji	迷糊	míhu
（俗作"桔子"）		连累	liánlei	面子	miànzi
句子	jùzi	帘子	liánzi	苗条	miáotiao
卷子	juànzi	凉快	liángkuai	苗头	miáotou
咳嗽	késou	粮食	liángshi	名堂	míngtang
客气	kèqi	两口子	liǎngkǒuzi	名字	míngzi
空子	kòngzi	料子	liàozi	明白	míngbai
口袋	kǒudai	林子	línzi	模糊	móhu
口子	kǒuzi	翎子	língzi	蘑菇	mógu
扣子	kòuzi	领子	lǐngzi	木匠	mù·jiàng
窟窿	kūlong	溜达	liūda	木头	mùtou
裤子	kùzi	聋子	lóngzi	那么	nàme
快活	kuàihuo	笼子	lóngzi	奶奶	nǎinai
筷子	kuàizi	炉子	lúzi	难为	nánwei
框子	kuàngzi	路子	lùzi	脑袋	nǎodai
阔气	kuòqi	轮子	lúnzi	脑子	nǎozi
喇叭	lǎba	萝卜	luóbo	能耐	néngnai
喇嘛	lǎma	骡子	luózi	你们	nǐmen
篮子	lánzi	骆驼	luòtuo	念叨	niàndao
懒得	lǎnde	妈妈	māma	念头	niàntou
浪头	làngtou	麻烦	máfan	娘家	niángjia
老婆	lǎopo	麻利	máli	镊子	nièzi
老实	lǎoshi	麻子	mázi	奴才	núcai

女婿	nǚxu	圈子	quānzi	石榴	shíliu
暖和	nuǎnhuo	拳头	quántou	石头	shítou
疟疾	nüèji	裙子	qúnzi	时候	shíhou
拍子	pāizi	热闹	rènao	实在	shízai
牌楼	páilou	人家	rénjia	拾掇	shíduo
牌子	páizi	人们	rénmen	使唤	shǐhuan
盘算	pánsuan	认识	rènshi	世故	shìgu
盘子	pánzi	日子	rìzi	似的	shìde
胖子	pàngzi	褥子	rùzi	事情	shìqing
狍子	páozi	塞子	sāizi	柿子	shìzi
盆子	pénzi	嗓子	sǎngzi	收成	shōucheng
朋友	péngyou	嫂子	sǎozi	收拾	shōushi
棚子	péngzi	扫帚	sàozhou	叔叔	shūshu
脾气	píqi	沙子	shāzi	梳子	shūzi
皮子	pízi	傻子	shǎzi	舒服	shūfu
痞子	pǐzi	扇子	shànzi	舒坦	shūtan
屁股	pìgu	商量	shāngliang	疏忽	shūhu
片子	piānzi	晌午	shǎngwu	爽快	shuǎngkuai
便宜	piányi	上司	shàngsi	思量	sīliang
骗子	piànzi	上头	shàngtou	算计	suànji
票子	piàozi	烧饼	shāobing	岁数	suìshu
漂亮	piàoliang	勺子	sháozi	他们	tāmen
瓶子	píngzi	少爷	shàoye	它们	tāmen
婆家	pójia	哨子	shàozi	她们	tāmen
婆婆	pópo	舌头	shétou	台子	táizi
铺盖	pūgai	身子	shēnzi	摊子	tānzi
欺负	qīfu	什么	shénme	坛子	tánzi
旗子	qízi	婶子	shěnzi	毯子	tǎnzi
前头	qiántou	生意	shēngyi	桃子	táozi
钳子	qiánzi	牲口	shēngkou	特务	tèwu
茄子	qiézi	绳子	shéngzi	梯子	tīzi
亲戚	qīnqi	师父	shīfu	蹄子	tízi
勤快	qínkuai	师傅	shīfu	挑剔	tiāoti
清楚	qīngchu	虱子	shīzi	挑子	tiāozi
亲家	qìngjia	狮子	shīzi	条子	tiáozi
曲子	qǔzi	石匠	shíjiang	跳蚤	tiàozao

铁匠	tiě·jiàng	笑话	xiàohua	意思	yìsi
亭子	tíngzi	谢谢	xièxie	银子	yínzi
头发	tóufa	心思	xīnsi	影子	yǐngzi
头子	tóuzi	星星	xīngxing	应酬	yìngchou
兔子	tùzi	猩猩	xīngxing	柚子	yòuzi
妥当	tuǒdang	行李	xíngli	冤枉	yuānwang
唾沫	tuòmo	性子	xìngzi	院子	yuànzi
挖苦	wāku	兄弟	xiōngdi	月饼	yuèbing
娃娃	wáwa	休息	xiūxi	月亮	yuèliang
袜子	wàzi	秀才	xiùcai	云彩	yúncai
晚上	wǎnshang	秀气	xiùqi	运气	yùnqi
尾巴	wěiba	袖子	xiùzi	在乎	zàihu
委屈	wěiqu	靴子	xuēzi	咱们	zánmen
为了	wèile	学生	xuésheng	早上	zǎoshang
位置	wèizhi	学问	xuéwen	怎么	zěnme
位子	wèizi	丫头	yātou	扎实	zhāshi
蚊子	wénzi	鸭子	yāzi	眨巴	zhǎba
稳当	wěndang	衙门	yámen	栅栏	zhàlan
我们	wǒmen	哑巴	yǎba	宅子	zháizi
屋子	wūzi	胭脂	yānzhi	寨子	zhàizi
稀罕	xīhan	烟筒	yāntong	张罗	zhāngluo
席子	xízi	眼睛	yǎnjing	丈夫	zhàngfu
媳妇	xífu	燕子	yànzi	帐篷	zhàngpeng
喜欢	xǐhuan	秧歌	yāngge	丈人	zhàngren
瞎子	xiāzi	养活	yǎnghuo	帐子	zhàngzi
匣子	xiázi	样子	yàngzi	招呼	zhāohu
下巴	xiàba	吆喝	yāohe	招牌	zhāopai
吓唬	xiàhu	妖精	yāojing	折腾	zhēteng
先生	xiānsheng	钥匙	yàoshi	这个	zhège
乡下	xiāngxia	椰子	yēzi	枕头	zhěntou
箱子	xiāngzi	爷爷	yéye	芝麻	zhīma
相声	xiàngsheng	叶子	yèzi	知识	zhīshi
消息	xiāoxi	一辈子	yībèizi	侄子	zhízi
小伙子	xiǎohuǒzi	衣服	yīfu	指甲	zhǐjia
小气	xiǎoqi	衣裳	yīshang		(zhíjia)
小子	xiǎozi	椅子	yǐzi	指头	zhǐtou
					(zhítou)

种子	zhǒngzi	爪子	zhuǎzi	桌子	zhuōzi
珠子	zhūzi	转悠	zhuànyou	字号	zìhao
竹子	zhúzi	庄稼	zhuāngjia	自在	zìzai
主意	zhǔyi	庄子	zhuāngzi	粽子	zòngzi
	（zhúyi）	壮实	zhuàngshi	祖宗	zǔzong
主子	zhǔzi	状元	zhuàngyuan	嘴巴	zuǐba
柱子	zhùzi	锥子	zhuīzi	作坊	zuōfang

在《普通话水平测试实施纲要》的《普通话测试用必读轻声词语表》中,有些词语与第 7 版《现代汉语词典》不太一样,主要有两种情况:

一是有些词语在《现代汉语词典》中读不读轻声都行,没有意义上的区别。如:

打算 dǎ·suàn　　　　　首饰 shǒu·shì

二是有些词语在《现代汉语词典》中读不读轻声有意义上的区别。如:

本事 běnshi(有～)—本事 běnshì(文学作品主题所根据的故事情节:～诗)

地道 dìdao(材料真～)—地道 dìdào(走～)

对头 duìtou(冤家～)—对头 duìtóu(方法～)

精神 jīngshen(～焕发;长得～)—精神 jīngshén(～面貌;领会上级～)

老子 lǎozi(①父亲;②男子含傲慢义的自称)—老子 lǎozǐ(道家学派创始人)

琢磨 zuómo(我说的话你再～～)—琢磨 zhuómó(①雕刻和打磨玉石;②加工使文章等更精美)

第三节　儿　　化

一、儿化的性质

普通话里的"儿"可以自成音节,有实在的意义,如儿童(értóng)、儿子(érzi)。不过,"儿"经常作为词缀出现在别的音节后面,使前面音节的韵母带上卷舌色彩,这种语音变化就叫儿化,卷舌化了的韵母就叫儿化韵。这里的"儿"没有实在的意义,不是单独的音节,只是代表一个卷舌动作,拼写时在前面韵母的后面加 r 表示,如小孩儿(xiǎoháir)、鲜花儿(xiānhuār)。

二、儿化的作用

儿化具有区别词义和词性、表达某种感情色彩的作用。

(一) 区别词义

有些词儿化与否表达的意义是不一样的。如:

信：书信—信儿：信息　　　　　头：脑袋—头儿：头目

眼：眼睛—眼儿：小洞儿　　　　面：粮食磨成的粉；面条儿—面儿：粉末儿

嘴：口的统称—嘴儿：形状或作用像嘴的东西

门：房屋等的出入口；安置在出入口的能开关的障碍物—门儿：器物可以开关的部分；门径

（二）区分词性

有些词儿化以后词性发生了变化，当然意义也有区别。如：

画：动词—画儿：名词　　　　盖：动词—盖儿：名词

堆：动词—堆儿：名词　　　　卷：动词—卷儿：名词

（三）表达细小、轻微的意义

如果是比较大的东西，一般不能儿化，如，"海碗"不能儿化为"海碗儿"，带"小"字的名词一般可以儿化，如小嘴儿、小球儿、小脸儿、小曲儿、小辫儿。有些词儿化与否有大小的区别，如：

棍—棍儿　　茶缸—茶缸儿　　碗—碗儿

（四）表示亲切、喜爱等感情色彩

小伙儿　　小孩儿　　苹果脸儿　　玩儿　　聊天儿　　说话儿

北京话里儿化词语非常多，没有必要都进入普通话，一定要有所选择。我们在说普通话的时候，具有以上作用的儿化词语一定要儿化，儿化不儿化两可的词语一般不儿化，如：冒烟—冒烟儿。

三、儿化韵的读音

普通话的韵母只有ê、er不能儿化，其他的都可以。儿化时，有的韵母是直接加一个卷舌动作，有的韵母会发生一定的变化后再卷舌，所以，有些并不相同的音节儿化以后读音会一样，如："神儿"与"食儿"，"枝儿"与"针儿"。具体的规律如下（见表7.1）。

表7.1　儿化音变规律表

韵母	音变规律	儿化前后	例词
韵母末尾的音素是a、o、e、ê、u的	直接加卷舌	a→ar	刀把儿、号码儿、豆芽儿、鲜花儿
		o→or	泡沫儿、小桌儿
		e→er	小车儿、山歌儿
		ie→ier	树叶儿、半截儿
		üe→üer	主角儿、木橛儿
		u→ur	小屋儿、小白兔儿
韵尾是i、n的	丢掉韵尾，韵腹卷舌	ai→ar	小孩儿、一块儿
		ei→er	宝贝儿、跑腿儿

续表

韵母	音变规律	儿化前后	例词
韵尾是 i、n 的	丢掉韵尾,韵腹卷舌	an→ar	快板儿、雨点儿、茶馆儿、烟卷儿
		en→er	花盆儿、三轮儿
韵腹是 i、ü 的	没有韵尾的,加央元音[ə]并卷舌	i→i:er	小米儿、玩意儿
		ü→ü:er	金鱼儿、小曲儿
	有韵尾 n 的,丢掉韵尾再加央元音[ə]并卷舌	in→i:er	口信儿、有劲儿
		ün→ü:er	合群儿、连衣裙儿
韵母是 -i 的	-i 变[ə]并卷舌	-i[ɿ]→er	瓜子儿、唱词儿、头发丝儿
		-i[ʅ]→er	树枝儿、锯齿儿、小事儿
有 ng 韵尾的	丢掉韵尾,主要元音鼻化(鼻化音发音时口鼻同时出气),加卷舌动作	ang→ar(鼻化)	帮忙儿、鼻梁儿
		eng→er(鼻化)	板凳儿、麻绳儿
		ing→i:er(鼻化)	电影儿、小瓶儿
		ong→or(鼻化)	没空儿、胡同儿
		iong→ü:er(鼻化)	小熊儿

注:i→i:er、ü→ü:er、in→i:er、ün→ü:er 中的":"是采用《普通话水平测试实施纲要》(2021 年版)的表示方式,冒号以前的是韵腹,不是韵头。

练·习·题

一、读准下列常见的儿化词语。

围脖儿　网兜儿　奔头儿　滋味儿　零碎儿　光杆儿　春卷儿　话茬儿
花卷儿　坎儿井　官衔儿　花瓣儿　片儿汤　爷们儿　娘们儿　鬼脸儿
花纹儿　对门儿　窍门儿　拐棍儿　油门儿　够本儿　光棍儿　小米儿
蛐蛐儿　假条儿　口信儿　枪子儿　树枝儿　小事儿　沙瓤儿　电影儿
河沿儿　裤腿儿　小瓶儿　上面儿　亲侄儿　对眼儿　低个儿　傻帽儿
腰板儿　羊倌儿　米粒儿　单弦儿　门鼻儿　刘海儿　撒欢儿　解闷儿
吭气儿　贪玩儿　花园儿　煤球儿　翻本儿　反面儿　饭盒儿　房檐儿
肥肠儿　费劲儿　坟头儿　粉皮儿　粉条儿　封口儿　配件儿　墙根儿
肉丝儿　同伴儿　药丸儿　虾仁儿　香肠儿　线头儿　桌面儿　书签儿
打杂儿　名牌儿　加塞儿　打鸣儿　泥人儿　脸盘儿　药方儿　瓜瓤儿
一下儿　心眼儿　鼻梁儿　板擦儿　花样儿　大褂儿　笑话儿　好玩儿
蛋黄儿　一溜儿　走调儿　被窝儿　火锅儿　棉球儿　门口儿　小偷儿
豆角儿　火苗儿　口哨儿　红包儿　抽空儿　枣核儿　儿歌儿　短裙儿

人影儿	小曲儿	眼镜儿	火星儿	脚印儿	送信儿	针鼻儿	记事儿
挑刺儿	石子儿	胖墩儿	围嘴儿	赶趟儿	扇面儿	饱嗝儿	板凳儿
大婶儿	纳闷儿	嗓门儿	一阵儿	走神儿	说头儿	刀背儿	烟卷儿
人缘儿	掌勺儿	走调儿	找茬儿	脸蛋儿	翻白眼儿	橡皮筋儿	

节骨眼儿 小不点儿 豆腐干儿 头发丝儿

二、绕口令朗读练习。

1. 小哥俩儿。

小哥俩儿,红脸蛋儿,手拉手儿,一块儿玩儿。小哥俩儿,一个班儿,一路上学唱着歌儿。学造句儿,一串串儿,唱新歌儿,一段段儿,学画画儿,不贪玩儿。画小猫儿,钻圆圈儿,画小狗儿,蹲庙台儿,画只小鸡儿吃小米儿,画条小鱼儿吐水泡儿。小哥俩儿,对脾气儿,上学念书不费劲儿,真是父母的好宝贝儿。

2. 进了门儿,倒杯水儿。

进了门儿,倒杯水儿,喝了两口儿运运气儿,顺手拿起个小唱本儿。唱一曲儿,又一曲儿,练完了嗓子我练嘴皮儿,绕口令儿,练字音儿,还有单弦儿牌子曲儿,小快板儿,大鼓词儿,越说越唱我越带劲儿。

第四节　语气词"啊"的音变

一、语气词"啊"的音变的含义

语气词"啊"往往出现在句末或句中停顿的地方,口语中的读音会受它前面一个音素的影响而发生变化,这种变化就是语气词"啊"的音变。

"啊"有两种词性:叹词、语气词。作为叹词时,"啊"是单独运用,不同的声调表示不同的感情色彩,如:ā 表示惊异或赞叹;á 表示追问;ǎ 表示惊疑;à 表示认可、突然明白、赞叹。这里主要学习"啊"作为语气词的音变现象。

二、语气词"啊"的音变规律

作为语气词,"啊"不管是出现在句末还是句中,它总是在别的词语后面,读音会受到前一个音节的最后一个音素的影响而发生一定的变化。

对于"啊"的音变,林焘先生在《北京话的连读音变》中把它分为"不自由音变"与"自由音变"两类。"不自由音变"是指,只要音变条件出现,"啊"必然会产生音变;"自由音变"是指,虽然出现了音变条件,但"啊"可变可不变。我们在学习普通话时需要记住的是不自由音变。

（一）不自由音变

1. 当前一个音节的末尾音素是 n 时,"啊"读作"na",可以写作"哪"。

那姑娘真好看哪!　　　　　　我身体好得很哪!

什么原因哪？　　　　　　　　　他的嘴真严哪！

2. 当前一个音节的末尾音素是 i、ü 时，"啊"读作"ya"，可以写作"呀"。

这里的景色真美呀！　　　　　　这可是你的主意呀！

好肥的鱼呀！　　　　　　　　　你别去呀！

3. 当前一个音节的末尾音素是 a 时，"啊"读作"ya"，可以写作"呀"。

这个公园真大呀！　　　　　　　真的是他呀！

这件衣服真花呀！　　　　　　　她笑得好假呀！

（二）自由音变

"自由音变"时，"啊"到底要不要同前边的音素连读，与语速有很大的关系。语速慢时，往往不连读；语速快时，"啊"与前一个音素自然就连读了。

1. 当前一个音节的末尾音素是 u（包括 ao、iao）时，"啊"读作"wa"，可以写作"哇"。

他说的真好哇！　　　　　　　　别停下，快走哇！

他的回答真巧妙哇！　　　　　　这一家人真和睦哇！

2. 当前一个音节的末尾音素是 ng 时，"啊"读作"nga"，仍写作"啊"。

这幅画真漂亮啊！　　　　　　　行啊，去吧！

这人真横啊！　　　　　　　　　你到底懂不懂啊？

3. 当前一个音节的末尾音素是 zi、ci、si 时，"啊"读音不变，仍写作"啊"。

这就是你写的字啊？　　　　　　你去了几次啊？

你不要太自私啊！　　　　　　　多漂亮的陶瓷啊！

4. 当前一个音节的末尾音素是 zhi、chi、shi、ri 或卷舌音 er 时，"啊"读作"ra"，仍写作"啊"。

大家随便吃啊！　　　　　　　　你一定要制止啊！

今天是什么节日啊！　　　　　　这时谁的花盆儿啊？

5. 当前一个音节的末尾音素是 o、e、ê 时，"啊"读作"ya"，可以写作"呀"。

这件衣服真破呀！　　　　　　　这是谁的汽车呀？

好大的雪呀！　　　　　　　　　今天真热呀！

练习题

一、读准下列词语中"啊"的音变。

来啊　走啊　去啊　唱啊　跳啊　说啊　写啊　画啊　我啊　他啊　你啊

喝啊　吃啊　谁啊　干啊　爬啊　好啊　美啊　天啊　树啊　我们啊

干活啊　写字啊　画画儿啊　读书啊　种田啊　上学啊　上课啊

二、读准下列语句中"啊"的音变。

快走啊！　　　　　　大家快来吃苹果啊！　　　　都是观众啊！

好漂亮的大衣啊！　　时间过得真快啊！　　　　　快来帮帮我啊！

快吃鱼啊！　　　　　这孩子多俊啊！　　　　　　您在哪儿住啊？

他普通话说得真好啊！　这事儿可不简单啊！　　　她笑得真甜啊！

她发音真准啊！　　　　小心水烫啊！　　　　大家小点儿声啊！

这儿多好玩儿啊！　　　这是第几次啊？　　　他就是老四啊！

三、绕口令朗读练习。

1. 鹅鸭猫狗。

鹅啊、鸭啊、猫啊、狗啊，一块儿在水里游啊！牛啊、羊啊、马啊、骡啊，一块儿进牛棚啊！狼啊、虎啊、鹿啊、豹啊，一块儿在山上跑啊！兔儿啊、鼠儿啊、虫儿啊、鸟儿啊，一块儿上窗台儿啊！

2. 张果老。

啪！啪！啪！你是谁呀？我是张果老啊！你怎么不进来啊？我怕被狗咬啊！你兜儿里装的是什么啊？装的大酸枣儿啊！你怎么不吃啊？我怕牙酸倒啊！胳肢窝里夹的什么啊？一件破棉袄啊！你怎么不穿啊？我怕虱子咬啊！怎么不叫你老伴儿拿啊？老伴儿死了！你怎么不哭啊？盆儿啊！罐儿啊！我的亲老伴儿啊！

拓展阅读六　易读错字词表

说　明

1. 本表按汉语拼音字母顺序排列。

2. 条目中的必读轻声音节不标调,如:规矩 guīju;轻声非轻声两可的标调,如果不区别意义,注音前加圆点儿表示,如:因为 yīn·wèi;如果区别意义,分开注音,如:本事 běnshì、本事 běnshi。

3. 条目中的儿化音节,注音时在基本形式后加 r,如:旦角儿 dànjuér。

哀悼	āidào	遨游	áoyóu	包干儿	bāogānr
皑皑	ái'ái	翱翔	áoxiáng	孢子	bāozǐ
艾	ài	靶	bǎ	报酬	bàochou
爱好	àihào	把持	bǎchí	报道	bàodào
暧昧	àimèi	把儿	bàr	报复	bào·fù
氨	ān	掰	bāi	暴露	bàolù
安逸	ānyì	白桦	báihuà	爆炸	bàozhà
安置	ānzhì	扳	bān	鲍鱼	bàoyú
按摩	ànmó	颁发	bānfā	卑鄙	bēibǐ
按捺	ànnà	颁布	bānbù	卑劣	bēiliè
盎然	àngrán	斑斓	bānlán	背脊	bèijǐ
凹	āo	办公室	bàngōngshì	被褥	bèirù
凹陷	āoxiàn	褒贬	bāobiǎn	苯	běn
鳌	áo	褒贬	bāobian	本领	běnlǐng

本事	běnshì	簸箕	bòji	沉积	chénjī
本事	běnshi	捕捞	bǔlāo	沉寂	chénjì
笨拙	bènzhuō	补给	bǔjǐ	撑	chēng
迸发	bèngfā	哺乳	bǔrǔ	呈	chéng
鄙	bǐ	捕捉	bǔzhuō	橙	chéng
彼岸	bǐ'àn	不妨	bùfáng	承	chéng
比较	bǐjiào	不禁	bùjīn	承办	chéngbàn
比拟	bǐnǐ	不仅	bùjǐn	承包	chéngbāo
匕首	bǐshǒu	不堪	bùkān	承担	chéngdān
辟	bì	不啻	bùchì	承受	chéngshòu
敝	bì	不屑	bùxiè	惩	chéng
庇护	bìhù	不宜	bùyí	惩罚	chéngfá
毕竟	bìjìng	布置	bùzhì	惩处	chéngchǔ
婢女	bìnǚ	步骤	bùzhòu	澄清	chéngqīng
编撰	biānzhuàn	步履	bùlǚ	呈现	chéngxiàn
编纂	biānzuǎn	菜肴	càiyáo	诚挚	chéngzhì
瘪谷	biěgǔ	参谋	cānmóu	逞	chěng
濒临	bīnlín	参与	cānyù	秤	chèng
濒于	bīnyú	槽	cáo	嗤	chī
摈弃	bìnqì	蹭	cèng	驰骋	chíchěng
冰窖	bīngjiào	差别	chābié	尺	chǐ
屏	bǐng	茬	chá	尺寸	chǐ·cùn
病榻	bìngtà	查处	cháchǔ	尺度	chǐdù
摒弃	bìngqì	刹那	chànà	耻辱	chǐrǔ
拨	bō	潺潺	chánchán	舂	chōng
钵	bō	蟾蜍	chánchú	憧憬	chōngjǐng
波澜	bōlán	阐发	chǎnfā	充塞	chōngsè
玻璃	bōli	阐明	chǎnmíng	充血	chōngxuè
菠萝	bōluó	阐释	chǎnshì	崇拜	chóngbài
播种	bōzhǒng	颤抖	chàndǒu	崇高	chónggāo
播种	bōzhòng	忏悔	chànhuǐ	重申	chóngshēn
驳	bó	怅惘	chàngwǎng	宠	chǒng
箔	bó	剿	chāo	宠儿	chǒng'ér
脖颈儿	bógěngr	巢	cháo	惆怅	chóuchàng
跛	bǒ	巢穴	cháoxué	踌躇	chóuchú
薄荷	bòhe	抻	chēn	臭氧	chòuyǎng

初	chū	挫	cuò	调度	diàodù
储	chǔ	挫折	cuòzhé	迭	dié
处罚	chǔfá	搭讪	dā·shàn	订	dìng
处方	chǔfāng	答	dá	锭	dìng
处决	chǔjué	打颤	dǎzhàn	动物	dòngwù
处理	chǔlǐ	呆	dāi	洞穴	dòngxué
处女	chǔnǚ	逮	dǎi	动辄	dòngzhé
处于	chǔyú	逮	dài	动作	dòngzuò
处置	chǔzhì	逮捕	dàibǔ	抖擞	dǒusǒu
储蓄	chǔxù	耽搁	dān'ge	嘟囔	dū'nang
矗立	chùlì	旦角儿	dànjuér	犊	dú
揣手	chuāishǒur	当即	dāngjí	笃信	dǔxìn
揣摩	chuǎimó	当选	dāngxuǎn	妒忌	dùjì
踹	chuài	当成	dàngchéng	短暂	duǎnzàn
船舶	chuánbó	当天	dàngtiān	堆积	duījī
传承	chuánchéng	当作	dàngzuò	对称	duìchèn
创	chuāng	档	dàng	对付	duìfu
创伤	chuāngshāng	档案	dàng'àn	队伍	duìwu
戳	chuō	档次	dàngcì	踱	duó
戳穿	chuōchuān	倒影	dàoyǐng	垛	duǒ
啜泣	chuòqì	悼念	dàoniàn	垛	duò
雌雄	cíxióng	提防	dīfang	舵	duò
刺猬	cìwei	低洼	dīwā	尔	ěr
聪明	cōng·míng	诋毁	dǐhuǐ	遏止	èzhǐ
粗糙	cūcāo	蒂	dì	发酵	fājiào
粗犷	cūguǎng	缔	dì	翻译	fānyì
促成	cùchéng	缔结	dìjié	繁衍	fányǎn
簇拥	cùyōng	地壳	dìqiào	反刍	fǎnchú
蹿	cuān	谛听	dìtīng	反馈	fǎnkuì
窜	cuàn	地下	dìxia	反省	fǎnxǐng
摧残	cuīcán	地下	dìxià	梵文	fànwén
璀璨	cuǐcàn	地下水	dìxiàshuǐ	防御	fángyù
啐	cuì	滇	diān	防治	fángzhì
淬火	cuìhuǒ	颠簸	diānbǒ	飞跃	fēiyuè
萃取	cuìqǔ	惦记	diàn·jì	诽谤	fěibàng
皴	cūn	调拨	diàobō	吠	fèi

沸腾	fèiténg	肛门	gāngmén	罕见	hǎnjiàn
费用	fèiyong	高档	gāodàng	郝	hǎo
分娩	fēnmiǎn	高亢	gāokàng	耗	hào
分蘖	fēnniè	高龄	gāolíng	耗费	hàofèi
氛围	fēnwéi	高血压	gāoxuèyā	好恶	hàowù
酚	fēn	高涨	gāozhǎng	号召	hàozhào
焚	fén	胳膊	gēbo	褐	hè
焚烧	fénshāo	隔阂	géhé	喝彩	hècǎi
分外	fènwài	给以	gěiyǐ	衡量	héngliáng
烽火	fēnghuǒ	跟前	gēnqian	喉咙	hóu·lóng
风靡	fēngmǐ	哽咽	gěngyè	后裔	hòuyì
风俗	fēngsú	供给	gōngjǐ	呼吁	hūyù
丰腴	fēngyú	功绩	gōngjì	湖泊	húpō
风筝	fēngzheng	公仆	gōngpú	互相	hùxiāng
敷	fū	供求	gōngqiú	花冠	huāguān
孵	fū	工人	gōngrén	化纤	huàxiān
孵化	fūhuà	功勋	gōngxūn	豢养	huànyǎng
俘虏	fúlǔ	供应	gōngyìng	荒芜	huāngwú
俯瞰	fǔkàn	汞	gǒng	荟萃	huìcuì
抚摩	fǔmó	供	gòng	贿赂	huìlù
腐朽	fǔxiǔ	购销	gòuxiāo	讳言	huìyán
复辟	fùbì	孤立	gūlì	馄饨	húntun
父亲	fù·qīn	骨	gǔ	混沌	hùndùn
赋予	fùyǔ	骨髓	gǔsuǐ	混淆	hùnxiáo
富裕	fùyù	骨头	gǔtou	活泼	huó·pō
附庸	fùyōng	固执	gùzhi	霍	huò
附着	fùzhuó	瓜分	guāfēn	豁免	huòmiǎn
竿	gān	怪物	guàiwu	积	jī
干瘪	gānbiě	规矩	guīju	羁绊	jībàn
干涸	gānhé	皈依	guīyī	基督教	jīdūjiào
甘蔗	gānzhe	轨道	guǐdào	积分	jīfēn
杆子	gānzi	轨迹	guǐjì	即	jí
秆	gǎn	桂冠	guìguān	极其	jíqí
杆菌	gǎnjūn	国防	guófáng	即使	jíshǐ
感染	gǎnrǎn	氦	hài	戟	jǐ
刚劲	gāngjìng	寒噤	hánjìn	麂	jǐ

脊梁	jǐ·liáng	阶梯	jiētī	铿锵	kēngqiāng
脊髓	jǐsuǐ	秸秆	jiēgǎn	恐吓	kǒnghè
给予	jǐyǔ	揭露	jiēlù	控	kòng
暨	jì	接种	jiēzhòng	控告	kònggào
髻	jì	竭	jié	控诉	kòngsù
继承	jìchéng	借鉴	jièjiàn	傀儡	kuǐlěi
记得	jìde	矜持	jīnchí	溃疡	kuìyáng
忌讳	jì·huì	津贴	jīntiē	懒散	lǎnsǎn
技术	jìshù	尽管	jǐnguǎn	肋骨	lèigǔ
迹象	jìxiàng	尽快	jǐnkuài	棱	léng
寄予	jìyǔ	浸	jìn	棱角	léngjiǎo
驾驭	jiàyù	浸润	jìnrùn	礼仪	lǐyí
缄默	jiānmò	禁止	jìnzhǐ	联络	liánluò
涧	jiàn	茎	jīng	怜悯	liánmǐn
间谍	jiàndié	惊惶	jīnghuáng	链	liàn
间断	jiànduàn	荆棘	jīngjí	恋爱	liàn'ài
间或	jiànhuò	精髓	jīngsuǐ	潦倒	liáodǎo
间接	jiànjiē	精湛	jīngzhàn	缭绕	liáorào
间隙	jiànxì	精神	jīngshén	咧	liě
间歇	jiànxiē	精神	jīngshen	拎	līn
践踏	jiàntà	颈	jǐng	临摹	línmó
浆	jiāng	颈椎	jǐngzhuī	流露	liúlù
奖券	jiǎngquàn	竟然	jìngrán	绺	liǔ
缴获	jiǎohuò	纠葛	jiūgé	卤	lǔ
矫健	jiǎojiàn	灸	jiǔ	卤水	lǔshuǐ
缴纳	jiǎonà	咀嚼	jǔjué	鲁莽	lǔmǎng
矫治	jiǎozhì	眷恋	juànliàn	禄	lù
校	jiào	撅	juē	绿林	lùlín
校对	jiàoduì	蕨	jué	峦	luán
教诲	jiàohuì	觉得	juéde	履行	lǚxíng
酵母	jiàomǔ	攫取	juéqǔ	氯	lǜ
教室	jiàoshì	角色	juésè	孪	luán
校正	jiàozhèng	爵士乐	juéshìyuè	掠	lüè
阶	jiē	揩	kāi	逻辑	luó·jí
阶段	jiēduàn	慷慨	kāngkǎi	螺旋桨	luóxuánjiǎng
阶级	jiējí	咳嗽	késou	抹布	mābù

麻烦	máfan	坯	pī	囚	qiú
铆	mǎo	琵琶	pípa	裘	qiú
玫瑰	méigui	毗邻	pílín	囚禁	qiújìn
迷惘	míwǎng	癖	pǐ	酋长	qiúzhǎng
缅怀	miǎnhuái	痞子	pǐzi	祛	qū
描摹	miáomó	媲美	pìměi	曲线	qūxiàn
民权	mínquán	譬如	pìrú	曲折	qūzhé
泯	mǐn	漂泊	piāobó	取缔	qǔdì
泯灭	mǐnmiè	瞥	piē	蜷	quán
谬误	miùwù	剖	pōu	痊愈	quányù
模糊	móhu	剖析	pōuxī	蜷缩	quánsuō
魔爪	mózhǎo	蒲公英	púgōngyīng	犬	quǎn
默契	mòqì	仆人	púrén	券	quàn
蓦然	mòrán	圃	pǔ	阙	què
眸	móu	沏	qī	绕	rào
牡蛎	mǔlì	祈	qí	妊娠	rènshēn
捺	nà	祈祷	qídǎo	仍	réng
纳粹	nàcuì	祈求	qíqiú	荣誉	róngyù
难为	nánwei	鳍	qí	蹂躏	róulìn
霓虹灯	níhóngdēng	歧途	qítú	儒	rú
拟人	nǐrén	绮丽	qǐlì	儒家	rújiā
蔫	niān	气馁	qìněi	蠕动	rúdòng
鸟瞰	niǎokàn	契约	qìyuē	汝	rǔ
啮	niè	黔	qián	褥子	rùzi
镍	niè	虔诚	qiánchéng	蕊	ruǐ
狞笑	níngxiào	乾坤	qiánkūn	卅	sà
宁可	nìngkě	潜力	qiánlì	丧事	sāngshì
拗	niù	纤夫	qiànfū	缫	sāo
疟疾	nüèji	悄然	qiǎorán	臊	sāo
牌楼	páilou	悄声	qiǎoshēng	臊	sào
盘算	pánsuan	怯懦	qiènuò	杀戮	shālù
盘旋	pánxuán	亲昵	qīnnì	山坳	shān'ào
胚胎	pēitāi	沁	qìn	山麓	shānlù
裴	péi	青睐	qīnglài	商贩	shāngfàn
烹饪	pēngrèn	擎	qíng	商贾	shānggǔ
披	pī	磬	qìng	商榷	shāngquè

晌午	shǎngwu	算计	suàn·jì	妥协	tuǒxié
上缴	shàngjiǎo	算盘	suàn·pán	洼	wā
奢侈	shēchǐ	绥	suí	洼地	wādì
麝	shè	髓	suǐ	剜	wān
摄取	shèqǔ	塌	tā	腕	wàn
申请	shēnqǐng	榻	tà	枉	wǎng
深邃	shēnsuì	踏步	tàbù	桅杆	wéigān
神龛	shénkān	坍塌	tāntā	围剿	wéijiǎo
拾掇	shíduo	滩涂	tāntú	唯恐	wéikǒng
石窟	shíkū	弹劾	tánhé	帷幕	wéimù
矢	shǐ	螳螂	tángláng	为难	wéinán
嗜	shì	搪塞	tángsè	为人	wéirén
嗜好	shìhào	绦虫	tāochóng	纬	wěi
噬	shì	逃窜	táocuàn	纬度	wěidù
手帕	shǒupà	剔除	tīchú	慰藉	wèijiè
狩猎	shòuliè	提供	tígōng	伪善	wěishàn
受累	shòulěi	提携	tíxié	未遂	wèisuì
枢纽	shūniǔ	恬静	tiánjìng	纬线	wěixiàn
倏然	shūrán	挑剔	tiāoti	紊乱	wěnluàn
舒坦	shūtan	停泊	tíngbó	稳妥	wěntuǒ
赎	shú	停滞	tíngzhì	瓮	wèng
赎罪	shúzuì	统筹	tǒngchóu	污秽	wūhuì
庶民	shùmín	凸	tū	呜咽	wūyè
树脂	shùzhī	屠杀	túshā	吾	wú
涮	shuàn	吐露	tǔlù	无辜	wúgū
水泵	shuǐbèng	湍急	tuānjí	侮辱	wǔrǔ
水獭	shuǐtǎ	湍流	tuānliú	晤	wù
吮	shǔn	颓废	tuífèi	误会	wùhuì
俟	sì	颓丧	tuísàng	吸吮	xīshǔn
伺机	sìjī	蜕	tuì	偕	xié
饲	sì	蜕变	tuìbiàn	亵渎	xièdú
饲料	sìliào	褪	tuì	喧嚣	xuānxiāo
饲养	sìyǎng	吞噬	tūnshì	嚣张	xiāozhāng
肆无忌惮	sìwújìdàn	囤	tún	哮喘	xiàochuǎn
怂恿	sǒngyǒng	囤积	túnjī	蜥蜴	xīyì
讼	sòng	陀螺	tuóluó	洗涤	xǐdí

喜鹊	xǐquè	荫庇	yìnbì	爪牙	zhǎoyá
戏谑	xìxuè	萦绕	yíngrào	沼泽	zhǎozé
纤维	xiānwéi	拥抱	yōngbào	照顾	zhàogù
纤细	xiānxì	用处	yòngchù	召唤	zhàohuàn
弦	xián	尤	yóu	召开	zhàokāi
涎	xián	尤其	yóuqí	照片	zhàopiàn
霰	xiàn	尤为	yóuwéi	肇事	zhàoshì
镶嵌	xiāngqiàn	犹	yóu	辙	zhé
相片	xiàngpiàn	犹如	yóurú	褶皱	zhězhòu
胸脯	xiōngpú	酉	yǒu	浙	zhè
旋转	xuánzhuǎn	黝黑	yǒuhēi	砧	zhēn
削弱	xuēruò	友谊	yǒuyì	臻	zhēn
穴	xué	予	yú	针灸	zhēnjiǔ
穴位	xuéwèi	与其	yǔqí	斟酌	zhēnzhuó
雪茄	xuějiā	垣	yuán	诊断	zhěnduàn
血泊	xuèpō	苑	yuàn	症结	zhēngjié
血液	xuèyè	匀称	yún·chèn	脂肪	zhīfáng
殷红	yānhóng	陨石	yǔnshí	值得	zhí·dé
湮没	yānmò	酝酿	yùnniàng	执行	zhíxíng
俨然	yǎnrán	暂时	zànshí	只得	zhǐdé
佯	yáng	糟粕	zāopò	指甲	zhǐjia（zhǐjiǎ）
仰慕	yǎngmù	仄	zè	置	zhì
摇曳	yáoyè	憎恨	zēnghèn	炙	zhì
窈窕	yǎotiǎo	憎恶	zēngwù	秩序	zhìxù
贻误	yíwù	铡	zhá	骤	zhòu
矣	yǐ	眨眼	zhǎyǎn	骤然	zhòurán
屹立	yìlì	择菜	zháicài	瞩目	zhǔmù
翌日	yìrì	债券	zhàiquàn	贮	zhù
熠熠	yìyì	涨	zhǎng	贮备	zhùbèi
阴霾	yīnmái	掌舵	zhǎngduò	铸造	zhùzào
因为	yīn·wèi	招呼	zhāohu	撰	zhuàn
淫秽	yínhuì	招徕	zhāolái	琢磨	zhuómó
隐没	yǐnmò	沼气	zhǎoqì	琢磨	zuómo
引擎	yǐnqíng				

第八章　口语基本发声技能

熟练掌握用气发声、共鸣控制等基本发声技能,科学地运用吐字归音的方法,能够优化口语发音吐字的质量,为提高普通话口语表达能力打下良好基础。

第一节　呼　　吸

"气乃音之帅","气动则声发",气流是发音的原动力。气息的强弱变化直接影响着声音的大小、虚实、高低,影响着语势的强弱和情感表达。科学地进行气息控制和呼吸,是口语表达中进行声音训练的重要环节。

一、呼吸方式

(一) 日常生活中的呼吸方式

在日常生活中,人们说话时的呼吸状态是毫不经意的自然状态,是一种不用主观控制的生理活动。日常的呼吸方式有三种类型,即胸式呼吸、腹式呼吸和胸腹联合式呼吸。

1. 胸式呼吸

胸式呼吸又称浅式呼吸。它主要通过扩张胸骨、两肋来吸气,横膈膜略有下降,胸腔空间扩展不大。这种呼吸方式,气流运动局限于上胸部,吸气量小,呼出的气流较弱。用这种呼吸方式发出的声音扁窄、轻飘,不够坚实。

2. 腹式呼吸

腹式呼吸又称单纯横膈膜式呼吸。它主要通过横膈膜的上下运动来呼吸,与胸式呼吸比较,吸气量稍大,呼出的气流也稍强。但由于吸气时腹部处于放松状态,这使得腹肌很难起到有效控制发声的作用,往往造成比较低沉、闷暗的音色。

3. 胸腹联合式呼吸

它是胸腹两种呼吸方式的结合,是通过胸骨、两肋和横膈膜的协同运动进行呼吸的呼吸方式。这种呼吸方式,由于全面地扩大了胸腔的空间,所以吸气量最大,容易产生坚实、响亮的音色。当然,这种呼吸方式对口语表达来讲,仍然存在一定不足,即如果胸部和腹部运动较为随意,气流的进出就毫无控制,不能很好满足口语表达发声的需要。

(二) 有控制的胸腹联合呼吸

日常生活中的说话、交谈,距离较近,换气随意,所需气流量较小,三种呼吸方式均可以满足。而像授课、演讲、朗诵、表演等这些在较大空间进行的口语表达,所需气流量要比日常的说话、交谈大得多,如果还用日常的呼吸方式,就会出现气短声弱、声音难以持久等方面的问题。因此,为了使语音发得坚实响亮、清晰饱满,语言工作者根据口语表达实践提出了一种有效的呼吸方式,就是有控制的胸腹联合呼吸。

这种呼吸方式与日常言语的呼吸有明显区别①:

第一,吸气时,两肋迅速向两侧扩张,横膈膜下降,把气深吸至肺的底部。由于胸腔下部和腹腔上部的空间都得到扩展,因而气流吸进得快,吸入的部位深,进气量也大。

第二,呼气时,小腹内收,以控制横膈膜和两肋的迅速回弹,拉住要呼出的气流;随着气流舒缓、均匀地呼出,小腹逐渐放松,横膈膜与两肋在这种控制下逐渐恢复自然状态。呼吸控制主要是呼气控制,而小腹的收缩是控制呼气的关键。

第三,这种呼吸方式可以因口语表达中语境、情景的实际变化而从容自如地调节用气,以有效地控制声音的各种变化,有利于人们利用有声语言表情达意。

二、呼吸技能练习

练习呼吸,应保持一种积极的心理状态和放松的身体状态。心理状态积极,语言才能流畅;身体状态相对放松,呼吸器官才能舒展自如。具体做法就是:两肩放松,胸部舒展,姿势端正,精神饱满。

(一) 吸气练习

1. 吸气练习要领②

(1) 两肋打开:吸气时,肩胸放松,下肋从容地向前后、两侧扩展,从而扩大吸气量。

(2) 气息下沉:吸气要深,要有吸向肺底或沉入"丹田"(脐下三指处)的感觉,这时横膈膜下降,体内可以储存较多的空气。一般情况下,膈肌下降 1 厘米,可扩大胸腔容量 250 ~ 300 毫升,而膈肌最大可下降 3 ~ 4 厘米。可见,强化膈肌的训练非常重要。

(3) 小腹内收:在气息吸入下沉的同时,腹部肌肉应向小腹的中心位置收缩,把气息收至丹田,以控制气息。小腹内收不能过早,那样气息会难以下沉。

2. 练习方法

发声练习中,练习吸气的方法多种多样,语言工作者总结出了几种比较简易而有效的方法,列举如下③:

(1) 闻花香:想象春意盎然,有花香飘来,不由自主,气息就会吸得深入、自然,符合"兴奋从容两肋开"的要领。

(2) 抬起重物:准备抬起重物时,总要深吸一口气,憋住一股劲。此时,腰部、腹部的感

---

① 参见国家教育委员会师范教育司组编、教育部师范教育司组织修订:《教师口语》(修订本),语文出版社 2001 年版,第 10—11 页。

② 参见国家教育委员会师范教育司组编、教育部师范教育司组织修订:《教师口语》(修订本),语文出版社 2001 年版,第 11 页。

③ 参见国家教育委员会师范教育司组编、教育部师范教育司组织修订:《教师口语》(修订本),语文出版社 2001 年版,第 12 页。

觉和有控制的胸腹联合呼吸吸气最后一刻的感觉一致。

（3）半打哈欠：不张大嘴地打哈欠，进气最后一刻的感觉同有控制的胸腹联合呼吸吸气最后一刻的感觉相近。

（二）呼气练习

1. 练习要领

练习呼气时，要保持吸气时腹部肌肉对气息的控制感，呼出的气流像是被小腹拉住；同时，恰当控制腹肌的收缩力量，舒缓、均匀、平稳地呼出气流，并要能根据发声的需要，自如地变换呼气状态。

2. 练习方法

发声训练中，练习呼气的方法也很多，下面是人们总结出的几种比较常用而有效的练习方法。①

（1）吹灰尘：吸上一口气，把桌面上的灰尘用一口气均匀地吹干净，呼气要舒缓、均匀，小腹要有明显的收缩感。

（2）数葫芦：吸好一口气，用清晰响亮的声音数葫芦：一个葫芦，两个葫芦，三个葫芦……一般一口气数 15～20 个葫芦，才符合要求。

（3）喊人名：编写一组人名，或由近渐远地喊，或由远渐近地喊。力求一口气能够坚持 20～30 秒。

（4）吸气后，分别以 xū、yū、cī、sī 等音节为例，缓慢持续地呼气发声，力求一口气能够持续 30 秒。

（三）换气练习

在口语表达中，呼与吸需要不断交替进行，即必须及时、不断地进气以吐气发声，因此，在口语发声练习中，就要注意掌握换气的要领。②

（1）坚持句首换气：句尾换气，往往给人以仓促之感，所以，换气常在句首进行。

（2）保持呼吸方式：换气要始终保持有控制的胸腹联合呼吸的呼吸方式，吸入气流不能时深时浅。

（3）从容适度换气：换气要留有余地，吸气不宜过满，避免气胀僵持；呼气也应留有部分余气，不能把气用完了再吸。

（四）综合练习

在实际的口语表达发声中，吸气、呼气、换气是一个有机连续的过程，虽然可以分别加以训练，但在进行实际的口语表达时，一定要能根据表情达意的需要，把它们有机地融合、贯通起来。

为了有效提高控制呼吸的能力，更好地为表情达意服务，还需要注意运用多种形式的语言材料，进行呼吸与发声结合起来的综合练习。并且要时刻注意，吸气应从容适度，呼气要舒畅自如，决不能强制拿捏、矫揉造作。

---

① 参考李晓华等编：《实用口语技能》，河南人民出版社 1991 年版，第 197 页。
② 参见李晓华等编：《实用口语技能》，河南人民出版社 1991 年版，第 198 页。

练 习 题

一、朗读下面这首小诗,体会有控制的胸腹联合呼吸与日常言语呼吸的不同。

咏 鹅

(唐)骆宾王

鹅,鹅,鹅,
曲项向天歌。
白毛浮绿水,
红掌拨清波。

二、用闻花香、抬起重物、半打哈欠等方式反复体会和练习吸气,注意做到状态从容,吸气深入,腹肌控制较强。

三、用下面这段绕口令做呼气练习,在不十分费力的情况下,持续时间越长越好。

出东门,过大桥,大桥前面一树枣。拿着杆子去打枣,青的多,红的少。一个枣、两个枣、三个枣、四个枣、五个枣、六个枣、七个枣、八个枣、九个枣、十个枣;十个枣、九个枣、八个枣、七个枣、六个枣、五个枣、四个枣、三个枣、两个枣、一个枣。这是一段绕口令,一气说完才算好。

四、掌握换气的要领,用下列材料练习换气。

(一) 读绕口令,注意中间的换气。"∨"为吸气标记。

1. 出前门。

∨出前门,往正南,∨有个面铺面冲南,∨面铺外,挂着一个蓝布棉门帘。∨给它摘了那个蓝布棉门帘,面铺它是面冲南,∨给它挂上那个蓝布棉门帘,面铺还是面冲南。

2. 板凳与扁担。

∨板凳宽,扁担长,∨扁担没有板凳宽,板凳没有扁担长,∨扁担要绑在板凳上,板凳不让扁担绑在板凳上,∨扁担偏要板凳让扁担绑在板凳上。

(二) 朗读句段,把内容从容地读清楚,恰当安排句中换气位置。

1. 这餐室真阔气!那真是灯红酒绿,富丽堂皇。窗上挂着锦缎窗帘儿,墙上布满名家字画,屏风雕刻着"福禄寿喜",四周摆满了鲜花盆景。再看桌上:山珍海味、冷热荤素、五味佳肴、香气扑鼻。

2. 中华人民共和国的诞生,社会主义制度的建立,结束了半封建半殖民地旧中国一百多年人民灾难深重的历史,消灭了剥削制度,我国各族人民真正成了国家的主人。在中国共产党领导下,全国人民艰苦奋斗,建立了独立的比较完整的工业体系和国民经济体系,取得了旧中国根本不可能取得的巨大成就,为我们建设富强、民主、文明的现代化的社会主义国家奠定了必不可少的物质基础。我国各族人民从长期的历史经验中深切体会到,只有社会主义才能救中国。

五、试用下列诗文作呼吸控制的综合练习。

热 爱 生 命

汪国真

我不去想是否能够成功

既然选择了远方

便只顾风雨兼程

我不去想能否赢得爱情

既然钟情于玫瑰

就勇敢地吐露真诚

我不去想身后会不会袭来寒风冷雨

既然目标是地平线

留给世界的只能是背影

我不去想未来是平坦还是泥泞

只要热爱生命

一切,都在意料中

世界上最远的距离

(印度)泰戈尔

世界上最远的距离,不是生与死的距离,而是我站在你面前,你不知道我爱你;

世界上最远的距离,不是我站在你面前,你却不知道我爱你,而是爱到痴迷,却不能说我爱你;

世界上最远的距离,不是我不能说我爱你,而是想你痛彻心脾,却只能深埋心底;

世界上最远的距离,不是我不能说我想你,而是彼此相爱,却不能够在一起;

世界上最远的距离,不是彼此相爱,却不能够在一起,而是明知道真爱无敌,却装作毫不在意;

世界上最远的距离,不是明明无法抵挡这一股气息,却还得装作毫不在意,而是用一颗冷漠的心,在你和爱你的人之间,掘了一条无法跨越的沟渠;

世界上最远的距离,不是树与树的距离,而是同根生长的树枝,却无法风中相依;

世界上最远的距离,不是树枝无法相依,而是相互瞭望的星星,却没有交会的轨迹;

世界上最远的距离,不是星星之间的轨迹,而是纵然轨迹交会,却在转瞬间无处寻觅;

世界上最远的距离,不是瞬间便无处寻觅,而是尚未相遇,便注定无法相聚;

世界上最远的距离,是鱼与飞鸟的距离,一个在天上,一个却深在海底。

第二节 共 鸣

优美的声音,依赖于适宜的共鸣。声带振动发出的声音十分微弱,只有经过人体声腔器官的共鸣,才能得以扩大,形成丰富多彩的音色。所以,要美化声音就要掌握发音的共鸣控制。

一、共鸣腔

人体的共鸣腔主要有喉腔、咽腔、口腔、鼻腔、胸腔等。喉腔是人体最靠近声带的共鸣腔,它的形状的改变对音质有着重要影响;咽腔的空间较大,对于扩大音量与美化音色起着重要作用;口腔是最为灵活多变的共鸣腔体,是形成不同音素、音节发音的场所;鼻腔共鸣源于鼻腔内的空气运动,对高音共鸣作用明显;胸腔共鸣既可以扩大音量,又可以使声音变得深厚有力。

二、共鸣方式

在口语表达中,经常运用的共鸣方式主要有中音共鸣、低音共鸣和高音共鸣三种。

(一)中音共鸣

中音共鸣又叫口腔共鸣。它是由口腔的上腭以下、胸腔以上的腔体,包括口腔、咽腔、喉腔等共鸣腔体产生的共鸣。这部分腔体,以口腔为主,发音时可以随时改变其形状与空间,是口语发声的主要共鸣腔。人们日常说话主要运用这部分共鸣。控制好口腔共鸣,可使声音饱满、清晰。

(二)低音共鸣

低音共鸣又叫胸腔共鸣。是气流通过胸腔时产生的共鸣,它主要对低音起共鸣作用。使用胸腔共鸣会使声音显得浑厚、结实。

(三)高音共鸣

高音共鸣是指口腔上腭以上的鼻腔、蝶窦、额窦等共鸣腔体产生的共鸣,主要是鼻腔共鸣。使用高音共鸣会使声音显得高亢、明亮。

三、共鸣控制

口语发声的最佳共鸣方式,是"以口腔共鸣为主,以胸腔共鸣为基础,略带一些鼻音共鸣。用这样的共鸣方式发出的声音,既丰满圆润,洪亮浑厚,又朴实自然,清晰真切"[①]。因此,口语发声的共鸣训练主要就是学会控制口腔、胸腔和鼻腔这三腔的共鸣。

---

① 张锐、万里主编:《教师口语》,北京师范大学出版社1994年版,第123页。

（一）口腔共鸣练习

1. 练习要领①

口语表达往往要求声音洪亮，音色优美，所以控制口腔共鸣，主要就是调节扩大口腔共鸣。

（1）控制口腔共鸣首先要适当加大口腔后部的空间。其要领是：提颧肌，打牙关，挺软腭，松下巴。

提颧肌：用颧肌提起上腭，使口腔前部有明显展宽的感觉。

打牙关：向后上方提拉上槽牙，使后槽牙之间的距离适当扩大。

挺软腭：有意识地将软腭向后上方挺起，以加大口腔后部的空间。

松下巴：下巴放松，口腔才可以自然打开。

（2）控制口腔共鸣还要控制好呼出气流的冲击点。发音时，呼出的气流应沿上腭中线前行，冲击到硬腭前部，使声音仿佛是挂在硬腭上。

2. 练习方法

（1）反复发 ga—ka—ha 三个音节，注意提起颧肌，打开后槽牙。

（2）用半打哈欠状打牙关，挺软腭，一松一挺，反复体会挺软腭的感觉。

（3）发短促的 da、di、du、ta、ti、tu、na、ni、nu，体会气流冲击硬腭前部的感觉。

（4）发复韵母 iao、iou、uai、uei，体会气流沿上腭中线前行，挂在前腭的感觉。

（二）胸腔共鸣练习②

胸腔共鸣的练习主要是通过把握和控制胸部"响点"来进行。胸部"响点"是指在口语发声中，随气息声音的变化，胸部产生的一种振感集中点。这个响点会随声音的高低变化而上下移动，它是胸腔共鸣的一种体现，学会掌控胸部响点，逐步加强振动感，可以使胸腔共鸣得到锻炼。声音就会变得浑厚有力，并能够增强由衷而发的情感色彩。

1. 练习要领

颈部和脊背要自然伸直，胸部自然放松，不要故意提胸，这样不利于深入吸气；吸气不要过满，这样会造成胸腔僵持，不利于胸部响点的变化与控制。

2. 练习方法

（1）先用自己感觉最舒适的音高发"yīn、yáng、shǎng、qù"四个音节，发音时把手放在前胸上部，会感到胸部的振动。然后降低声音发这四个音节，体会胸部振动的加强。

（2）用夸张的声音发"能不忆江南"几个字音，体会胸部响点的上下运动状态。

（三）鼻腔共鸣练习

鼻腔共鸣是高音共鸣的重要组成部分，它是通过软腭的运动来实现的。适量的鼻腔共鸣可以美化音色，使声音变得高亢明亮。

1. 练习要领

单发鼻辅音时，软腭放松下降，气流、声音全从鼻腔通过；发鼻韵母时，软腭先上挺后下

---

① 参见李晓华等编：《实用口语技能》，河南人民出版社 1991 年版，第 207—208 页。

② 参考李晓华等编：《实用口语技能》，河南人民出版社 1991 年版，第 210—211 页。

降,气流、声音则分别从口腔和鼻腔通过;发鼻辅音声母和单、复韵母构成的音节时,软腭微降而后上挺,只有少量气流、声音从鼻腔通过。

发不含鼻辅音的音节时,为了增加高音共鸣色彩,舌位较低的元音,由于鼻腔共鸣弱,软腭下降幅度可稍大一些;舌位高的元音,由于气流容易进入鼻腔,要注意控制软腭的下降,以避免造成元音的明显鼻化。

2. 训练方法

（1）发"ma、mi、mu、na、ni、nu"这些音节,体会鼻腔振动和由此带来的鼻音色彩。

（2）练习普通话鼻韵母的发音,体会软腭升降的不同状态和由此产生的鼻音色彩。

（3）利用不含鼻辅音的音节 ba、pa、da、ta—bi、pi、di、ti—bu、pu、du、tu 进行高音共鸣练习,注意控制软腭的变化,避免造成元音的鼻化。

总之,在口语表达中,要能够根据表情达意的需要,控制和调节共鸣腔体,灵活地运用三腔共鸣。练习时要注意打开口腔,放松胸部,保持鼻腔通畅,使声音更富有变化。

练习题

一、按照口腔共鸣控制的要领,朗读下面的文字材料。

（一）朗读词语。

锦绣河山	百战不殆	春色满园	风和日丽	欣欣向荣
艰苦奋斗	勤俭建国	语言训练	古为今用	百花齐放
推陈出新	学而不厌	诲人不倦	攻无不克	言行一致

（二）朗读短诗。

一　句　话

闻一多

有一句话说出就是祸,

有一句话能点得着火。

别看五千年没有说破,

你猜得透火山的缄默?

说不定是突然着了魔,

突然青天里一个霹雳

爆一声:

"咱们的中国!"

这话教我今天怎么说?

你不信铁树开花也可,

那么有一句话你听着:

等火山忍不住了缄默,

不要发抖,伸舌头,顿脚,
等到青天里一个霹雳
爆一声:
"咱们的中国!"

教我如何不想她

刘半农

天上飘着些微云,
地上吹着些微风。
啊!微风吹动了我头发,
教我如何不想她?

月光恋爱着海洋,
海洋恋爱着月光。
啊!这般蜜也似的银夜,
教我如何不想她?

水面落花慢慢流,
水底鱼儿慢慢游。
啊!燕子,
你说些什么话,
教我如何不想她?

枯树在冷风里摇,
野火在暮色中烧。
啊!西天还有些残霞,
教我如何不想她?

二、朗读下面的词语与短诗,练习胸腔共鸣,结合气息的下松、上提,感觉胸部响点的运动状态。读时可施加一个意念,或用胸音来朗读。

(一)朗读词语。

党员—员工—工厂—厂房—房门
美容—容光—光彩—彩色—色调
祖国—国家—家产—产品—品评
特点—点火—火热—热情—情感

(二)朗读短诗。

面朝大海 春暖花开

海子

从明天起,做一个幸福的人

喂马，劈柴，周游世界

从明天起，关心粮食和蔬菜

我有一所房子，面朝大海，春暖花开

从明天起，和每一个亲人通信

告诉他们我的幸福

那幸福的闪电告诉我的

我将告诉每一个人

给每一条河每一座山取一个温暖的名字

陌生人，我也为你祝福

愿你有一个灿烂的前程

愿你有情人终成眷属

愿你在尘世获得幸福

我也愿面朝大海，春暖花开

三、朗读下列作品，注意练习鼻腔共鸣。

天上的街市

郭沫若

远远的街灯明了，

好像闪着无数的明星。

天上的明星现了，

好像点着无数的街灯。

我想那缥缈的空中，

定然有美丽的街市。

街市上陈列的一些物品，

定然是世上没有的珍奇。

你看，那浅浅的天河，

定然是不甚宽广。

那隔着河的牛郎织女，

定能够骑着牛儿来往。

我想他们此刻，

定然在天街闲游。

不信，请看那朵流星，

是他们提着灯笼在走。

赋得古原草送别

（唐）白居易

离离原上草，一岁一枯荣。

野火烧不尽，春风吹又生。

远芳侵古道，晴翠接荒城。

又送王孙去，萋萋满别情。

浪淘沙·北戴河

毛泽东

大雨落幽燕，白浪滔天，秦皇岛外打渔船。一片汪洋都不见，知向谁边？

往事越千年，魏武挥鞭，东临碣石有遗篇。萧瑟秋风今又是，换了人间。

四、共鸣综合练习。

1. 望三门，三门开，黄河之水天上来！神门险，鬼门窄，人门以上百大崖。黄河劈水千声雷，狂风万里走东海。望三门，三门开，黄河东去不回来。昆仑山高岷山矮，禹王马蹄长青苔。马去"门"开不见家，门旁空留"梳妆台"。梳妆台啊，千万载，梳妆台上何人在？乌云遮明镜，黄水吞金钗。但见那：辈辈船公洒泪去，却不见，黄河女儿梳妆来。梳妆来呀，梳妆来，黄河女儿头发白。挽断"白发三千丈"，愁杀黄河万年灾！登三门，向东海，问你青春何时来？何时来呀，何时来？——盘古生我新一代！举红旗，天地开，壮志凌云情满怀。大笔大字写新篇："社会主义——我们来！"（贺敬之《三门峡——梳妆台》）

2. 这平铺着，厚积着的绿，着实可爱。她松松的皱缬着，像少妇拖着的裙幅；她轻轻的摆弄着，像跳动的初恋的处女的心；她滑滑的明亮着，像涂了"明油"一般，有鸡蛋清那样软，那样嫩，令人想着所曾触过的最嫩的皮肤；她又不杂些儿尘滓，宛然一块温润的碧玉，只清清的一色——但你却看不透她！我曾见过北京什刹海指地的绿杨，脱不了鹅黄的底子，似乎太淡了。我又曾见过杭州虎跑寺旁高峻而深密的"绿壁"，重叠着无穷的碧草与绿叶的，那又似乎太浓了。其余呢，西湖的波太明了，秦淮河的又太暗了。可爱的，我将什么来比拟你呢？我怎么比拟得出呢？（朱自清《绿》）

第三节　吐字归音

"所谓'吐字归音'，是指一个音节（字音）的发音，在开始时要准确、有力地吐字，收音时要到位、利索，即'咬紧字头，归全字尾'。"[①]吐字归音是我国传统说唱艺术中特有的"读好"字音的手段，是口语表达中提高汉语音节的发音质量，使字音变得清晰、响亮、优美的重要方法。它把一个字音的发音过程分成出字、立字和归音三个阶段，出字是对字头即汉语音节中声母和韵头（介音）发音的处理，立字是对字腹即韵腹（音节的主要元音）发音的处理，归音是对字尾即音节的韵尾发音的处理。

---

① 李晓华等编：《实用口语技能》，河南人民出版社1991年版，第201页。

经常进行吐字归音的训练,可以使字音发得清晰、饱满、完整、有力,有助于更好地运用有声语言传情达意,从而不断提高口语的表达水平。练习吐字归音需注意把握以下要领:[①]

一、出字

出字对于整个字音的清晰度起着非常关键的作用,它要求找准发音部位,尽量做到吐字有力。

(一)练习要领

(1)要找准声母的发音部位,阻气要有力,力量集中在阻气部位的纵中部。

(2)要注意介音对声母发音的影响,口形应随韵头唇形的不同而变化。

(3)对于 i、u、ü 开头的零声母音节,发 i、u、ü 时口形收紧一些,要略带些摩擦;对 a、o、e 开头的零声母音节,可以在发音前收紧一下喉咙,即在这些音节前加上喉塞音[ʔ],以保证出字的力度。

(二)练习方法

1. 练习加强唇舌力量的口度操[②]

(1)唇的练习。

双唇打响:双唇紧闭,并在双唇中部用力,反复发声母 b 或 p,要有清晰的爆破音。

撮唇:双唇紧闭,用力撮起再展开,反复进行。

转唇:双唇紧闭,撮起,左转 360 度,右转 360 度,交替进行。

(2)舌的练习。

刮舌:舌尖抵住下齿背,舌的纵中部位用力上挺,用上门齿向后刮舌面,把嘴撑开。

舌尖练习:舌尖用力顶上齿龈,然后突然放开,爆发出短促的 de、te 音。

舌根练习:舌根用力抵住软腭,然后突然放开,爆发出短促的 ge、ke 音。

舌头力度练习:先闭上双唇,用舌尖力顶两腮,交替进行;再紧闭双唇,舌在唇齿间左右环绕,交替进行。

弹舌练习:舌尖上翘,以较快的速度来回轻弹上齿。

(3)牙关练习。

半打哈欠:像半打哈欠一样打开牙关,口不要大开。用后槽牙咀嚼,动作可夸张些。

2. 读绕口令,进行唇、舌力度和灵活性的训练

(1)唇的练习:进行唇的力度和灵活性的练习,主要是选择那些字音使用唇音声母的绕口令。

【例 8-3-1】八百标兵奔北坡,北坡炮兵并排跑;炮兵怕把标兵碰,标兵怕碰炮兵炮。

【例 8-3-2】白庙外蹲着一只白猫,白庙里有一只白帽;白庙外的白猫看见了白帽,叼着白庙里的白帽跑出了白庙。

【例 8-3-3】粉红墙上画凤凰,凤凰画在粉红墙。红凤凰,粉凤凰,红粉凤凰花凤凰,各色凤凰画满墙。

---

①　参见李晓华等编:《实用口语技能》,河南人民出版社 1991 年版, 第 201—205 页。

②　引自李晓华等编:《实用口语技能》,河南人民出版社 1991 年版, 第 202 页。

（2）舌的练习:进行舌的力度和灵活性的练习,主要是选择那些字音使用舌尖、舌面、舌根音声母的绕口令。

【例8-3-4】调到敌岛打大盗,大盗太刁投短刀,推挡顶打短刀掉,踏刀得刀盗打倒。

【例8-3-5】牛郎恋刘娘,刘娘念牛郎,牛郎牛年恋刘娘,刘娘年年念牛郎,郎恋娘来娘恋郎,念娘恋娘念郎恋郎,念恋娘郎,绕不晕你算我白忙。

【例8-3-6】氢气球,气球轻,轻轻气球轻擎起,擎起气球心欢喜。

【例8-3-7】哥挎瓜筐过宽沟,赶快过沟看怪狗,光看怪狗瓜筐扣,瓜滚筐空哥怪狗。

【例8-3-8】有个好孩子,拿张图画纸,来到石院子,学画石狮子。一天来画一次石狮子,十天来画十次石狮子。次次画石狮子,天天画石狮子,死狮子画成了"活狮子"。

二、立字

字腹是字音中最响亮的成分,对它的处理直接影响着字音的响亮度。立字要求做到:字腹拉开立起,字音响亮饱满。

（一）练习要领

1. 在立字时,口腔要随着字腹的发音而打开,其开口度比同一字音里的其他音素要大,感觉字音像在口中"立"起来了一样。

2. 字腹的发音时值较长,约占整个音节时值的一半上下。

（二）练习方法

主要可以利用单音节字词发音和朗读古诗文来练习。因为,利用单音节字词练习立字,能够避免语流对字音的影响,便于体会字腹拉开立起的感觉。古汉语中以单音节词为主,通过朗读古诗文来练习立字效果也非常明显。

登 鹳 雀 楼

（唐）王之涣

白日依山尽,黄河入海流。
欲穷千里目,更上一层楼。

登 乐 游 原

（唐）李商隐

向晚意不适,驱车登古原。
夕阳无限好,只是近黄昏。

忆 江 南

（唐）白居易

江南好,风景旧曾谙。
日出江花红胜火,春来江水绿如蓝。
能不忆江南。

三、归音

归音是指字音的收尾过程,归音恰当与否,对于字音的完整到位至关重要。归音要求做到:到位恰当,干净利索。即归音时,既要归音到位,又不可拖泥带水。

（一）练习要领

（1）归音应归到应有的位置上,以保证字音的完整。元音韵尾应归向 i 或 u,辅音韵尾应归向 n 或 ng 。

（2）归音应干净利索,不能随意拖长。

（3）没有韵尾的音节,归音时用保持韵腹的发音口形的方式归结整个字音。

（二）训练方法

有意识地选择普通话里有韵尾 i、u、n、ng 的音节和无韵尾的音节进行归音练习,注意体会它们的不同归音特点。

四、枣核音

出字、立字与归音是对一个汉字字音读音过程的分析,在练习吐字归音时,必须把三部分有机结合起来,从出字、立字到归音,形成一个"枣核"形的整体（见图 8.1）。韵腹的发音动程大,占的时间长,字两头发音动程小,占的时间也短。只有保证整个发音过程完整、自然,才能读得字正腔圆,饱满清晰。

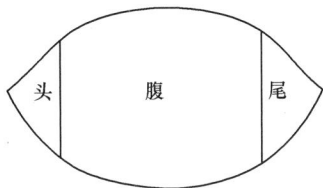

图 8.1　枣核音图示①

练习题

一、朗读下面的词语,练习出字,注意做到出字有力。

褒贬	批判	买卖	反复	单调	淘汰	袅娜
灌溉	开垦	辉煌	积极	情趣	行星	制止
种植	传承	闪烁	仍然	自责	粗糙	琐碎

二、朗读下面的词语,练习立字,注意把字腹拉开立起。

编排	灯塔	客观	坚强	车站	字词	美妙
种族	操场	疏松	凤凰	努力	欢呼	淘汰
阿姨	恶意	烟雾	以为	渔翁	偶尔	寓言

三、朗读下面的词语,练习归音,注意做到恰当到位、干净利索。

配备	买卖	回味	追随	优秀	久留	悠久
收购	灿烂	谈判	本分	根本	论文	帮忙
英明	汹涌	花甲	硕果	气魄	组织	结业

---

①　采自李晓华等编:《实用口语技能》,河南人民出版社 1991 年版,第 205 页。

四、朗读下列绕口令,练习吐字归音。

1. 炖冻豆腐。

你会炖我的炖冻豆腐,来炖我的炖冻豆腐,不会炖我的炖冻豆腐,别胡炖乱炖假装会炖炖坏了我的炖冻豆腐

2. 一个胖娃娃。

一个胖娃娃,捉了三个大花活蛤蟆;三个胖娃娃,捉了一个大花活蛤蟆;捉了一个大花活蛤蟆的三个胖娃娃,真不如捉了三个大花活蛤蟆的一个胖娃娃。

3. 闫圆眼与闫眼圆。

山前头住着个闫圆眼,山后头住着个闫眼圆,俩人山前来比眼,也不知道是闫圆眼比闫眼圆的眼圆,还是闫眼圆比闫圆眼的眼圆。

4. 崔粗腿与崔腿粗。

山前头住着个崔粗腿,山后头住着个崔腿粗,俩人山前来比腿,也不知道是崔粗腿比崔腿粗的腿粗还是崔腿粗比崔粗腿的腿粗。

5. 满天星。

天上看满天星,地上看一个坑,坑上看冻着冰,冰上看长着松,松上看落着鹰,山前看一老僧,僧前看一本经,屋里看点着灯,墙上看钉着钉,钉上看挂着弓。看着看着花了眼,西北前天起大风,说大风好大的风,十个人见了九个人惊,刮散了满天星,刮平了一个坑,刮化了坑上冰,刮倒了一棵松,刮飞了一只鹰,刮走了一老僧,刮碎了一本经,刮灭了屋里灯,刮掉了墙上钉,刮翻了钉上弓。这就是:星散、坑平、冰化、松倒、鹰飞、僧走、经碎、灯灭、钉掉、弓翻这么一段绕口令。

五、按照吐字归音的要求,朗读下列作品,力争把字音读得清晰、响亮、完整。

望　岳

（唐）杜　甫

岱宗夫如何,齐鲁青未了。
造化钟神秀,阴阳割昏晓。
荡胸生层云,决眦入归鸟。
会当凌绝顶,一览众山小。

无　题

（唐）李商隐

相见时难别亦难,东风无力百花残。
春蚕到死丝方尽,蜡炬成灰泪始干。
晓镜但愁云鬓改,夜吟应觉月光寒。
蓬山此去无多路,青鸟殷勤为探看。

卜算子·咏梅

毛泽东

风雨送春归，飞雪迎春到。已是悬崖百丈冰，犹有花枝俏。
俏也不争春，只把春来报。待到山花烂漫时，她在丛中笑。

卜算子·咏梅

（宋）陆　游

驿外断桥边，寂寞开无主。已是黄昏独自愁，更著风和雨。
无意苦争春，一任群芳妒。零落成泥碾作尘，只有香如故。

念奴娇·赤壁怀古

（宋）苏　轼

大江东去，浪淘尽，千古风流人物。故垒西边，人道是，三国周郎赤壁。乱石穿空，惊涛拍岸，卷起千堆雪。江山如画，一时多少豪杰。

遥想公瑾当年，小乔初嫁了，雄姿英发。羽扇纶巾，谈笑间，樯橹灰飞烟灭。故国神游，多情应笑我，早生华发。人生如梦，一尊还酹将江月。

第九章 口语基本表达技巧

口语表达技巧是口语表达活动中运用有声语言的高低、轻重、快慢、虚实等的变化准确表情达意的方法、手段。最基本的口语表达技巧主要包括停连、重音、语气、节奏四大方面，熟练掌握这些基本表达技巧是运用普通话口语准确达意、充分表情的基础。

第一节 停 连

一、停连的含义

停连是停顿和连接的简称，是指语流中声音的顿歇和延续。那些声音中断和休止的地方就是停顿；那些声音不中断、不休止的地方，特别是文字作品中有标点符号而在口语表达中不中断、不休止的地方就是连接。停连是口语表达中准确达意、充分表情的重要方法、技巧。

口语表达中使用停连，既是生理需要，更是表情达意的需要。从生理上讲，说话中间要换气，声带、唇舌要休整，不可能没有停连，但作为一种口语表达的方法技巧，停连主要是为了满足语句表情达意的需要。如果层次、段落、语句、词语之间停连不当，就会影响其意义、情感的准确表达。比如，说"我做不好"这句话时，如果没有停顿一连气说下来，它的意思就是模糊的。要表达"我"没有能力做好这件事，就必须在"我"之后停顿；要表达"我"做这件事不合适的意思，就必须在"我做"之后停顿。再如，峻青《秋色赋》里的这句话："古今多少诗人、画家都称道枫叶的颜色，然而，比起柿树来，那枫叶不知道要逊色多少呢。""诗人"与"画家"之间、"然而"与"比起柿树来"之间，虽有标点符号，在口语表达中却要连接起来，这样表达，句子的语气会比较连贯，语意才能展现得更为清楚、明确。可见，停连在区分语意方面的作用非常明显。不仅如此，停连在表达语句之间的逻辑关系、充分显示复杂的情感、创造令人回味的意境等方面也都有着非常重要的作用。

二、停连的位置

对停连位置的把握，有人常常按照语句标点符号的位置进行停连，但实际上口语表达有自己停连的规律，同语篇里标点符号显示的停连、分割并不完全一致。没有标点符号可能会有停顿，有标点符号也可能会连接起来，所以，不能完全按标点符号进行停连。停连的安排是为表情达意服务的,停连位置的确定应主要取决于语句表达的思想情感内容和具体的语境。确定停连的位置,一般可以从以下五个方面考虑。①

(一)区分性停连

语篇中的语句都有其确定的意思,安排停连最基本的要求就是要把句子的意思表达清楚,避免让人产生误解。这就需要恰当地用停连区分语句中的各个成分,尤其是那些结构复杂可能产生歧义的句子,更要准确地安排好这种区分性的停连。

【例 9-1-1】在这些义卖的画中,最贵的一张值 800 元。

【分析】这句话是一个有歧义的句子,在"最贵的"与"最贵的一张"后面安排停顿,表示的意义是完全不同的,因此要准确表达语意,就要恰当地安排停连的位置。

(二)强调性停连

为了准确鲜明地表情达意,可以在某些词、句的前后安排停连,以达到强调这些词句的目的,这就形成了强调语意或情感的强调性停连。

【例 9-1-2】白杨树实在是不平凡的,我赞美/白杨树。(茅盾《白杨礼赞》)

大自然/真美呀。

他虽然年龄小,但/一点儿/都不害怕。

例句中的"/"表示停顿,字下的点表示强调。

(三)逻辑性停连

词句之间都有一定的逻辑关系,有的有并列、呼应的逻辑关系,有的有转换、分合的逻辑关系等,在词句的逻辑关系需要显示、明确之处安排停连,会使语言的脉络显现得更清楚。这类停连,有的是并列性的,有的是呼应性的,有的是转换性的,有的是分合性的等。

1. 并列性停连

词句之间的逻辑关系是并列的关系,就可以安排并列性停连。

【例 9-1-3】过去/我们没有被困难吓倒,现在/我们也不会在困难面前畏缩不前,将来/更不会。

【分析】这句话中,"过去"怎么样、"现在"怎么样、"将来"怎么样是并列关系,在"过去""现在""将来"的后面安排停顿,形成并列关系,使语意更鲜明。

2. 呼应性停连

词句之间的逻辑关系有呼有应,可以安排呼应性停连。

【例 9-1-4】下面,我给大家介绍/词类划分的标准和汉语词类划分的情况。

【分析】这句话中"介绍"是呼,"标准""情况"是应,"介绍"后安排停顿,可以凸显呼应之间关系而避免语义表达上的散乱。

3. 转换性停连

词句表达的思想内容或态度情感由一种情形转换变成了另一种情形,就应该安排转换性停连。

【例 9-1-5】院里的重大科研项目终于顺利通过了国家鉴定,院长非常激动,讲话异常

---

① 参见李晓华等编:《实用口语技能》,河南人民出版社 1991 年版,第 213—217 页。

兴奋,可当他听到了项目组成员小李累倒的消息,/他沉默了。

【分析】在"他沉默了"之前安排时间较长的转换性停顿,可以凸显院长由"兴奋"转为"沉默"的状况。

4. 分合性停连

词句之间存在分合关系,就需要安排分合性停连。"所谓'分',往往是指若干并列成分,'合'是指并列成分之前的领属性词句,或者并列成分之后的总括性词句。分与合之间都可以安排较长时间的停顿。"[①]

【例9-1-6】参加这次竞选的有/教师、院系领导、后勤职工等。

【分析】"有"是一个领属性词句,在它之后应当有一个较长的停顿,可以更好显示领属的分合关系。

【例9-1-7】花园里开满了鲜花,红的、白的、黄的、粉红的、淡紫的,/争奇斗艳,美丽极了!

【分析】"争奇斗艳,美丽极了"表达了对花园里各色鲜花的总体感受,在"淡紫的"之后,安排一个总括性停顿,能够更好地显示总括的意味。而前面的"红的""白的""黄的""粉红的""淡紫的"是简短的并列成分,语气要连贯不断,宜连接起来。

（四）传神性停连

在情景神态需要描绘、表现之处安排停连,可以使刻画的事物形象具体可感,描绘的情景、神态生动逼真。

【例9-1-8】看着眼前这位身着制服的中年军官,王老师推了推鼻子上面的老花镜,审视了半天,惊奇地问:"你是当年那个'调皮鬼'小李吗?"

【分析】在"你"之后或"你是"之后安排一个判断性停顿,就能把王老师那种回想、惊奇、不敢相信的心理和表情神态较好地表现出来。

（五）回味性停连

有些词、句、段之后,为了突出要表达的内容并给听者留有理解、想象、回味的时间,就可以安排回味性停连。

【例9-1-9】年青时读向子期《思旧赋》,很怪他为什么只有寥寥的几行,刚开头却又煞了尾。然而,现在/我懂得了。(鲁迅《为了忘却的记念》)

【分析】把"然而"与"现在"两个词连接起来,并在"现在"之后安排明显的停顿,一是可以起到强调作者"现在"之所以"懂得了"的道理(原来向子期所处的时代和作者自己一样,都是处在文化专制的黑暗时代),同时为了给听者留下回味、理解的余地。

【例9-1-10】最妙的是下点小雪呀。看吧,山上的矮松越发的青黑,/树尖上顶着一髻儿白花,好像日本看护妇。/山尖全白了,给蓝天镶上一道银边。/(老舍《济南的冬天》)

【分析】本语段之所以要安排这三处停连,是因为这三个地方都需要给听者联想、想象的时间。

三、停连的表达方法

确定了语句停连的位置,还要了解停连的表达方法。要把握好停顿时间的长短、连接速

---

①　李晓华等编:《实用口语技能》,河南人民出版社1991年版,第215页。

度的快慢、停顿前后声音的起伏、语势强弱的不同等,就要了解并掌握停连表达的一般方法。常见的停连表达方法有以下四种。①

(一)落停

落停一般用在句子、段落、篇章的结束之后。话语停止,句尾声音顺势而落,或急收、或缓收,或强收、或弱收,给人一种结束感。

【例9-1-11】我两次把那微不足道的一点钱捧给他们,只想对他们说声:"谢谢"。(青白《捐诚》)

【分析】这是散文《捐诚》的最后一句话,为了表示"我"对"他们"的无比敬佩与深深地感谢之情,句末停顿应该缓收、弱收,以给人留下无穷的余味。

(二)扬停

一般多用于语句还没说完时出现的停连。声音虽停,但气犹未尽,停前声音稍稍上扬,停顿时间较短,给人以提示或推进下文之感。

【例9-1-12】白求恩同志毫不利己专门利人的精神,/表现在他对工作的极端的负责任,对同志对人民的极端的热忱。(毛泽东《纪念白求恩》)

【分析】此处停连为呼应性的停连,一呼二应。读时"精神"一词稍稍扬起以给人以提示下文之感。

(三)直连

句中或句间虽有标点或者停顿,但由于内容联系紧密,就在停顿前后迅速连接,顺势连带。

【例9-1-13】古今多少诗人、画家/都称道枫叶的颜色,然而,比起柿树来,那枫叶不知道要逊色多少呢。(峻青《秋色赋》)

【分析】"诗人""画家"之间虽有顿号,但由于这两个词意义上联系非常紧密,"画家"后面又有明显的停顿,所以应迅速连接。

(四)曲连

这种方式一般用于几个既需要连接又需要有所区分的地方。采用若停若连、粘连不断的方式进行连接,连环相接,悠然向前。

【例9-1-14】到了秋季,葡萄一大串一大串挂在绿叶底下,有红的、白的、紫的、暗红的、淡绿的,五光十色,美丽极了。

【分析】这句话的几个顿号之间的词,需要清晰显示、明确区分,需要采用若停若连、粘连不断的曲连方式连接。可以把连接点前面的词的音节稍微拉长,悠然过渡到下一个音节。

练 习 题

一、试读下面的句子,判断停连的位置是否恰当,不恰当的予以纠正。

1. 他理论知识丰富、/坚实、系统。

---

① 参见李晓华等编:《实用口语技能》,河南人民出版社1991年版,第118页。

2. 清早出发的时候,天气晴朗暖和,没想到中午突然刮起了大风,/下起了大雪,气温急剧下降。

3. 我读过的鲁迅先生的作品有《狂人日记》《阿Q正传》《药》与《祝福》等。

4. 母亲和我都叹息他的境况:多子,饥荒,苛税,/兵,匪,官,绅,都苦得他像一个木偶人了。

5. 哥白尼认为,日月星辰绕地球转动/这种学说是错误的。

二、试读下面的句子,恰当安排停连的位置。

1. 冬天过去了,微风悄悄地送来了春天。

2. 我们要把原材料消耗降低到一个全国平均数以下的水平。

3. 我和哥哥拿着叔叔给我们做的风筝,高高兴兴地来到了体育场。

4. 我们必须强调学习马克思主义的极端重要性。

5. 人类总得不断地总结经验,有所发现,有所发明,有所创造,有所前进。停止的论点,悲观的论点,无所作为和骄傲自满的论点,都是错误的。

6. 然后,他呆在那里,头靠着墙壁,一句话也不说,只向我们做了一个手势:“放学了……你们走吧。”

7. 中央人民广播电台,现在播送长诗《祖国,我爱你》下半部。

8. 山川、树木、房屋,全都罩上了一层厚厚的雪,万里江山变成了粉妆玉砌的世界。

9. 这时候看得更加真切了,一片片叶子深绿之中带着些许的淡黄。有的像装裱的书画,金黄的叶框将满叶的图卷框住;有的似天空的星图,碧绿的叶面上斑斑点点,星棋密布;有的则像带着青涩的小姑娘,微微卷起叶边,涨红脸颊,娇羞地望着你。

三、朗读下列散文,恰当安排停连的位置,并根据表情达意的需要处理停连的表达。

井冈翠竹(节选)

袁　鹰

井冈山五百里林海里,最使人难忘的是毛竹。

从远处看,郁郁苍苍,重重叠叠,望不到头。到近处看,有的修直挺拔,好似当年山头的岗哨;有的密密麻麻,好似埋伏在深坳里的奇兵,有的看来出世还不久,却也亭亭玉立,别有一番神采。

“井冈山的竹子,是革命的竹子!”井冈山人爱这么自豪地说。

有道是:天下竹子数不清,井冈山竹子头一名。

蝉　歌

朱闻麟

节气流转,蝉儿在枝头开始了高歌,告示着夏日的来临,天气也就真正地热了起来。“垂緌饮清露,流响出疏桐。居高声自远,非是藉秋风。”那蝉像是一个业余的气象报告员,蝉声越响，天气就愈热，一点商量的余地也没有。今夏的老天像是有意与人作对一般，多雨的江南这时也对水有了怜悯之情，居然也很少有一丝雨水，只是高兴了那蝉儿，幸灾乐祸地唱着爱神曲。

河边、路旁的大树是越来越少了，随着经济条件的改善，人们对树也就少了关爱之情，原来农家种树是用来作梁当椽子的，现在就是当生火的柴也嫌劈树的麻烦，哪有用电用煤来得轻松自在。虽说少了大树，绿色却依然存在。在人家庭院中，不经意间已多了花花草草，在路边更是能体会到绿的无处不在。撒上一把种子，浇上几次水后，草坪中也就绿色无限了。

没了高树的支撑，蝉儿的生活也就打了折扣，城里到处是柏油水泥路面，自然很少有蝉的生存环境，也就难得听到蝉的鸣唱。不要说是在城里很少能听到蝉的歌声，现在就是在乡下，也很少能酣畅淋漓地享受到此起彼伏的蝉歌了。

很小的时候，我就对蝉有了好感，想不通就这么一个小东西，也没有什么特别之处，却能发出如此美妙的声音，也常追随着声音，用自制的工具把它捕获，也捕获着一个个美丽的印记。偶尔还能捉到几只刚蜕出的蝉，嫩黄色的，浑身透明，一对翅膀还是小小的、水漉漉的，只等到阳光晒过后才会变成蝉翼，轻薄而美丽。

童年的回忆是最美好的，特别是上了年纪后更能体会出来。在这酷热的天气里，没事总会待在空调房中，正应了"高树蝉声深巷里，朱门冷静似闲居"的情景来。真的渴望能远离城市，步入乡村，在那高高的树林中，支一张竹椅，就着蝉歌入眠。

第二节　重　音

一、重音的含义

重音是口语表达中体现语句话语目的的重要表达手段，是指通过增大音量或拖长音节等方法突出强调语句中最能体现话语本质意义的词或短语。重音通常在语句范围内起作用，所以重音主要就是指语句重音。

重音的确定与表达对于准确、充分表现语句的思想感情内容具有十分重要的意义。它不仅有助于显现语句间的逻辑关系，使语意表达得清楚、准确，更有助于区分表达内容的主次，使话语目的更加突出，感情色彩更加鲜明。要在口语表达中恰当地运用重音，一要了解确定重音的原则，二要准确把握重音的位置，三要恰当运用重音的表达方法。

二、确定重音的原则

人们一般把重音区分为语法重音、逻辑重音和情感重音。要把句子本身的含义表达清楚，就要把握好语法重音；要把语句间的语义逻辑关系表达清楚，就要运用好逻辑重音；要把作品里蕴含的情感变化表现出来，就要确定好情感重音。其实按上述认识、方法来区分、确定语句重音是不符合口语表达实际的。因为语法、逻辑、情感重音的区分很难综合运用到口语表达的实践中去。

　　构成句子的词语之间都存在语法关系,构成语篇的语句之间都包含着概念的运动,同时也体现着一定的心理变化进程。即语篇中的句子都存在语法关系,也都有逻辑关系,也都存在心理变化因素。所以口语表达是一种综合性的思想感情的表露,并非是对语篇中语句的语法、逻辑、感情的孤立剖析和表达。口语表达实践中很难孤立地按照语法重音、逻辑重音和情感重音去分析,语句重音应该是语法、逻辑、情感重音的有机融合。

　　因此,口语表达中的重音只能从作品的思想内容、语义脉络、听者心理等方面找依据。

三、重音位置的确定

　　语句重音的确定要始终从属于作品表情达意的目的,因此,语句中的哪些成分应确定为重音,是由作品中语句表达的思想内容、态度感情,即作品的话语目的和具体的语境决定的。语句重音并没有固定的位置,确定重音离不开朗读者对语篇内容的深入感受和正确理解。一般来说,确定重音可以从以下几方面着手:从朗读传递作品内容信息的角度讲,传达新信息的词语应确立为重音;从表达作品话语目的角度讲,体现话语目的的中心词语应确定为重音;从传达作品内容、感情的层次和脉络角度讲,反映逻辑关系的对应词语应确定为重音;从体现作品话语情景的角度讲,描摹形象、再现情景的关键词语应确定为重音。[①]

　　（一）新信息重音

　　在一般的口语表达中,听话人有接收新信息的渴望,对传达新信息的词比较敏感,传达新信息的词语应确定为重音。

　　【例 9-2-1】 天空变成了浅蓝色,很浅很浅的;转眼间天边出现了一道红霞,慢慢儿扩大了它的范围,加强了它的光亮。我知道太阳要从那天际升起来了,便目不转睛地望着那里。（巴金《海上日出》）

　　（二）话语目的重音

　　把在语句中占主导地位、能够充分体现话语目的的词语确定为重音,会使语句的话语目的更加突出。孤立的语句往往难以判断其话语目的,反映话语目的的词语需要根据具体语篇的内容和语境去确定,即具体的前后语句或上下文去确定。

　　【例 9-2-2】 父亲说:"你们爱吃花生吗?"

　　我们争着答应:"爱!"（许地山《落花生》）

　　（三）逻辑关系重音

　　语句之间都有一定的逻辑联系,把体现逻辑关系的对应词语确定为重音,就会使语句间的逻辑关系表达得更加分明,有利于显示语篇思想情感内容的逻辑变化,有利于语句话语目的的显示。这类词语多是语句中那些起着并比、呼应、递进、转折等作用的词语。

　　1. 并比性重音

　　作品中常有表示同项并列或异项对比关系的语句,那些重要的并列、对比成分,便可确定

---

　　① 参见李晓华等编:《实用口语技能》,河南人民出版社 1991 年版, 第 222—225 页。

为并比性重音。

【例9-2-3】骆驼很高，羊很矮。骆驼说："长得高多好啊！"羊说："不对，长得矮才好呢。"

燕子去了，有再来的时候；杨柳枯了，有再青的时候；桃花谢了，有再开的时候。（朱自清《匆匆》）

2. 呼应性重音

呼应关系反映的是前后语或上下文同一事物之间的联系。显示上下文之间相互呼应关系的对应词语宜确定为呼应性重音。

【例9-2-4】想和做怎样才能联结起来呢？我们常常听说"从实际出发"这句话，这就是想和做联结起来的一条路。（胡绳《想和做》）

燕窝所以贵重，除其营养价值外，还在于其少，更在于其难采。（钦文《神奇的燕子洞》）

3. 递进性重音

语句表达的内容是层层发展的，句子之间的关系是步步递进的。体现递进关系的对应词语可以确定为递进性重音。

【例9-2-5】过了两三秒钟，那匹马大起来了，马腿伸开了，马脖子也长了，一条马尾巴可不见了。（萧红《火烧云》）

没有学过英语，不知道安娜卡列尼娜是谁；不会说普通话，不敢在公开场合讲一句话。（艾菲《我不再美慕……》）

4. 转折性重音

有些语段的语句之间，表达的思想内容和感情发生了转折变化，这种情况往往要用转折性重音。

【例9-2-6】孔雀很美丽，可是很骄傲。

这时候，最热闹的要数树上的蝉声与水里的蛙声，但热闹是它们的，我什么也没有。（朱自清《荷塘月色》）

（四）形象、情景重音

把语句中比喻性、拟声性的词语等确定为重音，会使刻画的形象更加鲜明具体，描绘的情景更加生动逼真，应确定为形象、情景重音。

【例9-2-7】风呼呼地刮着，雨哗哗地下着。

石拱桥的桥洞成弧形，就像虹。（茅以升《中国石拱桥》）

以上四个方面是人们在口语表达中确定语句重音的一般方法，不可机械地套用。总的来说，确定语句重音要以突出话语目的为主要原则，把传达新信息的词语、体现语句间逻辑关系的对应词语，以及语句中描摹形象、再现情景的关键词语确定为重音，都是为了更好地体现话语目的。

四、语句重音的表达方法

语句重音的表达，并非一味地加重或提高声音，重音的表达方法是多种多样的。为了准确达意、充分表情,就要能够灵活使用各种有效的重音表达方法。重音表达的关键是对比,要注意通过对比使重音得到突出。一般来说,比较常用的方法主要有以下四种。

(一) 提高加强声音

这是表达语句重音最常用的方法,即提高音高、加大音量、重音重读的一种方法。这种方法常用来表达比较强烈的思想感情。

【例9-2-8】它深信乌云遮不住太阳,——是的,遮不住的! (高尔基《海燕》)

——让暴风雨来得更猛烈些吧! (高尔基《海燕》)

(二) 降低放轻声音

这是一种重中显轻的表达方法。运用这种方法是和特定的语境联系在一起的,常常是为了显示动作的轻巧、环境的安静、情思的深沉等,才使用这种方法。

【例9-2-9】风轻悄悄的,草软绵绵的。(朱自清《春》)

漓江的水真静啊,静得让你感觉不到它在流动。(陈淼《桂林山水》)

(三) 重音前后加停顿

在重音前,或在重音后,或在重音前后,安排或长或短的停顿,可以强调突出重音,使重音的分量加重。

【例9-2-10】他们明天就要永远/离开这个地方了。(都德《最后一课》)

花生做的食品已经吃完了,父亲的话却/深深地/印在我的心上。(许地山《落花生》)

(四) 放慢语速来显示

把重音音节适当延长,通过语速快慢对比来显示重音,突出要表达的内容。

【例9-2-11】土楼内所存在的儒家文化遗风,让人感到中华民族传统文化的蒂固根深。(张宇生《世界民居奇葩》)

从此西红柿才法定为蔬菜,成为人们餐桌上的第一佳肴。(《历史上的西红柿案件》)

可见,对语句重音的强调,是通过声音的高低、轻重、虚实、快慢等的对比来实现的,但无论怎样表达,都要以语句表达的思想内容、态度感情和具体的语境为依据,并没有固定的格式、方法。

练习题

一、朗读散文《窗外》,注意找准语句重音,并用着重号标示出来。

窗　外

王其忠

从我居室的窗口望出去,可以看到一株高高的芙蓉树。在那烟树参差的春日里,花红点点,煞是迷人。它牵动我的灵感,撩拨我的文思,久而久之,我竟视这位隔窗而立的"邻居"为知己了。

可是,有一个早晨,我推窗而望,蓦然发现昨夜的一场风雨已将它剥蚀得面目全非。

立时,一种"繁花落尽"的悲凉掠过了我的心头!我不由感慨系之:在人生道路上磕磕绊绊,几经周折,几度沧桑,又一次次地失落了许多至爱的朋友,生命不正如同这随风而逝的繁花么?

这件事过了些时日,也就渐渐地淡忘了。一次,我下乡归来,感觉到室内空气有些沉闷,就不经意地打开了窗户,顿觉眼前一亮:一树火红的三角梅映入眼帘,它在夕阳的背景下定格。意外的惊喜使我几乎不能自制,我诧异,当初在落英的背后,为什么竟没有发现这萌动着的不屈的生命呢?

是的,芙蓉的最后一叶花瓣凋落了,人们对它的嘉许也遗忘在往昔的记忆里,可是三角梅却成长了,那火焰般灿烂耀眼的红色向人们昭示着生命的更迭与延续。

谁能说,失去与获得不是一曲交响乐呢?

我久久地伫立窗前,深深感悟到:生命中没有四时不变的风景,只要心永远朝着阳光,你就会发现,每个早晨都会有清丽而又朦胧的憧憬在你的窗前旋转、升腾,这个世界永远传送着希望的序曲。

二、朗读下列诗文,注意重音的确定与表达。

我爱这土地

艾　青

假如我是一只鸟,
我也应该用嘶哑的喉咙歌唱:
这被暴风雨所打击着的土地,
这永远汹涌着我们的悲愤的河流,
这无止息地吹刮着的激怒的风,
和那来自林间的无比温柔的黎明……
——然后我死了,
连羽毛也腐烂在土地里面。
为什么我的眼里常含泪水?
因为我对这土地爱得深沉……

纸　船

——寄母亲

冰　心

我从不肯妄弃了一张纸,
总是留着——留着,
叠成一只一只很小的船儿,
从舟上抛下在海里。

有的被天风吹卷到舟中的窗里，

有的被海浪打湿，沾在船头上。

我仍是不灰心地每天地叠着，

总希望有一只能流到我要它到的地方去。

母亲，倘若你梦中看见一只很小的白船儿，

不要惊讶它无端入梦。

这是你至爱的女儿含着泪叠的，

万水千山，求它载着她的爱和悲哀归去。

蝶 与 葵

管用和

一只色彩斑斓的蝴蝶，落在金色的葵花上，美丽的双翼扇着，扇着，慢慢地一动不动了。

满怀惆怅的蝴蝶说，葵花呀，我俩的命运竟是这样的相似啊！当我们将青春美丽的色彩献给了大自然以后，我就成了躯壳，你就成了籽，结果都变为丑陋僵硬的物体了……

葵花并无同感，她笑了笑说，不，籽并不是我最后的结果，我还要将一颗纯洁发亮的心化为油脂，去献给人类哪。而你呢，本来就是一条毛虫！

三、以"语句重音的运用"为题，谈谈各自看法，注意运用重音把自己的见解恰当鲜明地表达出来。

第三节　语　气

一、语气的含义

每个语句，"既有内在的思想感情的色彩和分量，又有外在的高低、强弱、快慢、虚实的声音形式。综合这两方面，我们称之为'语气'"[1]。

自然、贴切、灵活的语气，可以使口语表达形式生动、活泼、富有感染力和表现力，有利于语句内在感情色彩和分量的展现，因此，它也是一种重要的口语表达技巧。

二、语气的把握

语气的把握应当从两方面入手，一是语气的感情色彩和分量，二是语气的具体声音形式。

---

[1]　张颂：《朗读学》（第 4 版），中国传媒大学出版社 2022 年版，第 175 页。

（一）语气的感情色彩和分量

语气的感情色彩，是指语句的声音形式中所包含的情感、态度，即语气中所表露的喜、怒、哀、乐与褒贬、爱憎等内容。

爱的感情"气徐声柔"，恨的感情"气足声硬"；悲的感情"气沉声缓"，喜的感情"气满声高"；惧的感情"气提声凝"，欲的感情"气多声放"；急的感情"气短声促"，冷的感情"气少声平"；怒的感情"气粗声重"，疑的感情"气细声黏"。语句蕴含的态度感情细微具体，千差万别，语气的色彩也就变化多样，丰富多彩。

语气的分量，是指语气表达中所蕴含的思想情感强调的程度。语篇中的语句都是为表达话语目的服务的，在表达语篇的主要思想情感时都有其不同的地位、作用：主要的语句位置突出，作用重要，在口语表达中的分量就重；次要的语句，分量就轻。可见语气分量的把握取决于对语篇内容的深入感受与具体理解。

语气的分量在表达上主要是通过声音轻重、虚实的差别来实现的，当然，轻重、虚实的差别可能是格外分明，也可能是差别细微，不应该是重都一样重、轻都一样轻。

【例9-3-1】漓江的水真静啊，静得让你感觉不到它在流动；漓江的水真清啊，清得可以看见江底的沙石……（陈淼《桂林山水》）

【分析】这句话表达的语气色彩属"喜"类感情，言语充满赞美之情，声音的总体形式是"气满声高"；但为了表现漓江水的"静""清"的特点，"声高"之中要着意突出对漓江水"静"与"清"特点的感受，语气分量就要低、要轻。

（二）语气的声音形式

语气的声音形式附着在语流音质线性序列上的高低、强弱、长短、虚实等声音要素的复合变化，这种变化又与气息的深浅、大小、疾缓的变化以及口腔肌肉的松紧、口形开合的变化等紧密结合、协同行进。因此，它是伴随语句感情色彩和分量的不断改变而千变万化的。

三、语气的表达

表达语气，首先需要根据表达的内容，引发真挚的感情，使思想感情处于积极的运动状态，用真挚的感情带动语气，以使语气表达得贴切自然、具体生动。

表达语气，还要把握好语气的具体声音形式。语气表达应该以语句重音为中心。"重音是语句目的的落脚点，又是语气色彩和分量的集中点。因此，重音处于句中词语序列的哪个位置、声音形式如何，对全句的影响极大。"[①]所以，可以以语句语流中的重音为中心来把握语气的变化与走势。重音之前，走势向重音推进，重音之后，为突出重音而收束。

语流携带的语气，是随着语流的行进不断变化的，有波峰，有波谷，消长起伏，曲折回环。为了便于把握和运用，张颂先生总结出了五种常见的语气走势类型，介绍如下。

---

① 张颂：《朗读学》（第4版），中国传媒大学出版社2022年版，第182页。

（一）波峰类: 语势状如水波,中间是波峰,重音位于波峰顶端。

【例9-3-2】 周主任,你怎么不去啊?

【分析】 "周主任"走势逐渐上行,重音"你"处在波峰的位置,"怎么不去啊"下行收尾。

【例9-3-3】 我国的诗人爱把拱桥比作虹,说拱桥是"卧虹""飞虹",把水上拱桥形容为"长虹卧波"。（茅以升《中国石拱桥》）

【分析】 重音"卧虹""飞虹"处在波峰的位置,"说拱桥是"逐渐上行至波峰,重音后面缓慢下行收尾。

（二）波谷类: 语势状如水波,中间是波谷。重音或分别位于句首句尾,或位于句子中间。

【例9-3-4】 这就是他离开我们的真正原因!

【分析】 "这"字中起下行至谷底"我们",然后上行至最高"真正原因"处,语气渐强而突然收尾。

【例9-3-5】 妈妈鼓励说:"自己上,小乖乖,自己上。"

【分析】 "自己"中起下行至谷底"小乖乖",然后上行至最高后面的"自己上"处,语气渐强而干脆收尾。

（三）起潮类: 语流走势逐步上行,犹如起潮,有时还会出现一层高过一层、一浪高过一浪的情况。

【例9-3-6】 石拱桥的桥洞成弧形,就像虹。

【分析】 "就像虹"像潮水渐起,语流走势逐步上行,以激发人丰富的联想、想象。

【例9-3-7】 独有这一件小事,却总是浮现在我眼前,有时反更分明,教我惭愧,催我自新,并且增长我的勇气和希望。（鲁迅《一件小事》）

【分析】 在语流走势上,除"教我惭愧"稍向下行外,"小事""总是浮现在我眼前""反更分明""催我自新""增长我的勇气和希望"都是一步一高,语势渐强,渐趋上行。

（四）落潮类: 语流走势逐步下落,状如落潮,渐渐退下。

【例9-3-8】 石拱桥在世界桥梁史上出现的比较早。

【分析】 "石拱桥"高起,到"出现的比较早"语流走势逐步下行,像潮水渐渐退去。

【例9-3-9】 天渐渐暗下来,北风刮得更紧了,我们默默地离开了天安门广场。

【分析】 "暗""更紧""默默"为递进性重音,语流走势步步下行,像潮水一步一步逐步退去。

（五）半起类: 语流走势上行但未真正到达最高点,往往是戛然而止,所以叫半起。

【例9-3-10】 同志,你去哪?

【分析】 "你去哪"的语流走势是趋高上行,突然声停,但声停而气存,给人以等人回答的语气感受。

【例9-3-11】 老同学,你怎么能……

【分析】 "你怎么能"的语流走势是趋高上行而中途突然停止,以给人一种话语未完、意犹未尽之感。

以上只是几种常见的语流携带语气行进的走势类型,运用时不可生硬套用,而应根据思想感情的运动状态去灵活把握。

⬡练⬡习⬡题

一、朗读下列精彩对话,结合自己日常口语的表达经验,注意语句色彩与分量的把握。

雷雨(片段)

曹　禺

周朴园:(向四凤)倒了来。

周繁漪:我不愿意喝这种苦东西。

周朴园:(向四凤,高声)倒了来。

周　冲:爸,妈不愿意,您何必这样强迫呢?

周朴园:你同你母亲都不知道自己的病在哪儿。(向周繁漪低声)你喝了,就会完全好的。(见四凤犹豫,指药)送到太太那里去。

周繁漪:(忍顺地)好,先放在这儿。

周朴园:(不高兴地)不。你最好现在喝了它吧。

周繁漪:(忽然)四凤,你把它拿走。

周朴园:(忽然严厉地)喝了它,不要任性,当着这么大的孩子。

周繁漪:(声颤)我不想喝。

周朴园:冲儿,你把药端到母亲面前去。

周　冲:(反抗地)爸!

周朴园:(怒视)去!(周冲只好把药端到周繁漪面前)

周朴园:说,请母亲喝。

周　冲:(拿着药碗,手发抖)爸,您不要这样。

周朴园:你说什么?

周　萍:(低头,至周冲前,低声)听父亲的话吧,父亲的脾气你是知道的。

周　冲:(无法,含着泪,向着母亲)您喝吧,为我喝一点吧,要不然,父亲的气是不会消的。

周繁漪:(恳求地)留着我晚上喝不成么?

周朴园:(冷峻地)繁漪,当了母亲的人,处处应当替孩子着想。就是自己不保重身体,也应当替孩子做个服从的榜样。

周繁漪:(望望周朴园,又望望周萍,拿起药又放下)不!我喝不下去!

周朴园:萍儿,劝你母亲喝下去。

周　萍:爸!我——

周朴园:去,走到母亲面前! 跪下,劝你的母亲。

周　萍:(走至繁漪前,向周朴园求恕地)爸爸!

周朴园:(高声)跪下!

周朴园:叫你跪下!（周萍正要跪下）

周蘩漪:（不等周萍跪下）我喝,我现在喝（喝了两口,眼泪又涌出来,望一望周朴园的严厉的眼和苦恼的周萍,咽下愤恨,一气喝下）哦……

二、朗读下列诗文,简单作出语势标记,注意语气的表达,力求生动自然,亲切感人。

雪花的快乐

徐志摩

假如我是一朵雪花,
翩翩的在半空里潇洒,
我一定认清我的方向——
飞扬,飞扬,飞扬,——
这地面上有我的方向。
不去那冷寞的幽谷,
不去那凄清的山麓,
也不上荒街去惆怅——
飞扬,飞扬,飞扬,——
你看,我有我的方向!
在半空里娟娟地飞舞,
认明了那清幽的住处,
等着她来花园里探望——
飞扬,飞扬,飞扬,——
啊,她身上有朱砂梅的清香!
那时我凭借我的身轻,
盈盈的,沾住了她的衣襟,
贴近她柔波似的心胸——
消溶,消溶,消溶——
溶入了她柔波似的心胸!

给 燕 妮

（德）卡尔·马克思

燕妮,你笑吧!你会惊奇,为什么在我所有的诗章里,只有一个标题:《给燕妮》!要知道世界上唯有你,对我是鼓舞的泉源,对我是天才的慰藉,对我是闪烁在灵魂深处的思想光辉。这一切一切呀,都蕴藏在你的名字里!

燕妮,你的名字,每一个字母都显得神奇!它发出的每一个音响是多么美妙动听,它奏出的每一章乐曲都萦绕在我的耳际,仿佛是神话故事中善良美好的神灵,仿佛是春夜里明月熠熠闪耀的银辉,仿佛是金色的琴弦弹出的微妙声音。

尽管有数不尽的书页,我也会让你的名字把万卷书籍填满,让你的名字在里面燃起思想的火焰,让战斗意志和事业的喷泉一同迸溅,让现实生活永恒的持久的真理揭晓,让整个诗的世界在人类历史上出现,那时候愿旧世纪悲鸣,愿新时代欢欣。让宇宙啊,亿万斯年永远光芒不息!

燕妮的名字,哪怕刻在沙粒般的骰子里,我也能够把它念出!温柔的风送来了燕妮的名字,好像给我捎来了幸福的讯息,我将永远讴歌它——让人们知悉,爱情的化身啊,便是这名字:燕妮!

第四节　节　奏

一、节奏的含义

节奏是口语表达过程中有声语言运动变化的一种形式,是由一定的思想感情的波澜起伏所造成的抑扬顿挫、轻重缓急的声音形式的回环往复。[①]

节奏一般要以语段(句群)乃至全篇为单位,孤立的词句谈不上节奏,语言节奏主要体现在语段、语句之间相似的顿挫、快慢、抑扬、轻重、虚实等的回环变化上。节奏变化应由话语的言语目的或作品的主题思想、感情基调所决定,因此,必须立足于语篇整体的思想、情感内容来把握。立足于语篇整体思想、情感运动的节奏变化,才能够在有声语言的高低、强弱、快慢、顿挫等的循环、交替、呼应中相互映照,在前后鲜明的回环对比中,形成和谐的节律变化。

在口语表达中,恰当地把握语言的节奏,既有利于思想感情准确充分的表达,又可以使口语表达形式富于变化,激发听者的兴趣,给听者带来美感享受。因此,节奏是口语表达中应当掌握好的一种重要的表达技巧。

二、节奏的类型

根据节奏的基本特点和基本表现形式,张颂先生把节奏分成了六种类型。

(一)轻快型

语调多扬少抑,力度多轻少重,顿挫之处较少,语速轻快流畅。抑扬、快慢、轻重的转换都偏于轻快,重点句、段更为明显。如朱自清的《春》、孙犁的《荷花淀》等。

(二)凝重型

语调多抑少扬,力度强而有力,顿挫之处较多,语流凝重平稳。抑扬、快慢、轻重的转换都显得凝重,重点句、段更为突出。如鲁迅的《一件小事》、范仲淹的《岳阳楼记》等。

[①]　参见李晓华等编:《实用口语技能》,河南人民出版社1991年版,第237页。

（三）低沉型

语调多为下行,句尾多显沉重,音节拉得较长,声音沉缓偏暗。抑扬、快慢、轻重的转换都带有沉缓的感受,重点句、段更为明显。如李瑛的《一月的哀思》、安徒生的《卖火柴的小女孩》等。

（四）高亢型

语调多为上行,一峰紧连一峰,语势盘桓向上,声音高亢昂扬。抑扬、快慢、轻重的转换都趋于高昂或爽朗,重点句、段更为突出。如茅盾的《白杨礼赞》、王勃的《滕王阁序》等。

（五）舒缓型

语调多扬少抑,声音清朗柔和,气息长而舒缓,语流顺畅连贯。抑扬、快慢、轻重的转换都较为舒缓,重点句、段更为明显。如杨朔的《荔枝蜜》,郭小川的《青纱帐——甘蔗林》等。

（六）紧张型

语调多扬少抑,力度多重少轻,气息急促音短,语速快而紧张。抑扬、快慢、轻重的转换都较为急促、紧张,重点句、段更为突出。如闻一多的《最后一次演讲》、贺敬之的《回延安》等。

在节奏类型的把握上,确定某个语篇属于某种节奏类型,并不是说该语篇中的任何语段、句子的表达一定都要符合每种节奏类型,只是说它是该语篇节奏类型的基础,该语篇的口语表达应以这种节奏类型为主线。根据语篇表达的具体内容,有些语段、语句也可能需要运用其他的节奏类型,其他节奏类型也会经常地渗入基础类型之中。所以,完整语篇的表达往往都是不同节奏类型的结合,但一定是有主有次,符合语篇思想情感内容的律动,这样既能突出语篇节奏的基本特点,又能充分展现语篇内容节奏的具体、丰富性。

三、表达节奏的基本方法

表达语言的节奏变化,主要要通过有声语言的高低、快慢、轻重等的对比来实现,综合起来,表达语言节奏的方法可以概括为三种。

（一）欲扬先抑,欲抑先扬

抑扬主要反映声音的高低变化,"扬"主要指声音渐高、渐展的变化趋势,"抑"主要指声音渐低、渐收的变化趋势。要表达的内容若有主次之分,"主"的突出与"次"陪衬,可以通过抑扬的对比来实现。如果主要部分要扬,其他部分就要抑,主要部分要抑,其他部分就要扬。

【例9-4-1】①车夫听了这老女人的话,却毫不踌躇,仍然搀着伊的臂膊,一步一步的向前走。②我有些诧异,忙看前面,是一所巡警分驻所,大风之后,外面也不见人。③这车夫扶着那老女人,便正是向那大门走去。

④我这时突然感到一种异样的感觉,觉得他满身灰尘的后影,刹时高大了,⑤而且愈走愈大,须仰视才见。⑥而且他对于我,渐渐的又几乎变成一种威压,甚而至于要榨出皮袍下面藏着的"小"来。

【分析】前面一段,写车夫的光明磊落,敢做敢当,关心别人的形象,突出了车夫的朴实无私;在节奏的运用上,从①到②③都使用上扬的语调。后一段,"从我"和车夫对于同一件小事的不同态度对比,自我感觉到"我"自私自利的渺小;运用节奏时,④开始转抑,⑤⑥逐步更抑,转入低沉的节奏。这就是欲抑先扬,由扬转抑。

（二）欲快先慢,欲慢先快

快慢主要反映语速的变化,"慢"是指语节中字音的音长相对拖长,"快"是指语节中字音的音长相对缩短。口语表达中,主次内容的表达有时需要通过快慢的对比来实现。但比较起来,欲慢先快要比欲快先慢的方法更常见,因为,为了突出重点层次、段落、语句以及语句重音,一般都要把相应的词句读得较慢一些。

【例9-4-2】①一会儿,天空出现一匹马,马头向南,马尾向西。②马是跪着的,像是在等着有人骑到它背上,它才站起来似的。③过了两三秒钟,那匹马大起来了,④腿伸开了,马脖子也长了,一条马尾巴可不见了。⑤看的人正在寻找马尾巴,那匹马变模糊了。(萧红《火烧云》)

【分析】前文是对"火烧云"形状及颜色的一段静态描绘。本段开始,①是渐动,比上文稍快,"天空"中的情况出现了变化;②转慢,描绘火烧云变化后的形状;③变快,火烧云的形状又有了新的变化;④更快,火烧云变化较快的感受;⑤转慢,火烧云逐渐模糊、消失的感受。在这一语段中,根据表达内容的需要,①、③、④要使用轻快的节奏,而为了使①、③、④变得轻快起来,就要把②、⑤读得缓慢一些,这就是节奏快慢的对比映衬。

（三）欲轻先重,欲重先轻

轻重主要反映声音强弱、虚实的变化。轻重相间,虚实互衬,轻中有重,重中有轻,虚中显实,实中显虚,回环往复,也是形成节奏的重要方法。为了突出重点,欲重先轻的方法比较常用一些。

【例9-4-3】朋友,你是否意识到你是在幸福之中呢? ……可是,从朝鲜归来的人,会知道你正生活在幸福中。(魏巍《谁是最可爱的人》)

【分析】"幸福"与"正"是语句重音,需用半实半虚的声音表达出肯定的幸福感,而前面的词语都用实声,以显示这两句话的色彩与分量,这就是欲轻先重、欲虚先实的节奏变化方法。

练习题

研读下列作品,确定它们的基调与节奏类型,然后反复朗读,体会节奏的作用。

大 地 的 话

关登瀛

假如你是种子,
请到我的怀里睡。
这里有新鲜的空气,
软绵绵的被。

你可以发芽、生根，

开花、吐蕊。

让枝头的果子，

一咕噜一咕噜往下坠。

假如你是飞鸟，

任你在我胸前飞。

这里有高远的天空，

落脚的大树，

清清的湖水。

你可以在枝丫上筑巢，

在枝头上和伙伴相会。

无论你唱什么歌，

我总觉得很清脆。

即使你是游鱼，

我也要给你充足的水，

如果你嫌湖小，

嫌河窄，

你可以沿着小溪，

穿过江河，

往海里飞。

即使你是小草，

我也要给你一定的地位。

不管谁把你驱赶，

把你踏碎或烧成灰。

你的根和籽粒，

总藏在我的体内。

当严冬过去春风一吹，

你将织成一片绿纱，

送给大自然一床绿被。

啊，大地是我，

我是大地。

一切拥有生命的精灵，

都是我的宝贝；

一切宝藏，

都在我的体内……

匆 匆

朱自清

　　燕子去了，有再来的时候；杨柳枯了，有再青的时候；桃花谢了，有再开的时候。但是，聪明的，你告诉我，我们的日子为什么一去不复返呢？——是有人偷了他们罢：那是谁？又藏在何处呢？是他们自己逃走了罢：现在又到了哪里呢？

　　我不知道他们给了我多少日子；但我的手确乎是渐渐空虚了。在默默里算着，八千多日子已经从我手中溜去；像针尖上一滴水滴在大海里，我的日子滴在时间的流里，没有声音，也没有影子。我不禁头涔涔而泪潸潸了。

　　去的尽管去了，来的尽管来着；去来的中间，又怎样地匆匆呢？早上我起来的时候，小屋里射进两三方斜斜的太阳。太阳他有脚啊，轻轻悄悄地挪移了；我也茫茫然跟着旋转。于是——洗手的时候，日子从水盆里过去；吃饭的时候，日子从饭碗里过去；默默时，便从凝然的双眼前过去。我觉察他去的匆匆了，伸出手遮挽时，他又从遮挽着的手边过去；天黑时，我躺在床上，他便伶伶俐俐地从我身上跨过，从我脚边飞去了。等我睁开眼和太阳再见，这算又溜走了一日。我掩着面叹息。但是新来的日子的影儿又开始在叹息里闪过了。

　　在逃去如飞的日子里，在千门万户的世界里的我能做些什么呢？只有徘徊罢了，只有匆匆罢了；在八千多日的匆匆里，除徘徊外，又剩些什么呢？过去的日子如轻烟，被微风吹散了，如薄雾，被初阳蒸融了；我留着些什么痕迹呢？我何曾留着像游丝样的痕迹呢？我赤裸裸来到这世界，转眼间也将赤裸裸的回去罢？但不能平的，为什么偏要白白走这一遭啊？

　　你聪明的，告诉我，我们的日子为什么一去不复返呢？

第十章　朗读

朗读是把书面语言转化为有声语言的一种最为基本的口语表达形式。正确理解朗读的概念、要求，明确朗读与其他口语表达形式的异同，掌握准备朗读的步骤，正确理解感受与表达之间的关系，认识表达技巧在准确达意与充分表情中的作用，对于提高朗读者的表达能力与水平，具有十分重要的意义。

第一节　朗读的特点与要求

一、朗读及其作用

朗读是把文字作品转化为有声语言的一种再创作活动。它需要朗读者在认真分析理解文字作品的基础上，深入地感受体味作品，引发真挚的感情，然后运用有声语言的各种表达技巧，准确、鲜明、生动地再现原作的思想内容和独特风貌。[1] 因此，朗读并非简单地"见字出声"地念书，真正高水平的朗读是一种有声语言的再创作，是一个包含着丰富心理活动的驾驭语言的过程。

练习朗读的作用是多方面的。它不仅有助于人们深入地感受、理解文字作品，锻炼自己形象思维和逻辑思维能力，而且通过对朗读技巧的反复运用，可以有效地提高有声语言的表达技能；同时，朗读练习可以使人们储存大量的词汇和多样的句式，有利于语言运用能力的培养；另外，朗读训练还是练习普通话语音，提高普通话口语水平的途径。

二、朗读的特点

朗读与其他口语语体相比，主要有以下三个特点。[2]

（一）口语转化的创造性

朗读就要把文字作品转化为口语。如果朗读只是要做到字音准确，声音响亮，语流顺畅，那是谈不上创造性的。高水平的朗读需要朗读者在准确理解原作思想内容的前提下，将自己获得的真情实感融入朗读之中，按照有声语言的表达规律，准确鲜明地再现原作的思

---

[1]　参见李晓华等编：《实用口语技能》，河南人民出版社 1991 年版，第 7 页。
[2]　参见李晓华等编：《实用口语技能》，河南人民出版社 1991 年版，第 9—11 页。

想、情感内容与艺术美感。比如朗读王之涣的《登鹳雀楼》这首古诗时,就要深入体味该诗的意境,用有声语言展现出诗人用妙笔勾画的雄浑开阔的图景及其倾注其中的昂扬向上的激情。这就要求朗读者认真地分析、感受作品,展开联想的翅膀,引发真挚的感情,恰当地运用有声语言的各种表达技巧,传达出这首诗奔放的气势、开阔的意境、优美的韵律等。所以,绝不能把朗读看成简单地见字出声的念书的过程,训练朗读要注意在口语转化的创造性上下功夫。

(二)文字、内容的依凭性

朗读必须依凭文字作品的原貌来表达。一方面,朗读必须遵循作品原本的语言序列,任何添漏字词的情况都应力避;另一方面,朗读应准确地再现原作的思想内容、态度情感和艺术特点,不能任凭朗读者自己的主观臆想随意表达。

朗读具有依凭性的特点,但并非不动脑筋、无思维状态的照字读音,那样很容易形成人们所说的"念书腔""唱书调"。朗读其实是一个"看—想—读"的过程。朗读者不仅要看到词句,还要理解词句的内涵,获得具体的感受,调动真挚的感情;还要能够合理安排停连,准确把握重音,恰当运用语气与节奏,以再现出作品的精神实质与艺术原貌。否则,朗读就会出现照字读音、有音无意的情况。

(三)使用语言的规范性

使用语言的规范性主要表现在作品的选择和有声语言的运用两方面。朗读一般应选择典范的文字作品,因为典范的文字作品从思想内容到语言形式,都经过了作者反复斟酌与锤炼,符合语言规范的要求,可供人们学习和效仿。朗读对有声语言的运用,也应该是规范的,不仅要能够使用标准的普通话,而且要符合口语表达规范方面的要求,这样才能较好地传达作品的内容,取得良好的朗读效果。

三、朗读的基本要求[①]

(一)准确达意

朗读最基本的要求就是首先要把作品的思想内容清楚、准确地表达出来,即准确达意。要准确达意,离不开朗读者对作品的认真分析与深入理解。作品的思想内容都是通过具体的层次、段落、语句表达出来的,朗读者只有把握住全篇的主题思想及其与各层次、段落、语句之间的逻辑关系,明确重点段落和重点语句,才能在朗读表达中恰当使用停连、重音等表达技巧。如果不了解具体的段落、语句在作品中处于什么地位,使用表达技巧就失去了依据。可见,对作品思想内容深入透彻的理解是朗读准确传达出原作精神实质的基础。相反,朗读之前,不对作品做深入具体的分析,拿到作品就读,结果只会读得支离破碎,有音无意。

(二)真切表情

"感人心者,莫先乎情。"真挚的感情是朗读的生命。作者进行创作总是有感而发的,他们的爱憎悲喜等各种情感都熔铸在了作品的字里行间。朗读作品,不仅要达意,而且要传

---

① 参考李晓华等编:《实用口语技能》,河南人民出版社1991年版,第11—14页。

情。这就是要求朗读者在理解作品的基础上,深入具体地感受作品,设身处地,如临其境,探寻作者的情感变化,引发调动自己的感情。朗读者只有把自己的情感倾注于朗读之中,字字真切,由衷而发,才能将有声语言送入听者心里,从而唤起听者的共鸣,达到吸引听者、感动听者的目的。

如果朗读时感情冷淡,视自己如所读作品的局外之人,懈怠疲沓,动口不动心,没有真情实感,态度冷漠木然,朗读就会变得平板苍白,难以取得良好的朗读效果。

(三)语言规整

朗读的语言表达方式,既不同于日常生活中的聊天交谈,也不同于带有艺术表演性的朗诵。它要比日常生活的自然语言更准确、鲜明、典雅、生动,但又不能像朗诵那样注重语言表达的夸张与气氛的渲染。朗读是一种郑重的转述,它使听者更专注于对作品思想内容的理解与体味,要求使用较为规范工整、庄重质朴的语言表达方式。

语言规整,主要包括字音准确,词或短语的轻重格式正确,语句的语法关系和逻辑关系明确,语速适度,语句流畅,声音起伏得当,节奏变化平稳。同时,朗读要忠实于原作,绝不能突破作品原有的语言序列,要求做到不读错字、不添字、不落字、不颠倒、不回读等。当然,语言规整并非要把语句读得毫无色彩与变化,朗读的语言表达应当是生动感人的。朗读使用的有声语言既要能够准确再现词句、语段、篇章的思想内涵,又要能够鲜明传达作品内在的感情变化,规整并非呆板、平淡。所以说,朗读的语言是一种规范工整又有一定艺术性的语言。

思 考 题

一、根据朗读的特点与基本要求,回顾总结一下自己过去朗读的情况,看看以往的认识是否正确,方法是否得当。

二、根据朗读对语言表达形式方面的要求,谈谈朗读与日常谈话在口语表达形式上有什么异同。

第二节　朗读的准备过程

一、认真分析作品

分析作品就是在分析作品字、词的基础上,对其思想内容进行深入理解、透彻把握,也就是要明确主题,理清结构。

主题就是作品的中心思想,是作品要表达的核心观点、看法。朗读时,要准确、鲜明地传达出作品的精神实质,时刻都不能忘记对主题思想的传达。当然,作品的主题是通过具体的层次、段落、语句来体现的。分析作品时,不仅要明确主题,还要进一步搞清各个句段是如何表现主题的,从而理清文字作品的脉络、结构,为恰当运用有声语言表达作品的中心思想打下坚实的基础。如果朗读时,只是粗粗看上一两遍,缺乏对作品主题的把握、结构的分析,不但朗读的中心目的不明,运用朗读表达技巧也就失去了依据,朗读时心中就没底,就难以取得良好的朗读效果。

【例10-2-1】

桂 林 山 水

陈 淼

人们都说:"桂林山水甲天下。"我们乘着木船荡漾在漓江上,来观赏桂林的山水。

我看见过波澜壮阔的大海,欣赏过水平如镜的西湖,却从没看见过漓江这样的水。漓江的水真静啊,静得让你感觉不到它在流动;漓江的水真清啊,清得可以看见江底的沙石;漓江的水真绿啊,绿得仿佛那是一块无瑕的翡翠。船桨激起的微波扩散出一道道水纹,才让你感觉到船在前进,岸在后移。

我攀登过峰峦雄伟的泰山,游览过红叶似火的香山,却从没看见过桂林这一带的山。桂林的山真奇啊,一座座拔地而起,各不相连,像老人,像巨象,像骆驼,奇峰罗列,形态万千;桂林的山真秀啊,像翠绿的屏障,像新生的竹笋,色彩明丽,倒映水中;桂林的山真险啊,危峰兀立,怪石嶙峋,好像一不小心就会栽倒下来。

这样的山围绕着这样的水,这样的水倒映着这样的山,再加上空中云雾迷蒙,山间绿树红花,江上竹筏小舟,让你感到像是走进了连绵不断的画卷,真是"舟行碧波上,人在画中游"。

【分析】该文可以分析为三个层次:第一层次(第一自然段)为"荡舟漓江""观赏桂林山水";第二层次(第二、第三自然段)主要描写漓江水的"静""清""绿"和桂林山的"奇""秀""险";第三层次(第四自然段)描绘了静水、奇峰、绿树、红花、云雾迷蒙、荡行小舟等组成的一幅优美动人的画卷。这样理清了文章的脉络,在朗读时不但可以突出各层次的意境特色,而且有利于展现"桂林山水确实甲天下"的主题思想,更好地体现作者的意图,展现作者充满心胸而又溢于言表的赞美之情。

二、具体感受内容①

对朗读的作品仅仅作理性的理解分析是不够的,在准备作品朗读的过程中还需要进行具体感受。所谓感受,就是指朗读者对作品的结构脉络与作品表达事物内容的感知、体会过程,也就是"感之于外,受之于心"。② 朗读者不仅要感觉到作品里字、词句的存在,而且要感觉到这些书面文字表达事物的存在。作品里的事物形象会刺激到读者的心灵,会引起丰富的内心反应。比如,看到"山朗润起来了,水涨起来了"这样一些字,一幅万物萌动、春天悄然来临的图景就如现眼前。

感受一般可以分为逻辑感受和形象感受两大类。

(一)逻辑感受

逻辑感受就是从作品的结构脉络即语段、语句间的逻辑关系中获得的感受。作品中的

---

① 参见李晓华等编:《实用口语技能》,河南人民出版社1991年版,第16—19页。

② 参见李晓华等编:《实用口语技能》,河南人民出版社1991年版,第17页。

语段之间、语段的语句之间都有一定的逻辑联系,有的是并列对比、递进、转折的逻辑关系;有的是呼应、分合、总括的逻辑关系等。不同的逻辑关系会使读者获得不同的逻辑感受,如果能够准确地表达所获得的逻辑感受,就能够把作品的思想内容表现得更加清晰。

【例10-2-2】燕子去了,有再来的时候;杨柳枯了,有再青的时候;桃花谢了,有再开的时候。但是,聪明的,你告诉我,我们的日子为什么一去不复返呢?(朱自清《匆匆》)

【分析】"燕子"怎样、"杨柳"怎样、"桃花"怎样构成了并列关系,"日子"怎样又与它们构成对比关系。由于语句间的逻辑关系是并列对比关系,自然就会让人从中获得并列对比的逻辑感受。

【例10-2-3】这时候,最热闹的要数树上的蝉声与水里的蛙声,但热闹是它们的,我什么也没有。(朱自清《荷塘月色》)

【分析】作者淡淡喜悦的感情转化为淡淡的哀愁,"但热闹是它们的"突出表现作者感情的转折变化,就要注意从中获得并表达出转折感。

(二)形象感受

形象感受是读者从作品的语言文字所描绘的事物形象中获得的感受。作品所描绘的事物形象会刺激读者的感官,引发诸如视觉、听觉、触觉、嗅觉、味觉、动觉等方面的联想,使之获得相应的感受。

【例10-2-4】桂林的山真奇啊,一座座拔地而起,各不相连,像老人,像巨象,像骆驼,奇峰罗列,形态万千;桂林的山真秀啊,像翠绿的屏障,像新生的竹笋,色彩明丽,倒映水中;桂林的山真险啊,危峰兀立,怪石嶙峋,好像一不小心就会栽倒下来。(陈淼《桂林山水》)

【分析】这段话主要描写桂林的山美,"老人""巨象""骆驼""屏障""竹笋""危峰""怪石"等很容易唤起读者的视觉想象,获得视觉感受。要把山美的形象生动地表达出来,感受一定要具体,如:像老人一样温和,像巨象一样庞大,像骆驼一样安适,像新生的竹笋一样青翠,像危峰和怪石一样惊险等。

【例10-2-5】热心肠的同志送给我两瓶。一开瓶子塞儿,就是那么一股甜香;调上半杯一喝,甜香里带着股清气,很有点鲜荔枝味儿。喝着这样的好蜜,你会觉得生活都是甜的呢。(杨朔《荔枝蜜》)

【分析】"一开瓶子塞儿""调上半杯一喝"很容易引发读者的嗅觉、味觉联想,获得相应的嗅觉、味觉感受。读到"一开瓶子塞儿",我们就想吸上一口气,仿佛真的品味到了"甜香",感受到了甜香里带着的"清气"。

(三)形象感受与逻辑感受的有机结合

逻辑感受与形象感受并不是孤立存在的。作品里面的段落、语句之间都有一定的逻辑关系,有很多语句又描绘了丰富的事物形象。所以,在朗读中,要完美地表达所获得的感受,一定要注意把这两种感受有机结合起来。清晰的逻辑感受有助于朗读者把握作品的脉络、序列,具体的形象感受可以让朗读者把句段内容表达得鲜明、生动。只有逻辑感受,朗读会变得枯燥,虽条理清楚而不生动;而只有形象感受,朗读就会失去条理,枝节横生,只见句段,不见篇章。只有二者相互交织、有机结合,才能更完美地表达作品的思想内容。

【例10-2-6】这些石刻狮子,有的母子相抱,有的交头接耳,有的像倾听水声,千态万

状,惟妙惟肖。(茅以升《中国石拱桥》)

【分析】首先,句子表达了作者"分总"的逻辑感受,前面的三个小句"有的……" "有的……""有的……"分写了狮子的各种形象,后面"千态万状,惟妙惟肖"总括了作者对狮子各种形象的整体感受;前面的并列小句所描绘的"母子相抱""交头接耳""倾听水声", 又具有生动的形象性。朗读时要注意把两种感受有机结合起来。

三、把握感情基调[①]

朗读需要以情感人,没有感情地朗读必然是干瘪的、苍白的。这就要求朗读者在具体感受作品内容的基础上,认真体会作品所蕴含的作者的思想感情,把自己置身于作品描绘的具体情境之中,获得真切的内心体验,产生出真挚、细腻的感情。

作品所蕴含的作者的感情是具体、生动、丰富多彩的,但每一篇作品都有一个总的感情色彩与倾向,这就是在朗读时需要把握的感情基调。基调是作品的基本情调,是作品中各层次、段落、语句的具体思想感情的综合体现。

把握朗读的感情基调,首先要做到感情色彩与倾向的总体统一。作者具体的思想感情可能是不断变化的,但全篇总的感情色彩与倾向是朗读时感情色彩变化的主线,这条主线绝不能被枝节和次要的色彩倾向打乱。其次,在总体色彩、倾向统一的前提下,朗读还要能够展现作品里作者感情的细微变化,追逐作者感情发生、发展的过程,表达出感情变化的层次,以达到真切感人的目的。最后,还要注意利用有声语言的表达规律展现作品的感情基调。比如欢快喜悦的基调,一般使用偏高声区的声音来表达;庄重、悲哀的基调,一般则使用偏低声区的声音来表达等。

【例 10-2-7】

再 别 康 桥

徐志摩

轻轻的我走了,
　正如我轻轻的来;
我轻轻的招手,
　作别西天的云彩。

那河畔的金柳,
　是夕阳中的新娘;
波光里的艳影,
　在我的心头荡漾。

---

① 参见李晓华等编:《实用口语技能》,河南人民出版社 1991 年版,第 22—23 页。

软泥上的青荇，

油油的在水底招摇；

在康河的柔波里，

我甘心做一条水草！

那榆荫下的一潭，

不是清泉，是天上虹；

揉碎在浮藻间，

沉淀着彩虹似的梦。

寻梦？撑一支长篙，

向青草更青处漫溯；

满载一船星辉，

在星辉斑斓里放歌。

但我不能放歌，

悄悄是别离的笙箫；

夏虫也为我沉默，

沉默是今晚的康桥！

悄悄的我走了，

正如我悄悄的来；

我挥一挥衣袖，

不带走一片云彩。

【分析】这首诗主要是要表现作者对"康桥"无限眷恋、依依不舍的离别之情，这一感情基调要贯穿朗读过程的始终。但在具体层次的表达中，朗读的感情色彩应是随作品具体情感内容的变化而变化的：第一节，要表达出诗人依依不舍的感情及其隐含的淡淡愁绪；第二、第三、第四、第五节，要表达出诗人笔下的康桥梦幻一般的迷人景色以及让诗人沉醉其中、兴高采烈的情感色彩；第六节，要表达出诗人情绪的陡然逆转，兴高采烈转入"沉默"；结尾一节，要表达出诗人怀着眷恋的感慨"悄悄"离别的无奈与感伤。

四、做好试读和标记

对作品有了理解、感受和整体把握以后，应把作品试读一下。试读时要做到语音准确，要把作品的字、词、句读得清晰流畅，还要注意通过试读反观自己的理解、感受是否正确、具体，表达理解、感受的方法是否恰当、到位，以便及时调整。

在朗读之前，还要把自己安排的停连、确定的重音、把握的语气、使用的节奏等，在原文上做出标记，以便在正式朗读时得到提示。

经常使用的标记符号如下：

"."为重音号，表示重音。

"/"为停顿号。

"⌒"为连接号。

"→"为"平行"号，表示句调平直。

"↑"为"上行"号，表示句调上扬。

"↓"为"下行"号，表示句调下抑。

"⌒"为"曲行"号，表示句调曲折。

【例10-2-8】我攀登过峰峦雄伟的泰山，游览过红叶似火的香山，却/从没看见过桂林/这一带的山。→桂林的山真奇啊，一座座拔地而起，各不相连，像老人，像巨象，像骆驼，奇峰罗列，形态万千；↑桂林的山真秀啊，像翠绿的屏障，像新生的竹笋，色彩明丽，倒映水中；↑桂林的山真险啊，危峰兀立，怪石嶙峋，好像一不小心/就会栽倒下来。↓

这样的山围绕着这样的水，这样的水倒映着这样的山，再加上空中云雾迷蒙，山间绿树红花，江上竹筏小舟，让你感到/像是走进了连绵不断的画卷，真是/"舟行碧波上，人在画中游"。↑

五、调整好朗读状态

在进行朗读之时，还必须调整好朗读状态。

首先，要调整好心态、情绪，不要过度担心、紧张，要不张不弛，从容自若。

其次，朗读时要精力集中，全神贯注。朗读者要把精力倾注于朗读的作品之中，设身处地，如临其境，努力把自己对作品的正确理解、具体感受，准确、鲜明、生动地展现出来。要防止走神儿，克服那种毫不在乎、心不在焉的精神状态。

最后，朗读时还要了解听者，注意与听者的交流。完美的朗读还需要朗读者了解自己的朗读对象，了解他们的文化水平、心理特征、对朗读的要求等，这是朗读者与听者产生共鸣的前提。朗读者要时刻关注听者的表情、听读的状态，努力唤起听者的情感共鸣，并让听者的共鸣不断激发起自己朗读的热情，以更好地达到朗读的目的。

练习题

按照分析作品、感受作品、把握基调、做好试读与标记的朗读准备过程，准备并朗读下列诗文。

微　笑

杨钧伟

微笑是心灵无声的问好，

微笑是淡雅友爱的花苞，

微笑是蓝天一样宁静的小诗，

微笑是探索性的信任和礼貌。

不要在上级面前才慷慨馈赠，

不要见到关系户才咧开嘴角，

不要为蝇蝇私利去廉价拍卖，

不要被迷惘和失望扔进冰窖。

在繁忙的柜台，

在拥挤的车厢，

在摩肩接踵的人行道，

越是火星容易燃爆的所在，

越是需要微笑，微笑。

探索者对生活微笑，

生活会以光明和信心回报，

失足者对劳动微笑，

人们会以温暖和赤诚相交。

我们的事业扇着金色的翅膀，

喜悦依托唇缝漫上眉梢，

微笑应是中华民族经常的面貌，

微笑应成为我们相处的一个信条。

朋友，微笑吧，

微笑是沉静的美。

同志，微笑吧，

微笑是文明的桥。

让全世界投来惊喜和羡慕，

中国，中国，充满微笑。

蚕

雷抒雁

她在自己的生活中织下了一个厚厚的茧。

那是用一种细细的、柔韧的、若有若无的丝织成的。是痛苦的丝织成的。

她埋怨、气恼，然后就是焦急，甚至折磨自己，同时用死来对突不破的网表示抗议。

但是，她终于被疲劳征服了，沉沉地睡过去。她做了许多的梦，那是关于花和草的梦，是关于风和水的梦，是关于太阳和彩虹的梦，还有关于爱的追求以及生儿育女的梦……

在梦里，她得到了安定和欣慰，得到了力量和热情，得到了关于生的可贵。

当她一觉醒来,她突然明白拯救自己的,只有自己。于是,她便用牙齿把自己吐的丝一根根咬断。咬破自己织下的茧。

果然,新的光芒向她投来,像云隙间的阳光刺激着她的眼睛。新的空气,像清新的酒,使她陶醉。

她简直要跳起来了!

她简直要飞起来了!

一伸腰,果然飞起来了,原来就在她沉睡的时刻,背上长出了两片多粉的翅膀。

从此,她便记住了这一切,她把这些告诉了子孙们:你们织的茧,得你们自己去咬破!

蚕,就是这样一代代传下来。

第三节　不同体裁作品的朗读

一、记叙文的朗读

记叙文是以叙述为主要表达方式,以写人、叙事、写景、状物为主要内容的一种文体。它通过写人、叙事、写景、状物等来表达一定的思想意旨,给人以启迪,这种意旨是在清晰、具体的记叙之中自然流露的。因此,朗读记叙文,要求因事明理,以事感人;理清线索,细腻表达;语言自然,力避造作。一般要注意以下三个方面。[①]

(一) 理清头绪,把握线索

记叙文以写人、叙事、写景、状物为主。朗读记叙文,首先就要理清作品内容展现的线索,努力把作品内容发展的线索有条不紊地展现给听者,让听者清晰了解事件的原委。

作品内容的发展线索,有时以人物、事件、时间、地点等内容为主线,有时则以作者思想感情的变化为主线。对作品内容线索的表达,一方面需要朗读者在感受、理解作品的基础上,宏观审视,把握住记叙线索的总体发展方向;另一方面,要处理好个别内容、具体事件的细致展现,力争做到收放自如、不离主线。

(二) 立意具体,注意点题

作品的立意就是作品通过句段、篇章要表现的思想主题。记叙文主题往往不直接表达,多是通过记人、叙事、写景、状物等手段自然而然地展现,使人在不知不觉中领略、感受。因此朗读记叙文时,朗读者应循着作品内容记叙的线索,具体感受作品的每一层、每一段、每一句的立意,因势利导地展现主题。同时,由于记叙文主题的显露往往比较含蓄,朗读时还应重视对句段里的那些"点题句"的强调,以凸显其立意。

(三) 具体感受,细腻表达

细腻的叙述和描写,是记叙文具体展示立意的特点。因此,为了更好地展现立意,朗读

---

① 参见李晓华等编:《实用口语技能》,河南人民出版社1991年版,第28—30页。

时就要深入地感受、体味作品,具体细腻地表达内容。

朗读者要把自己感受到的记叙文的叙述脉络,主次分明、细腻清晰地表达出来,绝不能轻重不分、主次不辨、囫囵一片、含糊不清地去朗读。对记叙文中的描写,要加强对它的形象感受,力求把描绘的景象、描画的人物等实实在在、真真切切地呈现在听者面前,让听者获得真实的感受,产生真切的联想,从而深化立意。切忌对事物形象的夸张、渲染,力避模仿人物言谈举止的扮演式"朗读",那样只会给听者一种故作多情、矫揉造作之感。

【例 10-3-1】

荷 塘 月 色

朱自清

这几天心里颇不宁静。今晚在院子里坐着乘凉,忽然想起日日走过的荷塘,在这满月的光里,总该另有一番样子吧。月亮渐渐地升高了,墙外马路上孩子们的欢笑,已经听不见了;妻在屋里拍着闰儿,迷迷糊糊地哼着眠歌。我悄悄地披了大衫,带上门出去。

沿着荷塘,是一条曲折的小煤屑路。这是一条幽僻的路;白天也少人走,夜晚更加寂寞。荷塘四面,长着许多树,蓊蓊郁郁的。路的一旁,是些杨柳,和一些不知道名字的树。没有月光的晚上,这路上阴森森的,有些怕人。今晚却很好,虽然月光也还是淡淡的。

路上只我一个人,背着手踱着。这一片天地好像是我的;我也像超出了平常的自己,到了另一世界里。我爱热闹,也爱冷静;爱群居,也爱独处。像今晚上,一个人在这苍茫的月下,什么都可以想,什么都可以不想,便觉是个自由的人。白天里一定要做的事,一定要说的话,现在都可不理。这是独处的妙处,我且受用这无边的荷香月色好了。

曲曲折折的荷塘上面,弥望的是田田的叶子。叶子出水很高,像亭亭的舞女的裙。层层的叶子中间,零星地点缀着些白花,有袅娜地开着的,有羞涩地打着朵儿的;正如一粒粒的明珠,又如碧天里的星星,又如刚出浴的美人。微风过处,送来缕缕清香,仿佛远处高楼上渺茫的歌声似的。这时候叶子与花也有一丝的颤动,像闪电般,霎时传过荷塘的那边去了。叶子本是肩并肩密密地挨着,这便宛然有了一道凝碧的波痕。叶子底下是脉脉的流水,遮住了,不能见一些颜色;而叶子却更见风致了。

月光如流水一般,静静地泻在这一片叶子和花上。薄薄的青雾浮起在荷塘里。叶子和花仿佛在牛乳中洗过一样;又像笼着轻纱的梦。虽然是满月,天上却有一层淡淡的云,所以不能朗照;但我以为这恰是到了好处——酣眠固不可少,小睡也别有风味的。月光是隔了树照过来的,高处丛生的灌木,落下参差的斑驳的黑影,峭楞楞如鬼一般;弯弯的杨柳的稀疏的倩影,却又像是画在荷叶上。塘中的月色并不均匀;但光与影有着和谐的旋律,如梵婀玲上奏着的名曲。

荷塘的四面,远远近近,高高低低都是树,而杨柳最多。这些树将一片荷塘重重围住;只在小路一旁,漏着几段空隙,像是特为月光留下的。树色一例是阴阴的,乍看像一团烟雾;但杨柳的丰姿,便在烟雾里也辨得出。树梢上隐隐约约的是一带远山,只有些大意罢了。树缝里也漏着一两点路灯光,没精打采的,是渴睡人的眼。这时候最热闹的,要数树上的蝉声与水里的蛙声;但热闹是它们的,我什么也没有。

忽然想起采莲的事情来了。采莲是江南的旧俗,似乎很早就有,而六朝时为盛;从诗歌里可以约略知道。采莲的是少年的女子,她们是荡着小船,唱着艳歌去的。采莲人不用说很多,还有看采莲的人。那是一个热闹的季节,也是一个风流的季节。梁元帝《采莲赋》里说得好:

于是妖童媛女,荡舟心许;鹢首徐回,兼传羽杯;櫂将移而藻挂,船欲动而萍开。尔其纤腰束素,迁延顾步;夏始春余,叶嫩花初,恐沾裳而浅笑,畏倾船而敛裾。

可见当时嬉游的光景了。这真是有趣的事,可惜我们现在早已无福消受了。

于是又记起《西洲曲》里的句子:

采莲南塘秋,莲花过人头;低头弄莲子,莲子清如水。今晚若有采莲人,这儿的莲花也算得"过人头"了;只不见一些流水的影子,是不行的。这令我到底惦着江南了。——这样想着,猛一抬头,不觉已是自己的门前;轻轻地推门进去,什么声息也没有,妻已睡熟好久了。

【朗读提示】

朗读《荷塘月色》首先要把握其感情脉络。作品反映了作者对当时社会黑暗现实的不满以及苦闷彷徨的心境,展露了希望在一个幽静的环境中寻求精神上的解脱而又无法解脱的矛盾心理。作者以踏月寻幽、欣赏荷塘月色的行踪为外在线索,把自己的淡淡喜悦、淡淡哀愁的情感变化表现得跌宕起伏、一波三折。

其次,朗读这篇文章要注意循着作品的线索,用舒缓而又富于变化的语调,读出作者具体的情感变化。作品第一至第三自然段,语调要舒缓中带有凝重,语势压抑深沉,语音清晰偏暗,读出作者寂寞、苦闷和不满的情绪;第四至第八自然段,语调舒缓中要带惊喜,语势抑中稍扬,语音舒展柔美,传达出作者"难得偷来片刻逍遥"的淡淡的喜悦之情。尤其是几个标志作者情感变化的句子要读好。例如:"这几天心里颇不宁静"(全文感情的基调),"我且受用这无边的荷香月色好了"(哀愁中夹带着喜悦),"但热闹是它们的,我什么也没有"(喜悦中夹杂着哀愁),"猛一回头,不觉已是自己的门前"(从超然境界回到了现实中)。

同时,作品采用了融情于景,情景交融的手法。作者的思想感情不外露、不直说,都是通过优美的文字和画面表现出来的。所以,朗读时要注意运用各种表达技巧对作品的细腻描写着力表达。①

二、议论文的朗读

议论文是运用一定的论据材料论证某个道理、某种观点的文体。它通过揭示或论证事物、事件等蕴含的道理,达到就事论理、以理服人的目的。要朗读好议论文,必须明确议论文的论点,把握文章内在的论证逻辑关系,以真切的感受、鲜明的态度、肯定的语气、铿锵有力的有声语言进行表达。

(一)论点要突出

论点是议论文的题旨所在,是文中用各种论据材料支撑论证的观点。在朗读中,那些能够体现文章论点(不论是中心论点还是分论点)的句段,都要注意使用有声语言的表达手段

---

① 参见孙旭东:《浅析〈荷塘月色〉的朗读》,《语言文字报》2000年1月16日,总第891期。

加以突出、强调。

（二）逻辑要分明

议论文的论点之间、论点与论据之间都有严密的逻辑关系,论点的突出需要建立在论据以及坚实的逻辑论证的基础上。因此朗读者在朗读准备时,一定要注意在作品中获得比较具体的逻辑感受;在朗读时,一定要注意使用有声语言的各种表达手段,把语句、段落、层次之间的逻辑关系表达清楚,并展现出有声语言的逻辑力量。

（三）态度要明朗

朗读议论文,还要准确把握作者的感情态度,并把这种情感态度准确、鲜明地表达出来。无论肯定还是否定,无论褒扬还是贬斥,都要清晰明朗,不可模棱两可、含含糊糊。

（四）语气要肯定

对于论点的展示、论据的列举、逻辑论证的进行,朗读者都应使用肯定、果断的语气去表达,以显示作品立论的正确与论证的可信。当然,语气肯定,并非以语势压人,强迫听者接受,而是充满自信、从容不迫地展示理据,引人思考。

【例 10-3-2】

中国人失掉自信力了吗

鲁 迅

从公开的文字上看起来:两年以前,我们总自夸着"地大物博",是事实;不久就不再自夸了,只希望着国联,也是事实;现在是既不夸自己,也不信国联,改为一味求神拜佛,怀古伤今了——却也是事实。

于是有人慨叹曰:中国人失掉自信力了。

如果单据这一点现象而论,自信其实是早就失掉的了。先前信"地",信"物",后来信"国联",都没有相信过"自己"。假使这也算一种"信",那也只能说中国人曾经有过"他信力",自从对国联失望之后,便把这他信力都失掉了。

失掉了他信力,就会疑,一个转身,也许能够只相信了自己,倒是一条新生路,但不幸的是逐渐玄虚起来了。信"地"和"物",还是切实的东西,国联就渺茫,不过这还可以令人不久就省悟到依赖它的不可靠。一到求神拜佛,可就玄虚之至了,有益或是有害,一时就找不出分明的结果来,它可以令人更长久的麻醉着自己。

中国人现在是在发展着"自欺力"。

"自欺"也并非现在的新东西,现在只不过日见其明显,笼罩了一切罢了。然而,在这笼罩之下,我们有并不失掉自信力的中国人在。

我们从古以来,就有埋头苦干的人,有拼命硬干的人,有为民请命的人,有舍身求法的人,……虽是等于为帝王将相作家谱的所谓"正史",也往往掩不住他们的光耀,这就是中国的脊梁。

这一类的人们,就是现在也何尝少呢? 他们有确信,不自欺;他们在前仆后继的战斗,不过一面总在被摧残,被抹杀,消灭于黑暗中,不能为大家所知道罢了。说中国人失掉了自信力,用以指一部分人则可,倘若加于全体,那简直是诬蔑。

要论中国人,必须不被搽在表面的自欺欺人的脂粉所诓骗,却看看他的筋骨和脊梁。自信力的有无,状元宰相的文章是不足为据的,要自己去看地底下。

九月二十五日。

【朗读提示】

这是鲁迅先生的一篇杂文,文章讽刺、批判了当时对抗日前途悲观失望的论调,热情赞美了那些为了中国的命运不懈奋斗的"中国的脊梁"。

这篇文章的中心论点是"有并不失掉自信力的中国人在",这句话也是作者立论的重点句。所以,朗读时要用坚实有力的声音、用与上文的反面论点(中国人失掉自信力了)针锋相对的语气去表达;要读得铿锵有力、字字千钧,使中心论点得到强调和突出。

论证是论点与论据之间的链条,朗读时要恰当运用各种表达技巧,准确表达文中各部分之间严密的逻辑关系,充分展现作者那无可辩驳的逻辑力量。该文的第七、第八自然段,列举了从古至今的"不失掉自信力的中国人",是论证中心论点的主要论据。对此,朗读时要循着作者思想感情变化的线索,以稳健的语速、明朗的音调、一连串的并比重音,去表达对那些"中国的脊梁"的赞美之情。对于反面的论点、论据,朗读的语气、语调应有所区别,可用嘲讽的语气与平淡的音调,显示出冷淡、嘲讽等意味,展现出作者的批判态度。

三、说明文的朗读

说明文是以解释、说明为主要表达方式的文章。它通过对事物的解说、对抽象事理的阐释,使人们对事物的形态、构造、性质、种类、成因、功能或对事理的概念、特点、来源、演变、关系等有所认识,获得必要的科学知识。朗读说明文,重在把事物的基本特征解说清楚,表达力求确切,态度必须客观。

(一) 条理要分明

说明文以说明为主。为了说明事物或事理的来龙去脉,朗读者要对文章的结构了然于心,并能循着作者的思路,把文章内容条理分明地表达出来。在说明文里常常会出现一些专业术语和数据,为了便于听者理解,数字和专业术语应放慢速度去读。

(二) 表达要准确

朗读说明文不宜带上朗读者个人的主观感情色彩,必须以科学、客观、实事求是的态度,丁是丁,卯是卯,准确无误地表达作品的内容。当然,态度客观并不是毫无情感地表达,只是要尽量避免表露朗读者个人的爱憎褒贬,作品的感情基调还是应准确、充分地体现出来的。

(三) 语音要质朴

朗读说明文,语音形式应规范工整,质朴无华。语音疾徐抑扬的幅度不宜过大,节奏变换比较平缓,语气亲切、平和、朴实,要给人一种工整、质朴、稳妥、从容之感。

【例 10-3-3】

世界民居奇葩(节选)

张宇生

在闽西南苍苍茫茫的崇山峻岭之中,点缀着数以千计的圆形土楼,充满神奇的山寨气息。这就是被誉为"世界民居奇葩"、世上独一无二的神话般的山区建筑模式的客家人民居。

他们的居住地大多在偏僻、边远的山区，为了防卫盗匪的骚扰和土著的排挤，便营造"抵御性"的营垒式住宅，并不断进步发展，在土中掺石灰，用糯米饭、鸡蛋清作粘合剂，以竹片、木条作筋骨，夯筑起墙厚1米、高15米以上的土楼。它们大多为三至六层楼，100至200多间房如柑瓣状均匀布列各层，宏伟壮观。大部分土楼历经两三百甚至五六百年的地震撼动、风雨侵蚀以及炮火攻击而安然无恙，显示了传统技术文化的魅力。

客家先民们崇尚圆形，把圆形当天体之神来崇拜。主人认为圆是吉祥、幸福和安宁的象征，这些都体现了土楼人家的民俗文化。圆墙的房屋均按八卦形布局排列，卦与卦之间设有防火墙，整齐划一，充分显示它突出的内向性、强烈的向心力、惊人的统一性。

客家人在治家、处事、待人、立身等方面无不体现儒家的思想及其文化特征。有一座土楼，先辈希望子孙和睦相处，以和为贵，便用正楷大字写成对联刻在大门上："承前祖德勤和俭，启后子孙读与耕。"强调了儒家立身的道德规范。楼内房间大小一模一样，他们不分贫富、贵贱，每户人家均等分到底层至高层各一间房，各层房屋的用途达到惊人的统一，底层是厨房兼饭堂，二层当贮仓，三层以上作卧室，两三百人聚居一楼，秩序井然，毫无混乱。土楼内所存在的儒家文化遗风，让人感到中华民族传统文化的蒂固根深。

【朗读提示】

这篇文章以短小的篇幅、清晰的结构、精炼平实的语言，介绍了客家人民居的建造方法与技术，说明了它的建筑结构特点及其蕴含的文化特征。朗读该文，首先要明确它的内容结构，把握其说明的逻辑顺序。文章的第二自然段主要是说明客家民居的建造方法和技术；第三、第四自然段主要说明了这种民居的建筑结构特点，并依据这些特点阐明它的文化特征。其次，文中出现的数字和专业术语，要放慢语速去读，这样才能让人听得清楚、听得真切。文中引用的古人对联，也要恰当处理，读出韵味来，以加深听者对其语义的理解。最后，要注意文章基调的展现。要读出作者对中华民族优秀传统文化和劳动人民高超建筑技术的赞叹、赞美之情，平实、庄重的语调中要透露出自豪感。

四、诗歌的朗读

现代自由诗与传统古诗、格律诗的语言表现形式迥然有别。传统古诗、格律诗等有着独特的韵律特点，比如格律诗在韵律方面就有种种限制，对字数、平仄、押韵等都有严格的规定；现代自由诗则具有结构自由、节奏灵活、语言自然等特点。下面着重谈谈自由诗朗读需要注意的一些方面。①

(一) 深入意境，因境抒情

诗歌的意境，是指诗中描绘的艺术形象与通过艺术形象表现出来的艺术情趣和思想境界的总和。朗读诗歌如果表达不出诗的意境，情浮意浅，就难以取得良好的朗读效果。而要展现诗的意境，就需要朗读者深入感受诗中的艺术形象，理解诗的思想内涵，触摸到诗人的情感脉搏，并把情与景融为一体，因境抒情。朗读者只有循着精美的诗句，展开丰富的联想，融情于境，才能通过有声语言去触发听者的想象，共同领略诗中丰富而深刻的意境，获得美感享受。

---

① 参见李晓华等编：《实用口语技能》，河南人民出版社1991年版，第44—47页。

【例 10-3-4】

乡 愁

余光中

小时候
乡愁是一枚小小的邮票
我在这头
母亲在那头

长大后
乡愁是一张窄窄的船票
我在这头
新娘在那头

后来啊
乡愁是一方矮矮的坟墓
我在外头
母亲在里头

而现在
乡愁是一湾浅浅的海峡
我在这头
大陆在那头

【朗读提示】

作者拿"邮票""船票""坟墓""海峡"这些生活中的具体物象作比,描画了"小时候"的母子分离、"长大后"的夫妻分离、"后来"的母子死别、"现在"的游子与大陆分离的景象,表达了对亲人、大陆的眷顾、思念以及由此产生的悲凉的愁绪,构成了一种凄凉、深沉、修远的意境。朗读该诗,需要深入意境,因境抒情,恰当地运用有声语言,鲜明生动地表现出作者难舍的乡情、刻骨的思念、悠长的愁绪。

(二)划分语节,把握节奏

朗读诗歌不但要注意展现其意境美,还要重视诗歌音韵美的表达,而能够体现诗歌音韵美的一个重要方面就是诗歌朗读的节奏。

把握诗歌朗读的节奏需要着重把握两个方面:一是诗行中语节的恰当划分,二是语节、诗行、诗节之间的回环呼应。首先,自由诗语节的划分"主要按照语意划分,以不读成破句为前提。诗行长短不一,语节多少就有所不同。长句子可以分成三、四个语节,特别短的句子只作为一个语节即可"①。朗读语节时,音节多的语节要读得紧凑,音节少的要读得舒缓。

---

① 李晓华等编:《实用口语技能》,河南人民出版社 1991 年版,第 46 页。

其次,为了充分显示诗歌朗读的节奏感,在划分语节和朗读时,还应注意语节、诗行、诗节之间的回环呼应。

【例 10-3-5】

远远的/街灯/明了,①

好像是/闪着无数的/明星。②

天上的/明星/现了,③

好像是/点着无数的/街灯。④

……

你看,/那浅浅的/天河,⑤

定然是/不甚/宽广。⑥

那/隔着河的/牛郎/织女,⑦

定能够/骑着牛儿/来往。⑧

【朗读提示】

这是节选的《天上的街市》的一部分。首先,根据诗句表情达意的需要以及构成诗句的词或词组的节律特点,可以给这些诗句划分出如以上所示的长短不一的语节。同时,诗歌中①与③、②与④、⑥与⑧等诗行语节的划分,显然形成了诗行之间的对称呼应、往复回环,朗读时就要注意通过这样的对应、回环,读出诗歌那较强的节奏感。

(三) 音节舒展,韵脚明朗

朗读诗句不同于其他文体语言的表达,一般语速稍慢,音节较为舒展,音调稍有夸张,常常带有一些咏吟的味道。但语速稍慢、音节舒展并非要求把句中各个音节都一样拖长,这样往往显得单调平板。一般来说,"重音音节比非重音音节长些,语节末尾音节比语节当中的音节长些"[1]。同时对于押韵的诗句,应将韵脚加以强调、突出,以更好地显示诗歌的韵律美。

【例 10-3-6】 骑在人民头上的,

人民——把他摔垮;

给人民做牛马的,

人民永远记住他!

【朗读提示】

这是臧克家《有的人》一诗中的一节诗句。朗读时,要注意把其中的重音音节适当延长加以突出;还要把押韵脚的音节读得清晰明朗,以显示诗歌的韵律。

练习题

一、在课堂上选择自己喜欢的作品进行朗读,讨论不同体裁作品的不同朗读特点。

二、按照不同体裁作品朗读的要求,选择不同体裁的优秀文学作品,认真准备,尝试朗读。

---

[1] 李晓华等编:《实用口语技能》,河南人民出版社 1991 年版,第 47 页。

第十一章　普通话水平测试应试指导

第一节　"读单音节字词"与"读多音节词语"的应试指导

一、"读单音节字词"的应试指导

（一）"读单音节字词"测试的目的、要求与评分[①]

1. 目的

测试应试人声母、韵母、声调读音的标准程度。

2. 要求

该测试项要求应试人在 3.5 分钟内,读准选自《普通话水平测试实施纲要》(以下简称《纲要》)中《普通话水平测试用普通话词语表》(以下简称《普通话词语表》)的 100 个单音节字词(不含轻声、儿化音节),尽量不要出现语音错误与语音缺陷。

3. 评分

该测试项共 10 分。每读错一个音节,即出现一次语音错误扣 0.1 分;出现语音缺陷,每个音节扣 0.05 分;超时 1 分钟以内扣 0.5 分,超时 1 分钟以上(含 1 分钟),扣 1 分。

（二）"读单音节字词"的应试指导

1. 要注意纠正各方言区常见的语音错误和缺陷

（1）语音错误。

第一,声母方面。

舌尖后音 zh、ch、sh 与舌尖前音 z、c、s 相混(粤、闽、吴、客家方言以及北方的某些方言地区)。

舌面音 j、q、x 发成舌尖前音 z、c、s(北方方言、吴方言及一些湘方言片区,常常把 j、q、x 发成 z、c、s。即把声母 j、q、x 跟 i、ü 或以 i、ü 起头的韵母相拼的音发成了声母 z、c、s 跟 i、ü 或以 i、ü 起头的韵母相拼的音)。

舌尖后音 zh、ch、sh 发成舌面音 j、q、x(北方方言、粤方言、闽方言、吴方言、湘方言)。

n、l 不分(闽方言、湘方言、赣方言。有的只会念其中一个,有的两个不加区别,随意使用)。

f、h 的混杂(北方方言、闽方言、粤方言、湘方言)。

[①]　参考《普通话水平测试实施纲要》,语文出版社 2021 年版,第 3 页。

r 声母错读成舌尖前的浊擦音［z］或零声母（北方方言、闽方言、粤方言）。

第二，韵母方面。

一个单韵母错读成另一个单韵母（a 读成 o，o 读成 e 等）。

单韵母错读为复韵母（o 读成 ei，u 读成 uo，e 读成 ei，i 读成 ei 等）。

一个复韵母错读成另一个复韵母（ai 读成 ou，ei 读成 uei，ou 读成 ao，ao 读成 uo 等）。

复韵母错读成单韵母（ie 读成 i，ou 读成 u 等）。

鼻韵母错读成复韵母（an、en 读成 ai、ei 等）。

前、后鼻韵母的误读（en 读成 eng，in 读成 ing，iong 读成 ong，ing 读成 eng 等）。

第三，声调方面。

学习普通话，在声调方面最容易犯的错误是调值不准确。主要有三种情况：一是调类错误。二是方言调类多于普通话调类（也有少数方言调类少于普通话调类）。三是古入声保留或归并的情况不同。

各方言区由于受自身方言的影响，声调方面的错误多表现为第一声高不上去，第二声扬不起来，第三声的降升不够明显，第四声的下降不够干脆。

（2）语音缺陷。

第一，声母方面。

舌尖后音 zh、ch、sh、r 发音部位靠前或靠后。

唇齿清擦音 f 上齿作用不明显，带有双唇摩擦音。

舌根清擦音 h 靠后，发成喉擦音［h］。

舌面音 j、q、x 发音部位靠前但并没有读成 z、c、s。

把舌尖前音读成齿间音。

把合口呼韵母 wu、weng 等的零声母的 w 读成唇齿浊擦音［v］。

第二，韵母方面。

i、u、ü 带有摩擦。

er 虽有卷舌色彩，但不太自然。

前响复韵母和中响复韵母复合动程明显不到位。

ian、üan 发音时韵腹开口度过大。

e 的舌位明显偏高或偏低。

韵母 ie、üe 韵腹开口度略大。

元音韵尾 i、u 过于清晰。

第三，声调方面。

阴平调值保持平调，但读成 44。

阳平调中间略带曲折，读成 335、325。

上声起点略高，读成 314、414。

上声音长过长，读成 2114。

2. 控制好音节发音时的音长

普通话四种声调的实际音长是不一样的。其中，上声最长，调值是 214，有一个明显的降升过程,起伏较大;阳平次之,调值是 35,呈上升之势;阴平第三,调值是 55,保持高而平;最短的是去声,调值是 51,下降快,干脆利落。音节的长度实际上就是声调的音长,所以调节好音节的长度,就是要读好各音节声调的音长,保持各音长长度相对适中,避免超过实际音长的拖腔和因音长不足造成的过于急促。

相比较而言,第一、第二、第四声音长的长短对整个音节的影响还不算太大,而第三声,因为有个降升的过程,所以尤其要注意读准、读满第三声的音长,切忌过短和过长。

3. 避免形近字的误读

普通话测试用词语表中有相当数量的形近字,在紧张的应试中,因为认读过快或是因为平时用得不多,稍不注意就可能读错。

【例 11-1-1】

庵—淹 ān—yān	拨—拔 bō—bá	苯—笨 běn—bèn
膘—瞟 biāo—piǎo	胞—袍 bāo—páo	磁—滋 cí—zī
敞—蔽 chǎng—bì	缔—蹄 dì—tí	锭—淀 dìng—diàn
踱—度 duó—dù	疮—沧 chuāng—cāng	茎—颈 jīng—jǐng
酚—汾 fēn—fén	蒿—篙 hāo—gāo	酶—海 méi—huì
廓—廊 kuò—láng	窜—蹿 cuàn—cuān	灸—炙 jiǔ—zhì
礁—樵 jiāo—qiáo	侵—浸 qīn—jìn	捞—涝 lāo—lào
敛—殓 liǎn—liàn	腻—贰 nì—èr	啮—齿 niè—chǐ
囊—攮 náng—nǎng	僻—癖 pì—pǐ	倾—顷 qīng—qǐng
扰—拢 rǎo—lǒng	涮—刷 shuàn—shuā	翁—瓮 wēng—wèng
抻—砷—坤 chēn—shēn—kūn		蹭—憎—僧 cèng—zēng—sēng
鳖—鳌—赘 biē—áo—zhuì		擎—挈—摹 qíng—qiè—mó
辙—撤—澈 zhé—chè—chè		拙—咄—绌 zhuō—duō—chù
砌—沏—彻 qì—qī—chè		坑—炕—杭 kēng—kàng—háng
揣—踹—惴—湍 chuāi—chuài—zhuì—tuān		

4. 多音字可选读一个字音

第一题测试单音节字词,原则上是尽量避免出现多音字的。但实际上有些试卷还是会出现多音字。对此,应试人在考试中不必浪费时间琢磨到底该读哪一个音,因为读任何一个音都是对的。一般情况下,要读最常用的字音。而且过多琢磨该读哪个音会浪费时间,影响考试的正常进行。

5. 分配时间要得当

由于要在 3.5 分钟内读完 100 个单音节,所以往往有应试人因担心超时而读得过快,不能读完音节应有的长度,造成失误;也有的出现前急后缓,或者前缓后急现象;还有一些对时间估计不准确,出现超时扣分的情况,等等。为了有效防止这些不利情况的出现,平时在进行单音节训练时,一定要重视对时间的合理分配,反复调整,力求在有限的时间内,将各个音节读得字正腔圆,舒展流畅而又从容不迫。

6. 从左至右横着认读

第一题单音节字词 100 个,测试题一般分为 10 排,每排 10 个字。考试时需从第一排左起至右逐个念读,然后再依次读第二排至第十排,每排还是从左至右。一般情况下每一行不要从上往下读。

7. 读错了及时纠正

《纲要》规定,第一、第二测试项的字允许读两遍,也就是说应试人如发觉第一次读音有问题可以改读,成绩按第二次读音计分。应试人在测试中,若遇见不认识的字,可以跳过,尽量不要因为这一个字耽误考试时间;也可以猜读一个音。比如,有一套试卷第一题出现了一个不常用的汉字"抻",这个字实际上就读"chēn"音。

二、"读多音节词语"的应试指导

(一)"读多音节词语"测试的目的、要求与评分①

1. 目的

测查应试人声母、韵母、声调和变调、轻声、儿化读音的标准程度。

2. 要求

该测试项要求应试人在 2.5 分钟内,读准选自《纲要》中《普通话词语表》的多音节词语(100 个音节)。应试时,一方面要尽量减少音节的语音错误与语音缺陷,另一方面要尽量减少变调、轻声、儿化等连读音变的错误。

3. 评分

该测试项共 20 分。每读错一个音节,即出现一次语音错误扣 0.2 分;出现语音缺陷,每个音节扣 0.1 分;超时 1 分钟以内扣 0.5 分,超时 1 分钟以上(含 1 分钟),扣 1 分。

(二)"读多音节词语"的应试指导

1. 读准多音节词语中的多音字

多音字如果出现在第一题,读任何一个音都行,但在第二题中必须视其与其他字的搭配情况,据词定音。

【例 11-1-2】

佛——佛教 fójiào　　　仿佛 fǎngfú

处——处理 chǔlǐ　　　处所 chùsuǒ

强——强迫 qiǎngpò　　强大 qiángdà　　倔强 juéjiàng

漂——漂白 piǎobái　　漂流 piāoliú　　漂亮 piàoliang

帖——妥帖 tuǒtiē　　　请帖 qǐngtiě　　字帖 zìtiè

2. 读准上声变调

汉语的每一个音节都有它固定的声调。但在语流中,有些音节的声调会因相邻音节的影响而发生读音上的变化,这种现象就是"变调"。第二测试项中就有"上声"和"一""不"

---

① 参考《普通话水平测试实施纲要》,语文出版社 2021 年版,第 3 页。

的变调。

上声是个曲折调,又比较长,在快速连读时常常会挤短、扯直,不是把开头的下降部分缩短,就是把末尾的上升部分挤掉。所以一定要掌握上声变调的音变规则,进行正确发音。

上声变调的一般规则是"前变后不变"。在多音节词语中,上声在第一个音节位置上一定要变调,在末尾音节时不变调。一个多音节词语的末一个音节如果是上声,一定要读出完整的降升调,不能只降不升,也不能读成半上。

另外,还要注意上声字后如果是轻声音节,这个上声字一般要根据它后面轻声字原来声调的不同来变化。

如果上声在非上声前没有读成半上,或者两个上声相连时前一个上声没有读成阳平,那么,这两种情况都属于语音错误。

普通话测试词语中还有"老百姓""所有制"这样两个以上上声相连的多音节,也要注意读准它们的正确发音。

3. 读准"一""不"的变调

第二题中包含一些"一""不"的词语,在普通话里,"一""不"是高频率出现的常用字,并且在普通话语音里这两个字的声调还会受其后相连音节声调的影响而出现变调现象。所以应试者应掌握"一""不"变调的音变规则,这样才能进行正确发音。

"一""不"的变调都是以它们后边音节的声调为变调条件,如果后面的音节是去声,那么"一""不"调值变为35,跟阳平的调值一样;后面的音节若是非去声,那么"一""不"调值变为51,跟去声的调值一样。

4. 正确认读轻声词语

轻声是普通话里一种重要的语音现象,如果语流中没有轻声或者轻声运用不当,普通话水平就会大大降低。

普通话测试卷的"读多音节词语"一题中的轻声词语一般都不少于3个。这些轻声词语分散排列在此测试项中,因此应试人要做到能准确判断具体哪些词是轻声词,并正确认读。该读轻声的音节,声韵母读音不变,只是声调变得又轻又短。读轻声词要避免出现"吃"字现象。

5. 注意儿化韵问题

儿化是普通话的一个难点音,在第二测试项中,儿化词一般不少于4个。儿化词有明显的特征,就是在词的末尾写有"儿"字。儿化韵最明显的错误就是把卷舌动作"r"的音发成了卷舌韵母"er"。注意:有时词的末尾写有"儿"字,是独立的"儿"音节,不是儿化韵,如"婴儿(yīng'ér)"。

6. 多音节词语的轻重音格式

普通话多音节词语中的各个音节在读音上往往有相对定型的轻重读音,这就是词语的轻重音格式。实际发音中,如果不能比较准确地掌握普通话词语的轻重音格式,听起来就会觉得生硬、不自然,甚至在朗读短文和命题说话时出现方言语调。在练习此类词语时要多辨别、多比较,在测试中要表现出纯正自然的语感。

第二节　"选择判断"的应试指导

一、"选择判断"测试的目的、要求与评分①

（一）目的

该测试项主要测查应试人掌握普通话词语、普通话量词和名词搭配以及其他语法情况的规范程度。

（二）要求

该测试项要求应试人在 3 分钟内，能够在试卷列举的 10 组普通话与方言意义相对应但说法不同的词语中，判断并读出普通话词语；能够正确搭配并读出符合普通话规范的 10 组名量短语；能够在 5 组普通话和方言意义相对应但语序或表达习惯不同的短语或短句中，判断并读出符合普通话语法规范的表达形式。

（三）评分

该测试项共占 10 分。词语判断错误每组扣 0.25 分；量词、名词搭配判断错误，每组扣 0.5 分；词序或表达形式判断错误，每组扣 0.5 分。选择判断合计超时 1 分钟以内扣 0.5 分，超时 1 分钟以上（含 1 分钟）扣 1 分；答题时语音错误，每个错误音节扣 0.1 分；如判断错误已经扣分，不重复扣分。

二、"选择判断"的应试指导

（一）词语判断应试指导

1. 词语判断应试常见的问题

（1）对普通话常用词语不熟悉而错选。大多试卷往往是一组中有多个词语，这些词语也往往分属于许多方言区。应试者若只熟悉自己的方言词语而对其他词语都不熟悉，光靠碰运气就容易出现判断错误。例如，在"没关系""冒关系""么相干""现话得""呒没关系""唔要紧""无要紧"这一组词中，"冒关系"是南昌话，"么相干"是梅州话，"现话得"是长沙话，"呒没关系"是上海话，"唔要紧"是广州话，"无要紧"是厦门话，不同方言区的人对这些词语的熟悉状况肯定不一样，但若不熟悉"没关系"是普通话的词语，就可能错选。特别是面对方言词形和普通话词形完全不同的词语，更容易出错，如"亏煞""该哉""好彩""得喜""好得"这几个方言词的构形毫不相同，也看不出与普通话词语"幸亏"之间的联系；"如崭""而家""今下""目下"的构形也不相同，若不熟悉普通话中"现在"的用法，就可能选错。

（2）没有熟练掌握普通话词语的构词法而错选。如"妹妹""阿妹""老妹欸""妹子"

---

① 参考《普通话水平测试实施纲要》，语文出版社 2021 年版，第 4 页。

"细妹""老妹"这一组中,正确的选择应该是"妹妹",普通话词语"妹妹"是重叠构词,而上海方言"阿妹"、广州话"细妹"、长沙话"老妹"都是加前缀构词,南昌话"妹子"则是加后缀构词,梅州话"老妹欸"则是既用前缀又用后缀。又如"星子""星欸""星星"这一组中,正确的答案应该是"星星",普通话中"星星"采用的是重叠构词,而长沙话的"星子"、梅州话的"星欸"则是加后缀构词。有时普通话与方言都是加词缀构词,但选用的词缀并不相同。如"蠓仔""蚊里""蚊欸""蚊子"一组词中正确的选择应该是"蚊子",普通话词语"蚊子"的后缀是"子",厦门话"蠓仔"的后缀是"仔",南昌话"蚊里"的后缀是"里",梅州话"蚊欸"的后缀是"欸"。普通话说"屋里"而川渝方言说"屋头",同样是后缀不同。有时不但词缀不同,连词根也不同,如"目头""唛头""牌子",普通话的词根和词缀分别是"牌"和"子",而厦门话的词根和词缀分别是"目"和"头",广州话的词根和词缀分别是"唛"和"头"。如果应试者对方言与普通话之间构词法的差异不了解,不熟悉普通话词语的构词特点,考试时就有可能做出错误判断。

(3)受方言词语习惯用法的影响而错选。有时,方言词语的习惯用法也会导致应试人错选。如有些方言区根本就没有近指代词"这",他们对普通话词语"这"的用法又不了解,应试人在测试时受方言习惯用法的影响又对本方言区的词语情有独钟,在"个""迭个""咯""这"这一组中往往不会想到"这"是普通话的词语。

2. 词语判断的应试指导

(1)掌握方言词语与普通话词语之间的对应关系。由于这一题旨在考核应试者掌握普通话词语的规范程度,其出题依据是《普通话水平测试用普通话与方言词语对照表》(以下简称《普通话与方言词语对照表》),应试人在平时就应多加训练,熟练掌握普通话常用词语与自己方言区词语间的差异及对应关系。如川渝方言中,名词常常带上"子""儿""头""巴""杆"等词缀,而普通话则往往不用或者所用词缀与川渝方言不同。在"细小""幼细""异细"这一组中,应试者应记住"细小"是普通话的常用词语,而"幼细"是厦门话或广州话,"异细"是梅州方言。《普通话与方言词语对照表》中列有普通话的常用词语,也列有与之相对应的各方言区的词语。应试者只要知道与自己方言词语的意义相对应的普通话的说法即可,不必去记其他方言的说法,以避免把其他方言的说法与普通话的说法相混淆。

(2)熟练掌握《普通话与方言词语对照表》中的普通话词语。"词语判断"这一测试项选材于《普通话与方言词语对照表》,但应试人要在短时期内掌握住普通话中有而自己方言中没有的那些词语并不容易,所以应试者必须熟练掌握该对照表中的每一个普通话词语,在应试时才有可能立即准确读出每组中的普通话词语。

(3)熟读50篇朗读短文。普通话中的常用词语在普通话水平测试用50篇朗读作品中大都出现过。熟读此50篇短文,不仅有助于提高朗读的测试成绩,也有助于获得普通话的语感,熟悉普通话的常用词语及这些常用词语的用法,提高自己认读普通话词语的速度,使自己能脱口读出其中的普通话词语。

(二)量词、名词搭配应试指导

1. 量词、名词搭配应试常见问题

(1)由于不熟悉普通话量词的正确用法而选错。应试人有时因不熟悉普通话中某些量词的正确用法而出现判断错误。比如给出"个""棵""窝"三个量词和"白菜"这一名词,普通话的正确搭配是"一棵白菜",四川方言中某些地方的应试者会受本地方言搭配习惯的影响选用"窝"这个量词与"白菜"搭配而说成"一窝白菜",选择自然错误。其错选的原因是没有正确理解普通话里"棵"和"窝"这两个量词的正确用法。在普通话里,"棵"是一个多用于植物的量词,表示植物的个体单位,如"一棵草""一棵树""一棵葱""一棵玉米""一棵牡丹"等,也习惯用于"一棵白菜"。而"窝"作量词时则多用于动物(猪、狗、猫、鸡等),表示兽类的出生胎数或禽类的孵化次数,如"一窝生了十只小猪""孵了几窝小鸡"等。

(2)由于不了解同一个量词在普通话和方言中的用法差异而错选。方言和普通话虽都有某一个量词,但该量词在方言中的用法与在普通话中的用法并不一样,而应试人又不了解这方面的差异,也会选错。如普通话和粤语中"间"都可以作量词,但"间"在普通话里作量词表示的是房屋的最小单位,可以说成"两间门面""三间卧室""四间仓库""五间房子"等,粤语中"间"却可以作"学校"的单位,粤语中的"一间学校"与普通话中的"一所学校"相当。

(3)由于没有考虑到同一名词在普通话和方言中使用的量词不一致而错选。在方言和普通话中,有些名词所指概念一样,但与量词的搭配习惯却并不完全一致。如普通话可以说"一个人""一头(口)猪",而有的方言则说"一块人""一根猪"。在粤语中"鞭炮"可以与"串"搭配说成"一串鞭炮",但在普通话里"鞭炮"一般与"盘"搭配而说成"一盘鞭炮"。普通话里可以说"开了一朵红花",而晋方言区一些地方的人会说成"开了一圪朵红花"。

2. 量词、名词搭配应试指导

(1)弄清楚普通话与方言之间量词与名词的搭配差异。如果同一个量词在自己方言和普通话中有不同的用法,应试者在平时就要多加留心,如量词"匹",普通话中可以说"一匹布",而川渝方言则可以说"一匹山"。经过日积月累,应试者就能熟练掌握自己方言和普通话之间量词与名词的搭配差异。

(2)认真揣摩《普通话水平测试用普通话常见量词、名词搭配表》。先以量词为主线,思考在普通话中每一个常见量词可以与哪些常见名词搭配,并把该搭配情况和这一量词在方言中与名词搭配的情况相比较;再以每个量词后面的名词为主线,检查在普通话中该名词除了可与该量词搭配,还可以与哪些量词搭配,并把该名词与量词的搭配情况和这一名词在方言中与量词搭配的情况相比较。熟练掌握了普通话常用量词的正确用法,应试时就不会错选。

(3)把50篇朗读短文作为普通话量词与名词搭配规范训练的活教材。50篇短文是"测查应试人使用普通话朗读书面作品的水平"的材料,也是名词与量词搭配训练的材料。比如量词"个"在短文中出现的频率就很高,相搭配的名词有"人""孩子""小男孩""建议""主意""世界""问题""词""句子""朋友""名字""机会"等,这些名词有指人的,也有指物的、指事的、指时间的,可以看出"个"是一个应用范围非常广的量词。量词"块"主要与指物的名词搭配,而且是无生命之物,如"几块玲珑的石头""这块广袤的土地"等。50篇朗读短文为量词与名词的搭配训练提供了活生生的语言材料,结合具体的语言环境进行量词与名词的搭配训练,必将取得事半功倍的效果。

(三)语序或表达形式判断应试指导

1. 语序或表达形式判断应试常见的问题

(1)不知道普通话的词法和句法特征。各方言在词法与句法方面都与普通话有差异,只是差异的程度或范围不一样。就对程度副词的使用而言,普通话里"很""非常"等程度副词是直接放在动词或形容词之前的,不能直接放在动词或形容词之后,但四川话常把"很"直接放在动词或形容词之后。普通话里"把+宾语+谓语+补语"这种句式很常用,但在山东西部的某些方言区常把代词宾语放于动词之后或复合趋向动词之间,如普通话中的"我们把他抓起来",这些方言往往说成"我们抓他起来"。普通话表示方向的介词"往",山西方言说成"去",如把普通话中的"往东走"这个意思表述为"去东走";"向",福建方言说成"给",如把普通话中的"向老师借书"这个意思表述为"给老师借书"。粤语方言中没有指示代词"这",往往把普通话中的"这本书是我的"这一意思表述为"本书是我的"。湖北、湖南等地的方言常把普通话的动词"给"说成"把",普通话的"把书给他",这些地区的人往往表述为"把书把他";南昌话则把"给"说成"到",结构上与普通话也不一样,普通话的"给我一本书",这里的人往往表述为"拿一本书到我"。普通话中表示陈述语气的"嘛",湖北话中常常用"哟""着""子"等,如把普通话中"先坐下,你别慌嘛"往往表述为"先坐下,你别慌哟"或"先坐下,你不慌着"等。《纲要》的《普通话水平测试用普通话与方言常见语法差异对照表》(以下简称《普通话与方言常见语法差异对照表》)中列举了普通话与方言之间的35类常见语法差异。材料中各语法类别下所列的若干组句子都是举例性质的,并不是方言与普通话语法差异的全部内容,命题时可以按照相同格式进行替换或类推。要想取得理想的成绩,应试者必须弄清楚自己方言与普通话之间有什么样的语法差异。

有的应试者不知道普通话的词法和句法特征,答题时会选择自己非常熟悉的方言表述形式。如"语法差异对照表"中的这一组例子:

a. 腿变粗了。

b. 腿子变粗了。

普通话里"腿"是不用后缀的,而江淮方言则说"腿子",对不熟悉普通话构词法的江淮人来说,往往会弃 a 选 b 而被扣分。再如:

a. 你看不看电影?

b. 你是不看电影?

"动不动"和"形不形"是普通话里的一种选择疑问句式,而烟台(老派)、威海、荣成、文登、乳山、牟平等县市方言的搭配格式则为"是不动/形"或"是没动/形"。该方言区的应试者若不熟悉普通话的相关句法,就会错选 b 而被扣分。

(2)临时性遗忘普通话与方言之间的语法差异。有的应试者对普通话的词法和句法有所了解,但掌握得并不熟练,再加上考试时又特别紧张,临时遗忘了普通话与自己方言间的语法差异,也会导致错选。如:

a. 这道题怎么答,我不知道。

b. 这道题怎么答,我知不道。

c. 这道题怎么答,我晓不得。

应试人虽平时也知道普通话中的习惯搭配是否定副词"不"要放在动词"知道"的前面,但因考试紧张并受方言的影响而临时遗忘普通话中的搭配规则,就会误把自己熟悉的方言中的说法顺口读出:河南、山东等省的部分地方的人可能会错选 b,四川某些地方的人可能会错选 c。

2. 语序或表达形式判断应试指导

（1）归类分析自己方言与普通话之间的语法差异。应试者可参照《普通话与方言常见语法差异对照表》中列举的 35 类语法差异，逐类分析表达同一个意义时自己的方言句式与普通话句式是否一样。对于自己方言的表达形式与普通话的表达形式一样的类别，则无须费心；对于自己方言的表达形式与普通话的表达形式不一样的类别，则要弄清楚它们之间有何差异。由于命题并不局限于该对照表，应试者还要善于分析自己方言与普通话之间在该对照表之外还有哪些差异。经过归类分析，应试者就能逐步掌握自己方言与普通话之间的语法差异。

（2）熟练掌握自己方言与普通话有搭配差异的普通话表述形式。弄清楚自己方言和普通话的表达形式之间有何差异之后，平时说普通话就应有意识地摒弃方言中的说法，自觉使用普通话的表述形式。久而久之，就能使自己摆脱方言定势的影响，出口就是普通话的规范句式。

（3）熟读 50 篇短文，掌握普通话语法规范的语感。要想真正地理解普通话的句式，真正地学好普通话，还必须把某一句式放在特定的语境中，放在特定的段落或篇章中。只有在特定的语段或篇章中能够正确地运用普通话句式，才算真正掌握了普通话的语法规范。熟读 50 篇短文，将普通话的语法理论与语言实践有机结合，才能有利于人们熟练掌握普通话的语法规范，并在应试时不需要任何思考，一看到题就能自然辨别出哪些句式是普通话的规范句式。

第三节　"朗读短文"的应试指导

一、"朗读短文"测试的目的、要求与评分①

（一）目的

本测试项主要测试应试人使用普通话朗读书面作品的水平。在测查音节声母、韵母、声调读音标准程度的同时，重点测查连读音变、停连、语调以及流畅程度。

（二）要求

从大纲的《普通话水平测试用朗读作品》中选取一篇作品，在 4 分钟内完成短文前 400 个音节（不含标点符号和括注的音节）的朗读。

（三）评分

根据《纲要》规定的测试评分标准，朗读短文共占 30 分。评分时，每读错或漏读、增读 1 个音节，扣 0.1 分；出现声母或韵母的系统性语音缺陷，视程度不同扣 0.5 分或 1 分；出现语

---

① 参考《普通话水平测试实施纲要》，语文出版社 2021 年版，第 4 页。

调偏误、停连不当或朗读不流畅(包括回读),三种情况都要视程度不同分别扣 0.5 分、1 分或 2 分;超时扣 1 分。

二、"朗读短文"的基本要求

根据《纲要》明确的测试朗读短文的目的以及具体的评分标准,该测试项应试时要注意把握以下几个方面的基本要求。

(一) 词句依凭原作

朗读具有"依凭性"的特点,即朗读时一定要凭借作品文本原有的面貌,按照作品既定的语言序列进行朗读,一字一词的错漏都应尽力避免。词句忠实于原作是测试中朗读短文最基本的要求。在测试的评分标准中,漏读、增读或者错读(把词语改读为别的词语)在测试中都是要扣分的,这些都是要求词句依凭原作的具体体现。

(二) 语音标准规范

语音标准规范程度是普通话水平测试的核心,也是"朗读短文"这一项测试的重点。在该项的评分标准中,读错音节、出现声母或韵母的系统性语音缺陷与语调偏误都是要扣分的,这些方面都是语音不标准规范的具体表现。

这就要求应试者,首先,要读准普通话声母、韵母与声调,读准由声、韵、调拼读成的音节,克服方言语音的影响,力避由于方言语音影响造成的声、韵、调的各种语音错误和缺陷。其次,要尽量减少语调偏误。语调偏误主要涉及字音的声调、词语读音的轻重格式以及句调的韵律变化模式等,普通话水平测试短文朗读项所强调的语调偏误主要是指由于方言语音影响而造成的各种语调偏误情形。所以,朗读短文时,一定要注意纠正方言语音声调的错误和缺陷、词的轻重格式的错误以及句调轻重、高低、长短、虚实的变化不当等。

(三) 语流顺畅得体

语流顺畅得体也是"朗读短文"测试的重要要求。在测试的评分标准中,"停连不当""朗读不流畅(包括回读)""超时扣分"这些项目主要就是测查朗读的语流是否顺畅得体。

停连不仅是发音的生理需要,更是朗读时准确表情达意的需要,停连不当有时会直接影响到准确地表情达意,所以,在测试中停连不当扣分相当严重。朗读流畅一方面涉及语速是否适中、语流是否通顺,还涉及语调是否适恰等问题。朗读不流畅主要就是指朗读时语速过快或者过慢,语流磕绊,回读过多,语句字词化现象严,语感生涩,语调生硬等。所以,在应试中一定要熟悉作品,理解作品,把握技巧,反复练习,以使朗读的语流变得流畅、自然、和谐、得体。

三、"朗读短文"的应试指导

(一) 应试前期准备

1. 熟读短文作品,避免漏读、增读

测试中造成漏读、增读、回读等各种语误的重要原因,就是对所读作品准备不充分、掌握不熟练所致。因此,准备作品朗读,首先就要多读多练,把作品读熟。朗读中容易出现的漏读、增读有如下一些情形。

（1）漏读：主要是指漏掉了作品中句子里的某些字词。

【例11-3-1】原　句：他在河床附近买了一块没人要的土地。

误　读：他在河床附近买了一块〇〇〇〇土地。（〇为漏读的字词）

（2）增读：主要是指在作品中的某些句子里添加了原文没有的字词。

【例11-3-2】原　句：纽约的冬天常有大风雪。

误　读：纽约的冬天经常有大风雪。（加点的字为增读的字词）

（3）漏读、增读还存在一些复杂情况，比较常见的就是所谓颠倒和换读。

① 颠倒：也就是颠倒了原有的词序，实际就是在一处出现了增读，在另一处出现了漏读的情况。

【例11-3-3】原　句：一次，胡适正讲得得意的时候。

误　读：一次，胡适讲得正得意的时候。（加点的字为颠倒的字词）

② 改换：是指对原文中某一处的字词进行了替换改动，实际就是在同一处同时出现了漏读、增读的情况。

【例11-3-4】原　句：我记得妈有一次叫他教我骑自行车。

误　读：我记得妈有一次叫他教我踩单车。（加点的字为改换的字词）

③ 有的情况既可以理解为颠倒，又可以理解为改换。

【例11-3-5】原　句："干不了，谢谢！"

误　读："不干了，谢谢！"（加点的字为颠倒或改换的字词）

2. 注意读准字音，掌握音变规律

（1）注意读准字音。

① 要注意纠正方言里容易读错的字音与声母、韵母的系统性语音缺陷。

汉语的方言非常复杂，各地方言的声母、韵母、声调系统都与普通话不尽一致。这就要求应试者注意字音声、韵、调的辨正，纠正那些自己方言里容易读错的字音。比如，平舌音与翘舌音，n与l、f与h作声母的字音，前后鼻韵母作韵母的字音等，都要注意多加练习，牢固掌握。尤其是那些误读后与其他的词语造成同音的情况，很容易让听者产生语意理解上的偏差，需要格外重视。

【例11-3-6】

嘱咐—祖父	树立—肃立	持续—词序	主力—阻力
男女—褴褛	大娘—大梁	留念—留恋	水牛—水流
发生—花生	花卉—花费	翻腾—欢腾	汇报—废报
反问—访问	水滨—水兵	金银—经营	勋章—胸章

在朗读中，还要注意克服字音声母或韵母的系统性语音缺陷。在有些方言中，有时会出现某一组声母或韵母发音有语音缺陷的情况：或者是声母的发音部位不太准，或者是声母发音方法有偏差；或者是韵母的舌位、唇形把握不准，或者是韵母的口形变化不到位等。因此，在准备作品朗读时，一定要注意纠正自己方言里常见的声母或韵母的系统性语音缺陷。

② 要注意纠正普通话里的多音字、形声字、生僻字等造成的误读。

A. 多音字：多音字需要注意掌握的主要是多音多义字词和异读字词。

多音多义字词虽然有几个读音,分别表示不同的意义,具有不同用法,但在具体的语言环境中,即在具体的词句中它的读音是确定的。汉语中的多音多义字词很多,朗读时要注意辨别。

【例11-3-7】

a. 作者着(zhuó)手创作,必然对于人生先有所见,先有所感。

b. 那么多的绳子,它一根也没碰着(zháo)。

c. 对称(chèn)的建筑是图案画,不是美术画……

d. 可是,人们竟然不自量力地宣称(chēng)要用这滴水来代替大海。

异读字词,尤其是异读字词中的文白异读也是很容易读错的,也要注意辨别。

【例11-3-8】

a. 我果然看到了大片蔚蓝色的海水,浩瀚的海洋骄傲地披露(pī lù)着广阔壮观的全貌。

b. 在画卷中最先露出(lòu chū)的是山根底那座明朝建筑岱宗坊,慢慢地便现出王母池、斗母宫、经石峪。

B. 形声字:形声字的声旁虽然有提示语音的作用,但由于字音的演变,很多形声字的读音与声旁的读音不再一致,按照声旁类推形声字的读音就容易出错。

【例11-3-9】

a. 任凭夏季烈日曝(pù)晒……

b. 它没有婆娑(pósuō)的姿态……

C. 生僻字:生僻字是平时用得较少的字,也是字音容易误读的一个方面,也需注意。

【例11-3-10】

a. 没有屈曲盘旋的虬(qiú)枝……

b. 几根削得很薄的篾(miè)……

c. 犹如窗前的乌桕(jiù)……

d. 正踟蹰(chíchú)的时候……

(2)掌握好语流音变。

普通话里的音变情况主要有上声变调、"一"和"不"的变调、轻声、儿化、语气词"啊"的音变等。朗读时熟练运用好这些音变情况的音变规律,既是语音规范的要求,也是把语句读得自然流畅的前提。

① 对于上声变调,要格外注意3个以上的上声字连读的变调情况,如"往北走""我碗里"之类,要能够掌握并灵活运用其音变的规律。

② 对"一"和"不"的变调,掌握其音变规律并不难,在短文朗读中关键是要分清"一"和"不"何时变调,何时不变调。以下就是它们不变调而容易被误读的情况。

【例11-3-11】

a. 这是入冬以来,胶东半岛上的第一(yī)场雪。

b. 不(bù)折不(bù)挠,对抗着西北风。

③ 轻声是朗读者比较难以把握的一种音变情况。轻声有"必读轻声"与"轻重两可"的

区分;有些语素在构词时由于其语法作用不同又有读轻声与不读轻声的区别,所以对轻声的把握要予以重视。

首先,作品里必读轻声的词一定要掌握好。做朗读练习时,可以把作品里所有必读轻声的词做上标记,以便练习。

【例 11-3-12】

a. 渐渐地我的眼睛模糊(mó·hu)了,我好像看见无数萤火虫在我的周围飞舞。

b. 傍晚时候(shí·hou),上灯了,一点点黄晕的光,烘托出一片安静而和平的夜。

c. 据说这里是观潮最好的地方(dì·fang)。

d. 江面上还是风平浪静,看不出有什么(shén·me)变化。

其次,有些语素在构词时由于其语法作用不同而产生的读轻声与不读轻声的情况,也要掌握好。一般情况下,这些语素作词根语素时不读轻声,作词缀语素时才会读轻声。

【例 11-3-13】

a. 我却看不见一只鸟的影子(yǐng·zi)。

b. 莲子(liánzǐ)的颜色正在由青转紫,看来已经成熟了。

c. 即使附近的石头(shí·tou)上有妇女在捣衣,它们也从不吃惊。

d. 一首歌谣,不但口头(kǒutóu)唱,还要刻呀,漆呀,把它保留在什么东西上。

④ 对于含有"儿"的词语,首先一定要分清"儿"在词句中是必须读儿化,还是不能读儿化;不能读儿化的情况还要分清,"儿"是要读轻声("儿"作词缀语素有时要读轻声),还是要读原调("儿"作为词根语素时要读原调)。

【例 11-3-14】

a. 美丽的银条儿(tiáor)和雪球儿(qiúr)簌簌地落下来,玉屑似的雪末儿(mòr)随风飘扬……

b. 母亲摸摸孙儿(sūn'er)的小脑瓜儿……

c. 好男儿(nán'ér)戎装卫国。

⑤ 对于含有语气词"啊"而需要音变的词语,一定要按照语气词"啊"的音变规律去读。把握语气词"啊"的音变时,要注意区分"不自由音变"与"自由音变"两种情况。

【例 11-3-15】

a. 孩子们是多么善于观察这一点啊(na)。

b. 张择端画的画,是多么传神啊(na)!

c. 太阳他有脚啊(a),轻轻悄悄地挪移了……

d. 在它看来,狗是多么庞大的怪物啊(a)!

3. 把握高低轻重,减少语调偏误

语调是在语流中用抑扬顿挫的变化来表情达意的语音形式的总和。语调的语音形式主要表现在音高、音长、音强等非音质成分的变化上。普通话水平测试"短文朗读"项所强调的语调偏误主要是指由于方言语音影响而造成的各种语调偏误情形,它主要涉及字音的声调是否准确、词语读音的轻重格式是否正确,以及句调的韵律变化模式是否恰当等方面。因此,要减少语调偏误,就要在以下这五个方面下功夫。

（1）防止声调（字调）的方言色彩造成语调偏误。普通话的四个调类,都有其固定的调值（固定的相对音高变化模式）。字音声调的方言色彩,或者是声调的调形错误,或者是其相对音高变化的幅度与普通话存在差异。字音声调的差异会对语调产生直接影响,方言中系统性的声调错误或者缺陷,会形成非常明显的方言语调。所以,为减少语调偏误,读准字音声调非常重要。

（2）防止词语读音的轻重格式不正确造成语调偏误。词语读音的轻重格式也会直接影响到语调。所谓轻重音格式,是指词语中每个音节轻重分量的区别形式。在普通话里,双音节、三音节、四音节等词语的读音都有自己的轻重格式。朗读时,如果对普通话词语读音的轻重格式把握不准,听感上就会显得生硬别扭、不自然;如果按照方言习惯去读,就会形成方言语调,两种情况都会造成语调上的偏误。

要避免出现词语读音轻重格式的错误,就要加强语感练习,多听标准的普通话朗读,注意分辨并熟悉常用词语的轻重音格式。一般来说,双音节词有"重轻""中重""重中"三种格式,三音节词有"中中重""中重轻"两种格式,四音节词则以"中轻中重"格式为主。

（3）防止语句重音错位造成语调偏误。语句重音主要是指语句中需要强调或突出的词或短语,是语句表情达意的焦点所在。重音位置的确定与表达主要取决于语句表情达意的需要,正确判断重音的位置,恰当读出语句中词语的轻重、主次,对朗读的语调会产生直接影响。

【例11-3-16】母亲要走大路,大路平顺;我的儿子要走小路,小路有意思。

【分析】在这个句子中,"母亲"和"儿子"、"大路"和"小路"是该句中体现重要对比关系的关键词语,因此就要把它们作为重音,读出对比感。如果把重音落在"要走"上,就会造成重音的错位而产生语调偏误。

（4）语速过快或过慢也会影响普通话的语调。语速不仅体现在音节的音长上,更体现在语流中音节与音节之间的疏密程度上。普通话朗读的正常语速,大约是每分钟240个音节左右,大致在每分钟150～300个音节之间浮动。[①] 朗读的语速应根据作品表达的思想、情感内容来把握,语速过快或过慢都会影响普通话的语调,造成朗读时的语调偏误。

（5）防止固定调形造成语调偏误。不顾语句的结构和表情达意的需要而使用固定的语调调形,也会形成语调偏误。比如,人们常把句调区分为平调、升调、降调、曲折调等几种调形,但这几种调形并不能与固定的句类或固定的语意、情感内容类型直接挂钩,否则会使语调变得非常呆板,不利于准确地表情达意。另外,像一词一顿的读法,通篇用一种调子（或上扬、或下抑）、一种语速、一种节奏的读法等,都会形成固定的调形而形成语调偏误。

4. 准确表情达意,避免停连不当

停连是指语流中声音的顿歇和延续,是口语表达中准确表意、充分达情的重要方法手段。在朗读中,把握停连最为重要的就是安排停连的位置,如果停连位置不当,就会影响意

---

① 国家语言文字工作委员会普通话培训测试中心、《语言文字应用》编辑部合编:《普通话水平测试的理论与实践》,商务印书馆1998年版,第111页。

义、情感的准确表达。

【例11-3-17】

a. 误:我们那条胡同的左邻右舍的孩子们/放的风筝几乎都是叔叔编扎的。

正:我们那条胡同的左邻右舍的孩子们放的风筝/几乎都是叔叔编扎的。

b. 误:那花瓣落地时依然鲜艳夺目,如同一只/奉上祭坛的大鸟/脱落的羽毛,低吟着壮烈的悲歌离去。

正:那花瓣落地时依然鲜艳夺目,如同/一只奉上祭坛的大鸟脱落的羽毛,低吟着壮烈的悲歌离去。

c. 误:已/经过了大喜大悲的岁月,已/经过了伤感流泪的年华。

正:已经过了/大喜大悲的岁月,已经过了/伤感流泪的年华。

d. 误:王母池旁的吕祖殿里有不少/尊明塑……

正:王母池旁的吕祖殿里有不少尊/明塑……

e. 误:这块广袤的土地面积/为五百四十六万平方千米,占国土总面积的百分之五十七……

正:这块广袤的土地/面积为五百四十六万平方千米,占国土总面积的百分之五十七……

5. 理解朗读内容,保证流畅自然

(1) 理解作品内容。准备作品朗读时,不仅要把作品的字、词、句读熟练,还要注意理解和感受作品的内容,这是朗读者正确把握语流高低、快慢、轻重、虚实等变化的前提。

首先,理解作品就是要认真分析作品,把握作品的思想内容与篇章结构,了解中心思想是通过哪些层次、段落、语句表达出来的。这样,就能知道字词、语句在表达中心内容时所起的作用、所处的地位,表达时才能做到心中有底。

其次,感受作品主要是要感受作品的结构脉络以及作品里描绘的事物形象。作品的层次、段落、语句之间都有一定逻辑关系,对作品的结构脉络有了清晰的感受,就为朗读清楚要表达的内容奠定了基础。而要展现作品里描绘的事物形象及其蕴含的作者的情感,是离不开朗读者对作品里描绘事物形象的具体感受的。

(2) 保证流畅自然。语流磕绊、经常回读、语速失当、停顿连接不准、重音轻重有误等都是朗读不自然流畅的具体表现。

读熟作品的字、词、句,正确理解和深入感受作品的内容,是保证朗读流畅自然的基础。熟悉篇章里面的字、词、句,自然就会避免词句卡壳,减少语流的磕绊,也会减少读错词句反复回读的情况出现。透彻把握朗读的内容,语句停连的安排、重音的处理才会有内在的心理依据,停连、重音的表达才能够落到实处,也才能正确地把握朗读的语气与节奏,使朗读变得和谐流畅、自然得体。

(二) 应试注意事项

1. 克服紧张心理

在进行短文朗读时,紧张的心理状态容易造成多方面的失误,如:所读的字音更容易产生方言色彩,露出方言尾巴,经常会出现添字、落字、回读、语流磕绊不畅等情况,还会造成停连不当、重音不准、口误频发、声音发颤等。所以,紧张是朗读好作品的"大敌",进行朗读时,一定要充满自信,努力排除一切容易造成紧张的外在因素的干扰、影响,尽量以从容不迫、轻松自如的心态应试,这样才能更好地发挥自己应有的朗读水平。

2. 精力高度集中

朗读时精力应高度集中,不能三心二意、心不在焉。一方面,短文朗读有时间限制,高水平的朗读也应该有恰当的语速,所以朗读应试时不容许疲疲沓沓、漫不经心,否则不但会把作品读得散乱无章,有时还会出现超时而被扣分。另一方面,精力不集中更容易出现读错字、读别字、添字、落字、回读、语流不畅等情况,更谈不上声情并茂地表情达意了。

3. 尽量快看慢读

朗读实际上是一个"看、想、读"的过程,是看中有想、想中有读、读中有看三方面有机结合的过程。测试中的短文朗读有它具体的要求与评分标准,同平时朗读时对"看、想、读"的要求还是稍有不同的。为了达到更好的应试效果,要尽量做到"快看""快想"而"慢读",在不影响正确表情达意的情况下,语速可以稍微放慢,读得舒缓一些。只有这样,在应试时才能做到看得清、读得准,字正腔圆,语音规范,才能做到不添字、不掉字,停连得体,顺畅圆满。

4. 确保顺畅圆满

朗读要在正确把握作品节奏、感情基调等基础上认认真真、从容不迫、有条不紊地进行。一定要力避疲疲沓沓、松弛散漫的朗读,杜绝语速过快而让人听不清字眼儿的朗读,摆脱见字出声、只见字词不见语句的朗读,克服语无轻重、随意停连、割裂语意的朗读等,以确保短文朗读的顺畅圆满。

第四节　"命题说话"的应试指导

一、"命题说话"测试的目的、要求和评分①

(一) 目的

该测试项目主要测查应试人在不依据文字稿件的情况下直接说普通话的水平,重点测查语音标准程度、词汇语法规范程度和自然流畅程度三个方面。

(二) 要求

每份试卷给出两个话题,题目从《普通话水平测试用话题》中选取,应试者从中任选一题,连续说话3分钟。

(三) 评分

"命题说话"满分30分。根据《纲要》,共分三个评分项:

---

① 参考《普通话水平测试实施纲要》,语文出版社2021年版,第5页。

（1）语音标准程度，满分 20 分。分 6 档。视具体失误情况在 0 分~12 分之间酌情扣分。

（2）词汇语法规范程度，满分 5 分。分 3 档。视具体失误情况在 0 分~3 分之间酌情扣分。

（3）自然流畅程度，满分 5 分。分 3 档。视具体失误情况在 0 分~3 分之间酌情扣分。

另外，说话不足 3 分钟，酌情扣分：缺时在 1 分钟以内（含 1 分钟）的，视具体情况扣 1~3 分；缺时 1 分钟以上，视具体情况扣 4~6 分；说话不满 30 秒（含 30 秒）的，则本测试项不得分。

以上评分标准在具体实施时，由于有些地区免测《纲要》中所规定的"选择判断"一项，则"命题说话"测试项的分值由 30 分调整为 40 分，评分档次不变，具体分值调整为：

（1）语音标准程度的分值，由 20 分调整为 25 分。视具体失误情况在 0~14 分之间酌情扣分。

（2）词汇语法规范程度的分值，由 5 分调整为 10 分。视具体失误情况在 0~4 分之间酌情扣分。

（3）自然流畅程度，仍为 5 分，各档分值不变。

二、"命题说话"的特点与训练要求

（一）"命题说话"的特点

"命题说话"是普通话测试前几项内容的综合应用，又有自身的特点和要求。"说话"是口头表达，没有文字凭依，应试者必须要经历一个"话题理解—话语点生成—扩展编码—有声化处理—言语段落组织"的过程，在这个过程中，应试者既要考虑表达内容的流畅性、有序性，还要顾及语言的规范性，因此在整个测试题项中，"命题说话"是难度最高，也是最令测试者头疼的部分。对需要三级甲等及以上成绩的应试者来说，30 分的分值具有"一票否决权"，答题状态的好与坏直接决定应试者成绩达标与否，必须提前进行认真准备。

"命题说话"的测试要求，一在于"说话"的内容范围是指定的，应试者必须在试卷给定的话题范围内选择，确定话题之后则必须围绕该话题进行内容的组织表达，不允许跑题或"说完一题，再说一题"；二是在表达语态上，是一种接近日常交际语态的"独白"式的话语表达形式，不是即兴演讲，不要求表达方式中含有艺术表演或夸张成分。虽然《纲要》规定了主试人可以对应试者就表达内容进行提示或引导，但不应就此将"说话"理解为"交谈"，应试者在 3 分钟时间里应力求话题表达的合规性与内容的完整性，主试人对于话题的介入往往伴随着对应试者此项内容评分档次的否定性评价。

"命题说话"是在设定了话题内容范围的情况下，对应试者在特定交际情境中普通话运用的熟练程度和规范程度所进行的考查，其话语形态既不完全等同于日常交际中重复、拖沓、话题游移、内容碎片化的"交际口语"，也不完全等同于朗读或背诵等由于具备一定审美要求而过于强调声音处理技巧、完全脱离交际情境、缺乏交际指向的"艺术口语"，而是一种兼顾表达规范性、交际适应性和内容完整性的"平实口语"。

《纲要》列出了"命题说话"的考试题目，应试者可以提前进行适度的准备。但《纲要》同时规定,"命题说话"在考试过程中不允许有文字凭借或背稿。因此所谓"准备"实际上是建立在娴熟的普通话交际表达能力基础上的"提纲式"备稿:列出要表达内容的提纲,然后按提纲在无文字凭依的状态下口头展开内容。普通话水平测试的目的是"以考促推",这样训练,正契合普通话水平测试的本来意图。

(二)"命题说话"的训练要求

1. 语音标准

影响口语表达过程中语音标准度的因素主要有以下三个方面。

(1) 习惯性错别字。比如把"因为 yīnwèi"读成"yīnwéi",把"似的 shìde"读成"sìde"等。

(2) 系统性的方音错误或方音缺陷。由于将精力主要投注在表达内容的组织上,很多应试者很难兼顾语音表达的准确与清晰,一些在前几题避免了的方言口音错误或缺陷在"说话"过程中却明显暴露了出来。比如平翘舌音不分,前后鼻音归音不到位,词的轻重格式、儿化或变调错误等。

(3) 方言语调。"方言语调是语流中遗留的带有方言特征的语音的轻重、语句的抑扬和节奏的快慢,声调的方言读法、轻重音的方言格式、句调的方言类型化和语调节奏的方言色彩等是其常见的表现形式。"[①]在进行朗读能力测试的时候,由于应试者将注意力集中在文字的有声转化上,会在一定程度上避免方言语调的出现,但在进行说话测试的时候,由于应试者进入一种独白式表达状态,而语调的主要功能在于以模式化的节律承载表达者的思想感情,与音质音位相比固化程度较深,因而在注意程度较弱的情况下,平素养成的表达习惯会将方言语调暴露出来。

针对以上情况,应试者在进行"命题说话"部分的语音训练的时候应注意:首先,与词汇训练相结合,在将《大纲》词汇"过筛子"的时候,把那些自己容易读错的词,尤其是常用词标注出来,放在句子里"过堂",尽可能消灭习惯性错别字。其次,与朗读相结合,以背诵方式用缓慢语速"复述"朗读文章中的句子,复述时将注意力放在唇形舌位以及字的调值变化上,当在慢语速状态下有效纠正了方音缺陷后将语速调整至正常状态再复述一遍。先一句一句地练,再逐渐扩大到段落、篇章。最后,按照语气的不同,汉语的句子可以分成陈述句、疑问句、感叹句、祈使句四大类,每大类中又可分为若干小类,在进行针对方言语调的训练时,可先将每种句类的典型句子列举若干进行针对性训练,训练开始阶段不妨将节律特点夸张一些,然后再收拢到日常的交际表达状态。习惯单句的普通话节律表达后,再将这些典型句子尽可能嵌入一篇文章中进行语篇背诵训练,最后进行无文字凭依的说话训练。

2. 词汇、语法规范

《纲要》列出了各大方言区常用的方言词汇、方言语法与普通话的对照,对于非官话区的应试者来说,熟悉这部分内容是非常有必要的。有时在说话时会涉及一些非官话区特有的

---

① 田浩:《论语调的基本特征及方言语调的表现形式》,《渭南师范学院学报》2006 年第 6 期,第 47 页。

事物,在找不到相对应的普通话词汇时,不妨大胆使用,但在使用时加上相应的解释、描述,以使主试人明了。

一方面,对官话区的应试者来说,虽然"普通话以北方方言为基础方言",但方言中一些过土、过俗,流传范围仅囿于当地的词还是应该避免;另一方面,普通话词汇甚至语法也不是凝固僵化、一成不变的,而是一个不断变化、发展的动态系统,无论官话区还是非官话区,一些生动活泼、通俗明了,已被广大群众接受,流传范围广泛的"原方言词",比如"忽悠""打的""不差钱儿",或者一些网络流行词,比如"雷人""给力""打酱油",等等,如果已被主流媒体广泛采用,并被《现代汉语词典》收录,也不妨拿来大胆使用。一些网络流行语,比如"神马都是浮云""……有木有",等等,作为一种社会方言,在没有经过时间检验和主流媒介采纳的前提下,测试时应适度保守,尽量不要使用。

3. 内容表达脉络清晰,自然流畅,口语化

"命题说话"不是口头作文。此项测试限时 3 分钟,应试者很难准确地在 3 分钟时段内完整地作一篇头尾俱全结构完整的"口头文章",而且这么做也没有必要。普通话测试不完全等同于语言表达能力测试,对应试者的口头表达能力没有过高要求,只要内容表达自然流畅,语句之间逻辑脉络清晰即可。

应试者在此项考查中容易犯的错误主要有:第一,背诵事先准备好的材料;第二,语句不连贯,思路滞涩,语句之间跳跃性大;第三,语言表达口语化较差,词汇、句式书面语色彩浓郁。

由于《纲要》颁布了"命题说话"的测试题目,很多应试者会提前准备,背诵相应的文字材料。尤其是由于测试题目并非"作文命题",不规定话题的具体内容,仅是对话题范围的规定,因而出现了一些"万能文本":一篇文章可以应付若干个话题,应试者背诵下来作为说话的内容。"命题说话"主要目的是考查应试人在无文字凭借的情况下说普通话的水平,采用"背诵"方式应试既达不到考查目的,也是测试要求所不容许的,现在是机考,没有主试人制止。真正的说话考试应该是对应试人在即兴表达状态下的考查。

"说话"不是口头作文,也不是即兴演讲,对于所说话题的篇章结构、内容的精彩与否、表情动作是否生动到位不做要求,应试者只要在 3 分钟的时间里围绕所选择的话题进行思路清晰、语言流畅、语速适当的表达即可,不必过于关注所说内容在篇章结构上的完整性和语言表述上的生动性,如果应试者考试时将考虑的重心放在这些方面,往往会影响话语表达的流畅连贯。

"命题说话"测试设计题目本身就体现出了对应试者的语体要求,也就是表达必须采用口语。汉语很多词语有语体的区别,比如"沐浴"是书面语,"洗澡"是口语;"具有很高的观赏性"是书面语,"很好看"是口语,测试时应尽量采用口语语汇。另外,口语句子具有结构简单短小、多用散句、与上下文语境结合紧密、省略较多,避免使用同音歧义词等特点,与之相比,书面语句子较长,成分修饰较多,结构复杂,更适合"看"而不太适合"听"。测试时,一些应试者由于紧张或提前过多背诵准备材料,导致"命题说话"书面语色彩浓厚;还有些应试者则相反,由于过于强调口语色彩,导致表达内容琐碎、拖沓、重复、散漫,这些都是应试时应避免的。在平时的训练中,既要注意句子表达的口语色彩,又要注意表达内容的精炼。

三、"命题说话"的应试指导

（一）"命题说话"的话题

"命题说话"一共有 50 个话题(见表 11.1)：

表 11.1 普通话水平测试"命题说话"话题

序号	题目	序号	题目
1	我的一天	26	向往的地方
2	老师	27	让我感动的事情
3	珍贵的礼物	28	我喜爱的艺术形式
4	假日生活	29	我了解的十二生肖
5	我喜爱的植物	30	学习普通话(或其他语言)的体会
6	我的理想(或愿望)	31	家庭对个人成长的影响
7	过去的一年	32	生活中的诚信
8	朋友	33	谈服饰
9	童年生活	34	自律与我
10	我的兴趣爱好	35	对终身学习的看法
11	家乡(或熟悉的地方)	36	谈谈卫生与健康
12	我喜欢的季节(或天气)	37	对环境保护的认识
13	印象深刻的书籍(或报刊)	38	谈社会公德(或职业道德)
14	难忘的旅行	39	对团队精神的理解
15	我喜欢的美食	40	谈中国传统文化
16	我所在的学校(或公司、团队、其他机构)	41	科技发展与社会生活
17	尊敬的人	42	谈个人修养
18	我喜爱的动物	43	对幸福的理解
19	我了解的地域文化(或风俗)	44	如何保持良好的心态
20	体育运动的乐趣	45	对垃圾分类的认识
21	让我快乐的事情	46	网络时代的生活
22	我喜欢的节日	47	对美的看法
23	我欣赏的历史人物	48	谈传统美德
24	劳动的体会	49	对亲情(或友情、爱情)的理解
25	我喜欢的职业(或专业)	50	小家、大家与国家

《纲要》明确指出，"命题说话"的话题"仅是对话题范围的规定,并不规定话题的具体内容"。也就是说,只要所说内容在话题范围内,测试时并不限定具体"说什么"和"怎么说"。比如"科技发展与社会生活"这个话题,既可以做论述,立论点、摆论据、做论证,也可以记叙描写,如通过对两代人童年玩耍方式的变化,描述科技发展对童年生活状态的影响。因此,"命题说话"这 50 个话题,如果开动脑筋,选择合适的角度,既可以做成论述表达方式,也可以做成记叙或说明等表达方式。

（二）"命题说话"的训练与应试准备

"命题说话"的准备,可以分为"审题:确定所说话题""选材:确定内容脉络""程式:确定结构模式""生成:填充言语链"四个部分。

1. 审题:确定所说话题

话题是说话内容围绕的核心,也是说话内容展开的方向。确定了所说的话题,思路就有了出发点。所谓"审题",其实就是做命题分析。命题分析分为两部分:一是分解命题,找出话题要素;二是分析话题要素,找出核心要素。

以"我喜欢的节日"为例。"我喜欢的节日"可以分解为"我、喜欢、节日"三个话题展开要素。关于"我",可以谈论这个(或这些)节日为什么是我喜欢的。话题生成方向有:我喜欢这个节日,别人也喜欢,这个节日对大家有着共同的意义;别人(或某人)不喜欢这个节日,但我喜欢,这个节日对于我有特殊的意义。关于"喜欢",可以谈论为什么我对这个(或这些)节日产生的是"喜欢"而不是别的感情。话题生成方向有:这个节日为什么令我喜欢,而不是无感、厌恶或产生别的什么感情? 关于"节日",可以谈论我喜欢的节日是哪个(或哪些)。话题生成方向有:节日是社会习俗或法律规定认为值得纪念的日子,古今中外曾经产生过很多节日,现在依然存在很多节日,这个(或这些)节日有着这样或那样的特点,所以我唯独(或特别)喜欢这个节日。

很显然,这里的核心话题要素是"喜欢"。"喜欢"作为一种情感,有其产生的原因;"喜欢"作为一种情态,往往意味着某种与众不同的行为表现。应试者在展开话题时,无论从"我"还是从"节日",都必须组织能够体现出"喜欢"这一话题要素的内容。

再以"谈服饰"为例。很多人认为这个命题无从分解,其实分解这一命题更为容易,最常采用的是"中心词处置法":可以首先在名词性概念"服饰"前加上动词:"购买服饰""介绍服饰""评论服饰"……然后再补充上其他的修饰成分:"购买服饰""谁购买服饰""谁购买什么服饰""某人为什么购买服饰""购买服饰的经过""如何购买合适的服饰";"介绍服饰""介绍我衣柜里的服饰""介绍今年的流行服饰"……

很显然,所加上的修饰成分就是生成的话题。但无论生成什么话题,都必须围绕"服饰"这一核心话题要素来进行。

2. 选材:确定内容脉络

所谓选材,就是选择用于支撑话题的事例、论据或描写说明对象,然后将这些材料按照一定的先后顺序排列起来。材料的选择要切题、鲜明,有说服力和感染力。

以"谈个人修养"为例。这个题目具有一定的迷惑性,很容易把应试者引向单纯议论说理的方向。面对这样的题目,就要在作为论据的事例上下功夫,简述论点,多讲事例。比如,一位应试者确定的话题是"在我的生活与事业中,个人修养助我成功的几件事",这位应试者把"生活与事业"分为"生活—事业—爱情"三个方面,与之对应,选择的事例是"克制路怒症,交到好朋友—体谅同事的'小心思',帮助单亲家庭,得到领导称赞—坦承自己的不完美,获得爱情"三件事,既对应了"个人修养"这一话题要素,同时体现了"个人修养的价值和意义"的主题,选材是比较成功的。

再以"我欣赏的历史人物"为例。一位应试者确定的话题是"我对张巡、许远从厌恶到钦佩的转变"。张巡和许远是唐代安史之乱时期的人物,他们坚守江淮门户睢阳(今河南商丘),为大唐积蓄力量剿灭叛军赢得了宝贵时间,但在历史上有声音指责他们两人在粮尽援绝时"屠杀百姓,吃人"。应试者所选的事例是"小时候看张巡杀妻的戏(厌恶)——听张巡、许远守睢阳时吃人的传说(恐惧)——高中时读韩愈《张中丞传后叙》(开始转变态度)——大学时学习历史专业,了解了张巡、许远守睢阳的细节,为两人勇于担当、舍生取义的精神所感动(钦佩)",既揭示了一段史实,又有说服力地表明了欣赏的原因。

3. 程式:确定结构模式

结构模式以程式化的方式为应试者提供了表达内容的顺序安排。在日常的交际表达中,这种程式化的表述模式也许显得僵化,不能很好适应口语表达的语境要求,但在普通话测试中,这种定型的表达结构却能够有效提高应试者的备考效率,对说话思路的明晰和顺畅也能提供帮助。一般来说,"命题说话"常用的有效结构模式主要有三种:一线串珠式、总分总式、正反合式。

(1) 一线串珠式:按照时间或逻辑发展的先后顺序,用一条线索将若干事例串联起来。测试时尽量不要使用复杂的叙事方式,比如多线索、多主题、时空跳跃、倒序插叙等。叙述结构越简单,思路越明晰。

一位应试者在说"我喜欢的美食"这一题目时,原本确定的话题是"我如何做麻辣鱼头"。但在讲述"我做麻辣鱼头的特殊方法"的过程中,由于担心自己讲述的内容过于简单,说不够 3 分钟,突然插入了"自己如何寻找当地最好吃的麻辣鱼头的经过",结果使内容表述产生了混乱。其实,这位应试者完全可以先讲述完自己如何做麻辣鱼头,然后用一句"我是怎么学会这手厨艺的呢? 这要从一次吃麻辣鱼头说起"转场串联,接着讲述自己"如何寻找当地最美味麻辣鱼头"的过程,这样讲完一件事再讲一件事,结构简单,思路也清晰明了。由于是围绕"美食"做文章,所以并不算跑题。

(2) 总分总式:先总述,再分说,结尾点题呼应。"分说"各个部分之间是一种并列关系,可以根据测试时间的进程做合理增减。总述和结尾要简单明了干脆,不必长篇大论。比如"谈谈卫生与健康",有位应试者确定的话题是"家庭环境的卫生对健康非常重要",总述立论,分述时选择了"装修""家具要定期挪位置摆放""卧室要通风晒太阳"三个例证。最后,用"总之,家庭环境的卫生对健康非常重要,我们决不能偷懒或掉以轻心"做结尾。

(3) 正反合式:先正面论述,再反面论述,最后总结点题。比如"谈社会公德",如果我们确定的话题是"社会需要提倡'尊师重道'",可以先正面论述"'尊师重道'既是一种美德,也是一种维系社会价值取向的重要手段",然后从反面论述"不'尊师重道',而'欺师重术',整个社会气质就会趋向浮躁化、粗鄙化、市侩化",最后总结"'尊师重道'不仅对于学生而言,对于教师和社会各行各业的人们都有重新提倡的必要"。

4. 生成:填充言语链

口语表达是一个由生成言语点到根据信息表达需要扩展编码,将言语点按照语法规则编排成线性序列再"脱口而出"的过程。在生成言语链的过程中,我们需要面对两个挑战:一是为大脑中的模糊意念找到相对应的词语;二是为先后相继的句子找到适合的语义勾连。比如把"明天""故宫""照相"这几个言语点,加以扩充编排,从而生成一段连贯的话语:"明天,咱们几个人去故宫参观,顺便再照几张相,留个纪念,怎么样?"言语点是模糊的,不具备交际功能的,而根据语境填充附加信息,使生成的言语链具有了表达与理解的有序性、语义的明晰性、交际的指向性。可以说,能否即时、流畅地生成言语链,是决定"命题说话"测试成绩的最终环节。言语链的有效生成,一靠平时多做说话训练,提高大脑的扩展编码速度;二靠词汇、语法规则的积累储备。词汇语法是语义的符号化显现,储备得多,说话才能准确、流利、生动,如果词汇贫乏,说起话来就难免呆板枯燥,磕磕绊绊了。总之,快速的语言编码能力是构成口语表达能力的重要一环,如果这种能力差,说话就会显得言语迟滞,词不达意,甚至颠三倒四,就像"哑巴吃饺子——肚里有数,嘴上说不出"。

(三)"命题说话"测试过程中应注意的问题

1. 心态放松,不端架子,不写作文

"命题说话"主要侧重于考查言语表达过程中的语音面貌和表达流畅度,以及表达过程中是否使用方言词汇、方言语法等方面的内容,对于表达内容,只要所说内容不出题目范围即可,对于表达内容的精彩与否、在 3 分钟时段内容是否完整等不做要求,因而实质上是一种较为宽松的口头语言表达能力考试,应试者不必过于紧张,考试过程中应尽量放松心态,按照准备好的思路连贯地说下去就可以了。"命题说话"不是做口头作文,不要求端谨雅致的书面语,也不要求说出来的句子一定如同写作文一样严谨精致,如果在说一句话的时候发现一时找不到合适的词语,可以随即改换一种说法。

2. 即时监控,随时调整

"命题说话"主要考查的依然是应试者使用普通话的能力,因此,应试者在测试过程中也不能一味沉浸于言语表达的内容里,而是一边说,一边监控自己在表达过程中的语音面貌,是否有方言缺陷,是否出现错别字现象,一旦发现,随时更正,然后再往下说。应试者在做"命题说话"的时候不能完全像平常朋友聊天那样以"聊"的方式去说,因为如此一来很难避免方言语调的出现,"说话"较之日常的"聊天"式表达,还是应该稍微"收"一点,不必追求"绘声绘色""声情并茂"的情景。

3. 先说想清楚的,再补充追加

有些应试者心理素质和语言表达能力稍差,在紧张状态下比较容易出现"卡壳"现象。这时候,可以先把想清楚的东西说出来,然后再将遗漏的部分补充上去,将过于简单的内容注释、追加上去,将错误的内容更正过来。只要补充追加的方式条理清晰,自然流畅,一般也不会丢分。

以一位应试者所说的话题"如何保持良好心态"为例:

　　我认为,要想保持良好的心态,首先要有健康的身体,我始终认为,身体健康是快乐之本,如果一个人整天不是头疼就是脑热,三天两头往医院跑,是很难保持良好的心态的。

　　哦,说到这儿我要强调一下(补充追加),保持充足的睡眠,早睡早起,讲究睡眠质量,不仅能保持良好的心态,还对保持身体健康非常重要。现在手机简直成了精神鸦片,有些人一拿到手机就放不下,一刷就是大半夜。你要是问他看了什么? 他什么都想不起来,真正是浪费时间,影响身心健康。

　　说到身心健康(再次补充追加),我认为,手机里一些负面的信息太多了,整天被这些不健康的信息包围,怎么能够保持良好的心态! 我可以举一个我朋友的例子……(补充追加,进入事例)

4. 多举事例，少发议论

"命题说话"的测试中，"自然流畅度"通常是失分较多的一项。很多应试者往往由于心情紧张，思路打不开，一两句话后就出现了无话可说的现象。在测试中为了避免这种境况，应试者应注意，如果思想感受没有思考成熟，就尽量不要发长篇大论。阐明道理不是只有一种"论理"的途径，纯粹的抽象说理，既对逻辑思维要求高，又要选择相应的理论词语，一旦词语"卡壳"，往往会影响应试者的思路和情绪。可以采用"说事拉理"的方法：用丰富的事例来揭示道理，叙事可繁可简，一事叙完再叙一事，叙事过简还可随后追加内容使之详细，随着熟悉的"故事情节"推进，还可以逐渐消除因思路阻滞而产生的紧张情绪，是一种比较有效的保证说话自然流畅度的方法。

5. 不啰唆，不说半截子话，出现"断档"立即转换说法

这里所说的"啰唆"，指的是在说一句话的时候，使用"这个那个""嗯嗯呀呀"等垫词过多，或者把一句话翻过来掉过去重复好几遍，也就是俗称的"说车轱辘话"。在说话的时候，如果出现了暂时的思维障碍，可以重复一下前一句话或加上一个垫词，但如果重复过多则会在流畅度上被扣分。应试者在说话时还容易出现的一个毛病就是说半截子话。这里说的半截子话，"或是指形式上不成一句完整的话，或是指形式上完整但本身隐含着字面以外的半截子意思的话。我们管前者叫语法上的半截子话，后者叫语义上的半截子话"[1]。有人习惯在平时说话的时候说半截子话，但在测试中应试者必须要把话说完整，把意思表达清楚，否则就会失分。

6. 训练时把握时间，考试时不必考虑时间

"命题说话"考试时间为 3 分钟，很多应试者因为担心"说不够时间"或"时间到了说不完"而影响了考试发挥。实际上，"时间到了而没有说完"基本上不影响应试者的考试成绩，3 分钟到了以后，应试者只需要用一两句话结束话题即可，即使内容不完整，只要前面所说内容没有跑题，基本不会扣分。对于"说不够时间"，常用的应对办法是在平时训练的时候计算自己的语速，在多少时间里能说多少内容，心里有个大概了解。考试的时候，在内容上准备若干个"冗余事例"，一旦因心情紧张语速变快，说到了快结尾时就把"冗余事例"接续上去，以确保把时间说足。

拓展阅读七　《普通话水平测试用普通话与方言词语对照表》中的普通话词语[2]

按	暗中	袄	拔	把儿	爸爸	掰
白白地	白菜	白天	板凳	半天	半夜	帮忙
棒子	傍晚	包子	爆竹	杯子	北边	北部
背	背后	背心	本来	本子	笨	笨蛋
鼻孔	鼻涕	鼻子	必定	边缘	鞭子	便条
遍地	辫子	憋	别	别处	别的	别人

---

① 李晓华主编：《普通话口语教程》，河南大学出版社 1996 年版，第 248 页。
② 参见《普通话水平测试实施纲要》，语文出版社 2021 年版。

冰	冰棍儿	并非	并排	病	病人	菠菜
伯父	伯母	脖子	不安	不必	不便	不曾
不错	不但	不当	不得了	不得已	不等	不定
不断	不对	不服	不敢当	不够	不顾	不管
不光	不过	不好意思	不合	不及	不解	不禁
不仅	不久	不觉	不堪	不可	不良	不料
不论	不满	不免	不怕	不平	不然	不容
不如	不少	不时	不停	不同	不想	不像话
不行	不幸	不许	不要	不要紧	不宜	不用
不怎么样	不止	不只	不至于	不住	不足	蚕
蚕豆	惭愧	苍白	苍蝇	藏	厕所	插秧
茶叶	刹那	差不多	差点儿	馋	蝉	颤抖
常	常常	钞票	吵架	吵嘴	尘土	沉淀
衬衫	成天	成心	乘客	吃惊	吃力	迟疑
尺子	翅膀	抽屉	绸子	出洋相	出租汽车	初期
除了	除夕	厨房	厨师	处处	窗户	窗口
窗帘	床单	吹牛	炊事员	磁铁	此地	此刻
从前	从未	从小	凑巧	翠绿	村子	搓
打败	打架	打量	打扰	大便	大哥	大伙儿
大姐	大妈	大拇指	大娘	大人	大婶儿	大事
大叔	大雁	大衣	袋子	胆量	胆子	但是
担子	当初	当今	当中	刀子	倒闭	倒霉
到处	灯泡儿	凳子	低劣	笛子	底下	地板
地下	弟弟	颠倒	点头	电池	掉	跌
钉子	顶端	丢	丢人	东边	东西	冬瓜
动手	洞	兜儿	豆子	肚子	渡口	对不起
对联	蹲	多亏	多么	多少	哆嗦	躲
躲藏	蛾子	额头	恶心	饿	儿女	儿童
儿子	耳朵	发抖	发火	发誓	帆船	反正
返回	方才	房东	房子	房租	仿佛	飞快
非常	肥皂	诽谤	费力	粉末	风筝	疯子
蜂	否则	夫妻	父母	父亲	付款	妇女
覆盖	干净	甘蔗	赶紧	赶快	赶忙	干活儿
干吗	刚	刚才	刚刚	高低	高粱	告诉
疙瘩	哥哥	胳膊	鸽子	隔壁	各自	跟随
跟头	更	更加	工具	公公	共	共计
钩子	姑姑	姑娘	故意	顾不得	顾客	拐弯

怪不得	光棍儿	闺女	柜子	锅	果树	过后
过去	过失	还是	孩子	害羞	汉子	毫不
好多	好好儿	好久	好看	好玩儿	好像	好些
好样的	好在	喝	合伙	黑人	黑夜	恨不得
红薯	喉咙	猴子	后背	后悔	胡同儿	胡子
蝴蝶	花生	怀孕	还	缓缓	黄昏	黄金
蝗虫	灰尘	回避	回来	回去	回头	火柴
伙伴	鸡蛋	几乎	饥饿	嫉妒	给予	脊梁
家畜	家伙	家具	家人	假若	坚实	坚硬
监狱	剪刀	渐渐	将要	交谈	焦急	嚼
角落	脚印	叫作	轿车	结实	接连	洁白
姐姐	今天	金鱼	尽快	进来	近来	经常
惊人	精子	警察	静悄悄	镜子	就是说	舅舅
舅妈	橘子	咀嚼	据说	锯	决不	均匀
菌	开水	开玩笑	看	看不起	看见	看样子
看作	可爱	可口	可巧	可是	可恶	可以
渴	客人	恐怕	空隙	口袋	跨	筷子
垃圾	喇叭	辣椒	来不及	来得及	来年	篮子
浪费	老板	老大妈	老大爷	老汉	老人家	老鼠
老太太	老头子	泪水	累	梨	黎明	篱笆
里边	里面	力气	历来	厉害	栗子	俩
连忙	连年	连续	镰刀	恋爱	凉水	两边
两口子	两旁	聊	聊天儿	邻居	凌晨	零碎
流氓	聋	路口	路上	萝卜	抹布	妈妈
麻雀	马铃薯	蚂蚁	麦秸	馒头	忙	盲人
毛巾	毛线	毛衣	帽子	没错	没关系	没什么
没事	没说的	没意思	没用	没有	没辙	眉
妹妹	迷失	谜	谜语	棉衣	面前	明年
明天	命运	蘑菇	模样	母亲	木材	木匠
哪	哪个	哪里	哪儿	哪些	那	那边
那个	那里	那么	那儿	那时	那些	那样
纳闷儿	奶奶	男人	南边	难过	难堪	难看
恼火	脑袋	脑子	闹着玩儿	内心	能干	能够
泥土	你	你们	纽扣	农民	女儿	女人
女性	女婿	女子	暖	暖和	偶尔	拍照
牌子	旁边	胖子	抛弃	泡沫	碰钉子	疲倦
屁股	片刻	骗	拼搏	乒乓球	平常	平日

瓶子	婆婆	仆人	葡萄	妻子	凄凉	漆黑
旗子	起初	起来	汽油	恰好	前面	前年
前天	前头	强盗	悄悄	敲	茄子	勤俭
勤劳	青年	青蛙	轻视	清晨	清洁	蜻蜓
穷人	渠道	去年	全都	拳头	然而	热闹
热水瓶	人家	人们	忍不住	仍旧	仍然	日子
容易	柔软	如此	如何	如今	撒谎	撒
腮	塞	散步	桑树	嗓子	丧失	嫂子
杀害	沙土	沙子	傻子	筛子	山谷	闪
闪电	扇子	商标	商店	商人	上边	上空
上面	上述	上午	勺子	少量	少年	少女
舌头	蛇	舍不得	摄影	身材	深夜	什么
婶子	生病	生怕	生气	生前	牲畜	牲口
绳子	剩余	尸体	失掉	失去	施肥	时常
时而	时髦	食堂	使劲	式样	事情	是否
适宜	收拾	手臂	手绢	手套	手指	首领
售货	书包	叔叔	梳子	疏忽	竖	刷子
耍	摔	谁	水泥	睡觉	睡眠	瞬间
说不定	说话	说谎	四处	似乎	饲养	蒜
随便	随后	穗	孙女	孙子	索性	他
他们	他人	她	她们	台阶	抬头	太阳
谈话	糖果	倘若	烫	淘气	讨厌	特地
特意	蹄子	田间	调皮	通常	通红	同伴
同年	同屋	童年	头发	头脑	徒弟	土豆
兔子	推	腿	脱落	唾沫	娃娃	歪
外边	外衣	外祖父	外祖母	豌豆	玩具	玩笑
晚饭	晚上	往常	忘	忘记	微小	围巾
为何	为了	未必	未曾	温暖	蚊子	吻
我们	乌鸦	无可奈何	无数	午饭	勿	雾
西红柿	西面	吸烟	熄灭	膝盖	媳妇	洗澡
喜鹊	细小	虾	下来	下面	下午	夏天
先前	掀起	鲜红	现在	馅儿	相继	相连
香肠	香蕉	香味	香烟	香皂	想	向来
像样	橡胶	橡皮	小孩儿	小伙子	小朋友	小时候
小子	斜	蟹	心底	心里	心头	新郎
信封	星星	行人	幸好	幸亏	幸运	兄弟
袖子	徐徐	许多	絮叨	旋转	学生	学徒

雪白	迅速	牙刷	烟囱	烟卷儿	炎热	颜色
眼睛	眼泪	眼力	厌恶	阳光	样子	要不
要好	要么	要命	要是	耀眼	爷爷	也许
叶子	夜间	夜里	夜晚	一辈子	一边	一点儿
一定	一度	一共	一贯	一会儿	一旁	一生
一下儿	一向	一些	衣裳	依旧	依然	遗失
已经	以往	饮水	婴儿	鹰	影子	拥挤
用不着	犹如	游玩	有点儿	有时	有些	又
右边	幼儿	玉米	浴室	遇见	元宵	月初
匀	运气	砸	在	在家	咱	咱们
脏	糟糕	早晨	早饭	早上	早晚	贼
怎么	怎么样	怎样	眨	站	丈夫	着凉
照片	照相	照相机	这	这边	这个	这里
这么	这儿	这些	这样	针灸	争吵	整个
整洁	整天	正好	正巧	正在	芝麻	知道
蜘蛛	侄子	指甲	指头	至此	至今	中途
中午	终身	竹子	砖	子女	子孙	自己
自行	自行车	足球	祖父	祖母	嘴	嘴唇
昨天	左边	做客	做梦			

拓展阅读八　普通话水平测试用普通话常见量词、名词搭配①表

　　说明:本材料以量词为条目,共选收常见量词45条。每个量词后面列举若干常见搭配的名词。一个名词可以与多个量词搭配的,在条目中的名词后以括注形式标记。

　　(1) 把　bǎ　　　菜刀、剪刀、宝剑(口)、铲子、铁锨、尺子、扫帚、椅子、锁、钥匙、伞、茶壶、扇子、提琴、手枪(支)

　　(2) 本　běn　　　书(部、套)、著作(部)、字典(部)、杂志(份)、账

　　(3) 部　bù　　　书(本、套)、著作(本)、字典(本)
　　　　　　　　　　电影(场)、电视剧
　　　　　　　　　　手机、摄像机(架、台)
　　　　　　　　　　汽车(辆、台)

　　(4) 场　cháng　　雨、雪、冰雹、大风
　　　　　　　　　　病、大战、官司

　　(5) 场　chǎng　　电影(部)、演出(台)、话剧(台)、杂技(台)、比赛(节、项)、考试(门、项)

---

　　① 　参见《普通话水平测试实施纲要》,语文出版社2021年版。

(6) 道	dào	河(条)、瀑布(条)、山(座)
		山脉(条)、闪电、伤痕(条)
		门(扇)、墙(面)
		命令(项、条)、试题(份、套)、菜(份)
(7) 滴	dī	水、血、油、汗水、眼泪、墨水
(8) 顶	dǐng	轿子、帽子、蚊帐、帐篷
(9) 对	duì	夫妻、舞伴、耳朵(双、只)、眼睛(双、只)、翅膀(双、只)
(10) 朵	duǒ	花、云(片)、蘑菇
(11) 份	fèn	菜(道)、午餐、报纸(张)、杂志(本)、文件、礼物(件)、
		工作(件、项)、试题(道、套)
(12) 幅	fú	布(块、匹)、被面、彩旗(面)、图画(张)、相片(张)
(13) 副	fù	对联、手套(双、只)、眼镜、球拍(只)
		扑克牌(张)、围棋、担架
(14) 个	gè	人(口)、孩子
		盘子、瓶子、杯子(只)
		梨、桃儿、橘子、苹果、西瓜、土豆、西红柿
		鸡蛋、饺子、馒头
		玩具、皮球
		太阳、月亮、白天、上午
		镜头、国家、社会、故事、节目(台、套)
(15) 根	gēn	草(棵)、葱(棵)、藕(节)、甘蔗(节)
		胡须、头发、羽毛
		冰棍儿、黄瓜(条)、香蕉、油条
		针、火柴、蜡烛(支)、香(盘、支)、筷子(双、支)、竹竿、
		电线、绳子(条)、项链(条)、辫子(条)
(16) 家	jiā	人家、亲戚(门)
		工厂(座)、公司、饭店、商店、医院(所)、银行(所)
(17) 架	jià	飞机、钢琴(台)、摄像机(部、台)、鼓(面)
(18) 间	jiān	房子(所、套、座)、屋子、卧室、仓库
(19) 件	jiàn	礼物(份)、行李、家具(套)
		大衣、衬衣、毛衣、衣服(套)、西装(套)
		工作(份、项)、公文、事
(20) 节	jié	甘蔗(根)、藕(根)、电池(块)、车厢、课(门)、比赛(场、项)
(21) 棵	kē	树、草(根)、葱(根)、白菜
(22) 颗	kē	种子(粒)、珍珠(粒)、宝石(粒)、糖(块)、星星、卫星
		牙齿(粒)、心脏
		子弹(粒)、炸弹
		图钉
(23) 口	kǒu	人(个)、猪(只、头)

		大锅、大缸、大钟（座）、井、宝剑（把）
（24）块	kuài	糖（颗）、橡皮、石头、砖、肥皂、手表（只）、电池（节）
		肉（片）、蛋糕、布（幅、匹）、绸缎（匹）、手绢（条）、地（片）、饼干（片）、面包（片）
		石碑（座）
（25）粒	lì	米、种子（颗）、珍珠（颗）、宝石（颗）、牙齿（颗）、子弹（颗）、药（片）
（26）辆	liàng	汽车（部、台）、自行车、摩托车、三轮车、坦克
（27）门	mén	课（节）、课程、技术（项）、考试（场、项）
		科学、学问、亲戚（家）、婚姻
		大炮
（28）面	miàn	墙（道）、镜子、彩旗（幅）、鼓（架）、锣
（29）名	míng	作家（位）、教师（位）、医生（位）、学生（位）、犯人
（30）盘	pán	香（根、支）
		棋、磁带、录像带
（31）匹	pǐ	马
		布（块、幅）、绸缎（块）
（32）片	piàn	树叶、药片、肉（块）、饼干（块）、面包（块）、地（块）
		阴凉、阳光、云（朵）
（33）扇	shàn	门（道）、窗户、屏风
（34）双	shuāng	手（只）、脚（只）、耳朵（对、只）、眼睛（对、只）、翅膀（对、只）
		鞋（只）、袜子（只）、手套（副、只）、筷子（根、支）
（35）所	suǒ	学校、医院（家）、银行（家）、房子（间、套、座）
（36）台	tái	计算机、医疗设备（套）、汽车（部、辆）、钢琴（架）、摄像机（部、架）
		演出（场）、话剧（场）、杂技（场）、节目（个、套）
（37）套	tào	衣服（件）、西装（件）、房子（间、所、座）、家具（件）、沙发、餐具、书（本、部）、邮票（张）、医疗设备（台）
		节目（个、台）、试题（道、份）
（38）条	tiáo	绳子（根）、项链（根）、辫子（根）、裤子、毛巾、手绢儿（块）、船（只）、游艇（只）
		蛇、鱼、狗（只）、驴（头、只）、黄瓜（根）
		河（道）、瀑布（道）、山脉（道）、道路、胡同儿、伤痕（道）、新闻、信息、措施（项）、命令（道、项）
		胳膊、腿
（39）头	tóu	牛（只）、驴（条、只）、骆驼（只）、羊（只）、猪（口、只）、蒜
（40）位	wèi	客人、朋友、作家（名）、教师（名）、医生（名）、学生（名）

(41) 项	xiàng	措施(条)、制度、工作(份、件)、任务、技术(门)、运动、命令(道、条)、比赛(场、节)、考试(场、门)
(42) 张	zhāng	报纸(份)、图画(幅)、相片(幅)、邮票(套)、扑克牌(副)、光盘
		脸、嘴
		网、弓
		床、桌子
(43) 只	zhī	鸟、鸡、鸭、老鼠、兔子、狗(条)、狗(条)、牛(头)、驴(条)、羊(头)、骆驼(头)、老虎、蚊子、苍蝇、蜻蜓、蝴蝶
		手表(块)、杯子(个)、箱子
		船(条)、游艇(条)
		鞋(双)、袜子(双)、手套(副、双)、袖子、球拍(副)、手(双)、脚(双)、耳朵(对、双)、眼睛(对、双)、翅膀(对、双)
(44) 支	zhī	笔、手枪(把)、蜡烛(根)、筷子(根、双)、香(根、盘)
		军队、歌
(45) 座	zuò	山、岛屿
		城市、工厂(家)、学校(所)、房子(间、所、套)、桥
		石碑(块)、雕塑、大钟(口)

拓展阅读九　普通话水平测试用朗读作品

说　明

1. 50篇朗读作品来源于《普通话水平测试实施纲要》(2021年版)中的"普通话水平测试用朗读作品"。

2. 采用汉字和汉语拼音相对照的方式标注作品中每个词的读音。

3. 汉语拼音的主要依据是《汉语拼音正词法基本规则》(GB/T 16159—2012)。

4. 轻声:必读轻声音节不标调号,如"多么"标注为"duōme"。一般轻读,偶尔重读的音节,标注调号,同时在该音节前面加一圆点进行提示,如"因为"标注为"yīn·wèi","白天开不起"标注为"bái·tiān kāi·bùqǐ","家里"标注为"jiā·lǐ"等。

5. "儿":若作品中的"儿"字表示儿化音,就在前一个字的基本音节形式后面加卷舌符号"r",如"恐怕第三件事才是买各种玩意儿"中的"玩意儿"就标注为"wányìr"。若作品中的"儿"字不表示儿化音,而是一个音节,就标注出"儿"字在文中的实际读音,如"鸟儿将巢安在繁花绿叶当中"中的"鸟儿"就标注为"niǎo'ér"。对于书面上没有"儿"字,但在口语中一般读儿化的音节,注音时也在该音节的基本形式后加r,例如"他仰向我的小脸"中的"小脸"标注为"xiǎoliǎnr"。

6. 在每篇作品的第400个音节后用"//"标出。

Zuòpǐn 1 Hào
作品 1 号

Zhào Běijīng de lǎo guīju, Chūnjié chà·bùduō zài làyuè de chūxún jiù kāishǐ
照 北京 的 老 规矩, 春节 差不多 在 腊月 的 初旬 就 开始
le. "Làqī Làbā, dòngsǐ hányā", zhè shì yī nián·lǐ zuì lěng de shíhou. Zài Làbā
了。"腊七 腊八, 冻死 寒鸦", 这 是 一 年里 最 冷 的 时候。 在 腊八
zhè tiān, jiājiā dōu áo làbāzhōu. Zhōu shì yòng gè zhǒng mǐ, gè zhǒng dòu, yǔ
这 天, 家家 都 熬 腊八粥。 粥 是 用 各 种 米, 各 种 豆, 与
gè zhǒng gānguǒ áochéng de. Zhè bù shì zhōu, ér shì xiǎoxíng de nóngyè
各 种 干果 熬成 的。 这 不 是 粥, 而 是 小型 的 农业
zhǎnlǎnhuì.
展览会。

Chú cǐ zhī wài, zhè yī tiān hái yào pào làbāsuàn. Bǎ suànbànr fàngjìn cù·lǐ,
除 此 之 外, 这 一 天 还 要 泡 腊八蒜。把 蒜瓣 放进 醋里,
fēng qǐ·lái, wèi guònián chī jiǎozi yòng. Dào niándǐ, suàn pào de sè rú fěicuì,
封 起来, 为 过年 吃 饺子 用。 到 年底, 蒜 泡 得 色 如 翡翠,
cù yě yǒule xiē làwèir, sè wèi shuāng měi, shǐ rén rěn·búzhù yào duō chī jǐ gè
醋 也 有了 些 辣味, 色味 双 美, 使 人 忍不住 要 多 吃 几 个
jiǎozi. Zài Běijīng, guònián shí, jiājiā chī jiǎozi.
饺子。在 北京, 过年 时, 家家 吃 饺子。

Háizimen zhǔnbèi guònián, dì-yī jiàn dàshì jiù shì mǎi zábànr. Zhè shì yòng
孩子们 准备 过年, 第一 件 大事 就 是 买 杂拌儿。 这 是 用
huāshēng、jiāozǎo、zhēnzi、lìzi děng gānguǒ yǔ mìjiàn chānhuo chéng de.
花生、 胶枣、 榛子、栗子 等 干果 与 蜜饯 掺和 成 的。
Háizimen xǐhuan chī zhèxiē língqī-bāsuìr. Dì-èr jiàn dàshì shì mǎi bàozhú, tèbié shì
孩子们 喜欢 吃 这些 零七八碎儿。第二 件 大事 是 买 爆竹, 特别 是
nánháizimen. Kǒngpà dì-sān jiàn shì cái shì mǎi gè zhǒng wányìr —— fēngzheng、
男孩子们。 恐怕 第三 件 事 才 是 买 各 种 玩意儿 —— 风筝、
kōngzhú、kǒuqín děng.
空竹、 口琴 等。

Háizimen huānxǐ, dà·rénmen yě mángluàn. Tāmen bìxū yùbèi guònián chīde、
孩子们 欢喜, 大人们 也 忙乱。 他们 必须 预备 过年 吃的、
hēde、chuānde、yòngde, hǎo zài xīnnián shí xiǎnchū wànxiàng-gēngxīn de qìxiàng.
喝的、 穿的、 用的, 好 在 新年 时 显出 万象更新 的 气象。

Làyuè èrshísān guò xiǎonián, chà·bùduō jiù shì guò Chūnjié de "cǎipái".
腊月 二十三 过 小年， 差不多 就 是 过 春节 的 "彩排"。
Tiān yī cāhēir, biānpào xiǎng qǐ·lái, biàn yǒule guònián de wèi·dào. Zhè yī tiān,
天 一 擦黑儿， 鞭炮 响 起来， 便 有了 过年 的 味道。 这 一天，
shì yào chī táng de, jiē·shàng zǎo yǒu hǎoduō mài màiyátáng yǔ jiāngmǐtáng
是 要 吃糖 的， 街上 早 有 好多 卖 麦芽糖 与 江米糖
de, tángxíng huò wéi chángfāngkuàir huò wéi guāxíng, yòu tián yòu nián,
的， 糖形 或 为 长方块 或 为 瓜形， 又 甜 又 黏，
xiǎoháizimen zuì xǐhuan.
小孩子们 最 喜欢。

Guòle èrshísān, dàjiā gèng máng. Bìxū dàsǎochú yī cì, hái yào bǎ ròu、jī、
过了 二十三， 大家 更 忙。 必须 大扫除 一 次，还 要 把 肉、鸡、
yú、qīngcài、niángāo shénme de dōu yùbèi chōngzú —— diàn//pù duōshù
鱼、 青菜、 年糕 什么 的 都 预备 充足 —— 店//铺 多数
zhēngyuè chūyī dào chūwǔ guānmén, dào zhēngyuè chūliù cái kāizhāng.
正月 初一 到 初五 关门， 到 正月 初六 才 开张。

Jiéxuǎn zì Lǎoshě 《BěiJīng de Chūnjié》
节选 自 老舍 《北京 的 春节》

Zuòpǐn 2 Hào
作品 2 号

Pànwàngzhe, pànwàngzhe, dōngfēng lái le, chūntiān de jiǎobù jìn le.
盼望着， 盼望着， 东风 来了， 春天 的 脚步 近了。
Yīqiè dōu xiàng gāng shuìxǐng de yàngzi, xīnxīnrán zhāngkāile yǎn. Shān
一切 都 像 刚 睡醒 的 样子， 欣欣然 张开了 眼。 山
lǎngrùn qǐ·lái le, shuǐ zhǎng qǐ·lái le, tài·yáng de liǎn hóng qǐ·lái le.
朗润 起来 了，水 涨 起来 了， 太阳 的 脸 红 起来 了。
Xiǎocǎo tōutōu de cóng tǔ·lǐ zuān chū·lái, nènnèn de, lùlù de. Yuánzi·lǐ,
小草 偷偷 地 从 土里 钻 出来， 嫩嫩 的，绿绿的。 园子里，
tiányě·lǐ, qiáo·qù, yī dà piàn yī dà piàn mǎn shì de. Zuòzhe, tǎngzhe, dǎ liǎng
田野里， 瞧去， 一 大 片 一 大 片 满 是 的。 坐着， 躺着， 打 两
gè gǔnr, tī jǐ jiǎo qiúr, sài jǐ tàng pǎo, zhuō jǐ huí mícáng. Fēng qīngqiāoqiāo
个 滚， 踢 几 脚 球， 赛 几 趟 跑， 捉 几 回 迷藏。 风 轻悄悄

de, cǎo ruǎnmiánmián de.

的，草　软绵绵　　的。

……

"Chuī miàn bù hán yángliǔ fēng", bùcuò de, xiàng mǔ·qīn de shǒu fǔmōzhe

"吹　面　不　寒　杨柳　风"，　不错　的，　像　　母亲　的　手　抚摸着

nǐ. Fēng·lǐ dàilái xiē xīn fān de nítǔ de qìxī, hùnzhe qīngcǎo wèir, hái yǒu gè zhǒng

你。风里　带来　些　新　翻　的　泥土的　气息，混着　青草　味儿，还　有　各　种

huā de xiāng, dōu zài wēiwēi shīrùn de kōngqì·lǐ yùnniàng. Niǎo'ér jiāng cháo ān

花　的　香，　都　在　微微　　湿润　的　空气里　　酝酿。　鸟儿　将　巢　安

zài fánhuā-lǜyè dāngzhōng, gāoxìng qǐ·lái le, hūpéng-yǐnbàn de mài·nòng qīngcuì

在　繁花绿叶　当中，　高兴　起来　了，　呼朋引伴　地　卖弄　　清脆

de hóu·lóng, chàngchū wǎnzhuǎn de qǔzi, gēn qīngfēng-liúshuǐ yìnghèzhe.

的　喉咙，　唱出　　宛转　的　曲子，　跟　轻风流水　　应和着。

Niúbèi·shàng mùtóng de duǎndí, zhè shíhou yě chéngtiān liáoliàng de xiǎngzhe.

牛背上　　牧童　的　短笛，　这　时候　也　成天　嘹亮　地　响着。

Yǔ shì zuì xúncháng de, yī xià jiù shì sān-liǎng tiān. Kě bié nǎo. Kàn, xiàng

雨是　最　寻常　的，一　下　就　是　三两　天。可别　恼。看，像

niúmáo, xiàng huāzhēn, xiàng xìsī, mìmì de xié zhīzhe, rénjiā wūdǐng·shàng

牛毛，　像　花针，　像　细丝，密密地　斜　织着，　人家　　屋顶上

quán lǒngzhe yī céng bóyān. Shùyèr què lǜ de fāliàng, xiǎocǎor yě qīng de bī nǐ

全　笼着　一　层　薄烟。树叶儿　却　绿得　发亮，　小草儿　也　青　得　逼你

de yǎn. Bàngwǎn shíhou, shàngdēng le, yīdiǎndiǎn huángyùn de guāng,

的　眼。　傍晚　　时候，　上灯　了，　一点点　黄晕　的　光，

hōngtuō chū yī piàn ānjìng ér hépíng de yè. Zài xiāngxia, xiǎolù·shàng, shíqiáo

烘托　出　一　片　安静　而　和平　的　夜。在　乡下，　小路上，　　石桥

biān, yǒu chēngqǐ sǎn mànmàn zǒuzhe de rén, dì·lǐ hái yǒu gōngzuò de nóngmín,

边，　有　撑起　伞　慢慢　走着　的　人，地里　还　有　工作　的　农民，

pīzhe suō dàizhe lì. Tāmen de fángwū, xīxīshūshū de, zài yǔ·lǐ jìngmòzhe.

披着　蓑　戴着　笠。他们　的　房屋，　稀稀疏疏　的，在　雨里　静默着。

Tiān·shàng fēngzheng jiànjiàn duō le, dì·shàng háizi yě duō le. Chéng·lǐ

天上　　风筝　渐渐　多　了，　地上　孩子也　多　了。城里

xiāngxia, jiājiāhùhù, lǎolǎoxiǎoxiǎo, //yě gǎntàngr shìde, yīgègè dōu chū·lái

乡下，　家家户户，　老老小小，　//也　赶趟儿　似的，　一个个　都　出来

le. Shūhuó shūhuó jīngǔ, dǒusǒu dǒusǒu jīngshen, gè zuò gè de yī fènr shì·qù.

了。舒活　舒活　筋骨，抖擞　抖擞　精神，　各　做　各的　一　份儿　事去。

"Yī nián zhī jì zàiyú chūn", gāng qǐtóur, yǒu de shì gōngfu, yǒu de shì xīwàng.

"一年　之　计　在于　春"，　刚　起头儿，有　的　是　工夫，有　的　是　希望。

Chūntiān xiàng gāng luòdì de wáwa, cóng tóu dào jiǎo dōu shì xīn de, tā
春天　像　刚　落地的　娃娃，从　头　到　脚　都　是　新　的，它
shēngzhǎngzhe.
生长着。

Chūntiān xiàng xiǎo gūniang, huāzhī-zhāozhǎn de, xiàozhe, zǒuzhe.
春天　像　小　姑娘，　花枝招展　的，　笑着，　走着。

Chūntiān xiàng jiànzhuàng de qīngnián, yǒu tiě yìbān de gēbo hé yāojiǎo,
春天　像　健壮　的　青年，有　铁　一般　的　胳膊　和　腰脚，
lǐngzhe wǒmen shàngqián•qù.
领着　我们　上前　去。

Jiéxuǎn zì Zhū Zìqīng《Chūn》
节选　自朱　自清　《春》

Zuòpǐn 3 Hào
作品　3 号

Yànzi qù le, yǒu zài lái de shíhou; yángliǔ kū le, yǒu zài qīng de shíhou;
燕子 去 了，有 再 来 的 时候；杨柳 枯 了，有 再 青 的 时候；
táohuā xiè le, yǒu zài kāi de shíhou. Dànshì, cōng•míng de, nǐ gàosu wǒ,
桃花 谢 了，有 再 开 的 时候。 但是，　聪明　的，你 告诉 我，
wǒmen de rìzi wèi shénme yī qù bù fù fǎn ne? —— Shì yǒu rén tōule tāmen ba:
我们 的日子 为　什么　一 去 不 复 返　呢？—— 是 有 人 偷了 他们 罢：
nà shì shuí? Yòu cáng zài héchù ne? Shì tāmen zìjǐ táozǒule ba: xiànzài yòu
那 是 谁？ 又 藏 在 何处 呢？ 是 他们 自己 逃走了 罢： 现在 又
dàole nǎ•lǐ ne?
到了 哪 里呢？

Qù de jǐnguǎn qù le, lái de jǐnguǎn láizhe; qù - lái de zhōngjiān, yòu
去 的 尽管 去 了，来 的 尽管 来着；去来 的 中间，　又
zěnyàng de cōngcōng ne? Zǎoshang wǒ qǐ•lái de shíhou, xiǎowū•lǐ shèjìn liǎng-
怎样 地 匆匆 呢？ 早上 我 起 来 的 时候，　小屋里 射进 两
-sān fāng xiéxié de tài•yáng. Tài•yáng tā yǒu jiǎo a, qīngqīngqiāoqiāo de nuóyí
三 方 斜斜 的 太阳。　太阳 他 有 脚 啊，　轻轻悄悄　地 挪移
le; wǒ yě mángmángrán gēnzhe xuánzhuǎn. Yúshì——xǐ shǒu de shíhou, rìzi
了；我 也 茫茫然　跟着　旋转。 于是——洗手 的 时候，日子

cóng shuǐpén·lǐ guò·qù；chī fàn de shíhou，rìzi cóng fànwǎn·lǐ guò·qù；mòmò

从　　水盆里　　过去；　吃饭　的　时候，日子从　　饭碗里　　过去；　默默

shí，biàn cóng níngrán de shuāngyǎn qián guò·qù. Wǒ juéchá tā qù de cōngcōng

时，　便　从　　凝然　的　双眼　　前　过去。我　觉察他去的　匆匆

le，shēnchū shǒu zhēwǎn shí，tā yòu cóng zhēwǎnzhe de shǒu biān guò·qù；

了，　伸出　手　遮挽　时，他又　从　　遮挽着　的　手　边　过去；

tiān hēi shí，wǒ tǎng zài chuáng·shàng，tā biàn línglínglìlì de cóng wǒ shēn·shàng

天　黑　时，我　躺　在　床上，　　他　便　伶伶俐俐地从　我　　身上

kuà·guò，cóng wǒ jiǎo biān fēiqù le. Děng wǒ zhēngkāi yǎn hé tài·yáng zàijiàn，

跨过，　从　我　脚　边　飞去了。　等　我　睁开　眼　和　太阳　再见，

zhè suàn yòu liūzǒule yī rì. Wǒ yǎnzhe miàn tànxī. Dànshì xīn lái de rìzi de yǐng'ér

这　算　又　溜走了　一日。我　掩着　　面　叹息，但是　新　来　的　日子的　影儿

yòu kāishǐ zài tànxī·lǐ shǎn·guò le.

又　开始　在　叹息里　闪过　了。

　　Zài táoqù rú fēi de rìzi·lǐ，zài qiānmén-wànhù de shìjiè·lǐ de wǒ néng zuò

　　在　逃去　如飞　的　日子里，在　　千门万户　　的　世界里　的　我　能　做

xiē shénme ne? Zhǐyǒu páihuái bàle，zhǐyǒu cōngcōng bàle；zài bāqiān duō rì

些　什么　呢？只有　徘徊　罢了，只有　匆匆　罢了；在　八千　多　日

de cōngcōng·lǐ，chú páihuái wài，yòu shèng xiē shénme ne? Guòqù de rìzi rú

的　匆匆　里，除　徘徊　外，又　剩　些　什么　呢？过去　的　日子如

qīngyān，bèi wēifēng chuīsàn le，rú bówù，bèi chūyáng zhēngróng le；wǒ

轻烟，　被　微风　吹散　了，如　薄雾，被　初阳　蒸融　了；我

liúzhe xiē shénme hénjì ne? Wǒ hécéng liúzhe xiàng yóusī yàng de hénjì ne?

留着　些　什么　痕迹　呢？我　何曾　留着　像　游丝　样　的　痕迹　呢？

Wǒ chìluǒluǒ// láidào zhè shìjiè，zhuǎnyǎnjiān yě jiāng chìluǒluǒ de huí·qù ba?

我　赤裸裸//　来到　这　世界，　转眼间　也　将　赤裸裸　的　回去　罢？

Dàn bù néng píng de，wèi shénme piān báibái zǒu zhè yī zāo a?

但　不　能　平　的，为　什么　偏　白白　走　这　一　遭　啊？

　　Nǐ cōng·míng de，gàosu wǒ，wǒmen de rìzi wèi shénme yī qù bù fù fǎn ne?

　　你　聪明　的，告诉　我，我们　的日子为　什么　一去　不复返　呢？

　　　　　　　　　　　　　　　Jiéxuǎn zì Zhū Zìqīng《Cōngcōng》

　　　　　　　　　　　　　　　节选　自　朱　自清　《匆匆》

Zuòpǐn 4 Hào
作品　4 号

Yǒude rén zài gōngzuò、xuéxí zhōng quēfá nàixìng hé rènxìng, tāmen yīdàn

有的　人　在　工作、　学习　中　缺乏　耐性　和　韧性,　他们　一旦

pèngle dīngzi, zǒule wānlù, jiù kāishǐ huáiyí zìjǐ shìfǒu yǒu yánjiū cáinéng. Qíshí,

碰了　钉子,　走了　弯路,　就　开始　怀疑　自己　是否　有　研究　才能。　其实,

wǒ kěyǐ gàosu dàjiā, xǔduō yǒumíng de kēxuéjiā hé zuòjiā, dōu shì jīngguò hěn

我　可以　告诉　大家,　许多　有名　的　科学家　和　作家,　都　是　经过　很

duō cì shībài, zǒuguo hěn duō wānlù cái chénggōng de. Yǒu rén kàn•jiàn yī gè

多　次　失败,　走过　很　多　弯路　才　成功　的。有　人　看见　一个

zuòjiā xiěchū yī běn hǎo xiǎoshuō, huòzhě kàn•jiàn yī gè kēxuéjiā fābiǎo jǐ piān

作家　写出　一　本　好　小说,　或者　看见　一个　科学家　发表　几　篇

yǒu fèn•liàng de lùnwén, biàn yǎngmù - bùyǐ, hěn xiǎng zìjǐ nénggòu xìnshǒu-

有　分量　的　论文,　便　仰慕不已,　很　想　自己　能够　信手

-niānlái, miàoshǒu-chéngzhāng, yī jiào xǐnglái yùmǎn - tiānxià. Qíshí, chénggōng

拈来,　妙手成章,　一　觉　醒来,　誉满天下。　其实,　成功

de zuòpǐn hé lùnwén zhǐ bùguò shì zuòjiā、xuézhěmen zhěnggè chuàngzuò hé

的　作品　和　论文　只　不过 - 是　作家、　学者们　整个　创作　和

yánjiū zhōng de jí xiǎo bùfen, shènzhì shùliàng•shàng hái bù jí shībài zuòpǐn de

研究　中　的极小　部分,　甚至　数量上　还　不及　失败　作品　的

shí fēn zhī yī. Dàjiā kàndào de zhǐ shì tāmen chénggōng de zuòpǐn, ér shībài de

十　分　之　一。大家　看到　的　只　是　他们　成功　的　作品,　而　失败　的

zuòpǐn shì bù huì gōngkāi fābiǎo chū•lái de.

作品　是　不会　公开　发表　出来　的。

Yào zhī•dào, yī gè kēxuéjiā zài gōngkè kēxué bǎolěi de chángzhēng zhōng,

要　知道,　一个　科学家　在　攻克　科学　堡垒　的　长征　中,

shībài de cìshù hé jīngyàn, yuǎn bǐ chénggōng de jīngyàn yào fēngfù、shēnkè

失败　的　次数　和　经验,　远　比　成功　的　经验　要　丰富、　深刻

de duō. Shībài suīrán bù shì shénme lìng rén kuàilè de shìqing, dàn yě juébù

得多。　失败　虽然　不　是　什么　令　人　快乐　的　事情,　但　也　决不

yīnggāi yīncǐ qìněi. Zài jìnxíng yánjiū shí, yánjiū fāngxiàng bù zhèngquè, zǒule

应该　因此　气馁。在　进行　研究　时,　研究　方向　不　正确,　走了

xiē chàlù, báifèile xǔduō jīnglì, zhè yě shì cháng yǒu de shì. Dàn bù yàojǐn, kěyǐ

些　岔路,　白费了　许多　精力,　这　也　是　常　有　的事。但　不　要紧,　可以

zài diàohuàn fāngxiàng jìnxíng yánjiū. Gèng zhòngyào de shì yào shànyú xīqǔ
再　调换　　　方向　　　进行　研究。　更　　重要　　的　是　要　善于　吸取
shībài de jiàoxùn, zǒngjié yǐ yǒu de jīngyàn, zài jìxù qiánjìn.
失败　的　教训，　　总结　已　有　的　经验，再继续　前进。

　　Gēnjù wǒ zìjǐ de tǐhuì, suǒwèi tiāncái, jiù shì jiānchí búduàn de nǔlì. Yǒuxiē
　　根据　我　自己　的体会，　所谓　天才，　就是　坚持　不断　的努力。有些
rén yěxǔ jué • dé wǒ zài shùxué fāngmiàn yǒu shénme tiānfèn, // qíshí cóng wǒ
人　也许　觉得　我　在　数学　方面　有　什么　天分，// 其实　从　我
shēn • shàng shì zhǎo • bù dào zhè zhǒng tiānfèn de. Wǒ dú xiǎoxué shí, yīn • wèi
身上　是　找不　到　这种　天分　的。我读　小学　时，　因为
chéngjì bù hǎo, méi • yǒu nádào bìyè zhèngshū, zhǐ nádào yī zhāng xiūyè
成绩　不　好，　没有　拿到　毕业　证书，　只　拿到　一　张　修业
zhèngshū. Chūzhōng yī niánjí shí, wǒ de shùxué yě shì jīngguò bǔkǎo cái jígé
证书。　初中　一　年级　时，我　的　数学　也是　经过　补考　才及格
de. Dànshì shuō lái qíguài, cóng chūzhōng èr niánjí yǐhòu, wǒ jiù fāshēngle yī
的。但是　说来　奇怪，从　初中　二　年级　以后，我　就　发生了　一
gè gēnběn zhuǎnbiàn, yīn • wèi wǒ rènshi dào jìrán wǒ de zīzhì chà xiē, jiù yīnggāi
个　根本　转变，　因为　我　认识　到　既然　我的　资质　差些，就　应该
duō yòng diǎnr shíjiān lái xuéxí. Bié • rén xué yī xiǎoshí, wǒ jiù xué liǎng xiǎoshí,
多　用　点儿　时间　来　学习。别人　学一　小时，我　就　学　两　小时，
zhè yàng, wǒ de shùxué chéngjì déyǐ búduàn tígāo.
这样，我　的　数学　成绩　得以　不断　提高。

　　Yī zhí dào xiànzài wǒ yě guànchè zhège yuánzé: bié • rén kàn yī piān dōngxi
　　一　直　到　现在　我　也　贯彻　这个　原则：　别人　看　一　篇　东西
yào sān xiǎoshí, wǒ jiù huā sān gè bàn xiǎoshí. Jīngguò chángqī jīlěi, jiù
要　三　小时，我　就　花　三　个　半　小时。　经过　长期　积累，就
duōshǎo kěyǐ kànchū chéngjì lái. Bìngqiě zài jīběn jìqiǎo lànshú zhīhòu,
多少　可以　看出　成绩　来。　并且　在　基本　技巧　烂熟　之后，
wǎngwǎng nénggòu yī gè zhōngtóu jiù kàndǒng yī piān rénjia kàn shítiān-bànyuè
往往　　能够　一个　钟头　就　看懂　一　篇人家看　十天半月
yě jiě • bú tòu de wénzhāng. Suǒ yǐ, qián yī duàn shíjiān de jiābèi nǔlì, zài hòu yī
也　解不　透　的　文章。　所以，前一　段　时间　的　加倍　努力，在　后一
duàn shíjiān néng shōudào yùxiǎng • bù dào de xiàoguǒ.
段　时间　能　收到　预想　不　到　的　效果。

Shì de ， cōng·míng zàiyú xuéxí, tiāncái zàiyú jīlěi.

是 的， 聪明 在于 学习， 天才 在于 积累。

Jiéxuǎn zì Huà Luógēng《Cōng·míng zàiyú Xuéxí, Tiāncái zàiyú Jīlěi》

节选 自 华 罗庚 《 聪明 在于 学习， 天才 在于 积累》

Zuòpǐn 5 Hào
作品 5 号

Qùguo Gùgōng dàxiū xiànchǎng de rén, jiù huì fāxiàn zhè·lǐ hé wài·miàn

去过 故宫 大修 现场 的 人， 就 会 发现 这里 和 外面

gōngdì de láozuò jǐngxiàng yǒu gè míngxiǎn de qūbié: zhè·lǐ méi·yǒu qǐzhòngjī,

工地 的 劳作 景象 有 个 明显 的 区别： 这里 没有 起重机，

jiànzhù cáiliào dōu shì yǐ shǒutuīchē de xíngshì sòng wǎng gōngdì, yùdào rénlì

建筑 材料 都 是 以 手推车 的 形式 送 往 工地， 遇到 人力

wúfǎ yùnsòng de mùliào shí, gōngrénmen huì shǐyòng bǎinián-bùbiàn de

无法 运送 的 木料 时， 工人们 会 使用 百年不变 的

gōngjù——huálúnzǔ. Gùgōng xiūshàn, zūnzhòngzhe "Sì-Yuán" yuánzé, jí

工具——滑轮组。 故宫 修缮， 尊重着 "四原" 原则， 即

yuán cáiliào、yuán gōngyì、yuán jiégòu、yuán xíngzhì. Zài bù yǐngxiǎng tǐxiàn

原 材料、原 工艺、原 结构、原 型制。 在 不 影响 体现

chuántǒng gōngyì jìshù shǒufǎ tèdiǎn de dìfang, gōngjiàng kěyǐ yòng diàndòng

传统 工艺 技术 手法 特点 的 地方， 工匠 可以 用 电动

gōngjù, bǐrú kāi huāngliào、jié tóu. Dàduōshù shíhou gōngjiàng dōu yòng

工具， 比如 开 荒料、 截 头。 大多数 时候 工匠 都 用

chuántǒng gōngjù: mùjiang huà xiàn yòng de shì mòdǒu、huàqiān、máobǐ、

传统 工具： 木匠 画线 用 的 是 墨斗、 画签、 毛笔、

fāngchǐ、zhànggān、wǔchǐ; jiāgōng zhìzuò mùgòujiàn shǐyòng de gōngjù yǒu

方尺、 杖竿、 五尺；加工 制作 木构件 使用 的 工具 有

bēn、záo、fǔ、jù、bào děngděng.

锛、 凿、 斧、锯、刨 等等。

Zuì néng tǐxiàn dàxiū nándù de biàn shì wǎzuò zhōng "shànbèi" de huánjié.

最 能 体现 大修 难度 的 便 是 瓦作 中 "苫背" 的 环节。

"Shànbèi" shì zhǐ zài fángdǐng zuò huībèi de guòchéng, tā xiāngdāngyú wèi

"苫背" 是 指 在 房顶 做 灰背 的 过程， 它 相当于 为

mùjiànzhù tiān•shàng fángshuǐcéng. Yǒu jù kǒujué shì sānjiāng-sānyā, yě jiù shì
木建筑　　添上　　防水层。　　有句口诀是三浆三压，　　也就是

shàng sān biàn shíhuījiāng, ránhòu zài yā•shàng sān biàn. Dàn zhè shì gè xūshù.
上三遍石灰浆，　　然后再压上三遍。但这是个虚数。

Jīntiān shì qíngtiān, gān de kuài, sānjiāng-sānyā yìngdù jiù néng fúhé yāoqiú,
今天是晴天，　干得快，　三浆三压　硬度就能符合要求，

yàoshì gǎn•shàng yīntiān, shuō•búdìng jiù yào liùjiāng-liùyā. Rènhé yī gè huánjié
要是赶上阴天，说不定就要六浆六压。任何一个环节

de shūlòu dōu kěnéng dǎozhì lòuyǔ, ér zhè duì jiànzhù de sǔnhuài shì zhìmìng de.
的疏漏都可能导致漏雨，而这对建筑的损坏是致命的。

　"Gōng" zì zǎo zài Yīnxū jiǎgǔ bǔcí zhōng jiù yǐ•jīng chūxiànguo. 《Zhōu
　"工"字早在殷墟甲骨卜辞中就已经出现过。《周

guān》 yǔ 《Chūnqiū Zuǒzhuàn》 jìzǎi Zhōu wángcháo yǔ zhūhóu dōu shèyǒu
官》与《春秋左传》记载周王朝与诸侯都设有

zhǎngguǎn yíngzào de jīgòu. Wúshù de mínggōng-qiǎojiàng wèi wǒmen liú•xiàle
掌管营造的机构。无数的名工巧匠为我们留下了

nàme duō hóngwěi de jiànzhù, dàn què// hěn shǎo bèi lièrù shǐjí、yángmíng yú
那么多宏伟的建筑，但却//很少被列入史籍，扬名于

hòushì.
后世。

　Jiàngrén zhīsuǒyǐ chēng zhī wéi "jiàng", qíshí bù jǐnjǐn shì yīn•wèi tāmen
　匠人之所以称之为"匠"，其实不仅仅是因为他们

yōngyǒule mǒu zhǒng xiánshú de jìnéng, bìjìng jìnéng hái kěyǐ tōngguò shíjiān
拥有了某种娴熟的技能，毕竟技能还可以通过时间

de lěijī "shúnéngshēngqiǎo", dàn yùncáng zài "shǒuyì" zhī shàng de nà zhǒng
的累积"熟能生巧"，但蕴藏在"手艺"之上的那种

duì jiànzhù běnshēn de jìngwèi hé rè'ài què xūyào cóng lìshǐ de chánghé zhōng
对建筑本身的敬畏和热爱却需要从历史的长河中

qù xúnmì.
去寻觅。

　Jiāng zhuànglì de Zǐjìnchéng wánhǎo de jiāo gěi wèilái, zuì néng yǎngzhàng
　将壮丽的紫禁城完好地交给未来，最能仰仗

de biàn shì zhèxiē mòmò fèngxiàn de jiàngrén. Gùgōng de xiūhù zhùdìng shì yī
的便是这些默默奉献的匠人。故宫的修护注定是一

chǎng méi • yǒu zhōngdiǎn de jiēlì, ér tāmen jiù shì zuì hǎo de jiēlìzhě.
场　　没有　　　终点　的接力，而他们　就　是　最　好　的　接力者。

Jiéxuǎn zì Shàn Jìxiáng 《Dà Jiàng Wú Míng》
节选　自　单　霁翔　《大　匠　无　名》

Zuòpǐn 6 Hào
作品　6　号

Lìchūn guò hòu, dàdì jiànjiàn cóng chénshuì zhōng sūxǐng guò • lái. Bīngxuě
立春　过　后，大地　渐渐　从　沉睡　中　苏醒　过来。　冰雪
rónghuà, cǎomù méngfā, gè zhǒng huā cìdì kāifàng. Zài guò liǎng gè yuè,
融化，　草木　萌发，　各　种　花　次第　开放。　再　过　两　个　月，
yànzi piānrán guīlái. Bùjiǔ, bùgǔniǎo yě lái le. Yúshì zhuǎnrù yánrè de xiàjì, zhè
燕子　翩然　归来。不久，　布谷鸟　也　来　了。于是　转入　炎热　的　夏季，这
shì zhíwù yùnyù guǒshí de shíqī. Dàole qiūtiān, guǒshí chéngshú, zhíwù de yèzi
是　植物　孕育　果实　的　时期。到了　秋天，　果实　成熟，　植物的叶子
jiànjiàn biàn huáng, zài qiūfēng zhōng sùsù de luò xià • lái. Běiyàn-nánfēi, huóyuè
渐渐　变　黄，　在　秋风　中　簌簌　地　落　下来。　北雁南飞，　活跃
zài tiánjiān-cǎojì de kūnchóng yě dōu xiāoshēng-nìjì. Dàochù chéngxiàn yī piàn
在　田间草际　的　昆虫　也　都　销声匿迹。　到处　呈现　一　片
shuāicǎo-liántiān de jǐngxiàng, zhǔnbèi yíngjiē fēngxuě-zàitú de hándōng. Zài
衰草连天　的　景象，　准备　迎接　风雪载途　的　寒冬。　在
dìqiú • shàng wēndài hé yàrèdài qūyù • lǐ, niánnián rú shì, zhōu'érfùshǐ.
地球上　温带　和　亚热带　区域里，　年年　如是，　周而复始。

Jǐ qiān nián lái, láodòng rénmín zhùyìle cǎomù-róngkū, hòuniǎo-qùlái děng
几　千　年　来，劳动　人民　注意了　草木荣枯、　候鸟去来　等
zìrán xiànxiàng tóng qìhòu de guānxi, jù yǐ ānpái nóngshì. Xìnghuā kāi le, jiù
自然　现象　同　气候　的　关系，据　以　安排　农事。　杏花　开　了，就
hǎoxiàng dàzìrán zài chuányǔ yào gǎnkuài gēng dì; táohuā kāi le, yòu hǎoxiàng
好像　大自然　在　传语　要　赶快　耕　地；桃花　开　了，又　好像
zài ànshì yào gǎnkuài zhòng gǔzi. Bùgǔniǎo kāishǐ chànggē, láodòng rénmín
在　暗示　要　赶快　种　谷子。布谷鸟　开始　唱歌，　劳动　人民
dǒng • dé tā zài chàng shénme: "Āgōng āpó, gē mài chā hé." Zhèyàng kànlái,
懂　得　它　在　唱　什么："阿公　阿婆，　割麦　插禾。"　这样　看来，
huāxiāng-niǎoyǔ, cǎozhǎng-yīngfēi, dōu shì dàzìrán de yǔyán.
花香鸟语，　草长莺飞，　都　是　大自然　的　语言。

Zhèxiē zìrán xiànxiàng, wǒguó gǔdài láodòng rénmín chēng tā wéi wùhòu.
这些　自然　现象，我国　古代　劳动　人民　称　它　为　物候。
Wùhòu zhīshi zài wǒguó qǐyuán hěn zǎo. Gǔdài liúchuán xià•lái de xǔduō nóngyàn
物候　知识　在　我国　起源　很　早。古代　流传　下来　的　许多　农谚
jiù bāohánle fēngfù de wùhòu zhīshi. Dàole jìndài, lìyòng wùhòu zhīshi lái yánjiū
就　包含了　丰富　的　物候　知识。到了　近代，利用　物候　知识　来　研究
nóngyè shēngchǎn, yǐ•jīng fāzhǎn wéi yī mén kēxué, jiù shì wùhòuxué. Wùhòuxué
农业　生产，　已经　发展　为　一　门　科学，　就　是　物候学。　物候学
jìlù zhíwù de shēngzhǎng-róngkū, dòngwù de yǎngyù-wǎnglái, rú táohuā kāi、
记录　植物　的　生长荣枯，　动物　的　养育往来，　如　桃花　开、
yànzi lái děng zìrán xiànxiàng, cóng'ér liǎojiě suízhe shíjié// tuīyí de qìhòu biànhuà
燕子　来　等　自然　现象，　从而　了解　随着　时节//　推移　的　气候　变化
hé zhè zhǒng biànhuà duì dòng-zhíwù de yǐngxiǎng.
和　这　种　变化　对　动植物　的　影响。

Jiéxuǎn zì Zhú Kězhēn《Dàzìrán de Yǔyán》
节选　自　竺　可桢　《大自然　的　语言》

Zuòpǐn 7 Hào
作品　7　号

Dāng gāosù lièchē cóng yǎnqián hūxiào ér guò shí, nà zhǒng zhuǎnshùn-
当　高速　列车　从　眼前　呼啸　而　过　时，那　种　转瞬
-jíshì de gǎnjué ràng rénmen bù•débù fāwèn: gāosù lièchē pǎo de nàme kuài,
即逝　的　感觉　让　人们　不得不　发问：高速　列车　跑　得　那么　快，
sījī néng kànqīng lù ma?
司机能　看清　路　吗？
Gāosù lièchē de sùdù fēicháng kuài, zuì dī shísù biāozhǔn shì èrbǎi gōnglǐ.
高速　列车　的　速度　非常　快，最　低　时速　标准　是　二百　公里。
Qiě bù shuō néngjiàndù dī de wùmáitiān, jiùshì qíngkōng-wànlǐ de dàbáitiān,
且　不　说　能见度　低　的　雾霾天，　就是　晴空万里　的　大白天，
jíshǐ shì shìlì hǎo de sījī, yě bù néng bǎozhèng zhèngquè shíbié dìmiàn de
即使　是　视力　好　的　司机，也　不　能　保证　正确　识别　地面　的
xìnhào. Dāng ròuyǎn kàndào qián•miàn yǒu zhàng'ài shí, yǐ•jīng lái•bùjí fǎnyìng.
信号。当　肉眼　看到　前面　有　障碍　时，已经　来不及　反应。

Zhuānjiā gàosu wǒ, mùqián, wǒguó shísù sānbǎi gōnglǐ yǐshàng de gāotiě
专家　　告诉　我，目前，　我国　时速　三百　公里　以上　的　高铁
xiànlù bù shèzhì xìnhàojī, gāosù lièchē bù yòng kàn xìnhào xíngchē, ér shì
线路　不　设置　信号机，高速　列车　不　用　看　信号　行车，而是
tōngguò liè-kòng xìtǒng zìdòng shíbié qiánjìn fāngxiàng. Qí gōngzuò liúchéng
通过　列控　系统　自动　识别　前进　　方向。　其　工作　　流程
wéi, yóu tiělù zhuānyòng de quánqiú shùzì yídòng tōngxìn xìtǒng lái shíxiàn
为，由　铁路　专用　的　全球　数字　移动　通信　系统　来　实现
shùjù chuánshū, kòngzhì zhōngxīn shíshí jiēshōu wúxiàn diànbō xìnhào, yóu
数据　传输，　控制　中心　实时　接收　无线　电波　信号，由
jìsuànjī zìdòng páiliè chū měi tàng lièchē de zuì jiā yùnxíng sùdù hé zuì xiǎo
计算机　自动　排列　出　每　趟　列车　的　最佳　运行　速度和　最小
xíngchē jiàngé jùlí, shíxiàn shíshí zhuīzōng kòngzhì, quèbǎo gāosù lièchē jiàngé
行车　间隔　距离，实现　实时　追踪　控制，确保　高速　列车　间隔
hélǐ de ānquán yùnxíng. Dāngrán, shísù èrbǎi zhì èrbǎi wǔshí gōnglǐ de gāotiě
合理地　安全　运行。　当然，　时速　二百　至　二百　五十　公里　的　高铁
xiànlù, réngrán shèzhì xìnhàodēng kòngzhì zhuāngzhì, yóu chuántǒng de guǐdào
线路，　仍然　设置　信号灯　控制　装置，　由　传统　的　轨道
diànlù jìnxíng xìnhào chuánshū.
电路　进行　信号　传输。

Zhōngguó zìgǔ jiù yǒu "qiānlǐyǎn" de chuánshuō, jīnrì gāotiě ràng gǔrén
中国　自古　就有　"千里眼"　的　传说，　今日　高铁　让　古人
de chuánshuō chéngwéi xiànshí.
的　传说　成为　现实。

Suǒwèi "qiānlǐyǎn", jí gāotiě yánxiàn de shèxiàngtóu, jǐ háomǐ jiànfāng de
所谓　"千里眼"，即　高铁　沿线　的　摄像头，　几　毫米　见方　的
shízǐr yě táo•bùguò tā de fǎyǎn. Tōngguò shèxiàngtóu shíshí cǎijí yánxiàn gāosù
石子儿也　逃不　过　它　的　法眼。　通过　　摄像头　实时　采集　沿线　高速
lièchē yùnxíng de xìnxī, yīdàn// chūxiàn gùzhàng huòzhě yìwù qīnxiàn, gāotiě
列车　运行　的　信息，一旦//　出现　故障　或者　异物　侵限，高铁
diàodù zhǐhuī zhōngxīn jiānkòng zhōngduān de jièmiàn•shàng jiù huì chūxiàn yī
调度　指挥　中心　监控　终端　的　界面上　就　会　出现　一
gè hóngsè de kuàng jiāng mùbiāo suǒdìng, tóngshí, jiānkòng xìtǒng mǎshàng
个　红色　的　框　将　目标　锁定，　同时，　监控　系统　马上
bàojǐng xiǎnshì. Diàodù zhǐhuī zhōngxīn huì xùnsù bǎ zhǐlìng chuándì gěi gāosù
报警　显示。　调度　指挥　中心　会　迅速　把　指令　传递　给　高速

lièchē sījī.
列车 司机。

Jiéxuǎn zì Wáng Xióng 《Dāngjīn "Qiānlǐyǎn"》
节选 自 王 雄 《 当今 "千里眼"》

Zuòpǐn 8 Hào
作品　8 号

Cóng Zhàoqìng Shì qūchē bàn xiǎoshí zuǒyòu, biàn dàole dōngjiāo fēngjǐng
从 肇庆 市 驱车 半 小时 左右， 便 到了 东郊 风景
míngshèng Dǐnghú Shān. Xiàle jǐ tiān de xiǎoyǔ gāng tíng, mǎn shān lǒngzhàozhe
名胜 鼎湖 山。 下了 几 天 的 小雨 刚 停， 满 山 笼罩着
qīngshā shìde bówù.
轻纱 似的 薄雾。
　　Guòle Háncuìqiáo, jiù tīngdào cóngcóng de quánshēng. Jìn shān yī kàn,
　　过了 寒翠桥， 就 听到 淙淙 的 泉声。 进 山 一 看，
cǎocóng shífèng, dàochù dōu yǒngliúzhe qīngliàng de quánshuǐ. Cǎofēng-línmào,
草丛 石缝， 到处 都 涌流着 清亮 的 泉水。 草丰林茂，
yílù·shàng quánshuǐ shí yǐn shí xiàn, quánshēng bùjuéyú'ěr. Yǒushí jǐ gǔ quán-
一路上 泉水 时 隐 时 现， 泉声 不绝于耳。 有时 几 股 泉
shuǐ jiāocuò liúxiè, zhēduàn lùmiàn, wǒmen děi xúnzhǎozhe diànjiǎo de shíkuàir
水 交错 流泻， 遮断 路面， 我们 得 寻找着 垫脚 的 石块
tiàoyuèzhe qiánjìn. Yù wǎng shàng zǒu shù yù mì, lǜyīn yù nóng. Shīlùlù de lǜyè,
跳跃着 前进。 愈 往 上 走 树 愈 密， 绿阴 愈 浓。 湿漉漉 的 绿叶，
yóurú dàhǎi de bōlàng, yī céng yī céng yǒngxiàng shāndǐng. Quánshuǐ yǐndàole
犹如 大海 的 波浪， 一 层 一 层 涌向 山顶。 泉水 隐到了
nóngyīn de shēnchù, ér quánshēng què gèngjiā qīngchún yuè'ěr. Hūrán, yún
浓阴 的 深处， 而 泉声 却 更加 清纯 悦耳。 忽然， 云
zhōng chuán·lái zhōngshēng, dùnshí shān míng gǔ yìng, yōuyōuyángyáng.
中 传来 钟声， 顿时 山 鸣 谷 应， 悠悠扬扬。
Ānxiáng hòuzhòng de zhōngshēng hé huānkuài huópo de quánshēng, zài yǔhòu
安详 厚重 的 钟声 和 欢快 活泼 的 泉声， 在 雨后
níngjìng de mùsè zhōng, huìchéng yī piàn měimiào de yīnxiǎng.
宁静 的 暮色 中， 汇成 一 片 美妙 的 音响。

Wǒmen xúnzhe zhōngshēng, láidàole bànshānyāo de Qìngyún Sì. Zhè shì yī
我们 循着 钟声， 来到了 半山腰 的 庆云 寺。这 是 一

zuò jiànyú Míngdài、guīmó hóngdà de Lǐngnán zhùmíng gǔchà. Tíngyuàn•lǐ
座 建于 明代、 规模 宏大 的 岭南 著名 古刹。 庭院里

fánhuā-sìjǐn, gǔshù-cāntiān. Yǒu yī zhū yǔ gǔchà tónglíng de cháhuā, hái yǒu
繁花似锦， 古树参天。 有 一 株 与 古刹 同龄 的 茶花， 还 有

liǎng zhū cóng Sīlǐlánkǎ yǐnzhòng de、yǒu èrbǎi duō nián shùlíng de pútíshù.
两 株 从 斯里兰卡 引种 的、有 二百 多 年 树龄 的 菩提树。

Wǒmen juédìng jiù zài zhè zuò sìyuàn•lǐ jièsù.
我们 决定 就 在 这 座 寺院里 借宿。

Rùyè, shān zhōng wànlài-jùjì, zhǐ yǒu quánshēng yīzhí chuánsòng dào
入夜， 山 中 万籁俱寂， 只 有 泉声 一直 传送 到

zhěnbiān. Yīlù•shàng tīngdào de gè zhǒng quánshēng, zhè shíhòu tǎng zài
枕边。 一路上 听到 的 各 种 泉声， 这 时候 躺 在

chuáng•shàng, kěyǐ yòng xīn xìxì de língtīng、biànshí、pǐnwèi. Nà xiàng
床上， 可以 用 心 细细地 聆听、 辨识、 品味。 那 像

xiǎotíqín yīyàng qīngróu de, shì cǎocóng zhōng liútǎng de xiǎoxī de shēngyīn;
小提琴 一样 轻柔 的， 是 草丛 中 流淌 的 小溪 的 声音；

nà xiàng pí•pá yīyàng qīngcuì de, // shì zài shífèngr jiān diēluò de jiànshuǐ de
那 像 琵琶 一样 清脆 的， // 是 在 石缝 间 跌落 的 涧水 的

shēngyīn; nà xiàng dàtíqín yīyàng hòuzhòng huíxiǎng de, shì wúshù dào xìliú
声音； 那 像 大提琴 一样 厚重 回响 的， 是 无数 道 细流

huìjù yú kōnggǔ de shēngyīn; nà xiàng tóngguǎn qímíng yīyàng xiónghún
汇聚 于 空谷 的 声音； 那 像 铜管 齐鸣 一样 雄浑

pángbó de, shì fēipù-jíliú diērù shēntán de shēngyīn. Hái yǒu yīxiē quánshēng hū
磅礴 的， 是 飞瀑急流 跌入 深潭 的 声音。 还 有 一些 泉声 忽

gāo hū dī, hū jí hū huǎn, hū qīng hū zhuó, hū yáng hū yì, shì quánshuǐ
高 忽 低， 忽急忽缓， 忽 清 忽 浊， 忽 扬 忽 抑， 是 泉水

zhèngzài rào•guò shùgēn, pāidǎ luǎnshí, chuānyuè cǎocóng, liúlián huājiān……
正在 绕过 树根， 拍打 卵石， 穿越 草丛， 流连 花间……

Ménglóng zhōng, nà zīrùnzhe Dǐnghú Shān wàn mù, yùnyù chū péngbó
蒙眬 中， 那 滋润着 鼎湖 山 万 木， 孕育 出 蓬勃

shēngjī de qīngquán, fǎngfú gǔgǔ de liújìnle wǒ de xīntián.
生机 的 清泉， 仿佛 汩汩 地 流进了 我 的 心田。

Jiéxuǎn zì Xiè Dàguāng 《Dǐnghú Shān Tīng Quán》
节选自 谢 大光 《鼎湖 山 听 泉》

Zuòpǐn 9 Hào
作品 9 号

Wǒ cháng xiǎng dúshūrén shì shìjiān xìngfú rén, yīn·wèi tā chúle yōngyǒu
我 常 想 读书人 是 世间 幸福 人， 因为 他 除了 拥有

xiànshí de shìjiè zhīwài, hái yōngyǒu lìng yī gè gèngwéi hàohàn yě gèngwéi
现实 的 世界 之外， 还 拥有 另 一个 更为 浩瀚 也 更为

fēngfù de shìjiè. Xiànshí de shìjiè shì rénrén dōu yǒu de, ér hòu yī gè shìjiè què
丰富 的 世界。 现实 的 世界 是 人人 都 有 的， 而后 一个 世界 却

wéi dúshūrén suǒ dúyǒu. Yóu cǐ wǒ xiǎng, nàxiē shīqù huò bù néng yuèdú de
为 读书人 所 独有。 由 此 我 想， 那些 失去 或 不 能 阅读 的

rén shì duōme de búxìng, tāmen de sàngshī shì bù kě bǔcháng de. Shìjiān yǒu
人 是 多么 的 不幸， 他们 的 丧失 是 不 可 补偿 的。 世间 有

zhūduō de bù píngděng, cáifù de bù píngděng, quánlì de bù píngděng, ér
诸多 的 不 平等， 财富 的 不 平等， 权力 的 不 平等， 而

yuèdú nénglì de yōngyǒu huò sàngshī què tǐxiàn wéi jīngshén de bù píngděng.
阅读 能力 的 拥有 或 丧失 却 体现 为 精神 的 不 平等。

Yī gè rén de yīshēng, zhǐnéng jīnglì zìjǐ yōngyǒu de nà yī fèn xīnyuè, nà yī
一个 人 的 一生， 只能 经历 自己 拥有 的 那 一 份 欣悦， 那一

fèn kǔnàn, yěxǔ zài jiā·shàng tā qīnzì wén zhī de nà yīxiē guānyú zìshēn yǐwài
份 苦难， 也许 再 加上 他 亲自 闻 知 的 那 一些 关于 自身 以外

de jīnglì hé jīngyàn. Rán'ér, rénmen tōngguò yuèdú, què néng jìnrù bùtóng
的 经历 和 经验。 然而， 人们 通过 阅读， 却 能 进入 不同

shíkōng de zhūduō tārén de shìjiè. Zhèyàng, jùyǒu yuèdú nénglì de rén, wúxíng
时空 的 诸多 他人 的 世界。 这样， 具有 阅读 能力 的 人， 无形

jiān huòdéle chāoyuè yǒuxiàn shēngmìng de wúxiàn kěnéngxìng. Yuèdú bùjǐn
间 获得了 超越 有限 生命 的 无限 可能性。 阅读 不仅

shǐ tā duō shíle cǎo-mù-chóng-yú zhī míng, érqiě kěyǐ shàngsù yuǎngǔ xià jí
使 他 多 识了 草木虫鱼 之 名， 而且 可以 上溯 远古 下及

wèilái, bǎolǎn cúnzài de yǔ fēicúnzài de qífēng-yìsú.
未来， 饱览 存在 的 与 非存在 的 奇风异俗。

Gèngwéi zhòngyào de shì, dúshū jiāhuì yú rénmen de bùjǐn shì zhīshi de
更为 重要 的 是， 读书 加惠 于 人们 的 不仅 是 知识 的

zēngguǎng, érqiě hái zàiyú jīngshén de gǎnhuà yǔ táoyě. Rénmen cóng dú shū
增广， 而且 还 在于 精神 的 感化 与 陶冶。 人们 从 读书

xué zuòrén, cóng nàxiē wǎngzhé xiānxián yǐjí dāngdài cáijùn de zhùshù zhōng
学 做人， 从 那些 往哲 先贤 以及 当代 才俊 的 著述 中

xuédé tāmen de réngé. Rénmen cóng 《Lúnyǔ》 zhōng xuédé zhìhuì de sīkǎo,
学得 他们 的 人格。 人们 从 《论语》 中 学得 智慧 的 思考,

cóng 《Shǐjì》 zhōng xuédé yánsù de lìshǐ jīngshén, cóng 《Zhèngqìgē》 zhōng
从 《史记》 中 学得 严肃 的 历史 精神, 从 《正气歌》 中

xuédé réngé de gāngliè, cóng Mǎkèsī xuédé rénshì// de jīqíng, cóng Lǔ Xùn
学得 人格 的 刚烈, 从 马克思 学得 人世// 的 激情, 从 鲁迅

xuédé pīpàn jīngshén, cóng Tuō'ěrsītài xuédé dàodé de zhízhuó. Gēdé de shījù
学得 批判 精神, 从 托尔斯泰 学得 道德 的 执着。 歌德 的 诗句

kèxiězhe ruìzhì de rénshēng, Bàilún de shījù hūhuànzhe fèndòu de rèqíng. Yī gè
刻写着 睿智 的 人生, 拜伦 的 诗句 呼唤着 奋斗 的 热情。 一个

dúshūrén, yī gè yǒu jī•huì yōngyǒu chāohū gèrén shēngmìng tǐyàn de xìngyùn rén.
读书人, 一个 有 机会 拥有 超乎 个人 生命 体验 的 幸运人。

Jiéxuǎn zì Xiè Miǎn 《Dúshūrén Shì Xìngfú Rén》
节选 自 谢冕 《 读书人 是 幸福 人》

Zuòpǐn 10 Hào
作品 10 号

Wǒ ài yuèyè, dàn wǒ yě ài xīngtiān. Cóngqián zài jiāxiāng qī-bāyuè de
我 爱 月夜, 但 我 也 爱 星天。 从前 在 家乡 七八月 的

yèwǎn zài tíngyuàn•lǐ nàliáng de shíhou, wǒ zuì ài kàn tiān•shàng mìmì-mámá
夜晚 在 庭院里 纳凉 的 时候, 我 最爱 看 天上 密密麻麻

de fánxīng. Wàngzhe xīngtiān, wǒ jiù huì wàngjì yīqiè, fǎngfú huídàole mǔ•qīn
的 繁星。 望着 星天, 我 就 会 忘记 一切, 仿佛 回到了 母亲

de huái•lǐ shìde.
的 怀里 似的。

Sān nián qián zài Nánjīng wǒ zhù de dìfang yǒu yī dào hòumén, měi wǎn
三 年 前 在 南京 我 住 的 地方 有 一 道 后门, 每 晚

wǒ dǎkāi hòumén, biàn kàn•jiàn yī gè jìngjì de yè. Xià•miàn shì yī piàn càiyuán,
我 打开 后门, 便 看见 一个 静寂 的 夜。 下面 是 一片 菜园,

shàng•miàn shì xīngqún mìbù de lántiān. Xīngguāng zài wǒmen de ròuyǎn•lǐ
上面 是 星群 密布 的 蓝天。 星光 在 我们 的 肉眼里

suīrán wēixiǎo, rán'ér tā shǐ wǒmen jué•dé guāngmíng wúchù-bùzài. Nà shíhou
虽然 微小, 然而 它 使 我们 觉得 光明 无处不在。 那 时候

wǒ zhèngzài dú yīxiē tiānwénxué de shū, yě rènde yīxiē xīngxing, hǎoxiàng
我　正在　读一些　天文学　的书，也认得一些　星星，　好像
tāmen jiùshì wǒ de péngyou, tāmen chángcháng zài hé wǒ tánhuà yīyàng.
它们　就是我的朋友，　它们　常常　在和我　谈话一样。

　　Rújīn zài hǎi·shàng, měi wǎn hé fánxīng xiāngduì, wǒ bǎ tāmen rènde
　　如今在　海上，　每晚和繁星　相对，　我把它们　认得
hěn shú le. Wǒ tǎng zài cāngmiàn·shàng, yǎngwàng tiānkōng. Shēnlánsè de
很熟了。我　躺在　舱面上，　仰望　天空。　深蓝色的
tiānkōng·lǐ xuánzhe wúshù bànmíng-bànmèi de xīng. Chuán zài dòng, xīng yě
天空里　悬着　无数　半明半昧　的星。　船在动，星也
zài dòng, tāmen shì zhèyàng dī, zhēn shì yáoyáo-yùzhuì ne! Jiànjiàn de wǒ de
在动，它们是　这样低，真是　摇摇欲坠　呢！渐渐地我的
yǎnjing móhu le, wǒ hǎoxiàng kàn·jiàn wúshù yínghuǒchóng zài wǒ de zhōuwéi
眼睛模糊了，我　好像　看见　无数　萤火虫　在我的周围
fēiwǔ. Hǎi·shàng de yè shì róuhé de, shì jìngjì de, shì mènghuàn de. Wǒ
飞舞。海上　的夜是柔和的，是静寂的，是梦幻的。我
wàngzhe xǔduō rènshi de xīng, wǒ fǎngfú kàn·jiàn tāmen zài duì wǒ zhǎyǎn,
望着　许多　认识的星，我　仿佛　看见　它们在对我眨眼，
wǒ fǎngfú tīng·jiàn tāmen zài xiǎoshēng shuōhuà. Zhèshí wǒ wàngjìle yīqiè. Zài
我仿佛　听见　它们在小声　说话。　这时我　忘记了一切。在
xīng de huáibào zhōng wǒ wēixiàozhe, wǒ chénshuìzhe. Wǒ jué·dé zìjǐ shì yī gè
星的怀抱　中　我　微笑着，我　沉睡着。我　觉得自己是一个
xiǎoháizi, xiànzài shuì zài mǔ·qīn de huái·lǐ le.
小孩子，现在睡在母亲的　怀里了。

　　Yǒu yī yè, nàge zài Gēlúnbō shàng chuán de Yīngguórén zhǐ gěi wǒ kàn
　　有一夜，那个在　哥伦波　上　船的　英国人　指给我看
tiān·shàng de jùrén. Tā yòng shǒu zhǐzhe: // nà sì kē míngliàng de xīng shì tóu,
天上　的巨人。他用　手　指着： // 那四颗　明亮的星是头，
xià·miàn de jǐ kē shì shēnzi, zhè jǐ kē shì shǒu, nà jǐ kē shì tuǐ hé jiǎo, háiyǒu
下面　的几颗是身子，这几颗是手，那几颗是腿和　脚，还有
sān kē xīng suànshì yāodài. Jīng tā zhè yīfān zhǐdiǎn, wǒ guǒrán kàn qīngchule
三颗星　算是　腰带。经他这一番　指点，我　果然看　清楚了
nàge tiān·shàng de jùrén. Kàn, nàge jùrén hái zài pǎo ne!
那个　天上　的巨人。看，那个巨人还在跑呢！

Jiéxuǎn zì Bājīn《Fánxīng》

节选　自巴金　《繁星》

Zuòpǐn 11 Hào
作品 11 号

Qiántáng Jiāng dàcháo, zìgǔ yǐlái bèi chēngwéi tiānxià qíguān.
钱塘 江 大潮, 自古 以来 被 称为 天下 奇观。

Nónglì bāyuè shíbā shì yī nián yī dù de guāncháorì. Zhè yī tiān zǎoshang,
农历 八月 十八 是 一 年 一 度 的 观潮日。 这 一 天 早上,

wǒmen láidàole Hǎiníng Shì de Yánguān Zhèn, jùshuō zhè·lǐ shì guāncháo zuì
我们 来到了 海宁 市 的 盐官 镇, 据说 这里 是 观潮 最

hǎo de dìfang. Wǒmen suízhe guāncháo de rénqún, dēng·shàngle hǎitáng dàdī.
好 的 地方。 我们 随着 观潮 的 人群, 登上了 海塘 大堤。

Kuānkuò de Qiántáng Jiāng héngwò zài yǎnqián. Jiāngmiàn hěn píngjìng, yuè
宽阔 的 钱塘 江 横卧 在 眼前。 江面 很 平静, 越

wǎng dōng yuè kuān, zài yǔhòu de yángguāng·xià, lóngzhàozhe yī céng
往 东 越 宽, 在 雨后 的 阳光下, 笼罩着 一 层

méngméng de bówù. Zhènhǎi gǔtǎ, Zhōngshāntíng hé Guāncháotái yìlì zài jiāng
蒙蒙 的 薄雾。 镇海 古塔、 中山亭 和 观潮台 屹立 在 江

biān. Yuǎnchù, jǐ zuò xiǎoshān zài yúnwù zhōng ruòyǐn-ruòxiàn. Jiāngcháo hái
边。 远处, 几 座 小山 在 云雾 中 若隐若现。 江潮 还

méi·yǒu lái, hǎitáng dàdī·shàng zǎoyǐ rénshān-rénhǎi. Dàjiā ángshǒu dōng
没有 来, 海塘 大堤上 早已 人山人海。 大家 昂首 东

wàng, děngzhe, pàn zhe.
望, 等着, 盼着。

Wǔhòu yī diǎn zuǒyòu, cóng yuǎnchù chuánlái lónglóng de xiǎngshēng,
午后 一点 左右, 从 远处 传来 隆隆 的 响声,

hǎoxiàng mènléi gǔndòng. Dùnshí rénshēng-dǐngfèi, yǒu rén gàosu wǒmen, cháo
好像 闷雷 滚动。 顿时 人声鼎沸, 有人 告诉 我们, 潮

lái le! Wǒmen diǎnzhe jiǎo wǎng dōng wàng·qù, jiāngmiàn háishi fēngpíng-làngjìng,
来了! 我们 踮着 脚 往 东 望去, 江面 还是 风平浪静,

kàn·bù chū yǒu shénme biànhuà. Guòle yīhuìr, xiǎng shēng yuè lái yuè dà, zhǐ
看不 出 有 什么 变化。 过了 一会儿, 响 声 越 来 越 大, 只

jiàn dōng·biān shuǐtiān-xiàngjiē de dìfang chūxiànle yī tiáo báixiàn, rénqún yòu
见 东边 水天相接 的 地方 出现了 一 条 白线, 人群 又

fèiténg qǐ·lái.
沸腾 起来。

Nà tiáo báixiàn hěn kuài de xiàng wǒmen yí·lái, zhújiàn lā cháng, biàn cū,
那 条 白线 很 快 地 向 我们 移来， 逐渐 拉 长， 变 粗，
héngguàn jiāngmiàn. Zài jìn xiē, zhǐ jiàn báilàng fāngǔn, xíngchéng yī dǔ liǎng
横贯 江面。 再 近 些， 只 见 白浪 翻滚， 形成 一 堵 两
zhàng duō gāo de shuǐqiáng. Làngcháo yuè lái yuè jìn, yóurú qiān-wàn pǐ báisè
丈 多 高 的 水墙。 浪潮 越 来 越 近， 犹如 千万 匹 白色
zhànmǎ qítóu-bìngjìn, hàohàodàngdàng de fēibēn'érlái; nà shēngyīn rútóng
战马 齐头并进， 浩浩荡荡 地 飞奔而来； 那 声音 如同
shānbēng-dìliè, hǎoxiàng dàdì dōu bèi zhèn de chàndòng qǐ·lái.
山崩地裂， 好像 大地 都 被 震 得 颤动 起来。
Shàshí, cháotóu bēnténg xī qù, kěshì yúbō hái zài màntiān-juǎndì bān
霎时， 潮头 奔腾 西 去， 可是 余波 还 在 漫天卷地 般
yǒng·lái, jiāngmiàn·shàng yījiù fēngháo-lànghǒu. Guòle hǎojiǔ, Qiántáng Jiāng
涌来， 江面上 依旧 风号浪吼。 过了 好久， 钱塘 江
cái huīfùle// píngjìng. Kànkan dī xià, jiāngshuǐ yǐ·jīng zhǎngle liǎng zhàng lái gāo le.
才 恢复了// 平静。 看看 堤 下， 江水 已经 涨了 两 丈 来 高 了。

Jiéxuǎn zì Zhào Zōngchéng、Zhū Míngyuán《Guān Cháo》
节选 自 赵 宗成、 朱 明元 《观 潮》

Zuòpǐn 12 Hào
作品 12 号

Wǒ hé jǐ gè háizi zhàn zài yī piàn yuánzi·lǐ, gǎnshòu qiūtiān de fēng. Yuánzi·lǐ
我 和 几 个 孩子 站 在 一 片 园子里， 感受 秋天 的 风。 园子里
zhǎngzhe jǐ kē gāodà de wútóngshù, wǒmen de jiǎo dǐ·xià, pūle yī céng hòuhòu
长着 几 棵 高大 的 梧桐树， 我们 的 脚 底下， 铺了 一 层 厚厚
de wútóngyè. Yè kūhuáng, jiǎo cǎi zài shàng·miàn gāzhī gāzhī cuìxiǎng. Fēng hái
的 梧桐叶。 叶 枯黄， 脚 踩 在 上面 嘎吱 嘎吱 脆响。 风 还
zài yīgèjìnr de guā, chuīdǎzhe shù·shàng kělián de jǐ piàn yèzi, nà shàng·miàn,
在 一个劲儿 地 刮， 吹 打着 树上 可怜 的 几 片 叶子，那 上面，
jiù kuài chéng guāngtūtū de le.
就 快 成 光秃秃 的 了。

Wǒ gěi háizimen shàng xiězuòkè, ràng háizimen miáomó zhè qiūtiān de
我 给 孩子们 上 写作课， 让 孩子们 描摹 这 秋天 的

fēng. Yǐwéi tāmen yīdìng huì shuō hánlěng、cánkù hé huāngliáng zhīlèi de,
风。　以为　他们　一定　会　说　寒冷、　残酷　和　荒凉　之类　的,
jiéguǒ què chūhū wǒ de yìliào.
结果　却　出乎　我　的　意料。

　　Yī gè háizi shuō, qiūtiān de fēng, xiàng bǎ dà jiǎndāo, tā jiǎn ya jiǎn de,
　　一个　孩子　说,　秋天　的　风,　像　把　大　剪刀,　它　剪　呀　剪　的,
jiù bǎ shù•shàng de yèzi quán jiǎnguāng le.
就把　树上　的叶子全　剪光　了。

　　Wǒ zànxǔle zhège bǐyù. Yǒu èryuè chūnfēng sì jiǎndāo zhī shuō, qiūtiān de
　　我　赞许了　这个　比喻。有　二月　春风　似剪刀　之说,　秋天　的
fēng, hécháng bù shì yī bǎ jiǎndāo ne? Zhǐ búguò, tā jiǎn chū•lái de bù shì
风,　何尝　不　是　一　把　剪刀　呢? 只　不过,　它　剪　出来　的不是
huāhóng-yèlǜ, ér shì bàiliǔ-cánhé.
花红叶绿,　而是　败柳残荷。

　　Jiǎnwán le, tā ràng yángguāng lá zhù, zhège háizi tūrán jiēzhe shuō yī jù.
　　剪完　了,它让　阳光　来住,这个　孩子　突然　接着　说　一句。
Tā yǎng xiàng wǒ de xiǎoliǎnr, bèi fēng chuīzhe, xiàng zhī tōnghóng de xiǎo
他　仰　向　我　的　小脸,　被　风　吹着,　像　只　通红　的　小
píngguǒ. Wǒ zhèngzhù, tái tóu kàn shù, nà shàng•miàn, guǒzhēn de, pámǎn
苹果。我　怔住,　抬头　看　树,　那　上面,　果真　的,　爬满
yángguāng a, měi gēn zhītiáo•shàng dōu shì. Shī yǔ dé, cónglái dōu shì rúcǐ
阳光　啊,每根　枝条上　都　是。失与得,　从来　都　是如此
jūnhéng, shù zài shīqù yèzi de tóngshí, què chéngjiēle mǎn shù de yángguāng.
均衡,　树　在失去叶子的　同时,　却　承接了　满树的　阳光。

　　Yī gè háizi shuō, qiūtiān de fēng, xiàng gè móshùshī, tā huì biànchū
　　一个　孩子　说,　秋天　的　风,　像　个　魔术师,　它　会　变出
hǎoduō hǎochīde, língjiao ya, huāshēng ya, píngguǒ ya, pú•táo ya. Hái yǒu
好多　好吃的,　菱角　呀,　花生　呀,　苹果　呀,　葡萄　呀。还　有
guìhuā, kěyǐ zuò guìhuāgāo. Wǒ zuótiān chīle guìhuāgāo, māma shuō, shì
桂花,　可以　做　桂花糕。我　昨天　吃了　桂花糕,　妈妈　说,　是
fēng biàn chū•lái de.
风　变出来　的。

　　Wǒ xiào le. Xiǎokě'ài, jīng nǐ zhème yī shuō, qiūtiān de fēng, hái zhēn
　　我　笑了。小可爱,　经你　这么　一　说,　秋天　的　风,　还　真
shì xiāng de. Wǒ hé hái//zimen yīqǐ xiù, sìhū jiù wénjiànle fēng de wèi•dào, xiàng
是　香　的。我　和　孩//子们　一起嗅,　似乎就　闻见了　风　的　味道,　像

kuàir zhēng de rèqì-téngténg de guìhuāgāo.
块　蒸　得　热气腾腾　的　桂花糕。

Jiéxuǎn zì Dīng Lìméi　《Háizi hé Qiūfēng》
节选　自　丁　立梅　《孩子和　秋风》

Zuòpǐn 13 Hào
作品　13 号

Xīyáng luòshān bùjiǔ, xīfāng de tiānkōng, hái ránshāozhe yī piàn júhóngsè
夕阳　落山　不久，　西方的　天空，　还　燃烧着　一片　橘红色
de wǎnxiá. Dàhǎi, yě bèi zhè xiáguāng rǎnchéngle hóngsè, érqiě bǐ tiānkōng de
的　晚霞。大海，　也被　这　霞光　染成了　红色，而且比　天空　的
jǐngsè gèng yào zhuàngguān. Yīn·wèi tā shì huó·dòng de, měi dāng yīpáipái
景色　更　要　壮观。　因为　它是　活动的，　每当　一排排
bōlàng yǒngqǐ de shíhou, nà yìngzhào zài làngfēng·shàng de xiáguāng, yòu
波浪　涌起　的时候，　那映照在　浪峰上　的霞光，　又
hóng yòu liàng, jiǎnzhí jiù xiàng yīpiànpiàn huòhuò ránshāozhe de huǒyàn,
红又亮，　简直就　像　一片片　霍霍　燃烧着　的火焰，
shǎnshuòzhe, xiāoshī le. Ér hòu·miàn de yī pái, yòu shǎnshuòzhe, gǔndòngzhe,
闪烁着，　消失了。而　后面　的一排，又　闪烁着，　滚动着，
yǒngle guò·lái.
涌了　过来。

Tiānkōng de xiáguāng jiànjiàn de dàn xià·qù le, shēnhóng de yánsè
天空　的　霞光　渐渐　地淡　下去了，　深红　的　颜色
biànchéngle fēihóng, fēihóng yòu biànwéi qiǎnhóng. Zuìhòu, dāng zhè yīqiè
变成了　绯红，　绯红　又　变为　浅红。　最后，　当　这　一切
hóngguāng dōu xiāoshīle de shíhou, nà tūrán xiǎn·dé gāo ér yuǎn le de tiānkōng,
红光　都　消失了　的时候，那突然　显得　高而　远了的　天空，
zé chéngxiàn chū yī piàn sùmù de shénsè. Zuì zǎo chūxiàn de qǐmíngxīng, zài zhè
则　呈现　出一片　肃穆的　神色。　最早　出现　的　启明星，　在这
lánsè de tiānmù·shàng shǎnshuò qǐ·lái le. Tā shì nàme dà, nàme liàng, zhěnggè
蓝色的　天幕上　闪烁　起来了。它是那么大，那么亮，　整个
guǎngmò de tiānmù·shàng zhǐyǒu tā zài nà·lǐ fàngshèzhe lìng rén zhùmù de
广漠　的　天幕上　只有它在那里　放射着　令人　注目的

guānghuī,　huóxiàng yī zhǎn xuánguà　zài gāokōng de míngdēng.

光辉，　　活像　一　盏　悬挂　在　高空　的　明灯。

　　Yèsè jiā nóng, cāngkōng zhōng de "míngdēng" yuè lái yuè duō le. Ér

　　夜色　加　浓，　苍空　　中　的　"明灯"　　越　来　越　多了。而

chéngshì gè chù de zhēn de dēnghuǒ yě cìdì liàngle qǐ·lái, yóuqí shì wéirào zài

城市　各　处　的　真　的　灯火　也　次第　亮了　起来，尤其　是　围绕　在

hǎigǎng zhōuwéi shānpō·shàng de nà yī piàn dēngguāng, cóng bànkōng dàoyìng

海港　周围　山坡上　　的　那一　片　灯光，　从　半空　倒映

zài wūlán de hǎimiàn·shàng, suízhe bōlàng, huàngdòngzhe, shǎnshuòzhe, xiàng yī

在　乌蓝　的　海面上，　随着　波浪，　晃动着，　　闪烁着，　　像　一

chuàn liúdòngzhe de zhēnzhū, hé nà yīpiànpiàn mìbù zài cāngqióng·lǐ de xīngdǒu

串　流动着　的　珍珠，　和那　一片片　密布　在　苍穹里　　的　星斗

hùxiāng huīyìng, shà shì hǎokàn.

互相　辉映，　煞　是　好看。

　　Zài zhè yōuměi de yèsè zhōng, wǒ tàzhe ruǎnmiánmián de shātān, yánzhe

　　在　这　幽美　的　夜色　中，　我　踏着　软绵绵　　的　沙滩，　沿着

hǎibiān, mànmàn de xiàngqián zǒu·qù. Hǎishuǐ, qīngqīng de fǔmōzhe xìruǎn de

海边，　慢慢　地　向前　　走去。　海水，　轻轻　地　抚摸着　细软　的

shātān, fāchū wēnróu de// shuāshuā shēng. Wǎnlái de hǎifēng, qīngxīn ér yòu

沙滩，　发出　温柔　的//　唰唰　　声。　晚来　的　海风，　清新　而又

liángshuǎng. Wǒ de xīn·lǐ, yǒuzhe shuō·bù chū de xīngfèn hé yúkuài.

凉爽。　我　的　心里，　有着　说不　出　的　兴奋　和　愉快。

　　Yèfēng qīngpiāopiāo de chuīfúzhe, kōngqì zhōng piāodàngzhe yī zhǒng dàhǎi

　　夜风　轻飘飘　　地　吹拂着，　空气　中　飘荡着　一　种　大海

hé tiánhé xiāng hùnhé de xiāngwèir, róuruǎn de shātān·shàng hái cánliúzhe

和　田禾　相　混合　的　香味儿，　柔软　的　沙滩上　　还　残留着

bái·tiān tài·yáng zhìshài de yúwēn. Nàxiē zài gègè gōngzuò gǎngwèi·shàng

白天　　太阳　　炙晒　的　余温。　那些　在　各个　工作　　岗位上

láodòngle yī tiān de rénmen, sānsān-liǎngliǎng de láidào zhè ruǎnmiánmián de

劳动了　一　天　的　人们，　三三两两　　地　来到　这　软绵绵　的

shātān·shàng, tāmen yùzhe liángshuǎng de hǎifēng, wàngzhe nà zhuìmǎnle

沙滩上，　他们　浴着　凉爽　的　海风，　望着　那　缀满了

xīngxing de yèkōng, jìnqíng de shuōxiào, jìnqíng de xiūqì.

星星　的　夜空，　尽情　地　说笑，　尽情　地　休憩。

Jiéxuǎn zì Jùnqīng 《Hǎibīn Zhòngxià Yè》

节选　自　峻青　《海滨　仲夏　夜》

Zuòpǐn 14 Hào
作品　14　号

Shēngmìng zài hǎiyáng·lǐ dànshēng jué bù shì ǒurán de, hǎiyáng de wùlǐ hé
生命　　在　海洋里　　诞生　绝 不是　偶然　的，海洋　的　物理 和

huàxué xìngzhì, shǐ tā chéngwéi yùnyù yuánshǐ shēngmìng de yáolán.
化学　性质，　使 它　成为　　孕育　原始　生命　　的　摇篮。

Wǒmen zhī·dào, shuǐ shì shēngwù de zhòngyào zǔchéng bùfen, xǔduō
我们　　知道，　水 是　生物　的　重要　　组成　部分，　许多

dòngwù zǔzhī de hánshuǐliàng zài bǎi fēn zhī bāshí yǐshàng, ér yīxiē hǎiyáng
动物　组织　的　含水量　　在 百　分　之　八十　以上，　而 一些　海洋

shēngwù de hánshuǐliàng gāodá bǎi fēn zhī jiǔshíwǔ. Shuǐ shì xīnchén-dàixiè de
生物　的　含水量　　高达 百　分　之　九十五。　水 是　　新陈代谢　　的

zhòngyào méijiè, méi·yǒu tā, tǐnèi de yīxìliè shēnglǐ hé shēngwù huàxué fǎnyìng
重要　　媒介，　没有　它，体内 的　一系列　生理 和　生物　　化学 反应

jiù wúfǎ jìnxíng, shēngmìng yě jiù tíngzhǐ. Yīncǐ, zài duǎn shíqī nèi dòngwù quē
就 无法　进行，　生命　　也 就 停止。　因此，在　短　时期 内　动物　缺

shuǐ yào bǐ quēshǎo shíwù gèngjiā wēixiǎn. Shuǐ duì jīntiān de shēngmìng shì rúcǐ
水 要 比　缺少　食物　更加　危险。　水 对 今天 的　生命　　是 如此

zhòngyào, tā duì cuìruò de yuánshǐ shēngmìng, gèng shì jǔzú-qīngzhòng le.
重要，　它 对 脆弱　的　原始　　生命，　　更 是　举足轻重　　了。

Shēngmìng zài hǎiyáng·lǐ dànshēng, jiù bù huì yǒu quē shuǐ zhī yōu.
生命　　在　海洋里　　诞生，　就 不 会 有 缺 水 之 忧。

Shuǐ shì yī zhǒng liánghǎo de róngjì. Hǎiyáng zhōng hányǒu xǔduō shēngmìng
水 是 一 种　良好　的　溶剂。　海洋　　中　含有　许多　生命

suǒ bìxū de wújīyán, rú lǜhuànà, lǜhuàjiǎ, tànsuānyán, línsuānyán, háiyǒu
所 必需 的　无机盐，如　氯化钠、氯化钾、　碳酸盐、　磷酸盐，　还有

róngjiěyǎng, yuánshǐ shēngmìng kěyǐ háobú fèilì de cóngzhōng xīqǔ tā suǒ xūyào
溶解氧，　原始　生命　　可以 毫不 费力 地　从中　　吸取 它 所　需要

de yuánsù.
的 元素。

Shuǐ jùyǒu hěn gāo de rè róngliàng, jiāzhī hǎiyáng hàodà, rènpíng xiàjì lièrì
水 具有 很 高 的 热　容量，　加之 海洋　浩大，　任凭　夏季 烈日

pùshài, dōngjì hánfēng sǎodàng, tā de wēndù biànhuà què bǐjiào xiǎo. Yīncǐ,
曝晒，　冬季 寒风 扫荡，　它 的 温度　变化　却 比较 小。　因此，

jùdà de hǎiyáng jiù xiàng shì tiānrán de "wēnxiāng", shì yùnyù yuánshǐ
巨大 的 海洋 就 像 是 天然 的 "温箱"， 是 孕育 原始
shēngmìng de wēnchuáng.
生命 的 温床。

　　Yángguāng suīrán wéi shēngmìng suǒ bìxū, dànshì yángguāng zhōng de
　　阳光 虽然 为 生命 所 必需， 但是 阳光 中 的
zǐwàixiàn què yǒu èshā yuánshǐ shēngmìng de wēixiǎn. Shuǐ néng yǒuxiào de
紫外线 却 有 扼杀 原始 生命 的 危险。 水 能 有效 地
xīshōu zǐwàixiàn, yīn'ér yòu wèi yuánshǐ shēngmìng tígōngle tiānrán de
吸收 紫外线， 因而 又 为 原始 生命 提供了 天然 的
"píngzhàng".
"屏障"。

　　Zhè yīqiè dōu shì yuánshǐ shēngmìng déyǐ chǎnshēng hé fāzhǎn de bìyào
　　这 一切 都 是 原始 生命 得以 产生 和 发展 的 必要
tiáojiàn.//
条件。//

Jiéxuǎn zì Tóng Chángliàng《Hǎiyáng yǔ Shēngmìng》
节选 自 童 裳亮 《海洋 与 生命》

Zuòpǐn 15 Hào
作品　15　号

　　Zài wǒguó lìshǐ dìlǐ zhōng, yǒu sān dà dūchéng mìjíqū, tāmen shì：
　　在 我国 历史 地理 中， 有 三 大 都城 密集区， 它们 是：
Guānzhōng Péndì、Luòyáng Péndì、Běijīng Xiǎopíngyuán. Qízhōng měi yī gè
关中 盆地、 洛阳 盆地、 北京 小平原。 其中 每 一 个
dìqū dōu céng dànshēngguo sì gè yǐshàng dàxíng wángcháo de dūchéng. Ér
地区 都 曾 诞生过 四 个 以上 大型 王朝 的 都城。 而
Guānzhōng péndì、Luòyáng péndì shì qiáncháo lìshǐ de liǎng gè dūchéng mìjíqū,
关中 盆地、 洛阳 盆地 是 前朝 历史 的 两 个 都城 密集区，
zhèng shì tāmen gòuchéngle zǎoqī wénmíng héxīn dìdài zhōng zuì zhòngyào de
正 是 它们 构成了 早期 文明 核心 地带 中 最 重要 的
nèiróng.
内容。

Wèi shénme zhège dìdài huì chéngwéi Huáxià wénmíng zuì xiānjìn de dì qū?
为　什么　这个　地带　会　成为　华夏　文明　最　先进　的　地区？
Zhè zhǔyào shì yóu liǎng gè fāngmiàn de tiáojiàn cùchéng de, yī gè shì zìrán
这　主要　是　由　两　个　方面　的　条件　促成　的，一　个　是　自然
huánjìng fāngmiàn de, yī gè shì rénwén huánjìng fāngmiàn de.
环境　方面　的，一个　是　人文　环境　方面　的。
　　Zài zìrán huánjìng fāngmiàn, zhè·lǐ shì wǒguó wēndài jìfēng qìhòudài de
　　在　自然　环境　方面，　这里　是　我国　温带　季风　气候带　的
nánbù, jiàngyǔ、qìwēn、tǔrǎng děng tiáojiàn dōu kěyǐ mǎnzú hànzuò nóngyè
南部，　降雨、　气温、　土壤　等　条件　都　可以　满足　旱作　农业
de xūqiú. Zhōngguó běifāng de gǔdài nóngzuòwù, zhǔyào shì yīniánshēng de sù
的　需求。　中国　北方　的　古代　农作物，　主要　是　一年生　的　粟
hé shǔ. Huánghé zhōng-xiàyóu de zìrán huánjìng wèi sù-shǔ zuòwù de zhòngzhí
和　黍。　黄河　　中下游　的　自然　环境　为　粟黍　作物　的　种植
hé gāochǎn tígōngle détiān-dúhòu de tiáojiàn. Nóngyè shēngchǎn de fādá, huì
和　高产　提供了　得天独厚　的　条件。　农业　生产　的　发达，会
cùjìn zhěnggè shèhuì jīngjì de fāzhǎn, cóng'ér tuīdòng shèhuì de jìnbù.
促进　整个　社会　经济　的　发展，　从而　推动　社会　的　进步。
　　Zài rénwén huánjìng fāngmiàn, zhè·lǐ shì nán-běifāng、dōng-xīfāng dàjiāoliú
　　在　人文　环境　方面，　这里　是　南北方、　东西方　大交流
de zhóuxīn dìqū. Zài zuì zǎo de liù dà xīn shíqì wénhuà fēnbù xíngshìtú zhōng
的　轴心　地区。在　最早　的　六大　新　石器　文化　分布　形势图　中
kěyǐ kàndào, Zhōngyuán chǔyú zhèxiē wénhuà fēnbù de zhōngyāng dìdài.
可以　看到，　中原　　处于　这些　文化　分布　的　中央　地带。
Wúlùn shì kǎogǔ fāxiàn háishi lìshǐ chuánshuō, dōu yǒu nán-běi wénhuà cháng
无论　是　考古　发现　还是　历史　传说，　都　有　南北　文化　长
jùlí jiāoliú、dōng-xī wénhuà xiānghù pèngzhuàng de zhèngjù. Zhōngyuán dìqū zài
距离　交流、　东西　文化　相互　碰撞　的　证据。　中原　地区　在
kōngjiān·shàng qiàqià wèijū zhōngxīn, chéngwéi xìnxī zuì fādá、yǎnjiè zuì
空间上　恰恰　位居　中心，　成为　信息　最　发达、　眼界　最
kuānguǎng、huó·dòng zuì// fánmáng、jìngzhēng zuì jīliè de dìfang. Zhèng shì
宽广、　活动　最//　繁忙、　竞争　最激烈的　地方。　正　是
zhèxiē huó·dòng, tuīdòngle gè xiàng rénwén shìwù de fāzhǎn, wénmíng de
这些　活动，　推动了　各项　人文　事务　的　发展，　文明　的
fāngfāngmiànmiàn jiù shì zài chǔlǐ gè lèi shìwù de guòchéng zhōng bèi kāichuàng
方方面面　就　是　在　处理　各类　事务　的　过程　中　被　开创

chūlái de.

出来 的。

Jiéxuǎn zì Táng Xiǎofēng 《Huáxià Wénmíng de Fāzhǎn yǔ Rónghé》

节选 自 唐　晓峰　《华夏　文明　的 发展 与 融合》

Zuòpǐn 16 Hào
作品　16 号

Yú hěnduō Zhōngguórén ér yán, huǒchē jiù shì gùxiāng. Zài Zhōngguórén
于 很多　中国人　而 言，火车 就 是 故乡。在　中国人
de xīnzhōng, gùxiāng de dìwèi yóuwéi zhòngyào, lǎojiā de yìyì fēitóng-xúncháng,
的 心中，　故乡 的 地位 尤为　重要，　老家 的 意义 非同寻常，
suǒyǐ, jíbiàn shì zuòguo wúshù cì huǒchē, dàn yìnxiàng zuì shēnkè de, huòxǔ
所以，即便 是 坐过　无数 次 火车，但 印象 最 深刻 的，或许
hái shì fǎnxiāng nà yī tàng chē. Nà yīlièliè fǎnxiāng de huǒchē suǒ tíngkào de
还 是 返乡 那 一 趟 车。那 一 列列 返乡 的 火车 所 停靠 的
zhàntái biān, xīrǎng de rénliú zhōng, cōngmáng de jiǎobù·lǐ, zhāngwàng de
站台 边，熙攘 的 人流 中，　匆忙 的　脚步 里，　张望 的
mùguāng·xià, yǒngdòngzhe de dōu shì sīxiāng de qíngxù. Měi yī cì kàn·jiàn
目光 下，　涌动着 的 都 是 思乡 的 情绪。每 一 次 看见
fǎnxiāng nà tàng huǒchē, zǒng jué·dé shì nàyàng kě'ài yǔ qīnqiè, fǎngfú
返乡 那 趟 火车，总 觉得 是 那样 可爱 与 亲切，仿佛
kàn·jiànle qiānlǐ zhī wài de gùxiāng. Shàng huǒchē hòu, chē qǐdòng de yīchànà,
看见 了 千里 之 外 的 故乡。 上 火车 后，车 启动 的 一刹那，
zài chēlún yǔ tiěguǐ pènzhuàng de "kuàngqiě" shēng zhōng, sīxiāng de qíngxù
在 车轮 与 铁轨 碰撞 的 "况且" 声 中，思乡 的 情绪
biàn dǒurán zài chēxiāng·lǐ mímàn kāi·lái. Nǐ zhī·dào, tā jiāng shǐxiàng de, shì nǐ
便 陡然 在 车厢 里 弥漫 开来。你 知道，它 将 驶向 的，是 你
zuì shú·xī yě zuì wēnnuǎn de gùxiāng. Zài guò jǐ gè huòzhě shíjǐ gè xiǎoshí, nǐ
最 熟悉 也 最 温暖 的 故乡。再 过 几 个 或者 十几 个 小时，你
jiù huì huídào gùxiāng de huáibào. Zhèbān gǎnshòu, xiāngxìn zài hěnduō rén de
就 会 回到 故乡 的 怀抱。 这般　感受，　相信 在 很多 人 的
shēn·shàng dōu céng fāshēngguo. Yóuqí zài Chūnjiē、Zhōngqiū děng chuántǒng
身上 都 曾　发生 过。 尤其 在 春节、 中秋 等　传统

jiérì dàolái zhījì，qīnrén tuánjù de shíkè，gèngwéi qiángliè.
节日 到来 之际，亲人 团聚 的 时刻， 更为 强烈。

　　Huǒchē shì gùxiāng，huǒchē yě shì yuǎnfāng. Sùdù de tíshēng，tiělù de
　　火车 是 故乡， 火车 也 是 远方。 速度 的 提升， 铁路 的
yánshēn，ràng rénmen tōngguò huǒchē shíxiànle xiàng yuǎnfāng zìyóu liúdòng
延伸， 让 人们 通过 火车 实现了 向 远方 自由 流动
de mèngxiǎng. Jīntiān de Zhōngguó lǎobǎixìng，zuòzhe huǒchē，kěyǐ qù wǎng
的 梦想。 今天 的 中国 老百姓， 坐着 火车， 可以 去 往
jiǔbǎi liùshí duō wàn píngfāng gōnglǐ tǔdì•shàng de tiānán-dìběi，láidào zǔguó
九百 六十 多 万 平方 公里 土地上 的 天南地北， 来到 祖国
dōngbù de píngyuán，dàodá zǔguó nánfāng de hǎi biān，zǒu•jìn zǔguó xībù de
东部 的 平原， 到达 祖国 南方 的 海 边， 走进 祖国 西部 的
shāmò，tà•shàng zǔguó běifāng de cǎoyuán，qù guān sānshān-wǔyuè，qù kàn
沙漠， 踏上 祖国 北方 的 草原， 去 观 三山五岳， 去 看
dàjiāng-dàhé……
大江大河……

　　Huǒchē yǔ kōng//jiān yǒuzhe mìqiè de liánxì，yǔ shíjiān de guānxì yě ràng
　　火车 与 空//间 有着 密切 的 联系， 与 时间 的 关系 也 让
rén jué•dé pō yǒu yìsi. Nà chángcháng de chēxiāng，fǎngfú yītóu liánzhe
人 觉得 颇 有 意思。那 长长 的 车厢， 仿佛 一头 连着
Zhōngguó de guòqù，yītóu liánzhe Zhōngguó de wèilái.
中国 的 过去， 一头 连着 中国 的 未来。

　　中国 的 过去，一头 连着 中国 的 未来。

Jiéxuǎn zì Shū Jì 《Jìyì Xiàng Tiěguǐ Yíyàng Cháng》
节选 自 舒 冀《记忆 像 铁轨 一样 长》

Zuòpǐn 17 Hào
作品 17 号

　　Nǎinai gěi wǒ jiǎngguo zhèyàng yī jiàn shì：yǒu yī cì tā qù shāngdiàn，zǒu
　　奶奶 给 我 讲过 这样 一 件 事：有 一 次 她 去 商店， 走
zài tā qián•miàn de yī wèi āyí tuīkāi chénzhòng de dàmén，yīzhí děngdào tā gēn
在 她 前面 的 一 位 阿姨 推开 沉重 的 大门， 一直 等到 她 跟
shàng•lái cái sōngkāi shǒu. Dāng nǎinai xiàng tā dàoxiè de shíhou，nà wèi āyí
上来 才 松开 手。 当 奶奶 向 她 道谢 的 时候， 那位 阿姨

qīngqīng de shuō: "Wǒ de māma hé nín de niánlíng chà•bùduō, wǒ xīwàng tā
轻轻　地　说：　"我　的　妈妈　和　您　的　年龄　差不多，　我　希望　她
yùdào zhèzhǒng shíhou, yě yǒu rén wèi tā kāimén." Tīngle zhè jiàn shì, wǒ de
遇到　　这种　　时候，　也　有　人　为　她　开门。"　听了　这　件　事，我　的
xīn wēnnuǎnle xǔjiǔ.
心　温暖了　许久。

　　Yī tiān, wǒ péi huànbìng de mǔ•qīn qù yīyuàn shūyè, niánqīng de hùshi
　　一天，　我　陪　患病　的　母亲　去　医院　输液，　年轻　的　护士
wèi mǔ•qīn zhāle liǎng zhēn yě méi•yǒu zhā jìn xuèguǎn•lǐ, yǎnjiàn zhēnyǎnr
为　母亲　扎了　两　针　也　没有　扎　进　血管里，　眼见　针眼
chù gǔqǐ qīngbāo. Wǒ zhèng yào bàoyuàn jǐ jù, yī tái tóu kàn•jiànle mǔ•qīn
处　鼓起　青包。　我　正　要　抱怨　几　句，一　抬　头　看见了　母亲
píngjìng de yǎnshén——tā zhèngzài zhùshìzhe hùshi étóu•shàng mìmì de hànzhū,
平静　的　眼神——她　正在　　注视着　护士　额头上　密密　的　汗珠，
wǒ bùjīn shōuzhùle yǒngdào zuǐ biān de huà. Zhǐ jiàn mǔ•qīn qīngqīng de duì
我　不禁　收住了　涌到　嘴　边　的　话。只　见　母亲　轻轻　地　对
hùshi shuō: "Bú yàojǐn, zài lái yī cì!" Dì-sān zhēn guǒrán chénggōng le. Nà wèi
护士　说："不　要紧，再　来　一　次！"第三　针　果然　成功　了。那位
hùshi zhōngyú cháng chūle yī kǒu qì, tā liánshēng shuō: "Āyí, zhēn duì•bùqǐ.
护士　终于　长　出了　一口　气，她　连声　说："阿姨，真　对不起。
Wǒ shì lái shíxí de, zhè shì wǒ dì-yī cì gěi bìngrén zhā zhēn, tài jǐnzhāng le.
我　是　来　实习　的，这　是　我　第一　次　给　病人　扎针，太　紧张　了。
Yào•búshì nín de gǔlì, wǒ zhēn bù gǎn gěi nín zhā le." Mǔ•qīn yòng lìng yī zhī
要不是　您　的　鼓励，我　真　不　敢　给　您　扎了。"母亲　用　另　一只
shǒu lāzhe wǒ, píngjìng de duì hùshi shuō: "zhè shì wǒ de nǚ'ér, hé nǐ
手　拉着　我，平静　地　对　护士　说："这　是　我　的　女儿，和　你
chà•bùduō dàxiǎo, zhèngzài yīkē dàxué dúshū, tā yě jiāng miànduì zìjǐ de dì-yī
差不多　大小，　正在　医科　大学　读书，她　也　将　面对　自己　的　第一
gè huànzhě. Wǒ zhēn xīwàng tā dì-yī cì zhā zhēn de shíhou, yě néng dédào
个　患者。我　真　希望　她　第一　次　扎　针　的　时候，也　能　得到
huànzhě de kuānróng hé gǔlì." Tīngle mǔ•qīn de huà, wǒ de xīn•lǐ chōngmǎnle
患者　的　宽容　和　鼓励。"听了　母亲　的　话，我　的　心里　充满了
wēnnuǎn yǔ xìngfú.
温暖　与　幸福。

　　Shì a, rúguǒ wǒmen zài shēnghuó zhōng néng jiāngxīn-bǐxīn, jiù huì duì
　　是　啊，如果　我们　在　生活　中　能　将心比心，　就　会　对

lǎorén shēngchū yī fèn// zūnzhòng, duì háizǐ zēngjiā yī fèn guān'ài, jiù huì shǐ
老人　　生出　　一份//　尊重，　　对孩子　增加　一份　关爱，　　就会　使
rén yǔ rén zhījiān duō yīxiē kuānróng hé lǐjiě.
人与　人　之间　多　一些　　宽容　　和　理解。

Jiéxuǎn zì Jiāng Guìhuá 《Jiāngxīn-bǐxīn》
节选　自　姜　桂华　《 将心比心 》

Zuòpǐn 18 Hào
作品　18 号

Jìncí zhī měi, zài shān，zài shù，zài shuǐ.
晋祠之美，在　山，　在　树，　在　水。
Zhè•lǐ de shān, wēiwēi de, yǒurú yī dào píngzhàng; chángcháng de, yòu rú
这里　的　山，　巍巍　的，有如　一　道　屏障；　　长长　　的，又如
shēnkāi de liǎngbì, jiāng Jìncí yōng zài huáizhōng. Chūnrì huánghuā mǎn shān,
伸开　的　两臂，　将晋祠　拥　在　怀中。　　春日　黄花　　满　山，
jìngyōu-xiāngyuǎn；qiūlái cǎomù xiāoshū, tiāngāo-shuǐqīng. Wúlùn shénme
径幽香远；　　秋来　草木　萧疏，　　天高水清。　　　无论　什么
shíhou shèjí dēngshān dōu huì xīnkuàng-shényí.
时候　拾级　登山　都　会　心旷神怡。
Zhè•lǐ de shù, yǐ gǔlǎo cāngjìng jiàncháng. Yǒu liǎng kē lǎoshù：yī kē shì
这里　的　树，以　古老　苍劲　　见长。　有　两棵　老树：一棵　是
zhōubǎi, lìng yī kē shì tánghuái. Nà zhōubǎi, shùgàn jìngzhí, shùpí zhòuliè,
周柏，另　一　棵　是　唐槐。那　周柏，　树干　劲直，　树皮　皱裂，
dǐng•shàng tiǎozhe jǐ gēn qīngqīng de shūzhī, yǎnwò yú shíjiē páng. Nà
顶上　　挑着　几　根　青青　的　疏枝，　偃卧　于　石阶　旁。那
tánghuái, lǎogàn cūdà, qiúzhī pánqū, yī cùcù róutiáo, lǜyè rú gài. Hái yǒu shuǐ
唐槐，　老干　粗大，　虬枝　盘屈，一　簇簇　柔条，　绿叶如　盖。还有　水
biān diàn wài de sōng-bǎi-huái-liǔ, wúbù xiǎn chū cāngjìng de fēnggǔ. Yǐ zàoxíng
边　殿　外　的　松柏槐柳，　　无不　显出　苍劲　　的　风骨。以　造型
qítè jiàncháng de, yǒude yǎn rú lǎoyù fù shuǐ, yǒude tǐng rú zhuàngshì tuō
奇特　见长　的，有的　偃　如　老妪　负水，　有的　挺　如　壮士　托
tiān, bùyī'érzú. Shèngmǔdiàn qián de zuǒniǔbǎi, bádì'érqǐ, zhíchōng-yúnxiāo,
天，不一而足。　圣母殿　　前　的　左扭柏，　拔地而起，　　直冲云霄，

tā de shùpí·shàng de wénlǐ yīqí xiàng zuǒ·biān nǐngqù, yī quān yī quān, sīwén
它 的　树皮上　 的　纹理一齐　向　左边　 拧去， 一圈 一圈，丝纹

bù luàn, xiàng dì·xià xuánqǐle yī gǔ yān, yòu sì tiān·shàng chuíxiàle yī gēn
不 乱，　像 地下　旋起了一股　烟， 又 似 天上　 垂下了 一 根

shéng. Jìncí zài gǔmù de yìnhù xià, xiǎn·dé fènwài yōujìng、diǎnyǎ.
绳。 晋祠 在 古木 的 荫护下，　显得　分外 幽静、 典雅。

Zhè·lǐ de shuǐ, duō、qīng、jìng、róu. Zài yuán·lǐ xìnbù, dàn jiàn zhè·lǐ yī
这里 的　水， 多、 清、 静、 柔。在　园里 信步， 但 见　这里一

hóng shēntán, nà·lǐ yī tiáo xiǎoqú. Qiáo·xià yǒu hé, tíng zhōng yǒu jǐng, lù
泓　深潭，　那里 一 条　小渠。　桥下　有 河，亭 中 有 井，路

biān yǒu xī. Shí jiān xìliú mòmò, rú xiàn rú lǚ; lín zhōng bìbō shǎnshǎn, rú jǐn rú
边　有 溪。石 间 细流 脉脉，如 线 如 缕；林 中　碧波 闪闪，　如 锦 如

duàn. Zhèxiē shuǐ dōu láizì "Nánlǎoquán". Quán·shàng yǒu tíng, tíng·shàng
缎。 这些　水 都　来自 "难老泉"。　泉上　 有 亭，　亭上

xuánguàzhe Qīngdài zhùmíng xuézhě Fù Shān xiě de "Nánlǎoquán" sān gè zì.
悬挂着　清代 著名　学者 傅 山 写的　"难老泉"　三 个字。

Zhème duō de shuǐ chángliú-bùxī, rìrìyèyè fāchū dīngdīngdōngdōng de
这么 多 的 水　长流不息，　日日夜夜 发出　叮叮咚咚　 的

xiǎngshēng. Shuǐ de qīngchè zhēn lìng rén jiàojué, wúlùn// duō shēn de shuǐ,
响声。　水 的 清澈 真 令 人 叫绝， 无论// 多 深 的 水，

zhǐyào guāngxiàn hǎo, yóuyú suìshí, lìlì kě jiàn. Shuǐ de liúshì dōu bú dà,
只要　光线 好，　游鱼 碎石，历历可见。　水 的 流势 都 不大，

qīngqīng de wēi bō, jiāng chángcháng de cǎomàn lāchéng yī lǚlǚ de sī, pū zài
清清 的 微波， 将　长长 的 草蔓　拉成 一 缕缕 的 丝，铺在

hé dǐ, guà zài àn biān, hézhe nàxiē jīnyú、qīngtái yǐjí shílán de dǎoyǐng,
河底， 挂 在 岸 边，　合着 那些 金鱼、 青苔 以及 石栏 的 倒影，

zhīchéng yī tiáotiáo dà piāodài, chuān tíng rào xiè, rǎnrǎn-bùjué. Dāngnián Lǐ
织成 一 条条 大 飘带，　穿亭 绕榭，　冉冉不绝。 当年 李

Bái láidào zhè·lǐ, céng zàntàn shuō: "Jìncí liúshuǐ rú bìyù." Dāng nǐ yánzhe
白 来到 这里，曾 赞叹 说："晋祠 流水 如 碧玉。"　当 你 沿着

liúshuǐ qù guānshǎng nà tíng-tái-lóu-gé shí, yěxǔ huì zhèyàng wèn: zhè jǐ
流水 去 观赏　那 亭台楼阁　时，也许 会 这样　问： 这 几

bǎi jiān jiànzhù pà dōu shì zài shuǐ·shàng piāozhe de ba!
百 间 建筑 怕 都 是 在 水上　漂着 的 吧！

Jiéxuǎn zì Liáng Héng 《Jìncí》
节选 自 梁　衡 《晋祠》

Zuòpǐn 19 Hào
作品 19 号

　　Rénmen chángcháng bǎ rén yǔ zìrán duìlì qǐ·lái, xuānchēng yào zhēngfú
　　人们　　常常　　把 人 与 自然 对立 起来，　宣称　 要　 征服
zìrán. Shūbùzhī zài dàzìrán miànqián, rénlèi yǒngyuǎn zhǐ shì yī gè tiānzhēn
自然。 殊不知 在 大自然　面前，　人类　 永远　 只 是 一 个　 天真
yòuzhì de háitóng, zhǐ shì dàzìrán jītǐ·shàng pǔtōng de yī bùfen, zhèng xiàng yī
幼稚 的 孩童，　只 是 大自然　机体上　普通 的 一部分，　正　 像一
zhū xiǎocǎo zhǐ shì tā de pǔtōng yī bùfen yīyàng. Rúguǒ shuō zìrán de zhìhuì
株　小草 只 是 她的 普通　一 部分 一样。　如果　说 自然的 智慧
shì dàhǎi, nàme, rénlèi de zhìhuì jiù zhǐ shì dàhǎi zhōng de yī gè xiǎo shuǐdī,
是 大海，那么，人类 的 智慧 就 只 是 大海　中　的 一 个 小　水滴，
suīrán zhège shuǐdī yě néng yìngzhào dàhǎi, dàn bìjìng búshì dàhǎi. Kěshì,
虽然　这个　水滴 也 能　映照　大海，但 毕竟 不是 大海，可是，
rénmen jìngrán bùzìliànglì de xuānchēng yào yòng zhè dī shuǐ lái dàitì dàhǎi.
人们　竟然 不自量力 地　宣称　 要 用　这 滴水　来代替 大海。
　　Kànzhe rénlèi zhè zhǒng kuángwàng de biǎoxiàn, dàzìrán yīdìng huì qièxiào
　　看着 人类 这 种　狂妄　的 表现，大自然 一定 会 窃笑
——jiù xiàng mǔ·qīn miànduì wúzhī de háizi nàyàng de xiào. Rénlèi de zuòpǐn
——就　像　母亲　面对 无知 的 孩子 那样 的 笑。 人类 的 作品
fēi·shàngle tàikōng, dǎkāile yīgègè wēiguān shìjiè, yúshì rénlèi zhānzhān-
飞上了　　太空，　打开了 一个个　微观　世界，于是 人类　沾沾
-zìxǐ, yǐwéi jiēkāile dàzìrán de mìmì. Kěshì, zài zìrán kànlái, rénlèi shàngxià fānfēi
自喜，以为 揭开了 大自然 的 秘密。可是，在 自然 看来，人类 上下　翻飞
de zhè piàn jùdà kōngjiān, bùguò shì zhǐchǐ zhījiān éryǐ, jiù rútóng kūnpéng
的 这 片 巨大　空间，　不过 是 咫尺 之间 而已，就 如同　鲲鹏
kàndài chìyàn yībān, zhǐ shì pénghāo zhījiān bàle. Jíshǐ cóng rénlèi zìshēn zhìhuì
看待 斥鹦 一般，只 是 蓬蒿　之间 罢了。即使 从　人类 自身 智慧
fāzhǎnshǐ de jiǎodù kàn, Rénlèi yě méi·yǒu lǐyóu guòfèn zì'ào: rénlèi de zhīshi yǔ
发展史 的 角度 看，人类 也 没有　理由 过分自傲：人类 的 知识 与
qí zǔxiān xiāngbǐ chéngrán yǒule jí dà de jìnbù, sìhū yǒu cháoxiào gǔrén de
其 祖先　相比　诚然 有了 极大的 进步，似乎 有　嘲笑 古人 的
zīběn; kěshì, shūbùzhī duìyú hòurén ér yán wǒmen yě shì gǔrén, yīwàn nián
资本；　可是，　殊不知 对于 后人 而言 我们 也 是 古人， 一万 年

yǐhòu de rénmen yě tóngyàng huì cháoxiào jīntiān de wǒmen, yěxǔ zài tāmen

以后 的 人们 也 同样 会 嘲笑 今天 的 我们， 也许 在 他们

kànlái, wǒmen de kēxué guānniàn hái yòuzhì dé hěn, wǒmen de hángtiānqì zài

看来， 我们 的 科学 观念 还 幼稚 得 很， 我们 的 航天器 在

tāmen yǎnzhōng búguò shì gè fēicháng jiǎndān de// értóng wánjù.

他们 眼中 不过 是 个 非常 简单 的// 儿童 玩具。

Jiéxuǎn zì Yán Chūnyǒu 《Jìngwèi Zìrán》

节选 自 严 春友 《敬畏 自然》

Zuòpǐn 20 Hào
作品　20 号

Wǔtái · shàng de mùbù lākāi le, yīnyuè zòu qǐ · lái le. Yǎnyuánmen cǎizhe yīnyuè

舞台上　 的 幕布 拉开 了， 音乐 奏 起来 了。 演员们 踩着 音乐

de pāizi, yǐ zhuāngzhòng ér yǒu jiézòu de bùfǎ zǒudào dēngguāng qián · miàn lái le.

的 拍子， 以 庄重 而 有 节奏 的 步法 走到 灯光 前面 来 了。

Dēngguāng shè zài tāmen wǔyán - liùsè de fúzhāng hé tóushì · shàng, yī piàn

灯光 射 在 他们 五颜六色 的 服装 和 头饰上， 一 片

jīnbì - huīhuáng de cǎixiá.

金碧辉煌　 的 彩霞。

Dāng nǚzhǔjué Mù Guìyīng yǐ qīngyíng ér jiǎojiàn de bùzi chūchǎng de

当 女主角 穆 桂英 以 轻盈 而 矫健 的 步子 出场 的

shíhou, zhège píngjìng de hǎimiàn dǒurán dòngdàng qǐ · lái le, tā shàng · miàn

时候， 这个 平静 的 海面 陡然 动荡 起来 了，它 上面

juǎnqǐle yī zhèn bàofēngyǔ: guānzhòng xiàng chùle diàn shìde xùnjí duì zhè wèi

卷起了 一 阵 暴风雨： 观众 像 触了 电 似的 迅即 对 这 位

nǚyīngxióng bào yǐ léimíng bān de zhǎngshēng. Tā kāishǐ chàng le. Tā yuánrùn

女英雄 报以 雷鸣 般 的 掌声。 她 开始 唱 了。她 圆润

de gēhóu zài yèkōng zhōng chàndòng, tīng qǐ · lái liáoyuǎn ér yòu qièjìn, róuhé ér

的 歌喉 在 夜空 中 颤动， 听 起来 辽远 而 又 切近， 柔和 而

yòu kēngqiāng. Xìcí xiàng zhūzi shìde cóng tā de yī xiào yī pín zhōng, cóng tā

又 铿锵。 戏词 像 珠子 似的 从 她 的 一 笑 一颦 中， 从 她

yōuyǎ de "shuǐxiù" zhōng, cóng tā ēnuó de shēnduàn zhōng, yī lì yī lì de gǔn

优雅 的 "水袖" 中， 从 她 婀娜 的 身段 中， 一粒 一粒地 滚

xià·lái, dī zài dì·shàng, jiàn dào kōngzhōng, luò jìn měi yī gè rén de xīn·lǐ, yǐnqǐ
下来， 滴 在 地上， 溅 到 空中， 落 进 每 一 个 人 的 心里，引起

yī piàn shēnyuǎn de huíyīn. Zhè huíyīn tīng·bù jiàn, què yānmò le gāngcái
一 片 深远 的 回音。 这 回音 听不 见， 却 淹没 了 刚才

yǒngqǐ de nà yī zhèn rèliè de zhǎngshēng.
涌起 的 那一 阵 热烈的 掌声。

　　Guānzhòng xiàng zháole mó yīyàng, hūrán biàn de yāquè - wúshēng.
　　观众 像 着了 魔 一样， 忽然 变 得 鸦雀无声。

Tāmen kàn de rùle shén. Tāmen de gǎnqíng hé wǔtái·shàng nǚzhǔjué de
他们 看 得 入了 神。 他们 的 感情 和 舞台上 女主角 的

gǎnqíng róngzàile yīqǐ. Nǚzhǔjué de gēwǔ jiànjiàn jìnrù gāocháo. Guānzhòng de
感情 融在了 一起。女主角 的 歌舞 渐渐 进入 高潮。 观众 的

qínggǎn yě jiànjiàn jìnrù gāocháo. Cháo zài zhǎng. Méi·yǒu shuí néng kòngzhì
情感 也 渐渐 进入 高潮。 潮 在 涨。 没有 谁 能 控制

zhù tā. Zhège yīdù píngjìng xià·lái de rénhǎi hūrán yòu dòngdàng qǐ·lái le. Xì jiù
住它。这个 一度 平静 下来 的 人海 忽然 又 动荡 起来了。戏就

zài zhè shíhou yào dàodá dǐngdiǎn. Wǒmen de nǚzhǔjué zài zhè shíhou jiù xiàng
在 这 时候 要 到达 顶点。 我们 的 女主角 在 这 时候 就 像

yī duǒ shèngkāi de xiānhuā, guānzhòng xiǎng bǎ zhè duǒ xiānhuā pěng zài
一 朵 盛开 的 鲜花， 观众 想 把 这 朵 鲜花 捧 在

shǒu·lǐ, bù ràng// tā xiāoshì. Tāmen bùyuē'értóng de cóng zuòwèi·shàng lì
手里， 不 让// 它 消逝。 他们 不约而同 地 从 座位上 立

qǐ·lái, xiàng cháoshuǐ yīyàng, yǒngdào wǒmen zhè wèi yìshùjiā miànqián. Wǔtái
起来， 像 潮水 一样， 涌到 我们 这 位 艺术家 面前。 舞台

yǐ·jīng shīqùle jièxiàn, zhěnggè de jùchǎng chéngle yī gè pángdà de wǔtái.
已经 失去了 界限， 整个 的 剧场 成了 一 个 庞大 的 舞台。

　　Wǒmen zhè wèi yìshùjiā shì shuí ne? Tā jiù shì Méi Lánfāng tóngzhì. Bàn
　　我们 这 位 艺术家 是 谁 呢？他 就 是 梅 兰芳 同志。半

gè shìjì de wǔtái shēngyá guò·qù le, liùshíliù suì de gāolíng, réngrán néng
个 世纪 的 舞台 生涯 过去 了，六十六 岁 的 高龄， 仍然 能

chuàngzào chū zhèyàng fùyǒu zhāoqì de měilì xíngxiàng, biǎoxiàn chū zhèyàng
创造 出 这样 富有 朝气 的 美丽 形象， 表现 出 这样

chōngpèi de qīngchūn huólì, zhè bù néng bù shuō shì qíjì. Zhè qíjì de chǎnshēng
充沛 的 青春 活力，这 不 能 不 说 是 奇迹。这 奇迹的 产生

shì bìrán de, yīn·wèi wǒmen yōngyǒu zhèyàng rèqíng de guānzhòng hé zhèyàng
是 必然 的， 因为 我们 拥有 这样 热情 的 观众 和 这样

rèqíng de yìshùjiā.

热情 的 艺术家。

Jiéxuǎn zì Yè Jūnjiàn《Kàn Xì》

节选 自 叶 君健 《看 戏》

Zuòpǐn 21 Hào
作品 21 号

Shí nián, zài lìshǐ·shàng búguò shì yī shùnjiān. Zhǐyào shāo jiā zhùyì,
十 年, 在 历史上 不过 是 一 瞬间。 只要 稍 加 注意,
rénmen jiù huì fāxiàn: zài zhè yī shùnjiān·lǐ, gè zhǒng shìwù dōu qiāoqiāo jīnglìle
人们 就 会 发现: 在 这 一 瞬间里, 各 种 事物 都 悄悄 经历了
zìjǐ de qiānbiàn-wànhuà.
自己的 千变万化。

Zhè cì chóngxīn fǎng Rì, wǒ chùchù gǎndào qīnqiè hé shú·xī, yě zài xǔduō
这 次 重新 访日, 我 处处 感到 亲切 和 熟悉, 也 在 许多
fāngmiàn fājuéle Rìběn de biànhuà. Jiù ná Nàiliáng de yī gè jiǎoluò lái shuō ba,
方面 发觉了 日本 的 变化。 就 拿 奈良 的 一 个 角落 来 说 吧,
wǒ chóngyóule wèi zhī gǎnshòu hěn shēn de Táng Zhāotí Sì, zài sì nèi gè chù
我 重游了 为 之 感受 很 深 的 唐 招提 寺, 在 寺 内 各 处
cōngcōng zǒule yī biàn, tíngyuàn yījiù, dàn yìxiǎng·bùdào hái kàndàole yīxiē
匆匆 走了 一 遍, 庭院 依旧, 但 意想不到 还 看到了 一些
xīn de dōngxi. Qízhōng zhīyī, jiù shì jìn jǐ nián cóng Zhōngguó yízhí lái de "yǒuyì
新 的 东西。 其中 之一, 就 是 近几 年 从 中国 移植 来 的 "友谊
zhī lián".
之 莲"。

Zài cúnfàng Jiànzhēn yíxiàng de nàge yuànzi·lǐ, jǐ zhū Zhōngguó lián ángrán
在 存放 鉴真 遗像 的 那个 院子里, 几 株 中国 莲 昂然
tǐnglì, cuìlǜ de kuāndà héyè zhèng yíngfēng ér wǔ, xiǎn·dé shífēn yúkuài.
挺立, 翠绿 的 宽大 荷叶 正 迎风 而 舞, 显得 十分 愉快。
Kāihuā de jìjié yǐ guò, héhuā duǒduǒ yǐ biànwéi liánpeng léiléi. Liánzǐ de yánsè
开花 的 季节 已 过, 荷花 朵朵 已 变为 莲蓬 累累。 莲子 的 颜色
zhèngzài yóu qīng zhuǎn zǐ, kàn·lái yǐ·jīng chéngshú le.
正在 由 青 转 紫, 看来 已经 成熟 了。

Wǒ jīn·búzhù xiǎng: "Yīn" yǐ zhuǎnhuà wéi "guǒ".
我 禁不住 想: "因" 已 转化 为 "果"。

Zhōngguó de liánhuā kāi zài Rìběn, Rìběn de yīnghuā kāi zài Zhōngguó,
中国 的 莲花 开 在 日本，日本 的 樱花 开 在 中国，
zhè bù shì ǒurán. Wǒ xīwàng zhèyàng yī zhǒng shèngkuàng yánxù bù shuāi.
这 不 是 偶然。我 希望 这样 一 种 盛况 延续 不 衰。
Zài zhèxiē rìzi·lǐ, wǒ kàndàole bùshǎo duō nián bú jiàn de lǎo péngyou,
在 这些 日子里，我 看到了 不少 多 年 不 见 的 老 朋友，
yòu jiéshíle yīxiē xīn péngyou. Dàjiā xǐhuan shèjí de huàtí zhī yī, jiù shì gǔ
又 结识了 一些 新 朋友。 大家 喜欢 涉及 的 话题 之 一，就 是 古
Cháng'ān hé gǔ Nàiliáng. Nà hái yòng de zháo wèn ma, péngyoumen miǎnhuái
长安 和 古 奈良。 那 还 用 得 着 问 吗， 朋友们 缅怀
guòqù, zhèng shì zhǔwàng wèilái. Zhǔmù yú wèilái de rénmen bìjiāng huòdé wèilái.
过去， 正 是 瞩望 未来。瞩目 于 未来 的 人们 必将 获得 未来。
Wǒ bú lìwài, yě xīwàng yī gè měihǎo de wèilái.
我 不 例外，也 希望 一 个 美好 的 未来。
Wèile Zhōng-Rì rénmín zhījiān de yǒuyì, wǒ jiāng bù huì làngfèi jīnhòu
为了 中日 人民 之间 的 友谊，我 将 不 会 浪费 今后
shēngmìng de měi yī shùnjiān.//
生命 的 每 一 瞬间。//

Jiéxuǎn zì Yán Wénjǐng《Liánhuā hé Yīnghuā》
节选 自 严 文井 《 莲花 和 樱花》

Zuòpǐn 22 Hào
作品 22 号

Wǒ dǎliè guīlái, yánzhe huāyuán de línyīnlù zǒuzhe. Gǒu pǎo zài wǒ
我 打猎 归来， 沿着 花园 的 林阴路 走着。 狗 跑 在 我
qián·biān.
前边。
Tūrán, gǒu fàngmàn jiǎobù, nièzú-qiánxíng, hǎoxiàng xiùdàole qián·biān
突然， 狗 放慢 脚步， 蹑足潜行， 好像 嗅到了 前边
yǒu shénme yěwù.
有 什么 野物。
Wǒ shùnzhe línyīnlù wàng·qù, kàn·jiànle yī zhī zuǐ biān hái dài huángsè、
我 顺着 林阴路 望去， 看见了 一 只 嘴 边 还 带 黄色、

tóu•shàng shēngzhe róumáo de xiǎo máquè. Fēng měngliè de chuīdǎzhe línyīnlù
头上　　 生着　　 柔毛　 的 小　 麻雀。 风　 猛烈　 地　 吹打着　 林阴路
•shàng de báihuàshù, máquè cóng cháo•lǐ diēluò xià•lái, dāidāi de fú zài
上　　 的　 白桦树，　 麻雀　 从　 巢里　 跌落　　 下来，　 呆呆地　 伏在
dì•shàng, gūlì wúyuán de zhāngkāi liǎng zhī yǔmáo hái wèi fēngmǎn de xiǎo
地上，　 孤立　 无援　 地　 张开　　 两　 只　 羽毛　 还　 未　 丰满　　 的　 小
chìbǎng.
翅膀。

　　 Wǒ de gǒu mànmàn xiàng tā kàojìn. Hūrán, cóng fùjìn yī kē shù•shàng
　　 我　 的　 狗　 慢慢　 向　 它　 靠近。　 忽然，　 从　 附近　 一　 棵　 树上
fēi•xià yī zhī hēi xiōngpú de lǎo máquè, xiàng yī kē shízǐ shìde luòdào gǒu de
飞下　 一　 只　 黑　 胸脯　 的　 老　 麻雀，　 像　 一　 颗　 石子　 似的　 落到　 狗　 的
gēn•qián. Lǎo máquè quánshēn dàoshùzhe yǔmáo, jīngkǒng-wànzhuàng, fāchū
跟前。　 老　 麻雀　 全身　　 倒竖着　 羽毛，　 惊恐万状，　　　 发出
juéwàng、qīcǎn de jiàoshēng, jiēzhe xiàng lòuchū yáchǐ、dà zhāngzhe de gǒuzuǐ
绝望、　 凄惨　 的　 叫声，　 接着　 向　 露出　 牙齿、大　 张着　　 的　 狗嘴
pū•qù.
扑去。

　　 Lǎo máquè shì měng pū xià•lái jiùhù yòuquè de. Tā yòng shēntǐ yǎnhùzhe zìjǐ
　　 老　 麻雀　 是　 猛　 扑　 下来　 救护　 幼雀　 的。它　 用　　 身体　 掩护着自己
de yòu'ér……Dàn tā zhěnggè xiǎoxiǎo de shēntǐ yīn kǒngbù ér zhànlìzhe, tā
的　 幼儿……　 但　 它　 整个　　 小小　 的　 身体　 因　 恐怖　 而　 战栗着，　 它
xiǎoxiǎo de shēngyīn yě biànde cūbào sīyǎ, tā zài xīshēng zìjǐ!
小小　 的　 声音　 也　 变得　 粗暴 嘶哑，它 在　 牺牲　 自己!

　　 Zài tā kànlái, gǒu gāi shì duōme pángdà de guàiwu a! Rán'ér, tā háishì
　　 在　 它　 看来，狗　 该　 是　 多么　　 庞大　 的　 怪物　 啊! 然而，　 它　 还是
bùnéng zhàn zài zìjǐ gāogāo de、ānquán de shùzhī•shàng……Yī zhǒng bǐ tā de
不能　 站　 在 自己 高高　 的、安全　 的　 树枝上……　 一　 种　 比它的
lǐzhì gèng qiángliè de lì•liàng, shǐ tā cóng nàr pū•xià shēn•lái.
理智 更　 强烈　 的力量，　 使 它　 从　 那儿 扑下　 身来。

　　 Wǒ de gǒu zhànzhù le, xiàng hòu tuìle tuì……Kànlái, tā yě gǎndàole zhè
　　 我　 的　 狗　 站住　 了，向　 后　 退了退……　 看来，　 它　 也　 感到了　 这
zhǒng lì•liàng.
种　 力量。

　　 Wǒ gǎnjǐn huànzhù jīnghuāng-shīcuò de gǒu, ránhòu wǒ huáizhe chóngjìng
　　 我　 赶紧　 唤住　 惊慌失措　　　 的　 狗，　 然后　 我　 怀着　　 崇敬

de xīnqíng, zǒukāi le.

的　心情，　走开　了。

　　Shì a, qǐng búyào jiànxiào.Wǒ chóngjìng nà zhī xiǎoxiǎo de、yīngyǒng de

　　是　啊，请　不要　　见笑。我　崇敬　那　只　小小　的、英勇　　的

niǎo•ér, wǒ chóngjìng tā nà zhǒng ài de chōngdòng hé lì•liàng.

鸟儿，　我　崇敬　它　那　种　爱的　冲动　　和　力量。

　　Ài, wǒ// xiǎng, bǐ sǐ hé sǐ de kǒngjù gèng qiángdà. Zhǐyǒu yīkào tā, yīkào

　　爱，我//　想，　比　死　和　死　的　恐惧　更　　强大。　只有　依靠　它，依靠

zhè zhǒng ài, shēngmìng cái néng wéichí xià•qù, fāzhǎn xià•qù.

这　种　爱，　生命　才　能　维持　下去，　发展　下去。

Jiéxuǎn zì [É] Túgénièfū《Máquè》, Bājīn yì

节选　自[俄]屠格涅夫《麻雀》，　巴金　译

Zuòpǐn 23 Hào
作品　23 号

　　Zài hàohàn wúyín de shāmò•lǐ, yǒu yī piàn měilì de lǜzhōu, lǜzhōu•lǐ

　　在　浩瀚　无垠　的　沙漠里，　有　一　片　美丽　的　绿洲，　绿洲里

cángzhe yī kē shǎnguāng de zhēnzhū. Zhè kē zhēnzhū jiùshì Dūnhuáng

藏着　一　颗　闪光　的　珍珠。　这　颗　珍珠　就是　敦煌

Mògāokū. Tā zuòluò zài wǒguó Gānsù Shěng Dūnhuáng Shì Sānwēi Shān hé

莫高窟。它　坐落　在　我国　甘肃　省　　敦煌　　市　三危　山　和

Míngshā Shān de huáibào zhōng.

鸣沙　　山　的　怀抱　中。

　　Míngshā Shān dōnglù shì píngjūn gāodù wéi shíqī mǐ de yábì. Zài yīqiān

　　鸣沙　　山　东麓　是　平均　高度　为　十七　米　的　崖壁。在　一千

liùbǎi duō mǐ cháng de yábì•shàng, záo yǒu dàxiǎo dòngkū qībǎi yú gè,

六百　多　米　长　的　崖壁上，　　凿　有　大小　洞窟　七百　余　个，

xíngchéngle guīmó hóngwěi de shíkūqún. Qízhōng sìbǎi jiǔshí'èr gè dòngkū

形成了　　规模　宏伟　的　石窟群。　其中　四百　九十　二　个　洞窟

zhōng, gòng yǒu cǎisè sùxiàng liǎngqiān yībǎi yú zūn, gè zhǒng bìhuà gòng

中，　共　有　彩色　塑像　　两千　　一百　余　尊，各　种　壁画　共

sìwàn wǔqiān duō píngfāngmǐ. Mògāokū shì wǒguó gǔdài wúshù yìshù jiàngshī

四万　五千　多　平方米。　莫高窟　是　我国　古代　无数　艺术　匠师

liúgěi rénlèi de zhēnguì wénhuà yíchǎn.
留给 人类 的 珍贵 文化 遗产。

　　Mògāokū de cǎisù, měi yī zūn dōu shì yī jiàn jīngměi de yìshùpǐn. Zuì dà de
　　莫高窟 的 彩塑，每 一 尊 都 是 一 件 精美 的 艺术品。最大的
yǒu jiǔ céng lóu nàme gāo, zuì xiǎo de hái bù rú yī gè shǒuzhǎng dà. Zhèxiē
有 九 层 楼 那么 高，最 小 的 还 不 如 一 个 手掌 大。这些
cǎisù gèxìng xiānmíng, shéntài gè yì. Yǒu címéi-shànmù de pú•sà, yǒu wēifēng-
彩塑 个性 鲜明， 神态 各 异。有 慈眉善目 的 菩萨， 有 威风
-lǐnlǐn de tiānwáng, hái yǒu qiángzhuàng yǒngměng de lìshì……
凛凛 的 天王， 还有 强壮 勇猛 的 力士……

　　Mògāokū bìhuà de nèiróng fēngfù-duōcǎi, yǒude shì miáohuì gǔdài láodòng
　　莫高窟 壁画 的 内容 丰富多彩， 有 的 是 描绘 古代 劳动
rénmín dǎliè、bǔyú、gēngtián、shōugē de qíngjǐng, yǒude shì miáohuì rénmen
人民 打猎、捕鱼、 耕田、 收割 的 情景， 有 的 是 描绘 人们
zòuyuè、wǔdǎo、yǎn zájì de chǎngmiàn, hái yǒude shì miáohuì dàzìrán de měilì
奏乐、 舞蹈、 演 杂技 的 场面， 还 有 的 是 描绘 大自然 的 美丽
fēngguāng. Qízhōng zuì yǐnrén-zhùmù de shì fēitiān. Bìhuà•shàng de fēitiān,
风光。 其中 最 引人注目 的 是 飞天。 壁画上 的 飞天，
yǒude bì kuà huālán, cǎizhāi xiānhuā; yǒude fǎn tán pí•pá, qīng bō yínxián;
有的 臂 挎 花篮， 采摘 鲜花； 有的 反 弹 琵琶， 轻 拨 银弦；
yǒude dào xuán shēnzi, zì tiān ér jiàng; yǒude cǎidài piāofú, màntiān áoyóu;
有的 倒 悬 身子， 自天 而 降； 有的 彩带 飘拂， 漫天 遨游；
yǒude shūzhǎnzhe shuāngbì, piānpiān-qǐwǔ. Kànzhe zhèxiē jīngměi dòngrén de
有的 舒展着 双臂， 翩翩起舞。 看着 这些 精美 动人 的
bìhuà, jiù xiàng zǒujìnle// cànlàn huīhuáng de yìshù diàntáng.
壁画， 就 像 走进了// 灿烂 辉煌 的 艺术 殿堂。

　　Mògāokū•lǐ hái yǒu yī gè miànjī bù dà de dòngkū——Cángjīngdòng. Dòng•lǐ
　　莫高窟里 还 有 一 个 面积 不 大 的 洞窟—— 藏经洞。 洞里
céng cángyǒu wǒguó gǔdài de gè zhǒng jīngjuàn、wénshū、bóhuà、cìxiù、
曾 藏有 我国 古代 的 各 种 经卷、 文书、 帛画、 刺绣、
tóngxiàng děng gòng liùwàn duō jiàn. Yóuyú Qīngcháo zhèngfǔ fǔbài wúnéng,
铜像 等 共 六万 多 件。 由于 清朝 政府 腐败 无能，
dàliàng zhēnguì de wénwù bèi wàiguó qiángdào lüèzǒu. Jǐncún de bùfen jīngjuàn,
大量 珍贵 的 文物 被 外国 强盗 掠走。 仅存 的 部分 经卷，
xiànzài chénliè yú Běijīng Gùgōng děng chù.
现在 陈列 于 北京 故宫 等 处。

Mògāokū shì jǔshì-wénmíng de yìshù bǎokù. Zhè·lǐ de měi yī zūn cǎisù、
莫高窟　是　举世闻名　的　艺术　宝库。　这里　的　每　一　尊　彩塑、

měi yī fú bìhuà、měi yī jiàn wénwù, dōu shì Zhōngguó gǔdài rénmín zhìhuì de
每　一　幅　壁画、　每　一　件　文物，　都　是　中国　古代　人民　智慧　的

jiéjīng.
结晶。

Jiéxuǎn zì 《Mògāokū》

节选　自《莫高窟》

Zuòpǐn 24 Hào
作品　24　号

Sēnlín hányǎng shuǐyuán, bǎochí shuǐtǔ, fángzhǐ shuǐ-hàn zāihài de zuòyòng
森林　涵养　水源，　保持　水土，　防止　水旱　灾害　的　作用

fēicháng dà. Jù zhuānjiā cèsuàn, yī piàn shí wàn mǔ miànjī de sēnlín,
非常　大。据　专家　测算，　一　片　十　万　亩　面积　的　森林，

xiāngdāngyú yī gè liǎngbǎi wàn lìfāngmǐ de shuǐkù, zhè zhèng rú nóngyàn suǒ
相当于　一个　两百　万　立方米　的　水库，　这　正　如　农谚　所

shuō de: "Shān·shàng duō zāi shù, děngyú xiū shuǐkù. Yǔ duō tā néng tūn, yǔ
说　的：　"山上　多　栽树，　等于　修　水库。雨　多　它　能　吞，雨

shǎo tā néng tǔ."
少　它　能　吐。"

Shuōqǐ sēnlín de gōng·láo, nà hái duō de hěn. Tā chúle wèi rénlèi tígōng
说起　森林　的　功劳，　那　还　多　得　很。它　除了　为　人类　提供

mùcái jí xǔduō zhǒng shēngchǎn、shēnghuó de yuánliào zhī wài, zài wéihù
木材　及　许多　种　生产、　生活　的　原料　之　外，　在　维护

shēngtài huánjìng fāngmiàn yě shì gōng·láo zhuózhù, tā yòng lìng yī zhǒng
生态　环境　方面　也　是　功劳　卓著，　它　用　另一　种

"néngtūn-néngtǔ" de tèshū gōngnéng yùnyùle rénlèi. Yīn·wèi dìqiú zài xíngchéng
"能吞能吐"　的　特殊　功能　孕育了　人类。　因为　地球　在　形成

zhī chū, dàqì zhōng de èryǎnghuàtàn hánliàng hěn gāo, yǎngqì hěn shǎo,
之　初，　大气　中　的　二氧化碳　含量　很　高，　氧气　很　少，

qìwēn yě gāo, shēngwù shì nányǐ shēngcún de. Dàyuē zài sìyì nián zhīqián, lùdì
气温　也　高，　生物　是　难以　生存　的。大约　在　四亿　年　之前，　陆地

cái chǎnshēngle sēnlín. Sēnlín mànmàn jiāng dàqì zhōng de èryǎnghuàtàn
才　　产生了　　森林。　森林　　慢慢　将　大气　中　的　　二氧化碳
xīshōu, tóngshí tǔchū xīn‧xiān yǎngqì, tiáojié qìwēn: Zhè cái jùbèile rénlèi
吸收，　　同时　吐出　新鲜　氧气，　调节　气温：这　才　具备了　人类
shēngcún de tiáojiàn, dìqiú‧shàng cái zuìzhōng yǒule rénlèi.
生存　的　条件，　地球上　才　最终　有了人类。

　　Sēnlín, shì dìqiú shēngtài xìtǒng de zhǔtǐ, shì dàzìrán de zǒng diàodùshì,
　　森林，是　地球　生态　系统　的　主体，是　大自然　的　总　调度室，
shì dìqiú de lǜsè zhī fèi. Sēnlín wéihù dìqiú shēngtài huánjìng de zhè zhǒng
是　地球　的　绿色　之　肺。　森林　维护　地球　生态　环境　的　这　种
"néngtūn‑néngtǔ" de tèshū gōngnéng shì qítā rènhé wùtǐ dōu bù néng qǔdài
"能吞能吐"　的　特殊　功能　是　其他　任何　物体　都　不　能　取代
de. Rán'ér, yóuyú dìqiú‧shàng de ránshāowù zēngduō, èryǎnghuàtàn de
的。　然而，　由于　地球上　的　燃烧物　增多，　二氧化碳　的
páifàngliàng jíjù zēngjiā, shǐ‧dé dìqiú shēngtài huánjìng jíjù èhuà, zhǔyào
排放量　急剧　增加，　使得　地球　生态　环境　急剧　恶化，　主要
biǎoxiàn wéi quánqiú qìhòu biàn nuǎn, shuǐfèn zhēngfā jiākuài, gǎibiànle qìliú
表现　为　全球　气候　变　暖，　水分　蒸发　加快，　改变了　气流
de xúnhuán, shǐ qìhòu biànhuà jiājù, cóng'ér yǐnfā rèlàng、jùfēng、bàoyǔ、
的　循环，　使　气候　变化　加剧，　从而　引发　热浪、　飓风、　暴雨、
hónglào jí gānhàn.
洪涝　及　干旱。

　　Wèile// shǐ dìqiú de zhège "néngtūn-néngtǔ" de lǜsè zhī fèi huīfù
　　为了//　使　地球　的　这个　　"能吞能吐"　　的　绿色　之　肺　恢复
jiànzhuàng, yǐ gǎishàn shēngtài huánjìng, yìzhì quánqiú biàn nuǎn, jiǎnshǎo
健壮，　以　改善　生态　环境，　抑制　全球　变　暖，　减少
shuǐ-hàn děng zìrán zāihài, wǒmen yīnggāi dàlì zàolín、hùlín, shǐ měi yī zuò
水旱　等　自然　灾害，　我们　应该　大力　造林、护林，使　每　一　座
huāngshān dōu lǜ qǐ‧lái.
荒山　都　绿　起来。

Jiéxuǎn zì 《"Néngtūn‑néngtǔ" de Sēnlín》

节选　自《　　"能吞能吐"　　的　森林》

Zuòpǐn 25 Hào

作品　25　号

Zhōngguó méi·yǒu rén bù ài héhuā de. Kě wǒmen lóu qián chítáng zhōng
中国　　没有　　人不爱　荷花　的。可　我们　楼　前　池塘　中

dúdú quēshǎo héhuā. Měi cì kàndào huò xiǎngdào, zǒng jué·dé shì yī kuài
独独　缺少　荷花。每　次　看到　或　想到，　总　觉得　是一　块

xīnbìng. Yǒu rén cóng Húběi lái, dàiláile Hóng Hú de jǐ kē liánzǐ, wàiké chéng
心病。有　人　从　湖北　来，带来了　洪　湖的　几颗　莲子，外壳　呈

hēisè, jí yìng. Jùshuō, rúguǒ mái zài yūní zhōng, nénggòu qiān nián bù làn. Wǒ
黑色，极硬。据说，　如果　埋在　淤泥　中，　能够　千　年不烂。我

yòng tiěchuí zài liánzǐ·shàng zákāile yī tiáo fèngr, ràng liányár nénggòu pòké-
用　铁锤　在　莲子上　砸开了一　条　缝，　让　莲芽　能够　破壳

érchū, bù zhì yǒngyuǎn mái zài ní zhōng. Bǎ wǔ-liù kē qiāopò de liánzǐ tóurù
而出，不至　永远　埋在泥中。　把五六颗　敲破　的莲子投入

chítáng zhōng, xià·miàn jiù shì tīngtiān-yóumìng le.
池塘　中，　下面　就是　听天由命　了。

Zhèyàng yī lái, wǒ měi tiān jiù duōle yī jiàn gōngzuò: dào chítáng biān·shàng
这样　一来，我每　天　就多了一件　工作：到　池塘　边上

qù kàn·shàng jǐ cì. Xīn·lǐ zǒng shì xīwàng, hūrán yǒu yī tiān, "Xiǎo hé cái lù jiān
去　看上　几次。心里　总　是　希望，　忽然　有一天，"小荷才露尖

jiān jiǎo", yǒu cuìlǜ de liányè zhǎngchū shuǐmiàn. Kěshì, shìyǔyuànwéi, tóu
尖角"，有　翠绿的　莲叶　长出　水面。可是，　事与愿违，投

xià·qù de dì-yī nián, yīzhí dào qiūliáng luòyè, shuǐmiàn·shàng yě méi·yǒu
下去　的第一　年，一直到　秋凉　落叶，　水面上　也　没有

chūxiàn shénme dōngxi. Dànshì dàole dì-sān nián, què hūrán chūle qíjì. Yǒu yī
出现　什么　东西。但是　到了　第三　年，却　忽然　出了奇迹。有一

tiān, wǒ hūrán fāxiàn, zài wǒ tóu liánzǐ de dìfang zhǎngchūle jǐ gè yuányuán de
天，我　忽然　发现，在我投　莲子的　地方　长出了　几个　圆圆　的

lǜyè, suīrán yánsè jí rě rén xǐ'ài, dànshì què xìruò dānbó, kěliánxīxī de píngwò
绿叶，虽然　颜色极惹人　喜爱，　但是　却　细弱　单薄，可怜兮兮地　平卧

zài shuǐmiàn·shàng, xiàng shuǐfúlián de yèzi yīyàng.
在　水面上，　像　水浮莲　的叶子一样。

Zhēnzhèng de qíjì chūxiàn zài dì-sì nián·shàng. Dàole yībān héhuā zhǎng yè
真正　的奇迹出现　在第四　年上。　到了一般荷花　长叶

de shíhou, zài qùnián piāofúzhe wǔ-liù gè yèpiàn de dìfang, yī yè zhījiān, tūrán
的 时候， 在 去年 飘浮着 五六 个 叶片 的 地方， 一 夜 之间， 突然

zhǎngchūle yīdàpiàn lǜyè, yèpiàn kuòzhāng de sùdù, fànwéi de kuòdà, dōu shì
长出了 一大片 绿叶， 叶片 扩张 的 速度， 范围 的 扩大， 都 是

jīngrén de kuài. Jǐ tiān zhī nèi, chítáng nèi bù xiǎo yī bùfen, yǐ•jīng quán wéi
惊人 地 快。 几 天 之 内， 池塘 内 不 小 一 部分， 已经 全 为

lǜyè suǒ fùgài. Érqiě yuánlái píngwò zài shuǐmiàn•shàng de xiàng shì shuǐfúlián
绿叶 所 覆盖。 而且 原来 平卧 在 水面上 的 像 是 水浮莲

yīyàng de// yèpiàn, bù zhī•dào shì cóng nǎ•lǐ jùjí láile lì•liàng, yǒu yīxie jìngrán
一样 的// 叶片， 不 知道 是 从 哪里 聚集 来了 力量， 有 一些 竟然

yuèchūle shuǐmiàn, zhǎngchéng le tíngtíng de héyè. Zhèyàng yī lái, wǒ
跃出了 水面， 长成 了 亭亭 的 荷叶。 这样 一来， 我

xīnzhōng de yíyún yīsǎo'érguāng: chítáng zhōng shēngzhǎng de zhēnzhèng shì
心中 的 疑云 一扫而光： 池塘 中 生长 的 真正 是

Hóng Hú liánhuā de zǐsūn le. Wǒ xīnzhōng kuángxǐ, zhè jǐ nián zǒngsuàn shì
洪 湖 莲花 的 子孙 了。 我 心中 狂喜， 这 几 年 总算 是

méi•yǒu bái děng.
没有 白 等。

Jiéxuǎn zì Jì Xiànlín《Qīng Táng Hé Yùn》
节选 自季 羡林 《清 塘 荷 韵》

Zuòpǐn 26 Hào
作品　26 号

　　Zài yuánshǐ shèhuì•lǐ, wénzì hái méiyǒu chuàngzào chū•lái, què xiān yǒule
　　在 原始 社会里， 文字 还 没有 创造 出来， 却 先 有了

gēyáo yī lèi de dōngxi. Zhè yě jiù shì wényì.
歌谣 一类 的 东西。 这 也 就 是 文艺。

　　Wénzì chuàngzào chū•lái yǐhòu, rén jiù yòng tā bǎ suǒjiàn suǒwén suǒxiǎng
　　文字 创造 出来 以后， 人 就 用 它 把 所见 所闻 所想

suǒgǎn de yīqiè jìlù xià•lái. Yī shǒu gēyáo, búdàn kǒutóu chàng, hái yào kè ya,
所感 的 一切 记录 下来。 一首 歌谣， 不但 口头 唱， 还 要 刻 呀，

qī ya, bǎ tā bǎoliú zài shénme dōngxi•shàng. Zhèyàng, wényì hé wénzì jiù
漆 呀， 把 它 保留 在 什么 东西上。 这样， 文艺 和 文字 就

bìngle jiā.

并了 家。

　　Hòulái zhǐ hé bǐ pǔbiàn de shǐyòng le, érqiě fāmíngle yìnshuāshù. Fánshì

　　后来　纸 和 笔 普遍 地　使用　了，而且　发明了　印刷术。　凡是

xūyào jìlù xià•lái de dōngxi, yào duōshao fèn jiù kěyǐ yǒu duōshao fèn. Yúshì

需要 记录 下来 的　东西，要　多少　份 就可以 有　多少　份。于是

suǒwèi wényì, cóng wàibiǎo shuō, jiù shì yī piān gǎozi, yī bù shū, jiù shì

所谓 文艺，从　外表 说，就 是一 篇 稿子，一部书，就 是

xǔduō wénzì de jíhétǐ.

许多　文字 的 集合体。

　　Wénzì shì yī dào qiáoliáng, tōngguòle zhè yī dào qiáoliáng, dúzhě cái hé

　　文字 是 一　桥梁，　通过了　这 一 道　桥梁，　读者 才 和

zuòzhě huìmiàn. Bùdàn huìmiàn, bìngqiě liáojiě zuòzhě de xīnqíng, hé zuòzhě

作者　会面。 不但　会面，　并且 了解 作者 的　心情，和 作者

de xīnqíng xiāng qìhé.

的 心情　相　契合。

　　Jiù zuòzhě de fāngmiàn shuō, wényì de chuàngzuò jué bù shì suíbiàn qǔ

　　就　作者 的　方面 说，文艺 的　创作 决 不是　随便 取

xǔduō wénzì lái jíhé zài yīqǐ. Zuòzhě zhuóshǒu chuàngzuò, bìrán duìyú rénshēng

许多　文字 来 集合 在一起。 作者　着手　创作，　必然 对于　人生

xiān yǒu suǒjiàn, xiān yǒu suǒgǎn. Tā bǎ zhèxiē suǒjiàn suǒgǎn xiě chū•lái, bù

先 有　所见，　先 有　所感。 他 把　这些　所见 所感 写　出来，不

zuò chōuxiàng de fēnxī, ér zuò jùtǐ de miáoxiě, bù zuò kèbǎn de jìzǎi, ér zuò

作 抽象　的 分析，而 作 具体 的　描写，不 作 刻板 的 记载，而作

xiǎngxiàng de ānpái. Tā zhǔnbèi xiě de bù shì pǔtōng de lùnshuōwén、jìxùwén;

想象　的 安排。他 准备 写 的 不 是 普通　的　论说文、 记叙文；

tā zhǔnbèi xiě de shì wényì. Tā dòngshǒu xiě, bùdàn xuǎnzé nàxiē zuì shìdàng

他 准备 写 的 是 文艺。他　动手 写，不但　选择 那些 最　适当

de wénzì, ràng tāmen jíhé qǐ•lái, háiyào shěnchá nàxiē xiě xià•lái de wénzì,

的 文字， 让 它们 集合 起来，还要 审查 那些 写 下来 的 文字，

kàn yǒuméiyǒu yīngdāng xiūgǎi huòshì zēngjiǎn de. Zǒngzhī, zuòzhě xiǎng zuòdào

看 有没有　应当 修改 或是 增减 的。 总之，作者　想　做到

de shì: xiě xià•lái de wénzì zhènghǎo chuándá chū tā de suǒjiàn suǒgǎn.

的 是：写 下来 的 文字　正好　传达 出 他 的 所见 所感。

　　Jiù dúzhě de// fāngmiàn shuō, dúzhě kàndào de shì xiě zài zhǐmiàn huòzhě

　　就　读者 的//　方面 说，读者　看到 的 是 写 在　纸面　或者

yìn zài zhǐmiàn de wénzì, dànshì kàndào wénzì bìng bù shì tāmen de mùdì.

印 在 纸面 的 文字, 但是 看到 文字 并 不 是 他们 的 目的。

Tāmen yào tōngguò wénzì qù jiēchù zuòzhě de suǒjiàn suǒgǎn.

他们 要 通过 文字 去 接触 作者 的 所见 所感。

Jiéxuǎn zì Yè Shèngtáo《Qūqiǎn Wǒmen de Xiǎngxiàng》

节选 自 叶 圣陶 《驱遣 我们 的 想象》

Zuòpǐn 27 Hào
作品 27 号

Yǔyán, yě jiù shì shuōhuà, hǎoxiàng shì jíqí xīsōng píngcháng de shìr. Kěshì

语言, 也 就 是 说话, 好像 是 极其 稀松 平常 的 事儿。可是

zǐxì xiǎngxiang, shízài shì yī jiàn liǎo·bùqǐ de dàshì. Zhèngshì yīn·wèi shuōhuà

仔细 想想, 实在 是 一 件 了不起 的 大事。 正是 因为 说话

gēn chīfàn、zǒulù yīyàng de píngcháng, rénmen cái bù qù xiǎng tā jiūjìng shì

跟 吃饭、走路 一样 的 平常, 人们 才 不 去 想 它 究竟 是

zěnme huí shìr. Qíshí zhè sān jiàn shìr dōu shì jí bù píngcháng de, dōu shì shǐ

怎么 回 事儿。其实 这 三 件 事儿 都 是 极不 平常 的, 都 是 使

rénlèi bù tóng yú bié de dòngwù de tèzhēng.

人类 不 同 于 别的 动物 的 特征。

Jì·dé zài xiǎoxué·lǐ dúshū de shíhou, bān·shàng yǒu yī wèi "néng wén"

记得 在 小学里 读书 的 时候, 班上 有 一 位 "能文"

de dàshīxiōng, zài yī piān zuòwén de kāitóu xiě·xià zhème liǎng jù:"Yīngwǔ

的 大师兄, 在 一 篇 作文 的 开头 写下 这么 两句:"鹦鹉

néng yán, bù lí yú qín; xīngxīng néng yán, bù lí yú shòu." Wǒmen kànle dōu

能 言,不离于禽; 猩猩 能 言, 不离于兽。" 我们 看了 都

fēicháng pèi·fú. Hòulái zhī·dào zhè liǎng jù shì yǒu láilì de, zhǐshì zìjù yǒu xiē

非常 佩服。后来 知道 这 两 句 是 有 来历 的, 只是 字句 有 些

chūrù. Yòu guòle ruògān nián, cái zhī·dào zhè liǎng jù huà dōu yǒu wèntí.

出入。又 过了 若干 年, 才 知道 这 两 句 话 都 有 问题。

Yīngwǔ néng xué rén shuōhuà, kě zhǐshì zuòwéi xiànchéng de gōngshì lái shuō,

鹦鹉 能 学 人 说话, 可 只是 作为 现成 的 公式 来 说,

bù huì jiāyǐ biànhuà. Zhǐyǒu rénmen shuōhuà shì cóng jùtǐ qíngkuàng chūfā,

不 会 加以 变化。 只有 人们 说话 是 从 具体 情况 出发,

qíngkuàng yī biàn, huà yě gēnzhe biàn.

情况　一变，话　也　跟着　变。

Xīfāng xuézhě ná hēixīngxīng zuò shíyàn, tāmen néng xuéhuì jíqí yǒuxiàn de

西方　学者　拿　黑猩猩　做　实验，它们　能　学会　极其　有限　的

yīdiǎnr fúhào yǔyán, kěshì xué·bù huì bǎ tā biànchéng yǒushēng yǔyán. Rénlèi

一点儿　符号　语言，可是　学不　会　把　它　变成　有声　语言。人类

yǔyán zhīsuǒyǐ nénggòu "suíjī-yìngbiàn", zàiyú yī fāngmiàn néng bǎ yǔyīn

语言　之所以　能够　"随机应变"，在于　一　方面　能　把　语音

fēnxī chéng ruògān yīnsù, yòu bǎ zhèxiē yīnsù zǔhé chéng yīnjié, zài bǎ yīnjié

分析　成　若干　音素，又　把　这些　音素　组合　成　音节，再　把　音节

liánzhuì qǐ·lái. Lìng yī fāngmiàn, yòu néng fēnxī wàijiè shìwù jí qí biànhuà.

连缀　起来。另　一　方面，又　能　分析　外界　事物　及　其　变化，

xíngchéng wúshù de "yìniàn", yī yī pèi yǐ yǔyīn, ránhòu zōnghé yùnyòng,

形成　无数　的　"意念"，一　一　配　以　语音，然后　综合　运用，

biǎodá gèzhǒng fùzá de yìsi. Yī jù huà, rénlèi yǔyán de tèdiǎn jiù zàiyú néng yòng

表达　各种　复杂　的　意思。一　句　话，人类　语言　的　特点　就　在于　能　用

biànhuà wúqióng de yǔyīn, biǎodá biànhuà wúqióng de// yìyì. Zhè shì rènhé qítā

变化　无穷　的　语音，表达　变化　无穷　的// 意义。这　是　任何　其他

dòngwù bàn·bù dào de.

动物　办不　到　的。

Jiéxuǎn zì Lǚ Shūxiāng《Rénlèi de Yǔyán》

节选　自　吕　叔湘　　《人类　的　语言》

Zuòpǐn 28 Hào
作品　28　号

Fù·qīn xǐhuan xià xiàngqí. Nà yī nián, wǒ dàxué huíjiā dùjià, fù·qīn jiāo wǒ

父亲　喜欢　下　象棋。那　一　年，我　大学　回家　度假，父亲　教　我

xiàqí.

下棋。

Wǒmen liǎ bǎihǎo qí, fù·qīn ràng wǒ xiān zǒu sān bù, kě bù dào sān

我们　俩　摆好　棋，父亲　让　我　先　走　三　步，可　不　到　三

fēnzhōng, sān xià wǔ chú èr, wǒ de bīng jiàng sǔnshī dàbàn, qípán·shàng

分钟，三　下　五　除　二，我　的　兵　将　损失　大半，棋盘上

kōngdàngdàng de, zhǐ shèngxià lǎoshuài、shì hé yī jū liǎng zú zài gūjūn-fènzhàn.
　空荡荡　　的，只　剩下　老帅、士　和　一车　两　卒　在　孤军奋战。
Wǒ hái bù kěn bàxiū, kěshì yǐ wúlì-huítiān, yǎnzhēngzhēng kànzhe fù·qīn
我　还　不　肯　罢休，可是　已　无力回天，　　眼睁睁　　看着　父亲
"jiāng jūn", wǒ shū le.
"将军"，我　输了。

　　Wǒ bù fúqì, bǎi qí zài xià. Jǐ cì jiāofēng, jīběn·shàng dōu shì bù dào shí
　我　不服气，摆　棋再下。几次　交锋，　　基本上　都　是　不到　十
fēnzhōng wǒ jiù bài xià zhèn lái. Wǒ bùjīn yǒuxiē xièqì. Fù·qīn duì wǒ shuō: "Nǐ
分钟　我　就　败　下　阵来。我　不禁　有些　泄气。父亲　对我　说："你
chū xué xiàqí, shū shì zhèngcháng de. Dànshì nǐ yào zhī·dào shū zài shénme
初　学　下棋，输　是　正常　　的。但是　你要　知道　输在　什么
dìfang; fǒuzé, nǐ jiùshì zài xià·shàng shí nián, yě háishi shū."
地方；否则，你就是　再　下上　十　年，也　还是　输。"

　　"Wǒ zhī·dào, shū zài qíyì·shàng. Wǒ jìshù·shàng bù rú nǐ, méi jīngyàn."
　"我　知道，输在　棋艺上。我　技术上　不　如你，没　经验。"
　　"Zhè zhǐ shì cìyào yīnsù, bù shì zuì zhòngyào de."
　"这　只是次要因素，不是最　重要　的。"
　　"Nà zuì zhòngyào de shì shénme?" Wǒ qíguài de wèn.
　"那　最　重要　的是什么？"　我　奇怪地问。
　　"Zuì zhòngyào de shì nǐ de xīntài bù duì. Nǐ bù zhēnxī nǐ de qízǐ."
　"最　重要　的是你的　心态不对。你不　珍惜　你的棋子。"
　　"Zěnme bù zhēnxī ya? Wǒ měi zǒu yī bù, dōu xiǎng bàntiān." Wǒ bù fúqì
　"怎么　不　珍惜　呀？我　每　走一步，都　想　半天。" 我　不服气
de shuō.
地 说。

　　"Nà shì hòulái, kāishǐ nǐ shì zhèyàng ma? Wǒ gěi nǐ jìsuànguo, nǐ sān fēn
　"那　是　后来，开始　你是　这样　吗？我　给你　计算过，你　三　分
zhī èr de qízǐ shì zài qián sān fēn zhī yī de shíjiān nèi diūshī de. Zhè qījiān nǐ zǒu
之二的棋子是　在　前　三　分之一的　时间　内丢失的。这　期间你走
qí bùjiǎ-sīsuǒ, ná qǐ·lái jiù zǒu, shīle yěbù jué·dé kěxī. Yīn·wèi nǐ jué·dé qízǐ
棋　不假思索，拿　起来　就　走，失了也不　觉得　可惜。因为　你　觉得　棋子
hěnduō, shī yì-liǎng gè bù suàn shénme."
很多，失　一两　个不　算　什么。"

　　Wǒ kànkan fù·qīn, bù hǎoyìsi de dī·xià tóu. "Hòu sān fēn zhī èr de shíjiān,
　我　看看　父亲，不　好意思地　低下　头。"后　三　分之二的　时间，

nǐ yòu fànle xiāngfǎn de cuò·wù: duì qízǐ guòyú zhēnxī, měi zǒu yī bù, dōu
你 又 犯了 相反 的 错误： 对 棋子 过于 珍惜， 每 走 一步， 都
sīqián-xiǎnghòu, huàndé-huànshī, yī gè qí yě bù xiǎng shī, // jiéguǒ yī gè yī
思前想后， 患得患失， 一个 棋 也 不 想 失，// 结果 一个 一
gè dōu shīqù le."
个 都 失去 了。"

Jiéxuǎn zì Lín Xī 《Rénshēng Rú Xià Qí》
节选 自 林夕 《人生 如 下 棋》

Zuòpǐn 29 Hào
作品 29 号

Zhòngxià, péngyou xiāngyāo yóu Shídù. Zài chéng·lǐ zhù jiǔ le, yīdàn jìnrù
仲夏， 朋友 相邀 游 十渡。 在 城里 住 久 了，一旦 进入
shānshuǐ zhījiān, jìng yǒu yī zhǒng shēngmìng fùsū de kuàigǎn.
山水 之间， 竟 有 一种 生命 复苏 的 快感。

Xià chē hòu, wǒmen shěqìle dàlù, tiāoxuǎnle yī tiáo bànyǐn-bànxiàn zài
下 车 后， 我们 舍弃了 大路， 挑选了 一 条 半隐半现 在
zhuāngjiadì·lǐ de xiǎojìng, wānwānràorào de láidàole Shídù dùkǒu. Xīyáng xià de
庄稼地里 的 小径， 弯弯绕绕 地 来到了 十渡 渡口。 夕阳 下 的
Jùmǎ Hé kāngkǎi de sǎchū yī piàn sǎnjīn-suìyù, duì wǒmen biǎoshì huānyíng.
拒马 河 慷慨 地 撒出 一 片 散金碎玉， 对 我们 表示 欢迎。

Àn biān shānyá·shàng dāofǔhén yóu cún de qíqū xiǎodào, gāodī tū'āo,
岸 边 山崖上 刀斧痕 犹 存 的 崎岖 小道， 高低 凸凹，
suī méi·yǒu "nán yú shàng qīngtiān" de xiǎn'è, què yě yǒu tàkōngle gǔndào
虽 没有 "难于 上 青天" 的 险恶， 却 也 有 踏空了 滚到
Jùmǎ Hé xǐzǎo de fēngxiǎn. Xiázhǎichù zhǐ néng shǒu fú yánshí tiē bì ér xíng.
拒马 河 洗澡 的 风险。 狭窄处 只 能 手 扶 岩石 贴壁 而 行。
Dāng "Dōngpō Cǎotáng" jǐ gè hóng qī dà zì hèrán chūxiàn zài qiánfāng yánbì
当 "东坡 草堂" 几个 红 漆大字 赫然 出现 在 前方 岩壁
shí, yī zuò xiāngqiàn zài yányá jiān de shíqì máocǎowū tóngshí yuèjìn yǎndǐ.
时， 一 座 镶嵌 在 岩崖 间 的 石砌 茅草屋 同时 跃进 眼底。
Cǎowū bèi jǐ jí shítī tuō de gāogāo de, wū xià fǔkànzhe yī wān héshuǐ, wū qián
草屋 被 几级 石梯 托 得 高高 的， 屋下 俯瞰着 一 湾 河水， 屋 前
shùn shānshì pìchūle yī piàn kòngdì, suànshì yuànluò ba! Yòucè yǒu yī xiǎoxiǎo
顺 山势 辟出了 一 片 空地， 算是 院落 吧！ 右侧 有 一 小小

de móguxíng de liángtíng, nèi shè shízhuō shídèng, tíng dǐng hèhuángsè de
的　蘑菇形　的　凉亭，　内　设　石桌　石凳，　亭　顶　褐黄色　的

máocǎo xiàng liúsū bān xiàng xià chuíxiè, bǎ xiànshí hé tónghuà chuànchéngle
茅草　像　流苏　般　向　下　垂泻，　把　现实　和　童话　串成了

yìtǐ. Cǎowū de gòusīzhě zuì jīngcǎi de yī bǐ, shì shè zài yuànluò biānyán de
一体。草屋　的　构思者　最　精彩　的　一笔，　是　设　在　院落　边沿　的

cháimén hé líba, zǒujìn zhèr, biàn yǒule "Huājìng bù céng yuán kè sǎo,
柴门　和　篱笆，　走近　这儿，　便　有了　"花径　不　曾　缘　客扫，

péngmén jīn shǐ wèi jūn kāi" de yìsi.
蓬门　今始　为　君开"　的意思。

　　Dāng wǒmen chóng dēng liángtíng shí, yuǎnchù de Biānfú Shān yǐ zài
　　当　我们　重　登　凉亭　时，　远处　的　蝙蝠　山　已在

yèsè·xià huàwéi jiǎnyǐng, hǎoxiàng jiù yào zhǎnchì pūlái. Jùmǎ Hé chèn rénmen
夜色下　化为　剪影，　好像　就要　展翅　扑来。拒马　河　趁　人们

kàn·bù qīng tā de róngmào shí huōkāile sǎngménr yùnwèi shízú de chàng ne!
看不　清　它的　容貌　时　豁开了　嗓门儿　韵味　十足地　唱　呢!

Ǒu yǒu bù ānfèn de xiǎoyúr hé qīngwā bèng tiào// chéng shēng, xiàng shì wèile
偶　有　不安分　的　小鱼儿　和　青蛙　蹦　跳//　成　声，　像　是　为了

qiánghuà zhè yèqǔ de jiézòu. Cǐshí, zhǐjué shìjiān wéi yǒu shuǐshēng hé wǒ, jiù
强化　这　夜曲　的　节奏。　此时，　只觉　世间　唯有　水声　和　我，　就

lián ǒu'ěr cóng yuǎnchù gǎnlái xiējiǎo de wǎnfēng, yě qiǎowú-shēngxī.
连　偶尔　从　远处　赶来　歇脚　的　晚风，　也　悄无声息。

　　Dāng wǒ jiànjiàn bèi yè de níngzhòng yǔ shēnsuì suǒ róngshí, yī lǚ xīn de
　　当　我　渐渐　被夜　的　凝重　与　深邃　所　融蚀，　一缕　新的

sīxù yǒngdòng shí, duì'àn shātān·shàng ránqǐle gōuhuǒ, nà xiānliàng de
思绪　涌动　时，　对岸　沙滩上　燃起了　篝火，　那　鲜亮　的

huǒguāng, shǐ yèsè yǒule zàodònggǎn. Gōuhuǒ sìzhōu, rényǐng chuòyuē, rúgē-
火光，　使　夜色　有了　躁动感。　篝火　四周，　人影　绰约，　如歌

-sìwǔ. Péngyou shuō, nà shì Běijīng de dàxuéshēngmen, jiébàn lái zhèr dù
-似舞。　朋友　说，　那　是　北京　的　大学生们，　结伴　来　这儿　度

zhōumò de. Yáowàng nà míngmiè-wúdìng de Huǒguāng, xiǎngxiàngzhe gōuhuǒ
周末　的。　遥望　那　明灭无定　的　火光，　想象着　篝火

yìngzhào de qīngchūn niánhuá, yě shì yī zhǒng yìxiǎng·bù dào de lèqù.
映照　的　青春　年华，　也　是　一　种　意想不　到的　乐趣。

Jiéxuǎn zì Liú Yán《 Shídù Yóu Qù 》
节选　自刘延　《 十渡　游　趣 》

Zuòpǐn 30 Hào
作品　30　号

Zài Mǐnxīnán hé Yuèdōngběi de chóngshān-jùnlǐng zhōng, diǎnzhuìzhe
在　闽西南　和　粤东北　的　崇山峻岭　中，　点缀着
shùyǐqiānjì de yuánxíng wéiwū huò tǔlóu, zhè jiù shì bèi yù wéi "shìjiè mínjū
数以千计　的　圆形　围屋　或　土楼，这　就　是　被　誉　为　"世界　民居
qípā" de Kèjiā mínjū.
奇葩"　的　客家　民居。

Kèjiārén shì gǔdài cóng Zhōngyuán fánshèng de dìqū qiāndào nánfāng de.
客家人　是　古代　从　中原　繁盛　的　地区　迁到　南方　的。
Tāmen de jūzhùdì dàduō zài piānpì、biānyuǎn de shānqū, wèile fángbèi dàoféi
他们　的　居住地　大多　在　偏僻、　边远　的　山区，　为了　防备　盗匪
de sāorǎo hé dāngdìrén de páijǐ, biàn jiànzàole yínglěishì zhùzhái, zài tǔ zhōng
的　骚扰　和　当地人　的　排挤，　便　建造了　营垒式　住宅，　在　土　中
chān shíhuī, yòng nuòmǐfàn、jīdànqīng zuò niánhéjì, yǐ zhúpiàn、mùtiáo zuò
掺　石灰，　用　糯米饭、　鸡蛋清　作　黏合剂，　以　竹片、　木条　作
jīngǔ, hāngzhù qǐ qiáng hòu yī mǐ, gāo shíwǔ mǐ yǐshàng de tǔlóu. Tāmen
筋骨，　夯筑　起　墙　厚　一米，　高　十五　米　以上　的　土楼。它们
dàduō wéi sān zhì liù céng lóu, yībǎi zhì èrbǎi duō jiān fángwū rú júbànzhuàng
大多　为　三　至　六　层　楼，一百　至　二百　多　间　房屋　如　橘瓣状
páiliè, bùjú jūnyún, hóngwěi zhuàngguān. Dàbùfen tǔlóu yǒu liǎng-sānbǎi nián
排列，　布局　均匀，　宏伟　壮观。　大部分　土楼　有　两三百　年
shènzhì wǔ-liùbǎi nián de lìshǐ, jīngshòu wúshù cì dìzhèn hàndòng、fēngyǔ qīnshí
甚至　五六百　年　的　历史，　经受　无数　次　地震　撼动、　风雨　侵蚀
yǐjí pàohuǒ gōngjī ér ānrán-wúyàng, xiǎnshìle chuántǒng jiànzhù wénhuà de
以及　炮火　攻击　而　安然无恙，　显示了　传统　建筑　文化　的
mèilì.
魅力。

Kèjiā xiānmín chóngshàng yuánxíng, rènwéi yuán shì jíxiáng、xìngfú hé
客家　先民　崇尚　圆形，　认为　圆　是　吉祥、　幸福　和
ānníng de xiàngzhēng. Tǔlóu wéichéng yuánxíng de fángwū jūn àn bāguà bùjú
安宁　的　象征。　土楼　围成　圆形　的　房屋　均　按　八卦　布局
páiliè, guà yǔ guà zhījiān shè yǒu fánghuǒqiáng, zhěngqí-huàyī.
排列，　卦　与　卦　之间　设　有　防火墙，　整齐划一。

Kèjiārén zài zhìjiā、chǔshì、dàirén、lìshēn děng fāngmiàn, wú bù tǐxiàn chū
客家人　在　治家、处事、待人、立身　等　方面，　无　不　体现　出
míngxiǎn de wénhuà tèzhēng. Bǐrú, xǔduō fángwū dàmén·shàng kèzhe
明显　的　文化　特征。　比如，　许多　房屋　大门上　刻着
zhèyàng de zhèngkǎi duìlián: "Chéng qián zǔdé qín hé jiǎn, qǐ hòu zǐsūn dú yǔ
这样　的　正楷　对联："承　前　祖德　勤和俭，启后　子孙　读与
gēng", biǎoxiànle xiānbèi xīwàng zǐsūn hémù xiāngchǔ、qínjiǎn chíjiā de
耕"，　表现了　先辈　希望　子孙　和睦　相处、勤俭　持家　的
yuànwàng. Lóu nèi fángjiān dàxiǎo yīmú-yīyàng, tāmen bù fēn pínfù、guìjiàn,
愿望。　楼　内　房间　大小　一模一样，　他们　不　分　贫富、贵贱，
měi hù rénjiā píngděng de fēndào dǐcéng zhì gāocéng gè// yī jiān fáng. Gè céng
每　户　人家　平等　地　分到　底层　至　高层　各//一　间　房。各　层
fángwū de yòngtú jīngrén de tǒngyī, dǐcéng shì chúfáng jiān fàntáng, èr céng
房屋　的　用途　惊人　地　统一，　底层　是　厨房　兼　饭堂，　二　层
dāng zhùcāng, sān céng yǐshàng zuò wòshì, liǎng-sānbǎi rén jùjū yī lóu, zhìxù
当　贮仓，　三　层　以上　作　卧室，　两三百　人　聚居　一楼，秩序
jǐngrán, háobù hùnluàn. Tǔlóu nèi suǒ bǎoliú de mínsú wénhuà, ràng rén
井然，　毫不　混乱。　土楼　内　所　保留　的　民俗　文化，　让　人
gǎnshòu dào Zhōnghuá chuántǒng wénhuà de shēnhòu jiǔyuǎn.
感受　到　中华　传统　文化　的　深厚　久远。

Jiéxuǎn zì Zhāng Yǔshēng 《Shìjiè Mínjū Qípā》
节选　自　张　宇生　《世界　民居　奇葩》

Zuòpǐn 31 Hào
作品　31 号

Wǒguó de jiànzhù, cóng gǔdài de gōngdiàn dào jìndài de yībān zhùfáng,
我国　的　建筑，　从　古代　的　宫殿　到　近代　的　一般　住房，
jué dà bùfen shì duìchèn de, zuǒ·biān zěnmeyàng, yòu·biān yě zěnmeyàng.
绝　大　部分　是　对称　的，　左边　怎么样，　右边　也　怎么样。
Sūzhōu yuánlín kě juébù jiǎng·jiū duìchèn, hǎoxiàng gùyì bìmiǎn shìde. Dōng·biān
苏州　园林　可　绝不　讲究　对称，　好像　故意　避免　似的。　东边
yǒule yī gè tíngzi huòzhě yī dào huíláng, xī·biān jué bú huì lái yī gè tóngyàng de
有了　一　个　亭子　或者　一　道　回廊，　西边　决　不会　来　一　个　同样　的
tíngzi huòzhě yī dào tóngyàng de huíláng. Zhè shì wèi shénme? Wǒ xiǎng, yòng
亭子　或者　一　道　同样　的　回廊。　这　是　为　什么？　我　想，　用

túhuà lái bǐfang, duìchèn de jiànzhù shì tú'ànhuà, bù shì měishùhuà, ér yuánlín
图画 来 比方，　对称 的 建筑 是 图案画，不 是 美术画，而 园林
shì měishùhuà, měishùhuà yāoqiú zìrán zhī qù, shì bù jiǎng·jiū duìchèn de.
是 美术画，　美术画 要求 自然 之 趣，是 不 讲究 对称 的。

　　Sūzhōu yuánlín·lǐ dōu yǒu jiǎshān hé chízhǎo.
　　苏州 园林里 都 有 假山 和 池沼。

　　Jiǎshān de duīdié, kěyǐ shuō shì yī xiàng yìshù ér bùjǐn shì jìshù. Huòzhě
　　假山 的 堆叠，可以 说 是 一 项 艺术 而不仅 是 技术。或者
shì chóngluán-diézhàng, huòzhě shì jǐ zuò xiǎoshān pèihézhe zhúzi huāmù,
是 重峦叠嶂，　或者 是 几 座 小山 配合着 竹子 花木，
quán zàihu shèjìzhě hé jiàngshīmen shēngpíng duō yuèlì, xiōng zhōng yǒu
全 在乎 设计者 和 匠师们 生平 多 阅历，胸 中 有
qiūhè, cái néng shǐ yóulǎnzhě pāndēng de shíhou wàngquè Sūzhōu chéngshì,
丘壑，才 能 使 游览者 攀登 的 时候 忘却 苏州 城市，
zhǐ jué·dé shēn zài shān jiān.
只 觉得 身 在 山 间。

　　Zhìyú chízhǎo, dàduō yǐnyòng huóshuǐ. Yǒuxiē yuánlín chízhǎo kuān·chǎng,
　　至于 池沼，大多 引用 活水。有些 园林 池沼 宽敞，
jiù bǎ chízhǎo zuòwéi quán yuán de zhōngxīn, qítā jǐngwù pèihézhe bùzhì.
就 把 池沼 作为 全 园 的 中心，其他 景物 配合着 布置。
Shuǐmiàn jiǎrú chéng hédào múyàng, wǎngwǎng ānpái qiáoliáng. Jiǎrú ānpái
水面 假如 成 河道 模样，　往往 安排 桥梁。假如 安排
liǎng zuò yǐshàng de qiáoliáng, nà jiù yī zuò yī gè yàng, jué bù léitóng.
两 座 以上 的 桥梁，那就 一座 一个 样，决不 雷同。

　　Chízhǎo huò hédào de biānyán hěn shǎo qì qízhěng de shí'àn, zǒngshì
　　池沼 或 河道 的 边沿 很 少 砌 齐整 的 石岸，总是
gāodī qūqū rèn qí zìrán. Hái zài nàr bùzhì jǐ kuài línglóng de shítou, huòzhě zhòng
高低 屈曲 任 其 自然。还 在 那儿 布置 几 块 玲珑 的 石头，或者 种
xiē huācǎo. Zhè yě shì wèile qǔdé cóng gègè jiǎodù kàn dōu chéng yī fú huà de
些 花草。 这 也 是 为了 取得 从 各个 角度 看 都 成 一 幅 画 的
xiàoguǒ. Chízhǎo·lǐ yǎngzhe jīnyú huò gè sè lǐyú, xià-qiū jìjié héhuā huò
效果。 池沼里 养着 金鱼 或 各 色 鲤鱼，夏秋 季节 荷花 或
shuǐlián// kāi fàng, yóulǎnzhě kàn "yú xì lián yè jiān", yòu shì rù huà de yī jǐng.
睡莲// 开 放，游览者 看 "鱼 戏 莲 叶 间"，又 是 入画 的 一景。

Jiéxuǎn zì Yè Shèngtáo《Sūzhōu Yuánlín》

节选 自 叶 圣陶 《苏州 园林》

Zuòpǐn 32 Hào

作品 32 号

Tài Shān jí dǐng kàn rìchū, lìlái bèi miáohuì chéng shífēn zhuàngguān de
泰 山 极 顶 看 日出，历来 被 描绘 成 十分 壮观 的
qíjǐng. Yǒu rén shuō: Dēng Tài Shān ér kàn·bù dào rìchū, jiù xiàng yī chū dàxì
奇景。有 人 说：登 泰 山 而 看不 到 日出，就 像 一 出 大戏
méi·yǒu xìyǎn, wèir zhōngjiū yǒu diǎnr guǎdàn.
没有 戏眼，味儿 终究 有 点 寡淡。

Wǒ qù pá shān nà tiān, zhèng gǎn·shàng gè nándé de hǎotiān, wànlǐ
我 去 爬 山 那 天， 正 赶上 个 难得 的 好天， 万里
chángkōng, yúncǎisīr dōu bù jiàn. Sùcháng yānwù téngténg de shāntóu, xiǎn·dé
长空， 云彩丝儿 都 不 见。 素常 烟雾 腾腾 的 山头， 显得
méi·mù fēnmíng. Tóngbànmen dōu xīnxǐ de shuō: "Míngtiān zǎo·chén zhǔn kěyǐ
眉目 分明。 同伴们 都 欣喜地 说： "明天 早晨 准 可以
kàn·jiàn rìchū le." Wǒ yě shì bàozhe zhè zhǒng xiǎngtou, pá·shàng shān·qù.
看见 日出 了。"我 也 是 抱着 这 种 想头， 爬上 山去。

Yílù cóng shānjiǎo wǎng shàng pá, xì kàn shānjǐng, wǒ jué·dé guà zài
一路 从 山脚 往 上 爬，细看 山景， 我 觉得 挂 在
yǎnqián de bù shì Wǔ Yuè dú zūn de Tài Shān, què xiàng yī fú guīmó jīngrén de
眼前 的 不是 五 岳 独 尊 的 泰 山， 却 像 一幅 规模 惊人 的
qīnglù shānshuǐhuà, cóng xià·miàn dào zhǎn kāi·lái. Zài huàjuàn zhōng zuì xiān
青绿 山水画， 从 下面 倒 展 开来。 在 画卷 中 最 先
lòuchū de shì shāngēnr dǐ nà zuò Míngcháo jiànzhù Dàizōngfāng, mànmàn de
露出 的 是 山根 底 那 座 明朝 建筑 岱宗坊， 慢慢 地
biàn xiànchū Wángmǔchí、Dǒumǔgōng、Jīngshíyù. Shān shì yī céng bǐ yī céng
便 现出 王母池、 斗母宫、 经石峪。 山 是 一 层 比 一 层
shēn, yī dié bǐ yī dié qí, céngcéngdiédié, bù zhī hái huì yǒu duō shēn duō
深， 一 叠 比 一 叠 奇， 层层叠叠， 不 知 还 会 有 多 深 多
qí. Wàn shān cóng zhōng, shí'ér diǎnrǎnzhe jíqí gōngxì de rénwù. Wángmǔchí
奇。 万 山 丛 中， 时而 点染着 极其 工细 的 人物。 王母池
páng de Lǚzǔdiàn·lǐ yǒu bùshǎo zūn míngsù, sùzhe Lǚ Dòngbīn děng yīxiē rén,
旁 的 吕祖殿里 有 不少 尊 明塑， 塑着 吕 洞宾 等 一些 人，
zītài shénqíng shì nàyàng yǒu shēngqì, nǐ kàn le, bùjīn huì tuōkǒu zàntàn shuō:
姿态 神情 是 那样 有 生气， 你 看 了，不禁 会 脱口 赞叹 说：

"Huó la."
"活　啦。"

Huàjuàn jìxù zhǎnkāi, lùyīn sēnsēn de Bǎidòng lòumiàn bù tài jiǔ, biàn
　　画卷　继续展开，　绿阴　森森　的　柏洞　露面　不　太　久，便
láidào Duìsōngshān. Liǎngmiàn qífēng duìzhìzhe, mǎn shānfēng dōu shì qíxíng-
来到　对松山。　　两面　奇峰　对峙着，　满　山峰　都　是　奇形
- guàizhuàng de lǎosōng, niánjì pà dōu yǒu shàng qiān suì le, yánsè jìng nàme
-　怪状　的　老松，　年纪　怕　都　有　上　千　岁了，颜色　竟　那么
nóng, nóng de hǎoxiàng yào liú xià·lái shìde. Láidào zhèr, nǐ bùfáng quán dàng
浓，　浓　得　好像　要　流　下来　似的。来到　这儿，你　不妨　权　当
yī cì huà·lǐ de xiěyì rénwù, zuò zài lùpáng de Duìsōngtíng·lǐ, kànkan shānsè,
一次　画里　的　写意　人物，　坐　在　路旁　的　对松亭里，　看看　山色，
tīngting liú//shuǐ hé sōngtāo.
听听　流//水　和　松涛。

Yīshíjiān, wǒ yòu jué·dé zìjǐ bùjǐn shì zài kàn huàjuàn, què yòu xiàng shì zài
　　一时间，我　又　觉得　自己不仅　是　在　看　画卷，　却　又　像　是　在
línglíng-luànluàn fānzhe yī juàn lìshǐ gǎoběn.
零零乱乱　翻着　一　卷　历史　稿本。

Jiéxuǎn zì Yáng Shuò 《Tài Shān Jí Dǐng》
节选　自　杨朔　《泰　山　极　顶》

Zuòpǐn 33 Hào
作品　33 号

Zài tàikōng de hēimù·shàng, dìqiú jiù xiàng zhàn zài yǔzhòu wǔtái zhōngyāng
　　在　太空　的　黑幕上，　地球　就　像　站　在　宇宙　舞台　中央
nà wèi zuì měi de dà míngxīng, húnshēn sànfā chū duórénxīnpò de、cǎisè de、
那　位　最　美　的　大　明星，　浑身　散发　出　夺人心魄　的、彩色　的、
míngliàng de guāngmáng, tā pīzhe qiǎnlánsè de shāqún hé báisè de piāodài,
明亮　的　光芒，　她　披着　浅蓝色　的　纱裙　和　白色　的　飘带，
rútóng tiān·shàng de xiānnǚ huǎnhuǎn fēixíng.
如同　天上　的　仙女　缓缓　飞行。

Dìlǐ zhīshi gàosu wǒ, dìqiú·shàng dàbùfen dìqū fùgàizhe hǎiyáng, wǒ
地理　知识　告诉　我，　地球上　大部分　地区　覆盖着　海洋，　我

guǒrán kàndàole dàpiàn wèilánsè de hǎishuǐ, hàohàn de hǎiyáng jiāo'ào de
果然　　看到了　大片　蔚蓝色的　海水，　浩瀚　的　海洋　骄傲　地

pīlùzhe guǎngkuò zhuàngguān de quánmào, wǒ hái kàndàole huáng-lǜ xiāngjiàn
披露着　广阔　　壮观　　的　　全貌，　我　还　看到了　黄绿　　相间

de lùdì, liánmián de shānmài zònghéng qíjiān; wǒ kàndào wǒmen píngshí suǒ
的 陆地，　连绵　的　山脉　纵横　其间；我　看到　我们　平时　所

shuō de tiānkōng, dàqìcéng zhōng piāofúzhe piànpiàn xuěbái de yúncai, nàme
说 的　天空，　大气层　中　飘浮着　　片片　雪白 的　云彩，　那么

qīngróu, nàme mànmiào, zài yángguāng pǔzhào xià, fǎngfú tiē zài dìmiàn · shàng
轻柔，　那么　曼妙，　在　阳光　　普照　下，　仿佛　贴在　　地面上

yīyàng. Hǎiyáng、lùdì、báiyún, tāmen chéngxiàn zài fēichuán xià · miàn, huǎnhuǎn
一样。　海洋、陆地、白云，　它们　呈现　在　飞船　下面，　　缓缓

shǐlái, yòu huǎnhuǎn lí · qù.
驶来，又　缓缓　　离去。

　　Wǒ zhī · dào zìjǐ hái shì zài guǐdào · shàng fēixíng, bìng méi · yǒu wánquán
　　我　知道　自己还是在　　轨道上　　飞行，　并　没有　　完全

tuōlí dìqiú de huáibào, chōngxiàng yǔzhòu de shēnchù, rán'ér zhè yě zúyǐ ràng
脱离 地球 的　怀抱，　冲向　　宇宙的　深处，　然而　这也足以让

wǒ zhènhàn le, wǒ bìng bù néng kànqīng yǔzhòu zhōng zhòngduō de xīngqiú,
我　震撼　了，我　并　不　能　看清　宇宙　中　众多　的　星球，

yīn · wèi shíjì · shàng tāmen lí wǒmen de jùlí fēicháng yáoyuǎn, hěnduō dōu shì yǐ
因为　　实际上　 它们　离 我们 的　距离　非常　遥远，很多　都是以

guāngnián jìsuàn. Zhèng yīn · wèi rúcǐ, wǒ jué · dé yǔzhòu de guǎngmào zhēnshí
光年　计算。　正　因为　　如此，我　觉得　宇宙 的　广袤　真实

de bǎi zài wǒ de yǎnqián, jíbiàn zuòwéi Zhōnghuá Mínzú dì-yī gè fēitiān de
地 摆 在 我 的　眼前，　即便　作为　中华　民族　第一个　飞天 的

rén wǒ yǐ · jīng pǎodào lí dìqiú biǎomiàn sìbǎi gōnglǐ de kōngjiān, kěyǐ chēngwéi
人 我 已经　　跑到　离 地球　表面　四百　公里 的　空间，可以　称为

tàikōngrén le, dànshì shíjì · shàng zài hàohàn de yǔzhòu miànqián, wǒ jǐn xiàng
太空人 了，但是　实际上　在　浩瀚　的　宇宙　　面前，　我 仅 像

yī lì chén'āi.
一 粒 尘埃。

　　Suīrán dúzì zài tàikōng fēixíng, dàn wǒ xiǎngdàole cǐkè qiānwàn//
　　虽然　独自 在 太空　飞行，　但 我　想到了　此刻　千万//

Zhōngguórén qiáoshǒuyǐdài, wǒ bù shì yī gè rén zài fēi, wǒ shì dàibiǎo
中国人　　翘首以待，　我 不 是　一 个 人 在 飞，我 是　代表

suǒyǒu Zhōngguórén, shènzhì rénlèi láidàole tàikōng. Wǒ kàndào de yīqiè
所有 中国人, 甚至 人类 来到了 太空。 我 看到 的 一切
zhèngmíngle Zhōngguó hángtiān jìshù de chénggōng, wǒ rènwéi wǒ de xīnqíng
证明了 中国 航天 技术 的 成功, 我 认为 我 的 心情
yīdìng yào biǎodá yīxià, jiù náchū tàikōngbǐ, zài gōngzuò rìzhì bèimiàn xiěle yī jù
一定 要 表达 一下, 就 拿出 太空笔, 在 工作 日志 背面 写了 一句
huà: "Wèile rénlèi de hépíng yǔ jìnbù, Zhōngguórén láidào tàikōng le." Yǐ cǐ lái
话: "为了 人类 的 和平 与 进步, 中国人 来到 太空 了。" 以 此 来
biǎodá yī gè Zhōngguórén de jiāo'ào hé zìháo.
表达 一个 中国人 的 骄傲 和 自豪。

Jiéxuǎn zì Yáng Lìwěi《Tiān Dì Jiǔ Chóng》
节选 自 杨 利伟《天 地 九 重》

Zuòpǐn 34 Hào
作品 34 号

　　Zuì shǐ wǒ nánwàng de, shì wǒ xiǎoxué shíhou de nǚjiàoshī Cài Yúnzhī
　　最 使 我 难忘 的, 是 我 小学 时候 的 女教师 蔡 芸芝
xiānsheng.
先生。

　　Xiànzài huíxiǎng qǐ·lái, tā nà shí yǒu shíbā-jiǔ suì. Yòu zuǐjiǎo biān yǒu
　　现在 回想 起来, 她 那 时 有 十八九 岁。 右 嘴角 边 有
yúqián dàxiǎo yī kuàir hēizhì. Zài wǒ de jìyì·lǐ, tā shì yī gè wēnróu hé měilì
榆钱 大小 一 块 黑痣。在 我 的 记忆里, 她 是 一个 温柔 和 美丽
de rén.
的 人。

　　Tā cónglái bù dǎmà wǒmen. Jǐnjǐn yǒu yī cì, tā de jiàobiān hǎoxiàng yào
　　她 从来 不 打骂 我们。 仅仅 有 一 次, 她 的 教鞭 好像 要
luò xià·lái, wǒ yòng shíbǎn yī yíng, jiàobiān qīngqīng de qiāo zài shíbǎn
落 下来, 我 用 石板 一 迎, 教鞭 轻轻 地 敲 在 石板
biān·shàng, dàhuǒr xiào le, tā yě xiào le. Wǒ yòng értóng de jiǎohuá de yǎnguāng
边上, 大伙 笑 了,她 也 笑 了。我 用 儿童 的 狡猾 的 眼光
chájué, tā ài wǒmen, bìng méi·yǒu cúnxīn yào dǎ de yìsi. Háizimen shì duōme
察觉, 她 爱 我们, 并 没有 存心 要 打 的 意思。孩子们 是 多么

shànyú guānchá zhè yī diǎn a.
善于　观察　这　一　点　啊。

Zài kèwài de shíhou, tā jiāo wǒmen tiàowǔ, wǒ xiànzài hái jìde tā bǎ wǒ
在　课外　的　时候，她　教　我们　跳舞，我　现在　还记得　她　把　我
bànchéng nǚháizi biǎoyǎn tiàowǔ de qíngjǐng.
扮成　女孩子　表演　跳舞　的　情景。

Zài jiǎrì·lǐ, tā bǎ wǒmen dàidào tā de jiā·lǐ hé nǚpéngyou de jiā·lǐ. Zài tā de
在　假日里，她　把　我们　带到　她　的　家里　和　女朋友　的　家里。在　她的
nǚpéngyou de yuánzi·lǐ, tā hái ràng wǒmen guānchá mìfēng; yě shì zài nà
女朋友　的　园子　里，她　还　让　我们　观察　蜜蜂；也　是　在　那
shíhou, wǒ rènshile fēngwáng, bìngqiě píngshēng dì-yī cì chīle fēngmì.
时候，我　认识了　蜂王，并且　平生　第一　次　吃了　蜂蜜。

Tā ài shī, bìngqiě ài yòng gēchàng de yīndiào jiāo wǒmen dú shī. Zhí dào
她　爱诗，并且　爱用　歌唱　的　音调　教　我们　读诗。直　到
xiànzài wǒ hái jìde tā dú shī de yīndiào, hái néng bèisòng tā jiāo wǒmen de shī:
现在　我　还记得　她读　诗　的　音调，还　能　背诵　她教　我们　的　诗：
　　Yuán tiān gàizhe dàhǎi,
　　圆　天　盖着　大海，
　　Hēishuǐ tuōzhe gūzhōu,
　　黑水　托着　孤舟，
　　Yuǎn kàn·bù jiàn shān,
　　远　看不　见　山，
　　Nà tiānbiān zhǐ yǒu yúntóu,
　　那　天边　只　有　云头，
　　Yě kàn·bú jiàn shù,
　　也　看不　见　树，
　　Nà shuǐ·shàng zhǐ yǒu hǎi'ōu……
　　那　水上　只　有　海鸥……

Jīntiān xiǎnglái, tā duì wǒ de jiējìn wénxué hé àihào wénxué, shì yǒuzhe
今天　想来，她　对我　的　接近　文学　和　爱好　文学，是　有着
duōme yǒuyì de yǐngxiǎng!
多么　有益　的　影响！

Xiàng zhèyàng de jiàoshī, wǒmen zěnme huì bù xǐhuan tā, zěnme huì bù
像　这样　的　教师，我们　怎么　会　不　喜欢　她，怎么　会　不
yuànyì hé tā qīnjìn ne? Wǒmen jiànle tā bùyóude jiù wéi shàng·qù. Jíshǐ tā xiězì
愿意　和　她　亲近　呢？我们　见了　她　不由得　就　围　上去。即使　她　写字

de shíhòu, wǒ//men yě mòmò de kànzhe tā, lián tā wò qiānbǐ de zīshì dōu jíyú
的　时候，　我//们　也　默默　地　看着　　她，　连　她　握　铅笔　的　姿势　都　急于

mófǎng.
模仿。

Jiéxuǎn zì Wèi Wēi 《Wǒ de Lǎoshī》

节选　自　魏　巍　《我　的　老师》

Zuòpǐn 35 Hào
作品　35　号

Wǒ xǐhuan chūfā.
我　喜欢　出发。

Fánshì dàodále de dìfang, dōu shǔyú zuótiān. Nǎpà nà shān zài qīng, nà
凡是　到达了　的　地方，　都　属于　昨天。　哪怕　那　山　再　青，　那
shuǐ zài xiù, nà fēng zài wēnróu. Tài shēn de liúlián biànchéngle yī zhǒng jībàn,
水　再　秀，　那　风　再　温柔。　太　深　的　流连　便成了　一　种　羁绊，
bànzhù de bùjǐn yǒu shuāngjiǎo, hái yǒu wèilái.
绊住　的　不仅　有　双脚，　还　有　未来。

Zěnme néng bù xǐhuan chūfā ne? Méi jiànguo dàshān de wēi'é, zhēn shì
怎么　能　不　喜欢　出发　呢？　没　见过　大山　的　巍峨，　真　是
yíhàn; jiànle dàshān de wēi'é méi jiànguo dàhǎi de hàohàn, réngrán yíhàn;
遗憾；　见了　大山　的　巍峨　没　见过　大海　的　浩瀚，　仍然　遗憾；
jiànle dàhǎi de hàohàn méi jiànguo dàmò de guǎngmào, yījiù yíhàn; jiànle dàmò
见了　大海　的　浩瀚　没　见过　大漠　的　广袤，　依旧　遗憾；　见了　大漠
de guǎngmào méi jiànguo sēnlín de shénmì, hái shì yíhàn. Shìjiè·shàng yǒu bù
的　广袤　没　见过　森林　的　神秘，　还　是　遗憾。　世界上　有　不
jué de fēngjǐng, wǒ yǒu bù lǎo de xīnqíng.
绝　的　风景，　我　有　不　老　的　心情。

Wǒ zì·rán zhī·dào, dàshān yǒu kǎnkě, dàhǎi yǒu làngtāo, dàmò yǒu
我　自然　知道，　大山　有　坎坷，　大海　有　浪涛，　大漠　有
fēngshā, sēnlín yǒu měngshòu. Jíbiàn zhèyàng, wǒ yīrán xǐhuan.
风沙，　森林　有　猛兽。　即便　这样，　我　依然　喜欢。

Dǎpò shēnghuó de píngjìng biàn shì lìng yī fān jǐngzhì, yī zhǒng shǔyú
打破　生活　的　平静　便　是　另　一　番　景致，　一　种　属于

niánqīng de jǐngzhì. Zhēn qìngxìng, wǒ hái méi•yǒu lǎo. Jíbiàn zhēn lǎole yòu
年轻　的　景致。　真　庆幸，　我　还　没有　老。即便　真　老了　又

zěnmeyàng, bù shì yǒu jù huà jiào lǎodāngyìzhuàng ma?
怎么样，　不　是　有　句　话　叫　老当益壮　吗？

　　Yúshì, wǒ hái xiǎng cóng dàshān nà•lǐ xuéxí shēnkè, wǒ hái xiǎng cóng
　　于是，我　还　想　从　大山　那里　学习　深刻，我　还　想　从

dàhǎi nà•lǐ xuéxí yǒnggǎn, wǒ hái xiǎng cóng dàmò nà•lǐ xuéxí chénzhuó, wǒ
大海　那里　学习　勇敢，　我　还　想　从　大漠　那里　学习　沉着，　我

hái xiǎng cóng sēnlín nà•lǐ xuéxí jīmǐn. Wǒ xiǎng xuézhe pǐnwèi yī•zhǒng bīnfēn
还　想　从　森林　那里　学习　机敏。我　想　学着　品味　一　种　缤纷

de rénshēng.
的　人生。

　　Rén néng zǒu duō yuǎn? Zhè huà bù shì yào wèn liǎngjiǎo ér shì yào wèn
　　人　能　走　多　远？这　话　不　是　要　问　两脚　而　是　要　问

zhìxiàng. Rén néng pān duō gāo? Zhè shì bù shì yào wèn shuāngshǒu ér shì yào
志向。　人　能　攀　多　高？这　事　不　是　要　问　双手　而　是　要

wèn yìzhì. Yúshì, wǒ xiǎng yòng qīngchūn de rèxuè gěi zìjǐ shùqǐ yī gè gāoyuǎn
问　意志。于是，我　想　用　青春　的　热血　给　自己　树起　一　个　高远

de mùbiāo. Bùjǐn shì wéile zhēngqǔ yī zhǒng guāngróng, gèng shì wèile zhuīqiú
的　目标。　不仅　是　为了　争取　一　种　光荣，　　更　是　为了　追求

yī zhǒng jìngjiè. Mùbiāo shíxiàn le, biàn shì guāngróng; mùbiāo shíxiàn•bù liǎo,
一　种　境界。目标　实现　了，　便　是　光荣；　　目标　实现不　了，

rénshēng yě huì yīn // zhè yīlù fēngyǔ báshè biàn de fēngfù ér chōngshí; zài wǒ
人生　也　会　因//　这　一路　风雨　跋涉　变　得　丰富　而　充实；　在　我

kànlái, zhè jiù shì bùxū-cǐshēng.
看来，　这　就　是　不虚此生。

　　Shì de, wǒ xǐhuan chūfā, yuàn nǐ yě xǐhuan.
　　是　的，我　喜欢　出发，愿你　也　喜欢。

Jiéxuǎn zì Wāng Guózhēn 《Wǒ Xǐhuan Chūfā》
节选　自　汪　国真　《我　喜欢　出发》

Zuòpǐn 36 Hào
作品　36　号

Xiāngxia rénjiā zǒng ài zài wū qián dā yī guā jià, huò zhòng nán•guā, huò
乡下　人家　总　爱　在　屋　前　搭　一　瓜　架，　或　种　南瓜，　或

zhòng sīguā, ràng nàxiē guāténg pān·shàng péngjià, pá·shàng wūyán. Dāng
种 丝瓜, 让 那些 瓜藤 攀上 棚架, 爬上 屋檐。 当

huā'ér luòle de shíhou, téng·shàng biàn jiēchūle qīng de、hóng de guā,
花儿 落了 的 时候, 藤上 便 结出了 青 的、红 的 瓜,

tāmen yī gègè guà zài fáng qián, chènzhe nà chángcháng de téng, lǜlǜ de yè.
它们 一个个 挂 在 房 前, 衬着 那 长长 的藤, 绿绿 的 叶。

Qīng、hóng de guā, bìlǜ de téng hé yè, gòuchéngle yī dào biéyǒufēngqù de
青、 红 的 瓜, 碧绿 的 藤 和 叶, 构成了 一 道 别有风趣 的

zhuāngshì, bǐ nà gāolóu mén qián dūnzhe yī duì shíshīzi huòshì shùzhe liǎng gēn
装饰, 比 那 高楼 门 前 蹲着 一对 石狮子 或是 竖着 两 根

dàqígān, kě'ài duō le.
大旗杆, 可爱 多 了。

Yǒuxiē rénjiā, hái zài mén qián de chǎngdì·shàng zhòng jǐ zhū huā,
有些 人家, 还 在 门 前 的 场地上 种 几株 花,

sháoyao, fèngxiān, jīguānhuā, dàlìjú, tāmen yīzhe shílìng, shùnxù kāifàng,
芍药, 凤仙, 鸡冠花, 大丽菊, 它们 依着 时令, 顺序 开放,

pǔsù zhōng dàizhe jǐ fēn huálì, xiǎnchū yī pài dútè de nóngjiā fēngguāng. Hái
朴素 中 带着 几 分 华丽, 显出 一派 独特 的 农家 风光。 还

yǒuxiē rénjiā, zài wū hòu zhòng jǐshí zhī zhú, lǜ de yè, qīng de gān, tóuxià yī
有些 人家, 在 屋 后 种 几十 枝 竹, 绿的 叶, 青 的 竿, 投下 一

piàn nóngnóng de lùyīn. Jǐ cháng chūnyǔ guòhòu, dào nà·lǐ zǒuzou, nǐ
片 浓浓 的 绿荫。 几 场 春雨 过后, 到 那里 走走, 你

chángcháng huì kàn·jiàn xǔduō xiānnèn de sǔn, chéngqún de cóng tǔ·lǐ tànchū
常常 会 看见 许多 鲜嫩 的 笋, 成群 地从 土里 探出

tóu lái.
头 来。

Jī, xiāngxia rénjiā zhàolì zǒng yào yǎng jǐ zhī de. Cóng tāmen de fáng qián
鸡, 乡下 人家 照例 总 要 养 几只 的。 从 他们 的 房 前

wū hòu zǒuguò, nǐ kěndìng huì qiáo·jiàn yī zhī mǔjī, shuàilǐng yī qún xiǎojī, zài
屋 后 走过, 你 肯定 会 瞧见 一 只 母鸡, 率领 一群 小鸡, 在

zhúlín zhōng mìshí; huòshì qiáo·jiàn sǒngzhe wěiba de xióngjī, zài chǎngdì·shàng
竹林 中 觅食; 或是 瞧见 耸着 尾巴 的 雄鸡, 在 场地上

dàtàbù de zǒuláizǒuqù.
大踏步 地 走来走去。

Tāmen de wū hòu tǎngruò yǒu yī tiáo xiǎohé, nàme zài shíqiáo pángbiān,
他们 的 屋后 倘若 有 一 条 小河, 那么 在 石桥 旁边,

zài lùshùyīn xià, nǐ huì jiàndào yī qún yāzi yóuxì shuǐ zhōng, bùshí de bǎ tóu
在　绿树荫　下，你　会　见到　一　群　鸭子　游戏　水　中，　不时　地　把　头
zhādào shuǐ xià qù mìshí. Jíshǐ fùjìn de shítou•shàng yǒu fùnǚ zài dǎoyī, tāmen
扎到　水　下　去　觅食。即使　附近　的　石头上　有　妇女　在　捣衣，　它们
yě cóng bù chījīng.
也　从　不　吃惊。

　　Ruòshì zài xiàtiān de bànwǎn chū•qù sànbù, nǐ chángcháng huì qiáo•jiàn
　　若是　在　夏天　的　傍晚　出去　散步，你　常常　会　瞧见
xiāngxia rénjiā chī wǎnfàn// de qíngjǐng. Tāmen bǎ zhuōyǐ fàncài bāndào mén
乡下　人家　吃　晚饭//　的　情景。　他们　把　桌椅　饭菜　搬到　门
qián, tiāngāo-dìkuò de chī qǐ•lái. Tiānbiān de hóngxiá, xiàngwǎn de wēifēng,
前，　天高地阔　地　吃　起来。　天边　的　红霞，　向晚　的　微风，
tóu•shàng fēiguò de guīcháo de niǎo'ér, dōu shì tāmen de hǎoyǒu. Tāmen hé
头上　飞过　的　归巢　的　鸟儿，　都　是　他们　的　好友。　它们　和
xiāngxia rénjiā yīqǐ, huìchéngle yī fú zìrán、héxié de tiányuán fēngjǐnghuà.
乡下　人家　一起，　绘成了　一幅　自然、和谐　的　田园　风景画。
　　　　　　　　　　Jiéxuǎn zì Chén Zuìyún 《Xiāngxia Rénjia》
　　　　　　　　　　节选　自　陈　醉云　《乡下　人家》

Zuòpǐn 37 Hào
作品　37　号

　　Wǒmen de chuán jiànjiàn de bījìn róngshù le. Wǒ yǒu jī•huì kànqīng tā de
　　我们　的　船　渐渐　地　逼近　榕树　了。我　有　机会　看清　它的
zhēn miànmù: Shì yī kē dàshù, yǒu shǔ•bù qīng de yāzhī, zhī•shàng yòu
真　面目：是　一　棵　大树，有　数不　清　的　丫枝，　枝上　又
shēnggēn, yǒu xǔduō gēn yīzhí chuídào dì•shàng, shēnjìn nítǔ•lǐ. Yī bùfen
生根，　有　许多　根　一直　垂到　地上，　伸进　泥土里。一　部分
shùzhī chuídào shuǐmiàn, cóng yuǎnchù kàn, jiù xiàng yī kē dàshù xié tǎng zài
树枝　垂到　水面，　从　远处　看，　就　像　一　棵　大树　斜　躺　在
shuǐmiàn•shàng yīyàng.
水面上　一样。

　　Xiànzài zhèng shì zhīfán-yèmào de shíjié. Zhè kē róngshù hǎoxiàng zài bǎ tā
　　现在　正　是　枝繁叶茂　的　时节。这　棵　榕树　好像　在　把它

de quánbù shēngmìnglì zhǎnshì gěi wǒmen kàn. Nàme duō de lǜyè, yī cù duī zài
的　全部　　生命力　　展示　给　我们　看。　那么　多　的　绿叶，一　簇　堆　在

lìng yī cù de shàng•miàn, bù liú yīdiǎnr fèngxì. Cuìlǜ de yánsè míngliàng de zài
另　一　簇　的　　上面，　　不　留　一点儿　缝隙。　翠绿　的　颜色　　明亮　　地　在

wǒmen de yǎnqián shǎnyào, sìhū měi yī piàn shùyè•shàng dōu yǒu yī gè xīn de
我们　的　　眼前　　闪耀，　似乎　每　一　片　　树叶上　　都　有　一　个　新　的

shēngmìng zài chàndòng, zhè měilì de nánguó de shù!
生命　　在　颤动，　　这　美丽　的　南国　的　树！

Chuán zài shù•xià bóle piànkè, àn•shàng hěn shī, wǒmen méi•yǒu shàng•qù.
船　在　树下　泊了　片刻，　岸上　　很　湿，　我们　没有　　上去。

Péngyou shuō zhè•lǐ shì "niǎo de tiāntáng", yǒu xǔduō niǎo zài zhè kē shù•shàng
朋友　　说　这里　是　"鸟　的　天堂"，　有　许多　鸟　在　这棵　　树上

zuò wō, nóngmín bùxǔ rén qù zhuō tāmen. Wǒ fǎngfú tīng•jiàn jǐ zhī niǎo pū chì
做　窝，　农民　不许　人　去　捉　它们。　我　仿佛　　听见　几　只　鸟　扑翅

de shēngyīn, dànshì děngdào wǒ de yǎnjing zhùyì de kàn nà•lǐ shí, wǒ què kàn
的　声音，　但是　　等到　我　的　眼睛　注意　地　看　那里　时，我　却　看

•bù jiàn yī zhī niǎo de yǐngzi. Zhǐyǒu wúshù de shùgēn lì zài dì•shàng, xiàng
不见　一　只　鸟　的　影子。　只有　　无数　的　树根　立　在　地上，　　像

xǔduō gēn mùzhuāng. Dì shì shī de, dàgài zhǎngcháo shí héshuǐ chángcháng
许多　根　木桩。　地　是　湿的，　大概　　涨潮　　时　河水　　常常

chōng•shàng àn•qù. "Niǎo de tiāntáng"•lǐ méi•yǒu yī zhī niǎo, wǒ zhèyàng
冲上　　　岸去。　"鸟　的　天堂"　　里　没有　一　只　鸟，　我　这样

xiǎngdào. Chuán kāi le, yī gè péngyou bōzhe chuán, huǎnhuǎn de liúdào hé
想到。　　船　开　了，一　个　朋友　拨着　　船，　缓缓　　地　流到　河

zhōngjiān qù.
中间　去。

Dì-èr tiān, wǒmen huázhe chuán dào yī gè péngyou de jiāxiāng qù, jiùshì
第二　天，　我们　划着　　船　到　一　个　朋友　的　家乡　去，就是

nàge yǒu shān yǒu tǎ de dìfang. Cóng xuéxiào chūfā, wǒmen yòu jīngguò nà
那个　有　山　有　塔　的　地方。　从　学校　出发，我们　又　经过　那

"Niǎo de tiāntáng".
"鸟　的　天堂"。

Zhè yī cì shì zài zǎo•chén, yángguāng zhào zài shuǐmiàn•shàng, yě zhào
这　一　次　是　在　早晨，　　阳光　　照　在　　水面上，　　也　照

zài shùshāo•shàng. Yīqiè dōu// xiǎn•dé fēicháng guāngmíng. Wǒmen de chuán
在　树梢上。　一切　都//　显得　非常　　光明。　我们　的　船

yě zài shù • xià bóle piànkè.
也 在 树下 泊了 片刻。

　　Qǐchū sìzhōuwéi fēicháng qīngjìng. Hòulái hūrán qǐle yī shēng niǎojiào.
　　起初 四周围 非常 清静。 后来 忽然 起了一 声 鸟叫。
Wǒmen bǎ shǒu yī pāi, biàn kàn • jiàn yī zhī dàniǎo fēile qǐ • lái, jiēzhe yòu kàn • jiàn
我们 把 手 一 拍, 便 看见 一 只 大鸟 飞了 起来, 接着 又 看见
dì - èr zhī, dì - sān zhī. Wǒmen jìxù pāizhǎng, hěn kuài de zhège shùlín jiù biàn de
第二 只, 第三 只。 我们 继续 拍掌, 很 快 地 这个 树林 就 变 得
hěn rènao le. Dàochù dōu shì niǎo shēng, dàochù dōu shì niǎo yǐng. Dà de,
很 热闹 了。 到处 都 是 鸟 声, 到处 都 是 鸟 影。 大 的,
xiǎo de, huā de, hēi de, yǒude zhàn zài zhī • shàng jiào, yǒude fēi qǐ • lái, zài
小 的, 花 的, 黑 的, 有的 站 在 枝上 叫, 有的 飞 起来, 在
pū chìbǎng.
扑 翅膀。

Jiéxuǎn zì Bājīn《Niǎo de Tiāntáng》
节选 自 巴金《鸟 的 天堂》

Zuòpǐn 38 Hào
作品 38 号

　　Liǎngbǎi duō nián qián, kēxuéjiā zuòle yī cì shíyàn. Tāmen zài yī jiān wūzi • lǐ
　　两百 多 年 前, 科学家 做了 一 次 实验。 他们 在 一 间 屋子里
héngqī - shùbā de lāle xǔduō shéngzi, shéngzi • shàng jìzhe xǔduō língdang,
　　横七竖八 地 拉了 许多 绳子, 绳子上 系着 许多 铃铛,
ránhòu bǎ biānfú de yǎnjing méng • shàng, ràng tā zài wūzi • lǐ fēi. Biānfú fēile jǐ
然后 把 蝙蝠 的 眼睛 蒙上, 让 它 在 屋子里 飞。 蝙蝠 飞了 几
gè zhōngtóu, língdang yī gè yě méi xiǎng, nàme duō de shéngzi, tā yī gēn yě
个 钟头, 铃铛 一 个 也 没 响, 那么 多 的 绳子, 它 一 根 也
méi pèngzháo.
没 碰着。
　　Kēxuéjiā yòu zuòle liǎng cì shíyàn: yī cì bǎ biānfú de ěrduo sāi • shàng , yī
　　科学家 又 做了 两 次 实验: 一次 把 蝙蝠 的 耳朵 塞上, 一
cì bǎ biānfú de zuǐ fēngzhù, ràng tā zài wūzi • lǐ fēi. Biānfú jiù xiàng méitóu -
次 把 蝙蝠 的 嘴 封住, 让 它 在 屋子里 飞。 蝙蝠 就 像 没头
-cāngying shìde dàochù luàn zhuàng, guà zài shéngzi • shàng de língdang xiǎng
苍蝇 似的 到处 乱 撞 挂 在 绳子上 的 铃铛 响

gè bùtíng.

个　不停。

Sān cì shíyàn de jiéguǒ zhèngmíng, biānfú yè•lǐ fēixíng, kào de bù shì

三　次　实验　的　结果　　证明，　蝙蝠　夜里　飞行，　靠　的　不是

yǎnjing, ér shì kào zuǐ hé ěrduo pèihé qǐ•lái tànlù de.

眼睛，　　而是　靠　嘴　和　耳朵　配合　　起来　探路　的。

Hòulái, kēxuéjiā jīngguò fǎnfù yánjiū, zhōngyú jiēkāile biānfú néng zài yè•lǐ

后来，科学家　经过　　反复　研究，　终于　揭开了　蝙蝠　能　在　夜里

fēixíng de mìmì.Tā yībiān fēi, yībiān cóng zuǐ•lǐ fāchū chāoshēngbō. Ér zhè

飞行　的　秘密。它　一边　飞，　一边　从　嘴里　发出　　超声波。　　而　这

zhǒng shēngyīn, rén de ěrduo shì tīng•bù jiàn de, biānfú de ěrduo què néng

种　　声音，　人　的　耳朵　是　听不　　见　的，　蝙蝠　的　耳朵　却　能

tīngjiàn. Chāoshēngbō xiàng qián chuánbō shí, yùdào zhàng'àiwù jiù fǎnshè

听见。　超声波　　　向　前　传播　时，　遇到　障碍物　就　反射

huí•lái, chuándào biānfú de ěrduo•lǐ, tā jiù lìkè gǎibiàn fēixíng de fāngxiàng.

回来，　传到　蝙蝠　的　耳朵里，它　就　立刻　改变　飞行　的　方向。

Zhī•dào biānfú zài yè•lǐ rúhé fēixíng, nǐ cāidào fēijī yèjiān fēixíng de mìmì le

知道　蝙蝠　在　夜里　如何　飞行，　你　猜到　飞机　夜间　飞行　的　秘密了

ma? Xiàndài fēijī•shàng ānzhuāngle léidá, léidá de gōngzuò yuánlǐ yǔ biānfú

吗？　现代　　飞机上　　安装了　雷达，雷达　的　工作　　原理　与　蝙蝠

tànlù lèisì. Léidá tōngguò tiānxiàn fāchū wúxiàn diànbō, wúxiàn diànbō yùdào

探路　类似。雷达　通过　天线　发出　无线　电波，　无线　电波　遇到

zhàng'àiwù jiù fǎnshè huí•lái, bèi léidá jiēshōu dào, xiǎnshì zài yíngguāngpíng

障碍物　就　反射　回来，　被　雷达　接收　到，　显示　在　荧光屏

•shàng. Cóng léidá de yíngguāngpíng•shàng, jiàshǐyuán nénggòu qīngchu de

上。　　从　雷达　的　　荧光屏上，　　　驾驶员　能够　　清楚　地

kàndào qiánfāng yǒuméiyǒu zhàng'àiwù, suǒ//yǐ fēijī fēixíng jiù gèng ānquán le.

看到　前方　有没有　　障碍物，　　所//以飞机飞行　就　更　　安全　了。

Jiéxuǎn zì《Yèjiān Fēixíng De Mìmì》

节选　自《夜间　飞行　的　秘密》

Zuòpǐn 39 Hào

作品　39 号

Běi Sòng shíhou, yǒu wèi huàjiā jiào Zhāng Zéduān.Tā huàle yī fú

北　宋　时候，　有　位　画家　叫　张　　择端。他　画了　一幅

míngyáng - zhōngwài de huà《Qīngmíng Shàng Hé Tú》. Zhè fú huà cháng wǔbǎi
名扬中外　　　的画《清明　　　上　河图》。这幅画长　五百

èrshíbā límǐ, gāo èrshísì diǎn bā límǐ, huà de shì Běi Sòng dūchéng Biànliáng
二十八　厘米，高　二十四　点　八　厘米，画的是　北　宋　都城　　汴梁

rènao de chǎngmiàn. Zhè fú huà yǐ•jīng yǒu bābǎi duō nián de lìshǐ le, xiànzài
热闹　的　场面。　　这　幅画　已经　有　八百　多　年　的　历史了，　现在

hái wánzhěng de bǎocún zài Běijīng de Gùgōng Bówùyuàn•lǐ.
还　完整　地保存　在北京　的　故宫　　博物院里。

　　Zhāng Zéduān huà zhè fú huà de shíhou, xiàle hěn dà de gōngfu. Guāng shì
　　张　择端　画　这幅画　的　时候，下了　很　大　的　功夫。　光　是

huà•shàng de rénwù, jiù yǒu wǔbǎi duō gè: yǒu cóng xiāngxia lái de nóngmín,
画上　的　人物，　就有　五百　多　个：有　从　乡下　来的　农民，

yǒu chēngchuán de chuángōng, yǒu zuò gè zhǒng mǎimai de shēngyìrén, yǒu
有　撑船　　的　船工，　有　做各种　买卖　的　生意人，　有

liúzhe cháng húzi de dàoshi, yǒu zǒu jiānghú de yīshēng, yǒu bǎi xiǎotānr de
留着　长　胡子的　道士，　有　走　江湖　的　医生，　有　摆　小摊　的

tānfàn, yǒu guānlì hé dúshūrén, sānbǎi liùshí háng, nǎ yī háng de rén dōu huà
摊贩，　有　官吏和　读书人，　三百　六十　行，　哪一　行　的　人都　画

zài shàng•miàn le.
在　上面　了。

　　Huà•shàng de jiēshì kě rènao le. Jiē•shàng yǒu guàzhe gè zhǒng zhāopai
　　画上　的　街市可　热闹了。　街上　有　挂着各　种　招牌

de diànpù、zuōfang、jiǔlóu、cháguǎnr, zǒu zài jiē•shàng de, shì láiláiwǎngwǎng、
的　店铺、作坊、酒楼、茶馆，走　在　街上　的，是　来来往往、

xíngtài-gèyì de rén: yǒude qízhe mǎ, yǒude tiāozhe dàn, yǒude gǎnzhe máolú,
形态各异　的人：有的　骑着　马，有的　挑着　担，有的　赶着　毛驴，

yǒude tuīzhe dúlúnchē, yǒude yōuxián de zài jiē•shàng liūda. Huàmiàn•shàng
有的　推着　独轮车，有的　悠闲　地　在　街上　溜达。　画面上

de zhèxiē rén, yǒude bù dào yī cùn, yǒude shènzhì zhǐ yǒu huángdòu nàme dà.
的　这些人，有的　不到　一　寸，有的　甚至　只有　黄豆　那么　大。

Bié kàn huà•shàng de rén xiǎo, měi gè rén zài gàn shénme, dōu néng kàn de
别　看　画上　的　人小，每个　人在　干　什么，都　能　看得

qīngqīngchǔchǔ.
清清楚楚。

　　Zuì yǒu yìsi de shì qiáo běitou de qíngjǐng: yī gè rén qízhe mǎ, zhèng wǎng
　　最有　意思的是　桥　北头　的　情景：一个人　骑着　马，　正　往

qiáo·xià zǒu. Yīn·wèi rén tài duō, yǎnkàn jiù yào pèng·shàng duìmiàn lái de yī

桥下　走。　因为　人　太　多，　眼看　就要　　碰上　　对面　来的一

shèng jiàozi. Jiù zài zhège jǐnjí shíkè, nà gè mùmǎrén yīxiàzi zhuàizhùle

乘　轿子。　就　在　这个　紧急　时刻，　那个　牧马人　一下子　拽住了

mǎlóngtou, zhè cái méi pèng·shàng nà shèng jiàozi. Bùguò, zhème yī lái, dào

马笼头，　这才　没　　碰上　　那乘　轿子。　不过，　这么一来，倒

bǎ mǎ yòu·biān de// liǎng tóu xiǎo máolú xià de yòu tī yòu tiào. Zhàn zài qiáo

把马　右边　的//　两　头　小　毛驴　吓得又踢又跳。　站在桥

lángān biān xīnshǎng fēngjǐng de rén, bèi xiǎo máolú jīngrǎo le, liánmáng huí·guò

栏杆　边　欣赏　风景　的人，被　小　毛驴　惊扰了，连忙　回过

tóu lái gǎn xiǎo máolú. Nǐ kàn, Zhāng Zéduān huà de huà, shì duōme

头来　赶　小　毛驴。　你看，　张　择端　画的画，是　多么

chuánshén a!

传神　啊!

《Qīngmíng Shàng Hé Tú》 shǐ wǒmen kàndàole bābǎi nián yǐqián de gǔdū

《清明　　上　河图》　使　我们　看到了　八百　年　以前　的古都

fēngmào, kàndàole dāngshí pǔtōng lǎobǎixìng de shēnghuó chǎngjǐng.

风貌，　看到了　当时　普通　老百姓　的　生活　场景。

Jiéxuǎn zì Téng Míngdào 《Yī Fú Míngyáng - zhōngwài de Huà》

节选　自　滕　明道　《一　幅　名扬中外　　的画》

Zuòpǐn 40 Hào
作品　40　号

Èr líng líng líng nián, Zhōngguó dì-yī gè yǐ kēxuéjiā míngzi mìngmíng de

二　〇　〇　〇　年，　中国　第一个　以　科学家　名字　命名　的

gǔpiào "Lóngpíng Gāokē" shàngshì. Bā nián hòu, míngyù dǒngshìzhǎng Yuán

股票　"隆平　高科"　上市。　八　年　后，　名誉　董事长　袁

Lóngpíng suǒ chíyǒu de gǔfèn yǐ shìzhí jìsuàn yǐ·jīng guò yì. Cóngcǐ, Yuán

隆平　所　持有　的　股份　以　市值　计算　已经　过亿。从此，袁

Lóngpíng yòu duōle gè "shǒufù kēxuéjiā" de mínghào. Ér tā shēnbiān de xuésheng

隆平　又　多了个　"首富　科学家"　的　名号。而他　身边　的　学生

hé gōngzuò rényuán, què hěn nán bǎ zhè wèi lǎorén hé "fùwēng" liánxì qǐ·lái.

和　工作　人员，　却　很　难　把　这　位　老人　和　"富翁"　联系　起来。

"Tā nǎ·lǐ yǒu fùrén de yàngzi." Yuán Lóngpíng de xuéshengmen xiàozhe
"他 哪里 有 富人 的 样子。" 袁 隆平 的 学生们 笑着

yìlùn. Zài xuéshengmen de yìnxiàng·lǐ, Yuán lǎoshī yǒngyuǎn hēihēishòushòu,
议论。 在 学生们 的 印象里, 袁 老师 永远 黑黑瘦瘦,

chuān yī jiàn ruǎntātā de chènyī. Zài yī cì huìyì·shàng, Yuán Lóngpíng tǎnyán:
穿 一件 软塌塌 的 衬衣。 在 一次 会议上, 袁 隆平 坦言:

"Búcuò, wǒ shēnjià èr líng líng bā nián jiù yīqiān líng bā yì le, kě wǒ zhēn de
"不错, 我 身价 二〇〇八 年 就 一千 零 八 亿 了,可我 真 的

yǒu nàme duō qián ma? Méi·yǒu. Wǒ xiànzài jiù shì kào měi gè yuè liùqiān duō
有 那么 多 钱 吗? 没有。 我 现在 就是 靠 每个 月 六千 多

yuán de gōngzī shēnghuó, yǐ·jīng hěn mǎnzú le. Wǒ jīntiān chuān de yīfu jiù
元 的 工资 生活, 已经 很 满足 了。我 今天 穿 的 衣服 就

wǔshí kuài qián, dàn wǒ xǐhuan de hái shì zuótiān chuān de nà jiàn shíwǔ kuài
五十 块 钱, 但 我 喜欢 的 还是 昨天 穿 的 那件 十五 块

qián de chènshān, chuānzhe hěn jīngshen." Yuán Lóngpíng rènwéi, "yī gè rén
钱 的 衬衫, 穿着 很 精神。" 袁 隆平 认为, "一个 人

de shíjiān hé jīnglì shì yǒuxiàn de, rúguǒ lǎo xiǎngzhe Xiǎngshòu, nǎ yǒu xīnsi
的 时间 和 精力 是 有限 的, 如果 老 想着 享受, 哪 有 心思

gǎo kēyán? Gǎo kēxué yánjiū jiù shì yào dànbó·mínglì, tāshi zuòrén ".
搞 科研? 搞 科学 研究 就是 要 淡泊名利, 踏实 做人"。

Zài gōngzuò rényuán yǎnzhōng, Yuán Lóngpíng qíshí jiù shì yī wèi shēnbǎnr
在 工作 人员 眼中, 袁 隆平 其实 就是 一位 身板

yìnglang de "rénmín nóngxuéjiā", "lǎorén xià tián cóng bù yào rén chānfú, náqǐ
硬朗 的 "人民 农学家", "老人 下田 从 不要 人 搀扶,拿起

tàoxié, jiǎo yī dēng jiù zǒu". Yuán Lóngpíng shuō: "Wǒ yǒu bāshí suì de
套鞋, 脚 一 蹬 就走"。 袁 隆平 说:"我 有 八十 岁 的

niánlíng, wǔshí duō suì de shēntǐ, sānshí duō suì de xīntài, èrshí duō suì
年龄, 五十 多 岁 的 身体, 三十 多 岁 的 心态, 二十 多 岁

de jīròu tánxìng." Yuán Lóngpíng de yèyú shēnghuó fēicháng fēngfù, diào yú、
的 肌肉 弹性。" 袁 隆平 的 业余 生活 非常 丰富, 钓鱼、

dǎ páiqiú、tīng yīnyuè……Tā shuō, jiù shì xǐhuan zhèxiē// bù huā qián de
打 排球、 听 音乐…… 他 说, 就是 喜欢 这些// 不 花 钱 的

píngmín xiàngmù.
平民 项目。

Èr líng yī líng nián jiǔ yuè, Yuán Lóngpíng dùguole tā de bāshí suì shēngrì.
二〇一〇 年 九月, 袁 隆平 度过了 他 的 八十 岁 生日。

Dāngshí, tā xǔle gè yuàn: dào jiǔshí suì shí, yào shíxiàn mǔchǎn yīqiān gōngjīn!

当时， 他 许了 个 愿： 到 九十 岁 时， 要 实现 亩产 一千 公斤！

Rúguǒ quánqiú bǎi fēn zhī wǔshí de dàotián zhòngzhí zájiāo shuǐdào, měi nián kě

如果 全球 百 分 之 五十 的 稻田 种植 杂交 水稻， 每 年 可

zēngchǎn yī diǎn wǔ yì dūn liángshi, kě duō yǎnghuo sìyì dào wǔyì rénkǒu.

增产 一 点 五 亿 吨 粮食， 可 多 养活 四亿 到 五亿 人口。

Jiéxuǎn zì Liú Chàng《Yí Lì Zhǒngzi Zàofú Shìjiè》

节选 自 刘 畅 《一粒 种子 造福 世界》

Zuòpǐn 41 Hào
作品 41 号

Běijīng de Yíhéyuán shì gè měilì de dà gōngyuán.

北京 的 颐和园 是 个 美丽 的 大 公园。

Jìnle Yíhéyuán de dàmén, ràoguò dàdiàn, jiù láidào yǒumíng de chángláng.

进了 颐和园 的 大门， 绕过 大殿， 就 来到 有名 的 长廊。

Lǜ qī de zhùzi, hóng qī de lángān, yī yǎn wàng·bù dào tóu. Zhè tiáo chángláng

绿漆 的 柱子， 红 漆 的 栏杆， 一 眼 望 不 到 头。 这 条 长廊

yǒu qībǎi duō mǐ cháng, fēnchéng èrbǎi qīshísān jiān. Měi yī jiān de héngjiàn

有 七百 多 米 长， 分成 二百 七十三 间。 每 一 间 的 横槛

·shàng dōu yǒu wǔcǎi de huà, huàzhe rénwù、huācǎo、fēng-jǐng, jǐ qiān fú

上 都 有 五彩 的 画， 画着 人物、 花草、 风景， 几 千 幅

huà méi·yǒu nǎ liǎng fú shì xiāngtóng de. Chángláng liǎngpáng zāimǎnle huāmù,

画 没有 哪 两 幅 是 相同 的。 长廊 两旁 栽满了 花木，

zhè yī zhǒng huā hái méi xiè, nà yī zhǒng huā yòu kāi le. Wēifēng cóng zuǒ·biān

这 一 种 花 还 没 谢， 那 一 种 花 又 开了。 微风 从 左边

de Kūnmínghú·shàng chuīlái, shǐ rén shénqīng - qìshuǎng.

的 昆明湖上 吹来， 使 人 神清气爽。

Zǒuwán chángláng, jiù láidàole Wànshòushān jiǎo·xià. Tái tóu yī kàn, yī

走完 长廊， 就 来到了 万寿山 脚下。 抬 头 一 看， 一

zuò bājiǎo bǎotǎ xíng de sān céng jiànzhù sǒnglì zài bànshānyāo·shàng,

座 八角 宝塔 形 的 三 层 建筑 耸立 在 半山腰上，

huángsè de liú·líwǎ shǎnshǎn fāguāng. Nà jiù shì Fóxiānggé. Xià·miàn de yī

黄色 的 琉璃瓦 闪闪 发光。 那 就 是 佛香阁。 下面 的 一

páipái jīnbì - huīhuáng de gōngdiàn, jiù shì Páiyúndiàn.

排排 金碧辉煌 的 宫殿， 就 是 排云殿。

Dēng·shàng Wànshòushān, zhàn zài Fóxiānggé de qián·miàn xiàng xià wàng,
登上　　万寿山，　站　在　佛香阁　的　前面　向　下　望，

yíhéyuán de jǐngsè dàbàn shōu zài yǎn dǐ. Cōngyù de shùcóng, yǎnyìngzhe
颐和园　的　景色　大半　收　在　眼　底。　葱郁　的　树丛，　掩映着

huáng de lǜ de liú·líwǎ wūdǐng hé zhūhóng de gōngqiáng. Zhèngqián·miàn,
黄　的绿的　琉璃瓦　屋顶　和　朱红　的　宫墙。　　　正前面，

Kūnmínghú jìng de xiàng yī miàn jìngzi, lǜ de xiàng yī kuài bìyù. Yóuchuán、
昆明湖　静　得　像　一　面　镜子，绿　得　像　一　块　碧玉。　游船、

huàfǎng zài húmiàn mànmàn de huáguò, jǐhū bù liú yī diǎnr hénjì. Xiàng dōng
画舫　在　湖面　慢慢　地　滑过，　几乎　不　留　一　点儿　痕迹。　向　东

yuǎntiào, yǐnyǐnyuēyuē kěyǐ wàng·jiàn jǐ zuò gǔlǎo de chénglóu hé chéng·lǐ de
远眺，　隐隐约约　可以　望见　几　座　古老　的　城楼　和　城里　的

báitǎ.
白塔。

Cóng Wànshòushān xià·lái, jiù shì Kūnmínghú. Kūnmínghú wéizhe cháng-
从　万寿山　下来，　就　是　昆明湖。　昆明湖　围着　长

cháng de dī'àn, dī·shàng yǒu hǎo jǐ zuò shìyàng bùtóng de shíqiáo, liǎng àn
长　的　堤岸，　堤上　有　好　几　座　式样　不同　的　石桥，　两　岸

zāizhe shǔ·bù qīng de chuíliǔ. Hú zhōngxīn yǒu gè xiǎodǎo, yuǎnyuǎn wàngqù,
栽着　数　不　清　的　垂柳。湖　中心　有　个　小岛，　远远　望去，

dǎo·shàng yī piàn cōnglǜ, shùcóng zhōng lòuchū gōngdiàn de yī jiǎo. // Yóurén
岛上　一　片　葱绿，　树丛　中　露出　宫殿　的　一　角。//　游人

zǒuguò chángcháng de shíqiáo, jiù kěyǐ qù xiǎodǎo·shàng wánr. Zhè zuò shíqiáo
走过　长长　的　石桥，　就　可以　去　小岛上　玩。　这　座　石桥

yǒu shíqī gè qiáodòng, jiào Shíqīkǒngqiáo. Qiáo lángān·shàng yǒu shàngbǎi
有　十七　个　桥洞，　叫　十七孔桥。　桥　栏杆上　有　上百

gēn shízhù, zhùzi·shàng dōu diāokèzhe xiǎo shīzi. Zhème duō de shīzi, zītài
根　石柱，　柱子上　都　雕刻着　小　狮子。　这么　多　的　狮子，　姿态

bùyī, méiyǒu nǎ liǎng zhī shì xiāngtóng de.
不一，没有　哪　两　只　是　相同　的。

Yíhéyuán dàochù yǒu měilì de jǐngsè, shuō yě shuō·bù jìn, xīwàng nǐ yǒu
颐和园　到处　有　美丽　的　景色，　说　也　说不　尽，希望　你　有

jī·huì qù xìxì yóushǎng.
机会　去　细细　游赏。

Jiéxuǎn zì Yuán Yīng《Yíhéyuán》
节选　自　袁　鹰　《颐和园》

Zuòpǐn 42 Hào
作品　42 号

Yī tándào dú shū, wǒ de huà jiù duō le!
一 谈到 读书，我 的 话 就 多 了！

Wǒ zìcóng huì rèn zì hòu bù dào jǐ nián, jiù kāishǐ dú shū. Dào bù shì sì
我 自从 会 认 字 后 不 到 几 年，就 开始 读书。倒 不 是 四
suì shí dú mǔ·qīn gěi wǒ de Shāngwù Yìnshūguǎn chūbǎn de guówén jiàokēshū
岁 时 读 母亲 给 我 的 商务 印书馆 出版 的 国文 教科书
dì-yī cè de "tiān、dì、rì、yuè、shān、shuǐ、tǔ、mù" yǐhòu de nà jǐ cè, ér shì
第一 册 的 "天、地、日、月、 山、 水、土、木" 以后 的 那 几 册，而 是
qī suì shí kāishǐ zìjǐ dú de "Huà shuō tiānxià dàshì, fēn jiǔ bì hé, hé jiǔ bì
七 岁 时 开始 自己 读 的 "话 说 天下 大势，分 久 必 合，合 久 必
fēn……" de《Sān Guó Yǎnyì》.
分……" 的 《三 国 演义》。

Nàshí, wǒ de jiùfù Yáng Zǐjìng xiānsheng měi tiān wǎnfàn hòu bì gěi wǒmen
那时， 我 的 舅父 杨 子敬 先生 每 天 晚饭 后 必 给 我们
jǐ gè biǎoxiōngmèi jiǎng yī duàn《Sān Guó Yǎnyì》, wǒ tīng de jīnjīn-yǒuwèi,
几 个 表兄妹 讲 一 段 《三 国 演义》，我 听 得 津津有味，
shénme "Yàn táoyuán háojié sān jiéyì, zhǎn Huángjīn yīngxióng shǒu lìgōng",
什么 "宴 桃园 豪杰 三 结义， 斩 黄巾 英雄 首 立功"，
zhēnshì hǎotīng jí le. Dànshì tā jiǎngle bàn gè zhōngtóu, jiù tíng·xià qù gàn tā de
真是 好听 极 了。但是 他 讲了 半 个 钟头， 就 停下 去 干 他 的
gōngshì le. Wǒ zhǐhǎo dàizhe duìyú gùshì xiàwén de wúxiàn xuánniàn, zài mǔ·qīn
公事 了。我 只好 带着 对于 故事 下文 的 无限 悬念， 在 母亲
de cuīcù·xià, hán lèi shàng chuáng.
的 催促下， 含 泪 上 床。

Cǐhòu, wǒ juédìng yǎole yá, náqǐ yī běn《Sān Guó Yǎnyì》lái, zìjǐ yīzhī-
此后， 我 决定 咬了 牙，拿起 一 本 《三 国 演义》 来， 自己 一知
-bànjiě de dúle xià·qù, jūrán yuè kàn yuè dǒng, suīrán zìyīn dōu dú de bù duì,
半解 地 读了 下去， 居然 越 看 越 懂， 虽然 字音 都 读得 不 对，
bǐrú bǎ "kǎi" niànzuò "qǐ", bǎ "zhū" niànzuò "zhě" zhīlèi, yīn·wèi wǒ
比如 把 "凯" 念作 "岂"，把 "诸" 念作 "者" 之类， 因为 我
zhǐ xuéguo nà gè zì yībàn bùfen.
只 学过 那个 字 一半 部分。

Tándào《Sān Guó Yǎnyì》, wǒ dì-yī cì dúdào Guān Yǔ sǐ le, kūle yī cháng,
谈到 《三 国 演义》，我 第一 次 读到 关 羽死了，哭了 一 场，

bǎ shū diū•xià le. Dì-èr cì zài dúdào Zhūgě Liàng sǐ le, yòu kūle yī cháng,
把 书 丢 下 了。第二 次 再 读到 诸葛 亮 死了，又 哭了 一 场，

yòu bǎ shū diū•xià le, zuìhòu wàng le shì shénme shíhòu cái bǎ quán shū dúdào
又 把 书 丢 下 了，最后 忘 了 是 什么 时候 才把 全 书 读到

"fēn jiǔ bì hé" de jiéjú.
"分 久 必 合" 的 结局。

Zhèshí wǒ tóngshí hái kànle mǔ•qīn zhēnxiàn pǒluo•lǐ cháng fàngzhe de nà
这时 我 同时 还 看了 母亲 针线 笸箩里 常 放着 的 那

jǐ běn 《Liáozhāi Zhì Yì》, Liáozhāi gùshì shì duǎnpiān de, kěyǐ suíshí náqǐ
几 本 《聊斋 志 异》，聊斋 故事 是 短篇 的，可以 随时 拿起

fàng•xià, yòu shì wényán de, zhè duìyú wǒ de// zuòwénkè hěn yǒu bāngzhù,
放下，又 是 文言 的，这 对于 我 的// 作文课 很 有 帮助，

yīn•wèi lǎoshī céng zài wǒ de zuòwénběn•shàng pīzhe "Liǔzhōu fēnggǔ, Chángjí
因为 老师 曾 在 我 的 作文本上 批着 "柳州 风骨，长吉

qīngcái" de jùzi, qíshí wǒ nàshí hái méi•yǒu dúguò Liǔ Zōngyuán hé Lǐ Hè de
清才" 的 句子，其实 我 那时 还 没有 读过 柳 宗元 和 李贺 的

wénzhāng, zhǐ yīn nàshí de zuòwén, dōu shì yòng wényán xiě de.
文章，只 因 那时 的 作文，都 是 用 文言 写 的。

Shū kàn duō le, cóngzhōng yě dédào yī gè tǐhuì, wù pà bǐ, rén pà bǐ,
书 看 多 了，从中 也 得到 一 个 体会，物 怕 比，人 怕 比，

shū yě pà bǐ, "Bù bǐ bù zhī•dào, yī bǐ xià yī tiào".
书 也 怕 比，"不 比 不 知道，一 比 吓 一 跳"。

Yīncǐ, mǒu nián de Liù-Yī Guójì Értóng Jié, yǒu gè értóng kānwù yào wǒ
因此，某 年 的 六一 国际 儿童 节，有 个 儿童 刊物 要 我

gěi értóng xiě jǐ jù zhǐdǎo dú shū de huà, wǒ zhǐ xiěle jiǔ gè zì, jiù shì:
给 儿童 写几 句 指导 读书 的 话，我 只 写了 九 个 字，就 是：

Dú shū hǎo, duō dú shū, dú hǎo shū.
读书 好，多 读书，读 好书。

Jiéxuǎn zì Bīngxīn《Yì Dú Shū》
节选 自 冰心《忆 读 书》

Zuòpǐn 43 Hào
作品 43 号

Xú Xiákè shì Míngcháo mònián de yī wèi qírén. Tā yòng shuāngjiǎo, yī bù yī
徐 霞客 是 明朝 末年 的 一 位 奇人。他 用 双脚， 一 步 一

bù de zǒubiànle bàn gè Zhōngguó dàlù, yóulǎnguo xǔduō míngshān-dàchuān,
步 地　走遍了　半　个　中国　大陆，　游览过　许多　　名山大川，
jīnglìguò xǔduo qírén-yìshì. Tā bǎ yóulì de guānchá hé yánjiū jìlù xià·lái,
经历过　许多　奇人异事。他 把 游历 的　观察　和　研究 记录　下来，
xiěchéngle《Xú Xiákè Yóujì》zhè běn qiāngǔ qíshū.
写成了　《徐 霞客 游记》这 本　千古　奇书。

　　Dāngshí de dúshūrén, dōu mángzhe zhuīqiú kējǔ gōngmíng, bàozhe
　　当时　的　读书人，　都　　忙着　　追求 科举 功名，　抱着
"Shínián hánchuāng wú rén wèn, yījǔ chéngmíng tiānxià zhī" de guānniàn,
"十年　寒窗　无 人 问，一举　成名　　天下　知" 的　观念，
máitóu yú jīngshū zhīzhōng. Xú Xiákè què zhuó'ěr-bùqún, zuìxīn yú gǔ-jīn
埋头　于 经书 之中。　徐 霞客 却　　卓尔不群，　醉心 于 古今
shǐjí jí dìzhì、shān-hǎi tújīng de shōují hé yándú. Tā fāxiàn cǐ lèi shūjí hěn shǎo,
史籍 及 地志、山海　图经 的 收集 和 研读。他 发现 此类 书籍 很　少，
jìshù jiǎnlüè qiě duō yǒu xiānghù máodùn zhī chù, yúshì tā lì·xià xióngxīn-
记述 简略 且 多 有　相互　矛盾 之 处，　于是 他 立下　雄心
-zhuàngzhì, yào zǒubiàn tiānxià, qīnzì kǎochá.
壮志，　要 走遍 天下，亲自 考察。

　　Cǐhòu sānshí duō nián, tā yǔ chángfēng wéi wǔ, yúnwù wéi bàn, xíngchéng
　　此后 三十 多 年，他 与　长风　为 伍，云雾 为 伴，　行程
jiǔwàn lǐ, lìjìn qiānxīn-wànkǔ, huòdéle dàliàng dì-yīshǒu kǎochá zīliào. Xú Xiákè
九万 里，历尽 千辛万苦，　获得了 大量　第一手　考察　资料。徐 霞客
rìjiān pān xiǎnfēng, shè wēijiàn, wǎnshang jiùshì zài píláo, yě yīdìng lù·xià dàngrì
日间 攀 险峰，　涉 危涧，　晚上　就是 再 疲劳，也 一定 录下 当日
jiànwén. Jíshǐ huāngyě lùsù, qīshēn dòngxué, yě yào "Rán sōng shí suì, zǒu bǐ
见闻。 即使 荒野 露宿，栖身 洞穴，也要 "燃 松 拾穗，走 笔
wéi jì".
为 记"。

　　Xú Xiákè de shídài, méi·yǒu huǒchē, méi·yǒu qìchē, méi·yǒu fēijī, tā suǒ
　　徐 霞客 的 时代，没有　火车，　没有　汽车，　没有 飞机，他 所
qù de xǔduō dìfang lián dàolù dōu méi·yǒu, jiā·shàng Míngcháo mònián zhì'ān
去 的 许多 地方 连 道路 都　没有，　加上　明朝　末年 治安
bù hǎo, dàofěi héngxíng, chángtú lǚxíng shì fēicháng jiānkǔ yòu fēicháng
不 好，盗匪　横行，　长途 旅行 是　非常　艰苦 又　非常
wēixiǎn de shì.
危险 的 事。

Yǒu yī cì, tā hé sān gè tóngbàn dào xīnán dìqū, yánlù kǎochá shíhuīyán
有　一　次，他　和　三　个　同伴　到　西南　地区，沿路　考察　石灰岩
dìxíng hé Cháng Jiāng yuánliú. Zǒule èrshí tiān, yī gè tóngbàn nán nài lǚtú
地形　和　长　江　源流。　走了　二十　天，一　个　同伴　难　耐　旅途
láodùn, bùcí'érbié. Dàole Héngyáng fùjìn yòu zāoyù tǔfěi qiǎngjié, cáiwù jìn shī,
劳顿，　不辞而别。　到了　衡阳　附近又　遭遇　土匪　抢劫，　财物　尽　失，
hái xiǎn//xiē bèi shāhài. Hǎo bù róngyì dàole Nánníng, lìng yī gè tóngbàn bùxìng
还　险//些　被　杀害。好　不　容易　到了　南宁，　另　一　个　同伴　不幸
bìngsǐ, Xú Xiákè rěntòng jìxù xīxíng. Dàole Dàlǐ, zuìhòu yī gè tóngbàn yě
病死，　徐　霞客　忍痛　继续　西行。　到了　大理，　最后　一　个　同伴　也
yīn•wèi chī•bù liǎo kǔ, tōutōu de zǒu le, hái dàizǒule tā jǐn cún de xíngnáng.
因为　　吃不　了苦，　偷偷　地　走了，　还　带走了　他仅　存　的　　行囊。
Dànshì, tā háishi jiānchí mùbiāo, jìxù tā de yánjiū gōngzuò, zuìhòu zhǎodàole
但是，　他　还是　坚持　目标，　继续　他　的　研究　工作，　最后　　找到了
dá'àn, tuīfān lìshǐ•shàng de cuò•wù zhèngmíng Cháng Jiāng de yuánliú bù shì
答案，　推翻　历史上　的　错误，　证明　长　江　的　源流　不是
Mín Jiāng ér shì Jīnshā Jiāng.
岷　江　而是　金沙　江。

Jiéxuán zì《Yuèdú Dàdì de Xú Xiákè》

节选　自《阅读　大地　的　徐　霞客》

Zuòpǐn 44 Hào
作品　44　号

Zàozhǐshù de fāmíng, shì Zhōngguó duì shìjiè wénmíng de wěidà gòngxiàn
造纸术　的　发明，　是　中国　对　世界　文明　的　伟大　　贡献
zhī yī.
之　一。

Zǎo zài jǐqiān nián qián, wǒmen de zǔxiān jiù chuàngzàole wénzì. Kě nà
早　在　几千　年　前，　我们　的　祖先　就　创造了　　文字。可　那
shíhou hái méi•yǒu zhǐ, yào jìlù yī jiàn shìqing, jiù yòng dāo bǎ wénzì kè zài
时候　还　没有　纸，　要　记录　一件　事情，　就　用　刀　把　文字　刻在
guījiǎ hé shòugǔ•shàng, huòzhě bǎ wénzì zhùkè zài qīngtóngqì•shàng. Hòulái,
龟甲　和　兽骨上，　　或者　把　文字　铸刻　在　　青铜器上。　　后来，

rénmen yòu bǎ wénzì xiě zài zhúpiàn hé mùpiàn•shàng. Zhèxiē zhúpiàn、mùpiàn
人们　又　把　文字　写　在　竹片　和　木片上。　这些　竹片、木片

yòng shéngzi chuān qǐ•lái, jiù chéngle yī cè shū. Dànshì, zhè zhǒng shū hěn
用　绳子　穿　起来，就　成了　一册　书。但是，这　种　书　很

bènzhòng, yuèdú、xiédài、bǎocún dōu hěn bù fāngbiàn. Gǔshíhou yòng
笨重，　阅读、携带、保存　都　很　不　方便。　古时候　用

"xuéfùwǔchē" xíngróng yī gè rén xuéwen gāo, shì yīn•wèi shū duō de shíhou
"学富五车"　形容　一个人　学问　高，是　因为　书　多　的　时候

xūyào yòng chē lái lā. Zài hòulái, yǒule cánsī zhīchéng de bó, jiù kěyǐ zài bó
需要　用　车　来　拉。再　后来，有了　蚕丝　织成　的帛，就　可以　在帛

•shàng xiě zì le. Bó bǐ zhúpiàn、mùpiàn qīngbiàn, dànshì jià•qián tài guì, zhǐyǒu
上　写字了。帛比　竹片、　木片　轻便，　但是　价钱　太贵，只有

shǎoshù rén néng yòng, bù néng pǔjí.
少数　人　能　用，　不　能　普及。

　Rénmen yòng cánjiǎn zhìzuò sīmián shí fāxiàn, chéngfàng cánjiǎn de mièxí
　人们　用　蚕茧　制作　丝绵　时　发现，　盛放　蚕茧　的　篾席

•shàng, huì liú•xià yī céng báopiàn, kě yòng yú shūxiě. Kǎogǔxuéjiā fāxiàn,
上，　会　留下　一　层　薄片，可　用　于　书写。　考古学家　发现，

zài liǎngqiān duō nián qián de Xī Hàn shídài, rénmen yǐ•jīng dǒng•déle yòng má
在　两千　多　年　前　的　西汉　时代，人们　已经　懂得了　用　麻

lái zào zhǐ. Dàn mázhǐ bǐjiào cūcāo, bù biàn shūxiě.
来　造　纸。但　麻纸　比较　粗糙，不　便　书写。

　Dàyuē zài yīqiān jiǔbǎi nián qián de Dōng Hàn shídài, yǒu gè jiào Cài Lún
　大约　在　一千　九百　年　前　的　东汉　时代，有个　叫　蔡伦

de rén, xīshōule rénmen chángqī jīlěi de jīngyàn, gǎijìnle zàozhǐshù. Tā bǎ
的　人，　吸收了　人们　长期　积累　的　经验，　改进了　造纸术。他　把

shùpí、mátóu、dàocǎo、pòbù děng yuánliào jiǎnsuì huò qiēduàn, jìn zài shuǐ•lǐ
树皮、麻头、稻草、破布　等　原料　剪碎　或　切断，　浸　在　水里

dǎolàn chéng jiāng; zài bǎ jiāng lāo chū•lái shàigān, jiù chéngle yī zhǒng jì
捣烂　成　浆；再把　浆　捞　出来　晒干，就　成了　一　种　既

qīngbiàn yòu hǎoyòng de zhǐ. Yòng zhè zhǒng fāngfǎ zào de zhǐ, yuánliào róngyì
轻便　又　好用　的　纸。用　这　种　方法　造　的　纸，原料　容易

dédào, kěyǐ dàliàng zhìzào, jiàgé yòu piányi, néng mǎnzú duōshù rén de
得到，可以　大量　制造，价格　又　便宜，能　满足　多数　人　的

xūyào, suǒ//yǐ zhè zhǒng zào zhǐ fāngfǎ jiù chuánchéng xià•lái le.
需要，所//以　这　种　造纸　方法　就　传承　下来　了。

Wǒguó de zàozhǐshù shǒuxiān chuándào línjìn de Cháoxiān Bàndǎo hé
我国　的　造纸术　　首先　　传到　　邻近　的　　朝鲜　半岛　和
Rìběn, hòulái yòu chuándào Ālābó shìjiè hé Ōuzhōu, jí dà de cùjìnle rénlèi
日本，　后来　又　　传到　　阿拉伯　世界　和　欧洲，极 大 地　促进了　人类
shèhuì de jìnbù hé wénhuà de fāzhǎn, yíngxiǎngle quánshìjiè.
社会　的　进步　和　文化　的　发展，　影响了　　全世界。

Jiéxuǎn zì《Zhǐ de Fāmíng》

节选　自《纸 的　发明》

Zuòpǐn 45 Hào
作品　45　号

　　Zhōngguó de dì-yī dàdǎo、Táiwān Shěng de zhǔdǎo Táiwān, wèiyú
　　中国　　的　第一　大岛、　台湾　省　的　　主岛　台湾，　位于
Zhōngguó dàlùjià de dōngnánfāng, dìchǔ Dōng Hǎi hé Nán Hǎi zhījiān, gézhe
中国　　大陆架 的　东南方，　　地处 东　海 和 南　海 之间，　隔着
Táiwān Hǎixiá hé Dàlù xiāngwàng. Tiānqì qínglǎng de shíhou, zhàn zài Fújiàn
台湾　海峡 和 大陆　相望。　天气　晴朗　的 时候，　站 在 福建
yánhǎi jiào gāo de dìfang, jiù kěyǐ yǐnyǐn-yuēyuē de wàng·jiàn dǎo·shàng de
沿海　较　高 的 地方，　就 可以　隐隐约约　地　望见　　岛上　的
gāoshān hé yúnduǒ.
高山　和 云朵。

　　Táiwān Dǎo xíngzhuàng xiácháng, cóng dōng dào xī, zuì kuān chù zhǐ yǒu
　　台湾　岛　形状　　狭长，　从　东　到 西，最　宽　处 只 有
yībǎi sìshí duō gōnglǐ; yóu nán zhì běi, zuì cháng de dìfang yuē yǒu sānbǎi jiǔshí
一百　四十　多　公里；由　南 至 北，最　长　的 地方 约 有　三百　九十
duō gōnglǐ. Dìxíng xiàng yī gè fǎngzhī yòng de suōzi.
多　公里。地形　像　一 个　纺织　用　的　梭子。

　　Táiwān Dǎo·shàng de shānmài zòngguàn nánběi, zhōngjiān de zhōngyāng
　　台湾　岛上　的　山脉　纵贯　南北，　中间　的　中央
shānmài yóurú quándǎo de jǐ·liang. Xībù wéi hǎibá jìn sìqiān mǐ de Yù Shān
山脉　犹如　全岛　的　脊梁。　西部 为 海拔 近　四千 米 的 玉 山
Shānmài, shì Zhōngguó dōngbù de zuì gāo fēng. Quándǎo yuē yǒu sān fēn zhī
山脉，　是　中国　东部 的 最 高 峰。　全岛　约 有　三 分 之

yī de dìfang shì píngdì, qíyú wéi shāndì. Dǎonèi yǒu duàndài bān de pùbù,
一 的 地方 是 平地， 其余 为 山地。 岛内 有 缎带 般 的 瀑布，
lánbǎoshí shìde húpō, sìjì chángqīng de sēnlín hé guǒyuán, zìrán jǐngsè shífēn
蓝宝石 似的 湖泊， 四季 常青 的 森林 和 果园， 自然 景色 十分
yōuměi. Xīnánbù de Ālǐ Shān hé Rìyuè Tán, Táiběi shìjiāo de Dàtún Shān
优美。 西南部 的 阿里 山 和 日月 潭， 台北 市郊 的 大屯 山
fēngjǐngqū, dōu shì wénmíng shìjiè de yóulǎn shèngdì.
风景区， 都 是 闻名 世界 的 游览 胜地。

　　Táiwān Dǎo dìchǔ rèdài hé wēndài zhījiān, sìmiàn huán hǎi, yǔshuǐ
　　台湾 岛 地处 热带 和 温带 之间， 四面 环 海， 雨水
chōngzú, qìwēn shòudào hǎiyáng de tiáojì, dōng nuǎn xià liáng, sìjì rú chūn,
充足， 气温 受到 海洋 的 调剂， 冬 暖 夏 凉， 四季 如 春，
zhè gěi shuǐdào hé guǒmù shēngzhǎng tígōngle yōuyuè de tiáojiàn. Shuǐdào、
这 给 水稻 和 果木 生长 提供了 优越 的 条件。 水稻、
gānzhe、zhāngnǎo shì Táiwān de "sān bǎo". Dǎo·shàng hái shèngchǎn xiānguǒ
甘蔗、 樟脑 是 台湾 的 "三宝"。 岛上 还 盛产 鲜果
hé yúxiā.
和 鱼虾。

　　Táiwān Dǎo hái shì yī gè wénmíng shìjiè de "húdié wángguó". Dǎo·shàng
　　台湾 岛 还 是 一 个 闻名 世界 的 "蝴蝶 王国"。 岛上
de húdié gòng yǒu sìbǎi duō gè pǐnzhǒng, qízhōng yǒu bùshǎo shì shìjiè xīyǒu de
的 蝴蝶 共 有 四百 多 个 品种， 其中 有 不少 是 世界 稀有 的
zhēnguì pǐnzhǒng. Dǎo·shàng háiyǒu bùshǎo niǎoyǔ-huāxiāng de hú//diégǔ,
珍贵 品种。 岛上 还有 不少 鸟语花香 的 蝴//蝶谷，
dǎo·shàng jūmín lìyòng húdié zhìzuò de biāoběn hé yìshùpǐn, yuǎnxiāo xǔduō
岛上 居民 利用 蝴蝶 制作 的 标本 和 艺术品， 远销 许多
guójiā.
国家。

Jiéxuǎn zì《Zhōngguó de Bǎodǎo——Táiwān》
节选 自 《 中国 的 宝岛 —— 台湾》

Zuòpǐn 46 Hào
作品　46 号

　　Duìyú Zhōngguó de niú, wǒ yǒuzhe yī zhǒng tèbié zūnjìng de gǎnqíng.
　　对于 中国 的 牛， 我 有着 一 种 特别 尊敬 的 感情。

Liú gěi wǒ yìnxiàng zuì shēn de, yào suàn zài tiánlǒng •shàng de yī cì
留 给 我 印象 最 深 的， 要 算 在 田垄上 的 一次
"xiāngyù".
"相遇"。

Yī qún péngyou jiāoyóu, wǒ lǐngtóu zài xiázhǎi de qiānmò •shàng zǒu,
一 群 朋友 郊游， 我 领头 在 狭窄 的 阡陌上 走，
zěnliào yíngmiàn láile jǐ tóu gēngniú, xiádào róng •bùxià rén hé niú, zhōng yǒu
怎料 迎面 来了 几 头 耕牛， 狭道 容不下 人 和 牛， 终 有
yīfāng yào rànglù. Tāmen hái méi •yǒu zǒujìn, wǒmen yǐ •jīng yùjì dòu •bù guò
一方 要 让路。 它们 还 没有 走近， 我们 已经 预计 斗 不 过
chùsheng, kǒngpà nánmiǎn cǎidào tiándì níshuǐ •lǐ, nòng de xiéwà yòu ní yòu
畜牲， 恐怕 难免 踩到 田地 泥水里， 弄 得 鞋袜 又 泥 又
shī le. Zhèng chíchú de shíhou, dàitóu de yī tóu niú, zài lí wǒmen bùyuǎn de
湿 了。 正 踟蹰 的 时候， 带头 的 一头 牛， 在 离 我们 不远 的
dìfang tíng xià •lái, táiqǐ tóu kànkan, shāo chíyí yīxià, jiù zìdòng zǒu •xià tián qù.
地方 停 下来， 抬起 头 看看， 稍 迟疑 一下， 就 自动 走下 田 去。
Yī duì gēngniú, quán gēnzhe tā líkāi qiānmò, cóng wǒmen shēnbiān jīngguò.
一 队 耕牛， 全 跟着 它 离开 阡陌， 从 我们 身边 经过。

Wǒmen dōu dāi le, huíguo tóu •lái, kànzhe shēnhèsè de niúduì, zài lù de
我们 都 呆 了， 回过 头来， 看着 深褐色 的 牛队， 在 路的
jìntóu xiāoshī, hūrán jué •dé zìjǐ shòule hěn dà de ēnhuì.
尽头 消失， 忽然 觉得 自己 受了 很 大 的 恩惠。

Zhōngguó de niú, yǒngyuǎn chénmò de wèi rén zuòzhe chénzhòng de
中国 的 牛， 永远 沉默 地 为 人 做着 沉重 的
gōngzuò. Zài dàdì •shàng, zài chénguāng huò lièrì •xià, tā tuōzhe chénzhòng de lí,
工作。 在 大地上， 在 晨光 或 烈日下， 它 拖着 沉重 的 犁，
dītóu yī bù yòu yī bù, tuōchūle shēnhòu yī liè yòu yī liè sōngtǔ, hǎo ràng
低头 一 步 又 一 步， 拖出了 身后 一 列 又 一 列 松土， 好 让
rénmen xià zhǒng. Děngdào mǎndì jīnhuáng huò nóngxián shíhou, tā kěnéng hái
人们 下 种。 等到 满地 金黄 或 农闲 时候， 它 可能 还
děi dāndāng bānyùn fùzhòng de gōngzuò; huò zhōngrì ràozhe shímò, cháo tóng
得 担当 搬运 负重 的 工作； 或 终日 绕着 石磨， 朝 同
yī fāngxiàng, zǒu bú jìchéng de lù.
一 方向， 走 不 计程 的 路。

Zài tā chénmò de láodòng zhōng, rén biàn dédào yīng dé de shōucheng.
在 它 沉默 的 劳动 中， 人 便 得到 应得 的 收成。

Nà shíhou, yěxǔ, tā kěyǐ sōng yī jiān zhòngdàn, zhàn zài shù•xià, chī jǐ
那　时候，　也许，　它 可以 松　一　肩　重担，　　站　在　树下，　吃几
kǒu nèn cǎo. Ǒu'ěr yáoyao wěiba, bǎibai ěrduo, gǎnzǒu fēifù shēn•shàng de
口　嫩　草。偶尔　摇摇　尾巴，　摆摆　耳朵，　赶走　飞附　身上　　的
cāngying, yǐ•jīng suàn shì tā zuì xiánshì de shēnghuó le.
苍蝇，　已经　算 是 它 最　闲适　的　生活　了。
　　Zhōngguó de niú, méi•yǒu chéngqún bēnpǎo de xí//guàn, yǒngyuǎn
　　中国　　的　牛，　没有　　成群　　奔跑　的 习//惯，　永远
chénchén-shíshí de, mòmò de gōngzuò, píngxīn-jìngqì. Zhè jiùshì Zhōngguó
沉沉实实　的，　默默地　工作，　平心静气。　这　就是　中国
de niú!
的 牛！

Jiéxuǎn zì　（xiānggǎng）Xiǎosī《Zhōngguó de Niú》
节选 自　（香港）　小思　《中国　的 牛》

Zuòpǐn 47 Hào
作品　47 号

　　Shígǒngqiáo de qiáodòng chéng húxíng, jiù xiàng hóng. Gǔdài shénhuà•lǐ
　　石拱桥　的　桥洞　成　弧形，　就　像　虹。古代　神话里
shuō, yǔhòu cǎihóng shì "rénjiān tiān•shàng de qiáo", tōngguò cǎihóng jiù
说，　雨后　彩虹　是 "人间　　天上　　的　桥"，　通过　彩虹　就
néng shàngtiān. Wǒguó de shīrén ài bǎ gǒngqiáo bǐzuò hóng, shuō gǒngqiáo shì
能　上天。　我国　的　诗人　爱 把　拱桥　比作　虹，　说　拱桥　是
"wòhóng" "fēihóng", bǎ shuǐ•shàng gǒngqiáo xíngróng wéi "chánghóng-
"卧虹"　"飞虹"，　把　水上　　拱桥　　形容　为　"长虹
-wòbō".
卧波"。
　　Wǒguó de shígǒngqiáo yǒu yōujiǔ de lìshǐ.《Shuǐjīngzhù》•lǐ tídào de
　　我国　的　石拱桥　有　悠久　的 历史。《水经注》　里 提到 的
"Lǚrénqiáo", dàyuē jiànchéng yú gōngyuán èr bā èr nián, kěnéng shì yǒu jìzǎi
"旅人桥"，　大约　　建成　于　公元　二 八 二 年，　可能 是 有 记载
de zuì zǎo de shígǒngqiáo le. Wǒguó de shígǒngqiáo jīhū dàochù dōu yǒu. Zhèxiē
的　最早　的　石拱桥　了。我国　的　石拱桥　几乎 到处 都 有。这些

qiáo dàxiǎo bùyī, xíngshì duōyàng, yǒu xǔ-duō shì jīngrén de jiézuò. Qízhōng zuì
桥　大小　不一，形式　多样，　有　许多　是　惊人　的　杰作。　其中　最

zhùmíng de dāng tuī Héběi Shěng Zhào Xiàn de Zhàozhōuqiáo.
著名　的　当　推　河北　省　赵　县　的　赵州桥。

　　Zhàozhōuqiáo fēicháng xióngwěi, quán cháng wǔshí diǎn bā èr mǐ. Qiáo de
　　赵州桥　　非常　　雄伟，　全　长　五十　点　八　二　米。桥　的

shèjì wánquán héhū kēxué yuánlǐ, shīgōng jìshù gèng shì qiǎomiào juélún. Quán
设计　完全　合乎　科学　原理，　施工　技术　更　是　巧妙　绝伦。　全

qiáo zhǐ yǒu yī gè dàgǒng, cháng dá sānshíqī diǎn sì mǐ, zài dāngshí kěsuàn shì
桥　只　有　一个　大拱，　长　达　三十七　点　四　米，在　当时　　可算　是

shìjiè·shàng zuì chǎng de shígǒng. Qiáodòng bù shì pǔtōng bànyuánxíng, érshì
世界上　　最　长　的　石拱。　桥洞　　不是　普通　半圆形，　　而是

xiàng yī zhāng gōng, yīn'ér dà gǒng shàng·miàn de dàolù méi·yǒu dǒupō,
像　一　张　弓，　因而　大拱　　上面　　的　道路　　没有　　陡坡，

biànyú chēmǎ shàngxià. Dà gǒng de liǎngjiān·shàng, gè yǒu liǎng gè xiǎo
便于　车马　上下。　大　拱　的　　两肩上，　　各　有　两　个　小

gǒng. Zhège chuàngzàoxìng de shèjì, bùdàn jiēyuēle shíliào, jiǎnqīngle qiáoshēn
拱。　这个　　创造性　　的　设计，不但　节约了　石料，　减轻了　　桥身

de zhòngliàng, érqiě zài héshuǐ bàozhǎng de shíhou, hái kěyǐ zēngjiā qiáodòng
的　重量，　而且　在　河水　暴涨　的　时候，　还　可以　增加　桥洞

de guòshuǐliàng, jiǎnqīng hóngshuǐ duì qiáoshēn de chōngjī. Tóngshí, gǒng·shàng
的　过水量，　减轻　洪水　对　桥身　的　冲击。　同时，　拱上

jiā gǒng, qiáoshēn yě gèng měiguān. Dà gǒng yóu èrshíbā dào gǒngquān
加　拱，　桥身　也　更　美观。大　拱　由　二十八　道　拱圈

pīnchéng, jiù xiàng zhème duō tóngyàng xíngzhuàng de gōng hélǒng zài yīqǐ,
拼成，　就　像　这么　多　同样　　形状　　的　弓　合拢　在　一起，

zuòchéng yī gè húxíng de qiáodòng. Měi dào gǒngquān dōu néng dúlì zhīchēng
做成　　一个　弧形　的　桥洞。　每　道　拱圈　都　能　独立　支撑

shàng·miàn de zhòngliàng, yī dào huài le, qí//tā gè dào bùzhì shòudào yǐngxiǎng.
上面　　的　重量，　一道　坏　了，其//他各　道　不致　受到　影响。

　　Quán qiáo jiégòu yúnchèn, hé sìzhōu jǐngsè pèihé dé shífēn héxié; qiáo·shàng
　　全　桥　结构　匀称，　和　四周　景色　配合　得　十分　和谐；　桥上

de shílán shíbǎn yě diāokè de gǔpǔ měiguān. Zhàozhōuqiáo gāodù de jìshù
的　石栏　石板　也　雕刻　得　古朴　美观。　　赵州桥　　高度　的　技术

shuǐpíng hé bùxiǔ de yìshù jiàzhí, chōngfèn xiǎnshìle wǒguó láodòng rénmín de
水平　和　不朽　的　艺术　价值，　充分　　显示了　我国　　劳动　人民　的

zhìhuì hé lì · liàng.

智慧 和　力量。

Jiéxuǎn zì Máo Yǐshēng《Zhōngguó Shígǒngqiáo》

节选 自 茅　 以升　《 中国　 　石拱桥》

Zuòpǐn 48 Hào

作品　48 号

　　Bùguǎn wǒ de mèngxiǎng néngfǒu chéngwéi shìshí, shuō chū · lái zǒngshì

　　不管　我 的　梦想　　能否　 成为　　事实，说　 出 来　　总是

hǎowánr de:

好玩儿　的:

　　Chūntiān, wǒ jiāng yào zhù zài Hángzhōu. Èrshí nián qián, jiùlì de èryuè

　　春天，　我　将　要　住　在　杭州。　二十　年　前，旧历 的　二月

chū, zài Xīhú wǒ kàn · jiànle nènliǔ yǔ càihuā, bìlàng yǔ cuìzhú. Yóu wǒ kàndào

初，　在　西湖 我　看见了　嫩柳　与　菜花，　碧浪　与　翠竹。　由 我　看到

de nà diǎnr chūnguāng, yǐ · jīng kěyǐ duàndìng, Hángzhōu de chūntiān bìdìng huì

的　那　点儿　春光，　　已经　　可以　断定，　杭州　的　春天　必定　会

jiào rén zhěngtiān shēnghuó zài shī yǔ túhuà zhīzhōng. Suǒyǐ, chūntiān wǒ de jiā

教　人　整天　　生活　在　诗　与　图画　之中。　所以，春天　我　的　家

yīngdāng shì zài Hángzhōu.

应当　　是 在　杭州。

　　Xiàtiān, wǒ xiǎng Qīngchéng Shān yīngdāng suànzuò zuì lǐxiǎng de dìfang.

　　夏天，　我　想　青城　　山　应当　　算作　最　理想　的　地方。

Zài nà · lǐ, wǒ suīrán zhǐ zhùguo shí tiān, kěshì tā de yōujìng yǐ shuānzhùle wǒ de

在　那里，我　虽然　只　住过　十　天，　可是 它 的　幽静　已　拴住了　我 的

xīnlíng. Zài wǒ suǒ kàn · jiànguo de shānshuǐ zhōng, zhǐyǒu zhè · lǐ méi · yǒu shǐ wǒ

心灵。在 我　所　看见过　的　山水　　中，　只有　这里　没有　使　我

shīwàng. Dàochù dōu shì lù, mù zhī suǒ jí, nà piàn dàn ér guāngrùn de lùsè dōu

失望。　到处　都　是　绿，目 之　所　及，那　片　淡　而　光润　的　绿色　都

zài qīngqīng de chàndòng, fǎngfú yào liúrù kōngzhōng yǔ xīnzhōng shìde. Zhège

在　轻轻　地　颤动，　仿佛　要　流入　空中　与　心中　似的。这个

lùsè huì xiàng yīnyuè, díqīngle xīnzhōng de wàn lù.

绿色　会　像　音乐，涤清了　心中　的　万　虑。

Qiūtiān yīdìng yào zhù Běipíng. Tiāntáng shì shénme yàngzi, wǒ bù zhī•dào,
秋天 一定 要 住 北平。 天堂 是 什么 样子， 我 不 知道，
dànshì cóng wǒ de shēnghuó jīngyàn qù pànduàn, Běipíng zhī qiū biàn shì
但是 从 我 的 生活 经验 去 判断， 北平 之 秋 便 是
tiāntáng. Lùn tiānqì, bù lěng bù rè. Lùn chīde, píngguǒ、lí、shìzi、zǎor、pú•táo,
天堂。 论 天气， 不 冷 不 热。论 吃的， 苹果、梨、柿子、枣儿、葡萄，
měi yàng dōu yǒu ruògān zhǒng. Lùn huācǎo, júhuā zhǒnglèi zhī duō, huā shì
每 样 都 有 若干 种。 论 花草， 菊花 种类 之 多， 花 式
zhī qí, kěyǐ jiǎ tiānxià. Xī Shān yǒu hóngyè kě jiàn, Běihǎi kěyǐ huáchuán——
之 奇，可以 甲 天下。 西 山 有 红叶 可 见， 北海 可以 划船——
suīrán héhuā yǐ cán, héyè kě hái yǒu yī piàn qīngxiāng. Yī-shí-zhù-xíng, zài
虽然 荷花 已 残， 荷叶 可 还 有 一 片 清香。 衣食住行， 在
Běipíng de qiūtiān, shì méi•yǒu yī xiàng bù shǐ rén mǎnyì de.
北平 的 秋天， 是 没有 一 项 不 使 人 满意 的。

Dōngtiān, wǒ hái méi•yǒu dǎhǎo zhǔyi, Chéngdū huòzhě xiāngdāng de
冬天， 我 还 没有 打好 主意， 成都 或者 相当 地
héshì, suīrán bìng bù zěnyàng hénuǎn, kěshì wèile shuǐxiān, sù xīn làméi, gè
合适， 虽然 并 不 怎样 和暖， 可是 为了 水仙， 素 心 腊梅， 各
sè de cháhuā, fǎngfú jiù shòu yīdiǎnr hán//lěng, yě pō zhí•dé qù le. Kūnmíng
色 的 茶花， 仿佛 就 受 一点儿 寒//冷， 也 颇 值得 去 了。 昆明
de huā yě duō, érqiě tiānqì bǐ Chéngdū hǎo, kěshì jiù shūpù yǔ jīngměi ér
的 花 也 多， 而且 天气 比 成都 好， 可是 旧 书铺 与 精美 而
piányi de xiǎochī yuǎn bù jí Chéngdū nàme duō. Hǎo ba, jiù zàn zhème guīdìng:
便宜 的 小吃 远 不 及 成都 那么 多。 好 吧，就 暂 这么 规定：
dōngtiān bù zhù Chéngdū biàn zhù Kūnmíng ba.
冬天 不 住 成都 便 住 昆明 吧。

Jiéxuǎn zì Lǎo Shě《“Zhù” de Mèng》
节选 自老 舍《“住” 的 梦》

Zuòpǐn 49 Hào
作品　49 号

Zài Běijīng Shì Dōngchéng Qū zhùmíng de Tiāntán Gōngyuán dōngcè, yǒu
在 北京 市 东城 区 著名 的 天坛 公园 东侧， 有

yī piàn zhàn dì miànjī jìn èrshí wàn píngfāngmǐ de jiànzhù qūyù, dàdàxiǎoxiǎo de
一　片　占　地　面积　近　二十　万　平方米　的　建筑　区域，大大小小　的
shí yú dòng xùnliànguǎn zuòluò qíjiān. Zhè·lǐ jiùshì Guójiā Tǐyù Zǒngjú Xùnliànjú.
十　余　栋　训练馆　坐落　其间。这里　就是　国家　体育　总局　训练局。
Xǔduō wǒmen ěrshú-néngxiáng de Zhōngguó tǐyù míngxīng dōu céng zài zhè·lǐ
许多　我们　耳熟能详　的　中国　体育　明星　都　曾　在　这里
huīhàn-rúyǔ, kèkǔ liànxí.
挥汗如雨，刻苦　练习。

Zhōngguó nǚpái de yī tiān jiù shì zài zhè·lǐ kāishǐ de.
中国　女排　的一天　就　是　在　这里　开始　的。

Qīngchén bā diǎn zhōng, nǚpái duìyuánmen zǎoyǐ jíhé wánbì, zhǔnbèi
清晨　八　点　钟，女排　队员们　早已　集合　完毕，准备
kāishǐ yī tiān de xùnliàn. Zhǔjiàoliàn Láng Píng zuò zài chǎngwài chángyǐ·shàng,
开始　一　天　的　训练。主教练　郎　平　坐　在　场外　长椅上，
mùbùzhuǎnjīng de zhùshìzhe gēnsuí zhùlǐ jiàoliànmen zuò rèshēn yùndòng de
目不转睛　地　注视着　跟随　助理　教练们　做　热身　运动　的
duìyuánmen, tā shēnbiān de zuòwèi·shàng zé héngqī-shùbā de duīfàngzhe
队员们，她　身边　的　座位上　则　横七竖八　地　堆放着
nǚpái gūniangmen de gè shì yòngpǐn: shuǐ、hùjù、bēibāo, yǐjí gè zhǒng
女排　姑娘们　的　各　式　用品：水、护具、背包，以及　各　种
wàihángrén jiào·bùchū míngzì de dōngxi. Bù yuǎn de qiáng·shàng xuánguàzhe
外行人　叫　不出　名字　的　东西。不　远　的　墙上　悬挂着
yī miàn xiānyàn de guóqí, guóqí liǎngcè shì "Wánqiáng pīnbó" hé "Wèi guó
一　面　鲜艳　的　国旗，国旗　两侧　是　"顽强　拼搏"　和　"为　国
zhengguāng" liǎng tiáo hóngdǐ-huángzì de héngfú, géwài xǐngmù.
争光"　两条　红底黄字　的　横幅，格外　醒目。
"Zǒu·xià lǐngjiǎng tái, yīqiè cóng líng kāishǐ" shíyī gè dà zì, hé guóqí
"走下　领奖　台，一切　从　零　开始"　十一　个　大　字，和　国旗
yáoyáo-xiāngwàng, gūniangmen xùnliàn zhī yú ǒu'ěr yī piē jiù néng kàndào.
遥遥相望，姑娘们　训练　之余　偶尔　一　瞥　就　能　看到。
Zhǐyào jìrù zhège xùnliànguǎn, guòqù de xiānhuā、zhǎngshēng yǔ róngyào jiē
只要　进入　这个　训练馆，过去　的　鲜花、掌声　与　荣耀　皆
chéngwéi lìshǐ, suǒyǒu rén dōu zhǐ shì zuì pǔtōng de nǚpái duìyuán. Céngjīng de
成为　历史，所有　人　都　只是　最　普通　的　女排　队员。曾经　的
huīhuáng、jiāo'ào、shènglì, zài tàrù zhè jiān chǎngguǎn de shùnjiān quánbù guīlíng.
辉煌、骄傲、胜利，在　踏入　这　间　场馆　的　瞬间　全部　归零。

Tī qiú pǎo、diàn qiú pǎo、jiā qiú pǎo……zhèxiē duì pǔtōnrén ér yán hé zájì
踢 球 跑、 垫 球 跑、 夹 球 跑…… 这些 对 普通人 而 言 和 杂技

chà·bùduō de xiàngmù shì nǚpái duìyuánmen bìxū shúlià zhǎngwò de jīběn
差不多 的 项目 是 女排 队员们 必须 熟练 掌握 的 基本

jìnéng. Jiē xià·lái// de rèn·wù shì xiǎo bǐsài. Láng Píng jiāng duìyuánmen fēn wéi
技能。 接 下来// 的 任务 是 小 比赛。 郎 平 将 队员们 分 为

jǐ zǔ, měi yī zǔ yóu yī míng jiàoliàn jiāndū, zuì kuài wánchéng rèn·wù de xiáozǔ
几组, 每 一 组 由 一 名 教练 监督, 最 快 完成 任务 的 小组

huì dédào yī miàn xiǎo hóngqí.
会 得到 一 面 小 红旗。

Kànzhe zhèxiē niánqīng de gūniangmen zài zìjǐ de yǎnqián láiláiqùqù, Láng
看着 这些 年轻 的 姑娘们 在 自己 的 眼前 来来去去, 郎

Píng de sīxù cháng piāohuí dào sānshí duō nián qián. Nàshí fēnghuá-zhèngmào
平 的 思绪 常 飘回 到 三十 多 年 前。 那时 风华正茂

de tā shì Zhōngguó nǚpái de zhǔgōngshǒu, tā hé duìyǒumen yě céng zài zhè
的 她 是 中国 女排 的 主攻手, 她 和 队友们 也 曾 在 这

jiān xùnliànguǎn·lǐ yèyǐjìrì de bìngjiān bèizhàn. Sānshí duō nián lái, zhè jiān
间 训练馆里 夜以继日地 并肩 备战。 三十 多 年 来, 这 间

xùnliànguǎn cóng nèi dào wài dōu fāshēngle hěn dà de biànhuà: yuánběn cūcāo
训练馆 从 内 到 外 都 发生了 很 大 的 变化: 原本 粗糙

de dìmiàn biànchéngle guānghuá de dìbǎn, xùnliàn yòng de yíqì yuè lái yuè
的 地面 变成了 光滑 的 地板, 训练 用 的 仪器 越 来 越

xiānjìn, Zhōngguó nǚpái de tuánduì zhōng shènzhì hái chūxiànle jǐ zhāng
先进, 中国 女排 的 团队 中 甚至 还 出现了 几 张

mòshēng de wàiguó miànkǒng……Dàn shíguāng rěnrǎn, bù biàn de shì zhè zhī
陌生 的 外国 面孔…… 但 时光 荏苒, 不 变 的 是 这 支

duìwu duì páiqiú de rè'ài hé "Wánqiáng pīnbó, wéi guó zhēngguāng" de chūxīn.
队伍 对 排球 的 热爱 和 "顽强 拼搏, 为 国 争光" 的 初心。

Jiéxuǎn zì Sòng Yuánmíng 《Zǒu·Xià Lǐngjiǎngtái, Yīqiè Cóng Líng Kāishǐ》
节选 自 宋 元明 《走 下 领奖台, 一切 从 零 开始》

Zuòpǐn 50 Hào
作品 50 号

Zài yī cì míngrén fǎngwèn zhōng, bèi wèn jí shàng gè shìjì zuì zhòngyào de
在 一 次 名人 访问 中, 被 问 及 上 个 世纪 最 重要 的

fāmíng shì shénme shí, yǒu rén shuō shì diànnǎo, yǒu rén shuō shì qìchē,
发明　是　什么　时，有　人　说　是　电脑，有　人　说　是　汽车，

děngděng. Dàn Xīnjiāpō de yī wèi zhīmíng rénshì què shuō shì lěngqìjī. Tā jiěshì,
等等。　但　新加坡　的　一　位　知名　人士　却　说　是　冷气机。他　解释，

rúguǒ méi·yǒu lěngqì, rèdài dìqū rú Dōngnányà guójiā, jiù bù kěnéng yǒu hěn
如果　没有　冷气，热带　地区　如　东南亚　国家，就　不　可能　有　很

gāo de shēngchǎnlì, jiù bù kěnéng dádào jīntiān de shēnghuó shuǐzhǔn. Tā de
高　的　生产力，就　不　可能　达到　今天　的　生活　水准。他　的

huídá shíshì-qiúshì, yǒulǐ-yǒujù.
回答　实事求是，有理有据。

　　Kànle shàngshù bàodào, wǒ tūfā qí xiǎng: Wèi shénme méi·yǒu jìzhě wèn:
　　看了　上述　报道，我　突发　奇想：为　什么　没有　记者　问：

"Èrshí shìjì zuì zāogāo de fāmíng shì shénme?" Qíshí èr líng líng èr nián shíyuè
"二十　世纪　最　糟糕　的　发明　是　什么？"　其实　二〇〇二　年　十月

zhōngxún, Yīngguó de yī jiā bàozhǐ jiù píngchūle "rénlèi zuì zāogāo de fāmíng".
中旬，英国　的　一　家　报纸　就　评出了　"人类　最　糟糕　的　发明"。

Huò cǐ "shūróng" de, jiùshì rénmen měi tiān dàliàng shǐyòng de sùliàodài.
获　此　"殊荣"　的，就是　人们　每天　大量　使用　的　塑料袋。

　　Dànshēng yú shàng gè shìjì sānshí niándài de sùliàodài, qí jiāzú bāokuò
　　诞生　于　上　个　世纪　三十　年代　的　塑料袋，其　家族　包括

yòng sùliào zhìchéng de kuàicān fànhé、bāozhuāng-zhǐ、cānyòng bēi pán、
用　塑料　制成　的　快餐　饭盒、　包装纸、　餐用　杯　盘、

yǐnliàopíng、suānnǎibēi、xuěgāobēi děng. Zhèxiē fèiqìwù xíngchéng de lājī,
饮料瓶、　酸奶杯、　雪糕杯　等。　这些　废弃物　形成　的　垃圾，

shùliàng duō、tǐjī dà、zhòngliàng qīng、bù jiàngjiě, gěi zhìlǐ gōngzuò dàilái hěn
数量　多、体积大、　重量　轻、不　降解，给　治理　工作　带来　很

duō jìshù nántí hé shèhuì wèntí.
多　技术　难题　和　社会　问题。

　　Bǐrú, sànluò zài tiánjiān、lùbiān jí cǎocóng zhōng de Sùliào cānhé, yīdàn
　　比如，散落　在　田间、　路边　及　草丛　中　的　塑料　餐盒，一旦

bèi shēngchù tūnshí, jiù huì wēi jí jiànkāng shènzhì dǎozhì sǐwáng. Tiánmái fèiqì
被　牲畜　吞食，就　会　危及　健康　甚至　导致　死亡。　填埋　废弃

sùliàodài、sùliào cānhé de tǔdì, bùnéng shēngzhǎng zhuāngjia hé shùmù,
塑料袋、　塑料　餐盒　的　土地，不能　生长　庄稼　和　树木，

zàochéng tǔdì bǎnjié, ér fénshāo chǔlǐ zhèxiē sùliào lājī, zé huì shìfàng chū duō
造成　土地　板结，而　焚烧　处理　这些　塑料　垃圾,则　会　释放　出　多

zhǒng huàxué yǒudú qìtǐ, qízhōng yī zhǒng chēngwéi èr'èyīng de huàhéwù,
种　化学　有毒　气体，其中　一　种　称为　二噁英　的　化合物，

dúxìng jí dà.
毒性　极大。

　　Cǐwài, zài shēngchǎn sùliàodài、sùliào cānhé de guò//chéng zhōng shǐyòng
　　此外，在　生产　塑料袋、塑料　餐盒　的　过//程　中　使用

de fúlì'áng, duì réntǐ miǎnyì xìtǒng hé shēngtài huánjìng zàochéng de pòhuài yě
的　氟利昂，对　人体　免疫　系统　和　生态　环境　造成　的　破坏　也

jíwéi yánzhòng.
极为　严重。

Jiéxuǎn zì Lín Guāngrú《Zuì Zāogāo de Fāmíng》
节选　自　林　光如　《最　糟糕　的　发明》

主要参考书目

1. 国家语委普通话与文字应用培训测试中心编制:《普通话水平测试实施纲要》,语文出版社 2021 年版。

2. 中国社会科学院语言研究所词典编辑室编:《现代汉语词典》(第 7 版),商务印书馆 2019 年版。

3. 黄伯荣、廖序东主编:《现代汉语》(增订六版),高等教育出版社 2017 年版。

4. 邵敬敏主编:《现代汉语通论》(第三版),上海教育出版社 2016 年版。

5. 邢福义主编:《现代汉语》,高等教育出版社 2015 年版。

6. 王晖:《普通话水平测试阐要》,商务印书馆 2013 年版。

7. 李晓华等编:《实用口语技能》,河南人民出版社 1991 年版。

8. 张锐、万里主编:《教师口语》(试用本),北京师范大学出版社 1994 年版。

9. 国家教育委员会师范教育司组编、教育部师范教育司组织修订:《教师口语》(修订本),语文出版社 2001 年版。

10. 张颂著:《朗读学》(第三版),中国传媒大学出版社 2009 年版。

11. 李晓华主编:《普通话口语教程》,河南大学出版社 2011 年版。

后　记

本教材由孙海芳、庞可慧、谢书民任主编。

孙海芳主持了本次教材修订工作。全书由孙海芳组织修订统稿,庞可慧、谢书民统一整理。庞可慧、谢书民、王杰立、程大敏、侯银梅、刘广辉、李坤明、谷宇参加了具体的修订工作。

庞可慧:第一章(第一节)、第二章、第三章、第四章、第五章、第六章、第七章、拓展阅读四至拓展阅读八、拓展阅读十二(作品38、48号)

谢书民:第八章、第九章、第十章、第十一章(第三节)、拓展阅读十二(作品41、42号)

王杰立:拓展阅读十二(作品1、2、3、4、5、6、7、8、11、12、15、16、17、18、19、20、25、26、27、28、29、30、33、34、35、36、43、44号)

程大敏:第十一章(第二节)、拓展阅读十、拓展阅读十一、拓展阅读十二(作品21、22、23、24、31、32、39、40号)

侯银梅:拓展阅读九、拓展阅读十二(作品37、45、46、47、49、50)

刘广辉:拓展阅读十二(作品9、10、13、14号)

李坤明:第十一章(第四节)

谷宇:第一章(第二节)、第十一章(第一节)。

本教材引用他人著述时,绝大部分都注明了出处。但由于教材的基本性质,一些人所共知与难以具体说明所属的知识观点和资料未能注明来源,个别出处可能亦有所疏漏,在此一并恳请读者以及所引内容的原作者原谅。

希望读者多提宝贵意见,以便将来修订时能及时修改。

编者

2024 年 6 月 6 日